中国政法大学科研创新项目资助（24KYHQ008）

"中央高校基本科研业务费专项资金资助"

(supported by "the Fundamental Research Funds for the Central Universities")

General Theory of
Express Service Market Law

General Theory of
Express Service Market Law

快递服务市场
法律通论

郑佳宁 著

北京大学出版社
PEKING UNIVERSITY PRESS

图书在版编目（CIP）数据

快递服务市场法律通论 / 郑佳宁著. -- 北京：北京大学出版社，2025.8.
-- ISBN 978-7-301-36317-1

Ⅰ. D922.296.4

中国国家版本馆 CIP 数据核字第 2025XU1367 号

书　　　　名	快递服务市场法律通论
	KUAIDI FUWU SHICHANG FALÜ TONGLUN
著作责任者	郑佳宁　著
策 划 编 辑	陆建华
责 任 编 辑	李　蹊　费　悦
标 准 书 号	ISBN 978-7-301-36317-1
出 版 发 行	北京大学出版社
地　　　　址	北京市海淀区成府路 205 号　　100871
网　　　　址	http://www.pup.cn　　http://www.yandayuanzhao.com
电 子 邮 箱	编辑部 yandayuanzhao@pup.cn　总编室 zpup@pup.cn
新 浪 微 博	@北京大学出版社　@北大出版社燕大元照法律图书
电　　　　话	邮购部 010-62752015　发行部 010-62750672　编辑部 010-62117788
印 　刷　 者	天津中印联印务有限公司
经 　销　 者	新华书店
	730 毫米×980 毫米　16 开本　20.5 印张　320 千字
	2025 年 8 月第 1 版　2025 年 8 月第 1 次印刷
定　　　　价	79.00 元

代序言:构建自主行业规范体系
促进快递市场高质量发展

法治是最好的营商环境。在推进以法治化为保障的快递业营商环境建设过程中,科学立法具有前提性、基础性的意义。党的十八大以来,快递业发展进入黄金时期,快递行业政策立法蓬勃生长,扎根中国实践,解决中国问题,由此形成了一套包含法律、行政法规、部门规章、其他规范性文件在内的体系完整、层级分明、配套有力、内容科学的快递行业自主规范体系。

一、快递行业规范塑造是实现中国式流通现代化的重要手段

流通在国民经济中发挥着基础性作用,推进中国式流通现代化是建设现代化经济体系、构建新发展格局的重要方面。《中共中央关于进一步全面深化改革、推进中国式现代化的决定》中提出:"完善流通体制,加快发展物联网,健全一体衔接的流通规则和标准,降低全社会物流成本。"中国式流通现代化的宏观政策背景需要快递行业的深度配合,也激发了快递行业的产业发展和制度建构,建设高效顺畅的流通体系成为快递业在未来持续发展的重要着力点和价值目标。

快递行业在现代流通系统中发挥巨大作用。快递业作为现代流通体系的重要组成部分,是中国式流通的典型表达,是推动提升流通效率、降低物流成本的前沿阵地。快递业发展与人民生产水平、百姓生活福祉紧密相关,真正意义上链接了千城百业、千家万户。我国 2023 年全年快递业务量超 1300 亿件,占全球快递包裹市场六成以上,在世界范围内稳居首位。[①] 可以说,我国已经建立了发达的快递市场。快递业的发展和中国经济的腾飞如影随形,经济实力的跃迁让我国建立了世界上普惠程度最高、通达范围最广、业务规模最大、受益群

---

① 参见《2023 年我国快递业务量超过 1300 亿件 约占全球快递总量的六成以上》,载 https://china.cnr.cn/news/20240110/t20240110_526552700.shtml,最后访问日期:2025 年 3 月 31 日。

体最多的快递服务网络①；而快递服务网络不断拓展，也反哺了快运、冷链、智能仓储、现代供应链等业务的可持续发展，最终推动了市场主体勃兴和民营经济发展。快递业已经成为我国流通体系关键枢纽，在流通服务事业建设、流通质量提升、流通系统建构等方面发挥至关重要的作用。

快递行业规范构塑是推动快递业发展的治理基石。中国式法治现代化新道路是法治现代化的中国道路，法治首先表现为规则之治，它旨在设置科学、高效、有序的运行规则，推动治理体系和治理能力现代化的重要路径就是注重塑造具有现代化属性的规范，形成具有中国特色的体系化规则。快递行业在现代流通系统建设中发挥重要作用，促进快递行业法制建设，可以塑造快递行业发展样态，通过快递行业规范体系引导、推动、规范、保障快递行业发展。快递业的规范体系映射出快递业发展的实践需求，体现着快递业的基本发展理念、发展目的、发展规划和发展方式。快递行业的规范现代化是推动贸易流通现代化，促进流通产业持续稳定健康发展的制度手段，其最终可以推动新经济及新业态的长足发展，为现代化流通体制建设供给制度基石，借此服务于中国式流通现代化的宏观目标。

二、快递行业自主规范体系建设的已有成果

自主规范体系是自主知识体系的重要内容，其本质是对中国当代法治实践的理论化提炼。良法促改革、善治惠民生，我国快递行业自主规范体系的形成和完善在规范主体行为、释放市场活力、提升监管效能、增进民生福祉等方面发挥了积极作用。

第一，心系人民群众，注重保障民生。我国快递业应当坚持人民至上，始终践行"人民邮政为人民"的初心。满足人民群众的寄递需求，建立覆盖全国、深入乡村、通达全球的快递网络是保障民生的首要之务。快递服务具有准公共服务性质，在经济活动、社会生活中应用广泛。依据相关邮政法律规范，快递企业负有全网服务义务、持续经营义务和安全保障义务。为了使人民群众能够获得更为畅通、普惠的快递服务，《快递市场管理办法》在收投设施、运输通道、接驳场所等公共服务基础建设方面提供了制度支持，促进快递网络和服务"下沉"至天南海北、千家万户。目前，全国快递网络总长度（单程）超过 4000 万公

---

① 参见《中国建成世界规模最大、受益人数最多的邮政快递网络》，载 https://tradeinservices.mof-com.gov.cn/article/news/gnxw/202210/139328.html，最后访问日期：2025 年 3 月 31 日。

里,拥有寄递营业网点 41.3 万处,成为世界之最。① 作为快递服务生产环节的最后一环,末端投递直面广大快递用户,是提升人民群众寄递体验感、获得感的关键所在。自《中华人民共和国邮政法》(以下简称《邮政法》)修订以来,行业立法一直在通过构建义务责任体系破解"最后一公里"难关,实现"承诺即送达"。为此,《快递暂行条例》《快递市场管理办法》对快递企业的投递义务作出详尽规范,捍卫用户的知情权和选择权。快递企业应当严格履约,按照约定的名址进行投递,不得擅自代为签收快件、擅自投递至智能快件箱或者快递服务站,否则将受到罚款等行政处罚。同时,只有落实快递企业主体责任,要求其全面承担起员工、环境等方面的社会责任,才能坚持以人民为中心的发展思想、实现快递业的持续高质量发展。一方面,行业立法和政策深入落实习近平总书记关爱"快递小哥"重要指示精神②,提供快递从业人员劳动合同示范文本,加强快递职业技能培训,提升快递员的职业素质,强化其权益保障。另一方面,《快递市场管理办法》《邮件快件包装管理办法》明确了快递企业的生态环境保护责任,鼓励快递企业从设计、材料、运输、能源等方面落实绿色低碳经营要求,其中对快递包装材料予以重点规制,并对违法违规包装行为设置了相应的行政责任。

第二,坚持数智引领,鼓励科技创新。伴随着科学技术的创新与发展,我国快递业正从数字化向数智化迈进。近年来,快递业借由丰富雄厚的沉淀数据,在法律与政策的指引下,逐渐打破寄递各环节之间的数据壁垒,实现降本增效的目标。其一,加快数字化转型,推动快递行业全程"通数"。快递企业应当实现快件寄递全程信息化管理,持续提升快递产业全链条数字化水平。《快递暂行条例》鼓励和引导快递企业推广应用快递电子运单与快件信息化管理系统,要求快递企业建立快递运单及电子数据管理制度,妥善保管电子数据;同时,国家邮政局配套制定《快递电子运单》行业标准,明确电子运单生产与使用的业务操作规范。其二,推广智能化设备应用,持续提高智慧快递水平。行业规范鼓励快递企业抓住人工智能发展新机遇,积极推广和应用无人仓、无人车、无人机等智能设施与装备,提高快递行业设备标准化、现代化水平。智慧快递的首部规章《智能快件箱寄递服务管理办法》应运而生,规定了经营主体的法

---

① 参见《1083 亿件! 4000 万公里! 这个"网",世界规模最大→》,载 https://m.gmw.cn/2022- 10/09/content_1303168213.htm,最后访问日期:2025 年 3 月 31 日。

② 参见《习近平总书记心系"快递小哥"》,载 https://www.spb.gov.cn/gjyzj/c100015/c100016/202402/f61128106294415da1e0fea025d7203d.shtml,最后访问日期:2025 年 3 月 31 日。

律地位、资质取得、使用规范、经营业务、法律责任等内容。这是我国人工智能商业场景运用的重要部门规章之一，为智慧邮政的规范化发展作出了有益尝试。其三，创新监管方式，提升行业数智化监管水平。邮政管理部门深入推进快递行业"放管服"改革，注重以信息化为支撑，综合运用科技成果打造服务型、创新型、高效型政府部门，在落实《快递市场管理办法》《快递业务经营许可管理办法》《邮政业寄递安全监督管理办法》等法律规范对快递企业报送生产经营数据有关要求的同时，大力应用"绿盾"系统工程，实现对快递行业的数智化监管，提升市场监管效能。

第三，保障快递安全，严守行业底线。安全是快递业高质量发展的"压舱石"。邮政管理部门应当贯彻落实习近平总书记关于安全生产重要论述和重要指示批示精神，始终坚决守牢安全发展底线，加强安全体系建设，强化行业安全管理，全力确保行业安全形势持续稳定。在生产安全方面，国家邮政局针对快递企业安全生产责任、场所安全管理出台了系列规范性文件，具有重要指引作用。《快递暂行条例》要求快递行业组织督促快递企业落实安全生产主体责任，并强化了快递企业对其从业人员进行安全生产培训、建立健全安全生产责任制的义务；《快递市场管理办法》在此基础上进一步凸显快递企业的安全生产义务，明确该企业的主要负责人为安全生产工作的第一责任人。在寄递安全方面，邮政管理部门上下联动完成平安寄递目标，推动全面落实实名收寄、收寄验视和过机安检"三项制度"，通过法律手段治理快递网络中的安全隐患。寄递安全始于收寄环节，必须从源头上有效遏制禁限寄物品进入流通渠道，为此，《邮件快件实名收寄管理办法》《邮件快件实名收寄验视操作规范》针对实名收寄、收寄验视的基本原则、操作流程、信息报送、监管措施、法律责任等事项作了详尽的规定。在信息安全方面，邮政管理部门坚持人防、物防、技防有机结合，高度重视快递领域个人信息安全治理。国家邮政局出台《寄递服务用户个人信息安全管理规定》，要求快递企业对电子运单信息进行去标识化处理，以防泄露，且当其与第三方对接或者授权第三方使用单号资源时，须要求该第三方履行去标识化义务。同时，为防止个人信息在寄递服务过程中的泄露、篡改、丢失，邮政管理部门联合中央网信办、公安部持续深入推广应用隐私运单，"应用尽用"。截至2023年年底，隐私运单日均超过3.6亿单。①

---

①　参见《邮件快件隐私运单使用率大幅提升》，载 https://m.thepaper.cn/baijiahao_26211141，最后访问日期：2025年3月31日。

第四，推动产业协同，促进深度融合。快递业与制造业的深度融合，是顺应新一轮科技革命和产业变革、建设现代化产业体系、实现高质量发展的重要途径，也是全面贯彻落实党的二十大关于推动现代服务业同先进制造业深度融合工作部署的生动实践。其一，丰富快递业服务产品，提升快递业服务能力。国家邮政局发布的《"十四五"快递业发展规划》指出，提升进厂服务能力。鼓励快递企业积极融入精益制造，为制造企业提供"移动仓"和"移动工厂"。在"快递进厂"工程中，快递企业不再局限于传统的产品运输模式，而是将服务延伸至生产环节，通过仓配一体化、共建物流中心等方式，不断提升定制化服务水平。其二，完善快递物流服务体系，促进形成产业协同发展格局。国家邮政局、工业和信息化部《关于促进快递业与制造业深度融合发展的意见》提出，国家引导快递企业与相关制造业领域物流服务商开展合资合作，打造分领域、专业化的综合供应链服务能力。快递企业通过与物流服务商签署战略合作协议等方式，充分整合物流服务商的自有运力和快递企业的仓配优势，深化"仓、干、配"等一体化物流供应链合作。其三，发挥快递业与制造业各自优势，实施海外协同。"快递出海"是快递业与制造业深度融合的全新时代机遇，支持快递企业与制造企业加强国际发展战略对接，强化境外资源共享、协同发展。《快递暂行条例》明确表示，国家鼓励快递企业经营出境快递业务，并提供了具体的法律支持：支持快递企业在境外、重点口岸、交通枢纽设置相应的业务机构、场所、设备与设施；相关监督管理部门建立协作机制，完善快件进出境管理流程。

三、快递行业自主规范体系建设的未来展望

为了适应高质量发展要求，助推快递行业营商环境优化，快递行业自主规范体系的进一步完善应当遵从以下发展思路：

第一，将新质生产力要素融入快递行业规范。发展新质生产力是快递业提质效、促转型的重要途径。数字技术将持续提高智慧快递水平，极大缩短流通时间，节约流通费用。快递行业规范建设要推动快递业从数字化走向数智化，坚持数智引领，打破各寄递环节的数据壁垒，有效实现降本增效。快递业规范要引导各领域经济主体通过革新流通渠道、流通链条和流通场景，形成现代数字流通体系。通过明定规则推动先进技术在快递业的广泛应用，让"数智化"更好赋能快递产业发展。

第二,**促进快递业规则与电子商务等规则衔接**。快递行业规范设计应当深入贯彻党的二十大关于推动现代服务业同先进制造业深度融合的工作部署,以规则衔接力促电子商务等行业与快递物流协同发展。为保证电子商务和快递物流相互促进、相互支撑,应打造便利电子商务交易者的快递物流服务制度。为保证快递服务在产销环节的贯通,应以互补规则进一步实现全产业链接,将快递企业的服务延伸至生产环节,以仓配一体化、共建物流中心等方式提高定制化服务水平。

第三,**持续增进快递行业服务能力**。快递行业规范设计应当以制度更新服务新业态发展,提升快递行业整体服务能力。快递企业应当加强城市配送网络的建设,充分运用公共交通工具和物业公共设施,实现按名址送达的基础服务目标,同时满足群众限时送达、签单返回、保价等增值服务的多元化要求。此外,持续完善应急快递服务体系,保证快递业在妥善应对自然灾害、公共卫生等重大突发事件中发挥应有作用。

第四,**稳步提升快递行业治理水平**。在快递行业治理上,应提供政策性融资福利,鼓励快递企业进入资本市场,从而扩大商业规模、拓展核心业务。促进行业内充分竞争,强化快递企业的科技创新主体地位,以激励性规则培育优质龙头性快递企业。同时,及时跟进公平竞争规则修订,尤其要规范行业内低价竞争、虚构交易等不正当竞争行为。在快递业规范中真正融入快递市场交易规则,基于此建立来源可追、去向可查、责任可究的全程追溯体系,并借此完善相应监管规则。

党的二十届三中全会强调,推动经济高质量发展应当健全相关规则和政策,加快形成同新质生产力更相适应的生产关系。综上所述,在快递统一大市场筑造的道路上,打造稳定公平透明、可预期的法治化营商环境势在必行。应当通过优化立法制度供给、创新监管执法方式、增强营商守法能力等途径为快递市场的高质量发展提供公平、公正、便利的外部空间,在提升企业治理效率与服务质量的同时,提供与市场匹配有效的监督保障制度,抑制市场不规范行为的发生,维护市场各方主体的合法权益。构建惠民化、数智化、安全化、畅通化的我国快递业自主规范体系,是快递市场提高竞争、抵抗风险的必然要求,有利于有效应对数字经济发展带来的新业态、新需求,稳定投资者预期,提振市场信心,将制度优势转化为治理和发展效能,最终实现国家现代化建设之宏伟蓝图。

目　录

第一章　快递服务与快递服务市场

第一节　快递服务概述

一、快递服务的概念与特征

(一)快递服务的概念

　　交付实物商品是电子商务合同重要的履行方式之一,实践中当事人通常约定采用快递服务方式进行交付。2022 年国务院办公厅《关于印发"十四五"现代物流发展规划的通知》中要求,"推动快递服务基本实现直投到建制村"[①]。快递服务,是快递服务主体在承诺时限内快速完成的寄递服务以及相关的增值服务。其中,寄递服务构成了快递服务概念的核心范畴,即以物品为客体对象,旨在实现空间位置的快速变动,由收寄、分拣、运输、投递四个环节构成。自 1980 年我国现代快递服务业诞生,快递服务凭借着物流、商流、信息流三流合一的发展优势,已经成为国民经济中现代服务业的重要组成部分。2022 年全国快递企业业务量累计完成 1105.8 亿件,快递业务收入累计完成 10566.7 亿元。[②] 2009 年在修订《邮政法》时,首次明确了快递服务主体的法律地位,取得快递业务经营许可的企业可以经营快递业务,提供快递服务。

　　快递服务是现代服务业的一种,具有服务的基本属性。其一,快递服务不涉及所寄递商品的所有权转移。快递服务虽然是快递服务主体为服务接受者而提供的,但他们之间实际上没有交换任何东西,即没有发生所有权的移转。快递服务主体直接对已经属于服务接受者的商品提供服务。其二,快递服务的

[①]　参见国务院办公厅《关于印发"十四五"现代物流发展规划的通知》,载 https://www.gov.cn/zhengce/content/2022-12/15/content_5732092.htm,最后访问日期:2025 年 3 月 31 日。

[②]　参见《2022 年度快递市场监管报告》,载 https://www.spb.gov.cn/gjyzj/c100009/c100010/202305/b4c0c2d81b0149b5910b4f01c4159505.shtml,最后访问日期:2025 年 3 月 31 日。

生产与消费同时产生。与有形商品不同,快递服务本身就具有寄递功能和作用,其实际生产与交付的过程在时空上和实际接受并消费的过程具有同一性。由此,快递服务的提供者和接受者势必相互作用和影响。其三,快递服务具有无形性,从而容易引发确定债务内容的困难、客观判断服务品质的困难等。与有形商品不同,快递服务本质上是一个过程,服务的异质性要求必须确定快递服务的标准化,以减少债务履行中的纠纷。目前,快递服务适用的是《快递服务》国家标准。其四,快递服务受到提供者特质的制约。快递服务主体本身的服务能力在很大程度上决定了服务的内容、质量。因此,应以快递服务主体"本人履行"为原则,"代为履行"为例外。其五,快递服务的不可复原性。快递服务在提供的过程中为服务对象所"消费""吸收",快递服务本身无法还原或返还,因合同解除等引起的恢复原状请求面临无法实现的困境,当快递服务履行出现障碍时通常采用损害赔偿的救济方式。

(二)快递服务的特征

快递服务的本质系提供物品的空间转移,随着市场的需求,快递服务在实践中累积出自身独特的服务过程,构成了快递服务的主要特征。

第一,快递服务的时效性。时效性,是指快递服务主体应当在承诺时限内快速完成快递服务的提供。快递服务的功能就是要将某一物品在一定期限内运送至指定名址,且上述期限需符合快递服务高速运转的生命周期。快递时限的计算时间从快件揽收时起至快件第一次投递时止。根据《快递服务 第3部分:服务环节》国家标准的规定①,同城快件超过3个日历天,省内异地或省际快件超过7个日历天,快递服务即构成彻底延误,快递服务主体需要承担相应的迟延给付的违约责任。这一时效要求远远高于其他提供物品空间转移的服务。

第二,快递服务的全网性。全网性,是指快递服务依赖系统的寄递网络运行。寄递网络是快递服务的关键经营资源。寄递网络由若干个面向用户、负责快件集散的网点以及连通这些网点的网络,按照一定的原则和方式组织起来,在控制系统的作用下,遵循一定的运行规则传递快件。快递服务的全网性主要体现在三个方面:首先,快递服务覆盖的地域范围广,需分散在各地的经营网点通力协作,形成贯穿一体的寄递网络;其次,快件的寄递需要依靠完善的运输网络,包括干线运输网络和末端的收寄网络、投递网络;最后,快递服务需要

---

① 参见《快递服务 第3部分:服务环节》国家标准第5.4.8条的规定。

在统一的信息系统下进行指挥调度和财务结算。任何一票快件只有依靠寄递网络的系统功能才能实现一个完整的快递服务过程。根据快件在寄递网络不同时空的业务处理流程,快递服务可以分为收寄、分拣、运输、投递四个环节。收寄,是快递服务主体从寄件人处收取快件的过程。分拣,是快递服务主体按照寄递名址信息对快件进行分类的过程。运输,是快递服务主体运用各种交通方式将快件从分拣中心运至目的地的过程。投递,是快递服务主体将已经到达目的地的快件送交收件人的过程。基于全网性特征,无论采用何种经营模式,无论处于何种经营环境,快递服务主体均应负有全网服务义务。

第三,快递服务的便利性。便利性,是指快递服务主体在提供快递服务时应以便民、利民为服务宗旨。快递服务虽然本质上属于市场服务,但是其亦具有准公共服务的属性。快递服务主体应秉持服务民生的宗旨展开经营活动,在设置服务场所、安排服务时间、提供服务种类上充分考虑人民群众的实际需要。快递服务提供"门至门"的便利服务。一是,快递服务必须包含末端投递服务的环节,这是法律的强制性规定,被称作快递服务的"最后一公里"。快递员应当直接将快件派送至用户所在场所,包括但不限于家庭住址、单位地址、物业传达室、快递驿站、智能快件箱。快递服务主体必须依照快递运单上的名址信息进行至少两次免费投递服务,且不得以合同条款的约定排除投递义务。二是,快递服务的收寄环节更加便利。快递服务提供的是零散物品的个别空间转移,实践中收寄的物品五花八门、种类繁多,其中有些物品无法用市场估价进行评判,因此,很难要求寄件人对物品的质量、价值进行详细且准确的说明。此处,应对寄件人的告知义务进行简化处理。在交寄物品时,寄件人通常只需告知快件的种类与性质便已履行了如实告知义务。只要不属于禁限寄物品的范围,快递服务主体就可以提供快递服务,免去了繁琐的磋商、评估流程。

第四,快递服务的安全性。安全性是指任何单位或者个人不得利用快递服务从事危害国家安全、社会公共利益、他人合法权益的活动。快递服务业的发展要将安全生产作为基本原则贯穿始终,广义的安全性包括寄递安全、信息安全和从业人员安全等,狭义仅指寄递安全。寄递安全是生产安全在快递服务业的体现,是指快递服务主体在提供寄递服务的过程中,通过落实国家各项安全生产制度,采取人防、物防和技防等方式,保障快件在寄递各环节的安全的活动。[①] 快递

---

① 参见冯力虎:《寄递渠道生产安全的理论思考与规制完善》,载《暨南学报(哲学社会科学版)》2017 年第 3 期。

服务具有准公共服务属性,一方面体现在快递服务使用的普遍化上,另一方面体现在寄递网络设施的公共化上,这些都对快递服务的安全性提出了更高的要求。收寄环节的安全性要求快递服务主体应当对寄件人执行实名登记,对邮件、快件进行开拆验视并妥善包装,防止邮件、快件毁坏或者给用户或他人造成侵害。分拣环节的安全性要求快递服务主体须在适宜的工作场所,以合理的方式对邮件、快件进行分拣处理。运输环节的安全性要求快递服务主体按照规定的路由和合理的方式进行运输,并保证快件装载、运输和卸载过程中的安全。投递环节的安全性要求快递服务主体应按照快件的名址信息及时地将快件运至收件人处,并交付收件人。

二、与其他服务的比较

(一)快递服务与货运服务

货运服务,是指承运人将托运人交付运输的货物运送到约定地点并交付收货人,而由托运人或收货人支付运费的服务。可见,快递服务与货运服务均含有将标的物运送至约定地点并交给收件人或收货人的基本内容,两者较为相似。因此,有观点明确主张,快递服务合同属于货运合同。[①] 司法实践中,在遇到快递服务纠纷之时,法院也多将快递服务归入货运合同的范畴,通过适用合同法中关于货运合同的规定进行裁判。[②] 仔细观察此种观点,其理由主要有以下三点:一是,快递服务与货运服务的内容主要都是将特定物品运送至约定地点;二是,无论是快递服务还是货运服务都涉及第三人利益;第三,快递服务主体或承运人只有将运送的物品交至收件人或收货人,方才最终履行完结。[③] 本书认为,上述观点陷入了方法论上的误区。具体而言,货运合同论者采取的是

---

① 参见苏号朋、唐慧俊:《快递服务合同中的消费者权益保护》,载《东方法学》2012 年第 6 期。

② 参见"江苏明联电子科技有限公司合肥分公司与合肥申通快递有限公司快递服务合同纠纷上诉案",安徽省合肥市中级人民法院(2014)合民二终字第 00304 号民事判决书。"叶旭与广东申通物流有限公司运输合同纠纷再审复查与审判监督案",广东省高级人民法院(2015)粤高法民申字第 1389 号民事裁定书。"联邦快递(中国)有限公司中山分公司与中山市飞红印刷有限公司(原中山市飞驰彩色印刷有限公司)航空货物运输合同纠纷再审案",广东省高级人民法院(2015)粤高法民申第 2680 号民事裁定书。

③ 参见沈明磊、董蕾蕾:《快递丢失损毁赔偿纠纷若干法律问题研究》,载《法律适用》2014 年第 6 期。例如在"深圳攀瑞科技有限公司与深圳市粤申通快递有限公司运输合同纠纷上诉案"[广东省深圳市中级人民法院(2013)深中法商终字第 894 号民事判决书]中,二审法院仅依据攀瑞公司将物品交由申通快递运送的事实就认为该合同属货运合同。

涵摄推论的方法。该推论方法属概念式思维,须有作为大前提的确定性概念为基础,但法律是以类型式思维来对货运合同进行界定的。这就意味着,法官不能机械依据法律规定的各类合同的基本概念,而将具体的合同归为某类典型合同。在进行判断时,应就具体合同的主给付义务与典型合同的主给付义务进行全面对照,综合判断该合同是否属于某类典型合同。

本书认为,快递服务与货运服务的主给付义务存有以下三个方面的区别:

第一,寄件人或托运人的告知义务不同。实践中,快递服务主体在收寄之时,寄件人通常只会告知快件名称、种类和数量,主要目的在于防止寄递禁限寄物品。但在货运服务中,依据《中华人民共和国民法典》(以下简称《民法典》)第825条的规定,托运人须将托运货物的名称、性质、重量和数量等情况告知承运人。由此可见,在快递服务中,快递服务主体依据快件的种类与性质,并不能明确地判定快件的价值。当发生快件丢失、毁损等情形时,通常采取限制赔偿原则。而在货运服务中,承运人对货物的价值具有可预见性,根据《民法典》第832条和第833条的规定,货运服务中的损害赔偿一般遵循完全赔偿原则。第二,是否具有投递服务不同。在快递服务中,末端投递服务是服务的重要组成部分。按照《快递服务 第3部分:服务环节》国家标准的要求①,快递服务主体必须依照快递运单上的名址信息进行至少两次免费投递服务。而在货运服务中,并无此种强制性的末端投递义务,承运人甚至可以在货运合同中约定由收货人自行提取货物。第三,服务履行时限的要求不同。虽然,无论是快递服务还是货运服务,均包含将某一物品在一定期限内运送至约定地点的内容,但在要求上并不一致。根据《快递服务 第3部分:服务环节》国家标准的规定②,同城快件超过3个日历天,省内异地或省际快件超过7个日历天,快递服务即构成彻底延误,快递服务主体需要承担相应的迟延给付的违约责任。而货运服务对提供服务的履行期限则未提出强制要求,承运人只需依据约定的履行期限将货物运送至约定地点即可。

(二)快递服务与邮寄服务

邮寄服务,是指邮政企业将用户交付寄递的信件等邮政普遍服务范围内的物品按照约定的时限运送至合同约定的地点,并将之交付收件人的服务。虽然,《邮政法》并未明确使用"邮寄服务"这一术语,但其已从服务主体、基本内

---

① 参见《快递服务 第3部分:服务环节》国家标准第5.4.2.3条的规定。

② 参见《快递服务 第3部分:服务环节》国家标准第5.4.8条的规定。

容和服务标准等方面对邮寄服务的主要内容进行了较为全面的规定。较之于货运服务,邮寄服务与快递服务的相似度更高,实名收寄、收寄验视、禁限寄递、末端投递等一系列快递服务基本内容亦为邮寄服务所采用。而且,在 2009 年修订《邮政法》时,也将快递服务纳入其调整范围。因此,有学者认为,快递服务合同与邮寄服务合同属同一种合同类型,并将二者统称为寄递服务合同。① 司法实践中,有些法院也认为快递服务合同与邮寄服务合同在性质上一致,将快递服务合同归为邮寄服务合同,主张适用《邮政法》的具体规定来进行裁判。② 但本书认为,此种做法不妥。快递服务合同是独立于邮寄服务合同的合同类型,邮寄服务与快递服务存在着本质上的差异。

第一,主体资格的不同。邮寄服务的提供者只能为邮政企业,其他主体不得提供该服务。在我国,邮政企业指中国邮政集团有限公司及其提供邮政服务的全资企业、控股企业。③ 而快递服务属于市场服务的范畴,对快递服务主体的准入持市场开放态度,只要符合准入条件的主体都可以依法经营快递业务,并没有国企、民企或内资、外资的根本区别。第二,服务范围的不同。根据《邮政法》的规定,邮政普遍服务的服务范围有严格的法定限制,具体而言,邮政普遍服务的范围为信件、单件重量不超过 5 千克的印刷品、单件重量不超过 10 千克的包裹的寄递以及邮政汇兑。④ 快递服务主体则可以根据自身的服务能力,在法律的范围内自主确定服务范围,在寄递标的物的类型及重量上并无强制要求。一般来说,快递服务主体所提供的服务范围包括信件、包裹、印刷品等,其中,虽然信件及具有信件性质的物品须遵守邮政专营的规定⑤,但因为国务院一直没有出台邮政专营条例,所以,实践中信件类的寄递并没有受到克数

---

① 参见贾玉平、张毅:《寄递服务合同有名化研究》,载《邮政研究》2012 年第 1 期。

② 参见"德阳申通快递服务有限公司与肖伟邮寄服务合同纠纷上诉案",四川省德阳市中级人民法院(2015)德民三终字第 87 号民事判决书;"闫绍荣与杭州百世网络技术有限公司安徽分公司、杭州百世网络技术有限公司邮寄服务合同纠纷案",安徽省合肥市庐阳区人民法院(2015)庐民一初字第 00311 号民事判决书。

③ 中国邮政集团有限公司是依照《中华人民共和国公司法》组建的国有独资公司,依法经营各项邮政业务,承担邮政普遍服务义务,受政府委托提供邮政特殊服务,对竞争性邮政业务实行商业化运营。2023 年,中国邮政集团有限公司完成收入 7987.31 亿元,实现利润 787.86 亿元,位列 2023 年世界利润 500 强排行榜第 86 位、世界邮政第 1 位。参见 http://www.chinapost.com.cn/html1/folder/181312/8228-1.htm,最后访问日期:2025 年 3 月 31 日。

④ 参见《邮政法》第 15 条的规定。

⑤ 参见《邮政法》第 55 条的规定。

的限制;而快递服务主体所提供服务的包裹类物品的质量不得超过50千克,高于邮政普遍服务的单件重量。第三,服务内容的不同。在邮寄服务合同中,邮政企业具有强制缔约义务,其没有选择是否承诺的权利。同时,基于保障邮政普遍服务之需要,国家对邮寄服务提供补贴,服务费用也实行政府指导价(或者政府定价)①。但是,快递服务合同完全由快递服务主体与寄件人自由缔结,寄递费用也完全由双方协商确定。例如,对于偏远地区,快递服务主体囿于服务能力有限,可以拒绝提供快递服务,只需以醒目的方式提前告知寄件人即可②;但是,邮寄服务则承担着邮政普遍服务的功能,无论是节假日还是偏远地区,都应当持续提供服务,不得拒绝用户的缔约请求,以保障用户的通信自由,维护经济秩序发展和人民生活的基本需求。

(三)快递服务与物流服务

需要注意的是,实践中还存有物流服务③这一说法。一般而言,物流服务是指物品由供应地向接收地的流动过程产生的相关服务,物流服务以运输服务为核心,但其内涵外延又广于运输服务。严格意义上说,物流服务并不具有一个相对稳定的含义,表现形式多样,既可以表现为物流经营者直接向用户提供基本的运输、仓储、装卸、搬运等物流服务,亦表现为物流经营者向用户提供综合性物流服务,即提供包括设计、管理物流系统和具体的物流作业业务在内的一揽子服务。此外,物流经营者甚至还可以作为代理人、行纪人、中介人为用户提供物流服务。概言之,物流服务具有如下特征:其一,大宗性。该服务运送的标的多为数量庞大的大宗商品,具有相对统一的规格和包装,与之相对应,客户数量相对较少,多为具有较强经济实力的企业。其二,综合性。物流服务涉及存储、包装、运输、装卸、信息处理等多个环节,上述环节彼此勾连,形成一个完整的整体。其三,长期性。物流服务提供者与物流服务接受者之间往往存在长期合作关系,通过框架协议等明确双方的权利义务关系,相关条款能够反复运用于多次交易活动之中,具有较为抽象的规范效力。

需要指出的是,《中华人民共和国电子商务法》(以下简称《电子商务

---

① 参见《邮政普遍服务》行业标准第 7.1.2.1 条的规定。

② 参见《快递市场管理办法》第 24 条的规定。

③ 参见孟于群:《第三方物流合同及其相关法律问题》,载《中国海商法年刊》2010 年第 1 期;陈喜燕:《论我国现行法律制度下物流服务合同的法律适用》,载《上海海事大学学报》2016 年第 2 期;邹晓美、高泉:《第三方物流合同法律关系与法律适用》,载《中国流通经济》2007 年第 4 期。

法》)采用了"快递物流服务"的称谓,这种表述并不严谨,没有注意到两种服务的差异化。快递服务与物流服务虽然均涉及标的空间位置的变更,但亦存在一定差异。快递服务运送的多为散件物品,数量多、质量体积小,快递服务主体与寄件人的关系更为多元,既包括长期合作关系,也包括一次性交易关系,这与物流服务所具有的长期性、大宗性特征迥然不同。此外,两者在服务内容上也有一定的区别,投递为快递服务的必备环节,而物流服务通常而言并不包含该环节。对于电子商务交易而言,快递服务适用于各种类型电子商务交易的履行,既包括 B2C 电子商务交易,也包括 B2B 电子商务交易;而物流服务主要适用于 B2B 电子商务交易,但其对 B2C 电子商务交易活动而言意义较为有限。

通过上述分析,不难发现,从规范视角来看,快递服务可以与货运服务、邮寄服务、物流服务等区分开来,具备独立性和典型性,不能被现有法律规范体系所完全涵盖。从法律规范技术层面而言,快递服务市场的单独系统规制势在必行。

三、快递服务的分类

根据服务的内容不同,快递服务可以分为快递基础服务和快递增值服务。快递基础服务就是指寄递服务,即实现物品空间位置的快速变动。因此,在提供基础服务的过程中,快递服务主体须保证快件及时安全送达,不得出现毁损、灭失、短少、延误的现象,这是快递服务主体的主给付义务。快递增值服务,是指在完成快递基础服务之上,根据用户需求提供的各种延伸业务服务。快递增值服务存在的目标在于扩展快递服务的适用范围和领域,为当事人灵活便捷地实现自身利益提供多样选择。目前,我国快递增值服务主要包括签单返回服务、收件人付费服务、代收货款服务等具体样态。签单返回服务,是指快递服务主体按照寄件人的要求,将收件人签收确认后的签收回单在承诺的期限内返还给寄件人的服务。收件人付费服务,是指寄件人交寄物品时不支付约定的寄递费用,并由寄件人确认,投递时由收件人向快递服务主体支付寄递费用的服务。代收货款服务,是指快递服务主体利用其服务网络和资源,在提供寄递服务的同时,为寄件人代收货款并结算的服务。需要注意的是,快递增值服务与寄递服务相比,属于可供选择的服务内容,例如《电子商务法》第 52 条第 4 款规定,快递服务主体在提供快递服务的同时,可以接受电子商务经营者的委托提供代收货款服务。因此,在增值服务的内容、价格、赔偿等方面,都应当充分尊重当事人的意思自治,承认快递增值服务条款独立的法律效果。

根据服务地域范围的不同,快递服务可以分为区域快递服务、国内快递服务和国际快递服务。服务地域的划分标准是由快递企业的服务能力决定的,快递服务主体只有具备了一定规模的寄递网络,包括拥有足量的干线和收寄车辆,适宜的快件处理场所和设备设施以及统一的信息管理和跟踪系统等,才能在相应的地域范围提供合格的快递服务。为此,《快递市场管理办法》规定,快递服务主体应当在经营许可范围内从事快递经营活动,不得超越地域范围提供快递服务。① 区域快递服务,是指快递服务主体在某一省、自治区、直辖市范围以内提供的快递服务。国内快递服务,是指快递服务主体在全国范围内提供的跨省的快递服务。各大品牌快递企业均向用户提供国内快递服务。此处,需要注意的是加盟制,这种快递服务主体的特殊经营模式,根据服务能力的大小,通常由被加盟者(总部)取得国内快递服务的快递业务经营许可证,加盟者(各级地区加盟商)取得本区域内的区域快递服务的快递业务经营许可证,两者根据加盟协议的约定共同完成快递服务的提供。国际快递服务,是指快递服务主体提供的两个或两个以上国家(地区)之间的快递服务。《电子商务法》中提到的跨境电子商务,由于收寄或投递有一端在境外,用户在线下交付商品时就必须使用国际快递服务。快递服务主体提供国际快递服务的,除了符合经营主体的一般准入条件之外,还应具备向有关部门提供快件的报关数据的能力,并拥有符合海关相关要求的处理场地、设施。

根据服务对象和目的不同,快递服务可以分为电商快递服务、商务快递服务和个人快递服务。电商快递服务,是快递服务主体为电商企业用户提供的用以满足消费者需求的快递服务。电商快递服务不能理解为系由电商平台直接提供的快递服务,该服务的提供者仍然是快递服务主体,只是服务的对象和目的与电子商务有关。为了实现电子商务的线下履约,电商企业委托快递服务主体将通过电子商务方式交易的实物商品寄递至购买者手中。结合《电子商务法》的相关规定,电商快递服务的寄件人为平台内经营者、自建网站经营者等,收件人为电子商务交易相对人。目前,电商快递服务的业务量已接近我国快递市场的80%,我国从事电商快递服务的企业主要有承接淘宝、天猫电商平台业务的"通达系"快递企业,承接拼多多电商平台业务的极兔速递和承接京

---

① 参见《快递市场管理办法》第18条的规定。

东电商平台业务的京东快递。商务快递服务,是快递服务主体为企事业单位用户提供的用以满足工商业等用途的快递服务。商务快递服务完成的是企事业单位用户之间的物品转移,分为文件类和工商业物品类,后者主要是指供应链中各成员单位之间原材料、在制品和产成品等的高效、精准流动。因此,商务快递服务以时效件、专业件、标准件为主要服务内容。顺丰速运是我国商务快递服务市场的开启者和领跑者,随着市场的不断开拓,其他快递企业紧随其后,纷纷推出"圆通 B 网""星联时效件""韵达特快"等服务产品。个人快递服务,是快递服务主体为个人用户提供的用以实现私人目的的快递服务。各大快递企业均提供个人快递服务,向个人寄件开放寄递网络,比如个人散件、个人退货件等。《中华人民共和国消费者权益保护法》(以下简称《消费者权益保护法》)第 25 条规定了消费者的反悔权,当消费者退回商品并承担运费时,其所使用的就是个人快递服务。

第二节　快递服务市场概述

一、快递服务市场的界定

作为"新经济"的代表,快递服务既拉动了消费也促进了生产,是生产性服务业,其在国民经济中所扮演的重要角色逐步得到全社会肯定和认可。快递服务市场的产生和发展符合国家关于促进消费、扩大内需、推动经济转型升级的战略部署,有助于缓解就业压力、提升居民生活质量、促进技术创新和增强国际竞争力。

(一)快递服务市场的概念和构成要素

市场的原意是指进行商品或服务交易的场所,而后其含义延伸为商品或服务交易关系的总和。快递服务市场,就是指快递服务需求方和快递服务提供者进行交易活动所形成的一切关系的总和。快递服务市场是商品经济的产物。随着快递服务成为可供交易的产品,在需求的驱动下出现专门从事快递服务生产和销售的经营者,快递服务市场便应运而生。产品、供给和需求是构成快递服务市场的三个基本经济要素。① 而从法律的视角来看,快递服务市场主要由市场客体、市场主体、市场行为和市场秩序构成。

---

① 参见李山赓:《经济学基础(第二版)》,北京理工大学出版社 2016 年版,第 94 页。

快递服务市场客体是指在市场中进行交换的商品或服务产品,即快递服务。市场的核心是交换关系,其经济实质是不同商品、服务或货币的使用价值的相互交换。在快递服务市场上,作为市场客体的快递服务产品必须同时满足数量和质量上的要求。一方面,在数量上,为保障快递服务交易的展开,必须形成一定数量规模的快递服务产品供给。快递服务产品数量的充足是不同市场主体之间进行交换的前提条件,也是市场正常运转的基础。换言之,快递服务市场的形成有赖于相当数量和规模的快递服务主体不断地进行快递服务的生产和销售活动。另一方面,在质量上,用于交换的快递服务产品必须具备使用价值,即能够满足人们的某种生产或生活需求。因此,快递服务主体所提供的快递服务必须达到一定的质量标准。只有当这些产品能够真正满足消费需求,并且有足够的数量供应时,快递服务市场才得以稳定存在并发展壮大。因而,具备一定数量和质量的可供交换的快递服务产品,是快递服务市场产生的物质基础。

快递服务市场主体是指市场交易的参与者,主要是指快递服务交易的供需双方。从供给侧来看,由于快递市场所交换的产品实际上是快递服务,而服务的生产、交易和消费是不可分割的,因此,快递服务的生产者和销售者通常是同一方。概言之,快递服务主体作为快递服务的提供者,从事快递服务的生产、销售等经营活动,是快递服务市场的经营主体。从需求侧来看,快递服务主体向市场提供快递服务后,需要找到有购买需求并且具备购买力的需求方,才能达成交易。快递服务的需求方可以统称为快递用户。作为快递服务市场基本要素的用户不仅需要有购买快递服务的需求,还需要具备以货币支付能力为支撑的购买力。快递服务用户的类型多样,既有成千上万的个人消费者,也有不同规模、性质的企业用户,还包括政府部门,他们对服务的需求各不相同,使得快递服务市场需求呈现多样化特征。值得注意的是,除供需双方外,快递服务劳动者、受快递服务影响的社会公众等主体虽然不是快递交易的当事人,但也参与了快递服务市场活动或受到其市场活动的影响,应当作为利益相关者被纳入快递服务市场的体系框架之中。

快递服务市场主体的市场行为也是构成快递服务市场的基本要素。市场行为,是指市场主体通过进行特定的商品或服务交换活动,以实现各自的经济目标的行为。快递服务市场经济活动的展开也需要通过各种具体的市场行为来体现。这些行为反映了不同市场主体之间复杂的经济利益关系,是市场主体自主意志的展现。以市场行为与快递服务交易的关系为依据,快递服务市场行为包括交易行为和竞争行为两个主要类别。① 市场交易行为是快递服务供需双方直接进行服务产品交换的行为,主要包括购买和销售行为。这种行为将买卖双方直接联系起来,属于直接市场行为。当买卖双方的交易意愿达成一致,就形成了法律上的买卖合同关系,在实践中表现为快递服务合同的订立与履行等方面。市场竞争行为,是指快递服务主体为了获得更有利的市场条件和取得更大的经济利益而采取的行动,例如价格竞争、广告竞争、技术竞争等。尽管这些行为本身并没有直接导致交易关系的成立或变更,但它们创造了交易实现的环境和条件,因此属于间接市场行为。在快递服务市场,法律规范的重点在于加强对市场交易行为和市场竞争行为的监督和管理,包括对合法市场行为的鼓励和保护,对违法市场行为的制止和查处,从而建立和维护良好的市场秩序。

市场秩序是指在快递服务市场经济活动中,市场主体必须遵循的一系列行为规范和准则的集合。快递服务市场的有序运行和健康发展依赖于市场秩序对市场主体的行为进行有效约束。这不仅是维护快递服务市场正常运转的基础,更是保障市场主体权益和促进快递服务行业健康发展的重要保证。市场秩序的约束机制包括市场机制和市场规则两个方面。市场机制,是指影响快递服务交易关系建立的各要素相互作用的内在机制,如价格、供求、竞争和风险机制等。各内在机制的相互作用塑造着快递服务市场的格局和运行方式。而市场规则,则是依据市场运作的客观规律和公共利益制定的法律规范,包括法律、法规、规章等不同层级的法律规范。这些规则覆盖了市场参与者的各个方面,包括市场准入、交易行为规范、退出机制等。快递服务市场规则旨在保障市场的公平竞争环境和稳定发展,有助于协调解决市场矛盾。通过合理、透明的市场规则,促进市场资源的有效配置和行业的健康发展,推动整个快递服务市场朝着更加规范、公平、健康的方向迈进。

(二)我国快递服务市场的发展历程

我国快递服务市场的发展历程大致经历三个阶段。第一个阶段是 20 世纪 80 年代至 90 年代初的萌芽阶段,其特征是由国际快递业务起步,从无到有,中国的快递服务市场初露头角。改革开放释放了我国的经济活力,中国经济得到

---

① 　参见马建敏主编:《工商行政管理学(修订本)》,中国商业出版社 2003 年版,第 124—125 页。

快速增长并融入全球市场,为中国快递服务市场的兴起创造了有利条件。为满足外向型经济发展和国际经济交往的需求,我国国际快递业务迅速发展。20世纪80年代,中国对外贸易运输公司与敦豪(DHL)、联邦快递(FedEx)、美国联合包裹(UPS)、天地物流(TNT)等国际快递巨头签订快递代理协议,开启了国际快递企业迈入中国市场的大门。[①] 1980年,中国邮政EMS开办全球邮政特快专递业务,1984年开办国内特快专递业务,开创中国本土快递业之先河。

第二个阶段是20世纪90年代至21世纪初的成长阶段,其特征为民营快递企业快速发展,初步形成快递供给的多元化格局。1993年,申通快递、顺丰速运分别在浙江和广东成立。1994年至2002年间,天天快递、韵达速递、圆通速递、中通快递等快递公司纷纷成立。2003年,顺丰速运开辟航运市场,与扬子江快运签订合同,顺丰速运全部租下扬子江快运的5架737全货机,其中3架用于承运快件,成为国内第一家使用全货运专机的民营快递企业。至此,国资快递企业、民营快递企业和外资快递企业百花争艳,形成了良性竞争的多元快递服务市场格局。

第三个阶段是21世纪初至今的快速增长阶段,该阶段的特征为电子商务快递市场的兴起、快递企业的快速扩张和快递业务规模的显著增加。2007年,京东自建物流,电商正式进入快递服务业。2009年,《邮政法》修订,首次明确快递企业的法律地位,取得快递业务经营许可的企业可以经营快递业务。2013年,阿里巴巴嗅到快递服务业的商机,投资3000亿元建立菜鸟网络平台。2016年至2020年,圆通速递(600233)、申通快递(002468)、中通快递(ZTO)、韵达股份(002120)、顺丰控股(002352)、百世(BEST)、德邦股份(603056)分别在世界各地的证券交易所成功上市,开启新的发展篇章。[②] 2017年2月发布的

---

① 参见中国快递市场发展研究课题组:《中国快递市场发展研究报告》,中国经济出版社2006年版,第6页。

② 参见《中国快递业发展史》,载 http://www.xinhuanet.com/fortune/ksh/zhuanti/201710/iframe_575.html,最后访问日期:2025年3月31日;《中通快递纽交所上市 系美国2016年迄今最大IPO》,载 http://www.chinanews.com/cj/2016/10-28/8045934.shtml,最后访问日期:2025年3月31日;《中通快递香港上市!成为首家美国香港两地上市的中国快递企业》,载 http://news.china.com.cn/2020-09/29/content_76764173.htm,最后访问日期:2025年3月31日;《德邦物流上交所上市 称将强化快递业务|新京报财讯》,载 http://www.bjnews.com.cn/finance/2018/01/16/472670.html,最后访问日期:2025年3月31日;《百世集团在纽交所上市》,载 http://news.sina.com.cn/o/2017-09-21/doc-ifymeswc8929733.shtml,最后访问日期:2025年3月31日。

《快递业发展"十三五"规划》,作为指导我国快递服务业适应经济发展新常态、把握发展新定位的行动纲领,明确提出在我国经济步入新常态的背景下,快递业进入难得的发展机遇期。2014 年我国快递业务量达 140 亿件,跃居世界第一。① 其中,2018 年我国快递业务量突破 500 亿件,超过美、日、欧等发达经济体总和②,2019 年快递业务量完成 635.2 亿件③,2020 年快递业务量完成 833.6 亿件,同比增长 31.2%④,2021 年,快递业务量高达 1083.0 亿件⑤,我国快递业务量连续七年每年增长 100 亿件。2022 年快递业务量完成 1105.8 亿件⑥,2023 年快递业务量完成 1320.7 亿件,同比增长 19.4%⑦。我国快递业务量连续 10 年稳居世界第一。

二、快递服务市场的发展趋势

快递服务市场的健康发展在协同电子商务发展、支撑生产生活、促进现代流通方式与消费方式的转型升级等方面均发挥着不可替代的积极作用,已成为我国国民经济进一步发展的重要推动力。总的来说,我国快递服务市场的发展呈现出如下趋势:服务能力逐步增强、服务质量显著提升、行业市场不断拓展、科技助力行业发展。

(一)服务能力逐步增强

快递服务的市场供给主要取决于快递服务主体的服务能力。由于服务的不可分割性,服务产品的生产和消费是同时进行的。因此,快递服务主体通常需要

---

① 参见《2014 年中国快递业务量达 140 亿件 跃居世界第一》,载 http://www.xinhuanet.com//politics/2015-01/07/c_127364466.htm,最后访问日期:2025 年 3 月 31 日。

② 参见李心萍:《快递年业务量突破 500 亿件》,载《人民日报》2018 年 12 月 29 日,第 01 版。

③ 参见《2019 年度快递市场监管报告》,载 https://www.spb.gov.cn/gjyzj/c100009/c100010/202007/2524bd2553ed4c45970e19297559be78.shtml,最后访问日期:2025 年 3 月 31 日。

④ 参见《2020 年邮政行业发展统计公报》,载 https://www.spb.gov.cn/gjyzj/c100015/c100016/202105/3597fc5befd4496a8077d790f0888ee8.shtml,最后访问日期:2025 年 3 月 31 日。

⑤ 参见《仅用 83 天,今年快递业务量已突破 200 亿件》,载 https://www.gov.cn/xinwen/2021-03/25/content_5595575.htm,最后访问日期:2025 年 3 月 31 日;《2021 年邮政行业发展统计公报》,载 https://www.spb.gov.cn/gjyzj/c100276/202206/d58b4f4fb1414177a6988b6054e40529.shtml,最后访问日期:2025 年 3 月 31 日。

⑥ 参见《2022 年邮政行业发展统计公报》,载 https://www.spb.gov.cn/gjyzj/c100276/202305/d5756a12b51241a9b81dc841ff2122c6.shtml,最后访问日期:2025 年 3 月 31 日。

⑦ 参见《国家邮政局公布 2023 年邮政行业运行情况》,载 https://www.spb.gov.cn/gjyzj/c100015/c100016/202401/59eeb6e8b0e7404f8127aa2c7aebded6.shtml,最后访问日期:2025 年 3 月 31 日。

直面分散的快递用户。为满足这些用户的不同需求,快递服务主体必须能够提供多种多样的快递服务,这对其服务能力提出了挑战。快递服务主体的服务能力是指该组织利用其所具备的能力和资源,有效地提供快递服务并满足客户需求的能力。这种能力涵盖了物流运输能力、技术支持能力、客户服务能力、应急处理能力等多个方面。快递服务主体的服务能力受到物流网络和设施、信息技术系统、人力资源等多方面因素的影响。例如,快递服务设施和设备的设计能力与实际能力可能存在差异,使得快递服务主体的服务能力具有一定的弹性。

近年来,为了提高快递服务能力,我国快递服务主体不断优化运输能力和网点建设,优化快递服务供给。

一方面,快递服务主体的干线运输能力增强。干线运输能力是指快递服务主体在跨越长距离的干线运输过程中所具备的能力和资源,主要涉及在国家范围内或跨国界的长途运输中确保快递货物能够快速、安全地从发货地点运送到目的地。为此,我国快递服务主体纷纷加快备置快递车辆和快递专用货机,建设快递物流园和大型快件自动化分拣中心。除了自有运输工具之外,快递服务主体还注重开发公共交通工具的运输快件能力。最典型的事例为高铁快递,即以高铁作为快递干线运输的工具,通过专列、专车和专箱等方式展开多式联运,利用高效便捷的公共交通工具提升快递服务的速度。例如,顺丰速运与中铁合资公司"中铁顺丰"打造电商班列精品线——沪深特快班列,主要承担苏、沪与粤之间的货物交流;苏宁物流与中铁快运合作高铁快递专列实现首发。①

另一方面,快递服务主体末端服务能力显著提升。快递末端服务能力,是指快递服务主体在"最后一公里"配送过程中,利用其所拥有的各种资源和技术确保寄递物品准确、及时地送达用户手中的能力。国家邮政局于 2017 年 5 月印发《关于加强和改进快递末端服务管理工作的指导意见》,提出末端服务是快递服务的重要环节,从强化基础设施建设、保持基层网点稳定运行、强化末端服务管理、加快组织实施等方面作出部署。截至 2022 年年末,全国快递末端网点和服务站达 34.3 万个。② 其中,标准化网点建设已经成为提升末端综合能力的重要保障。为保证快递服务能够覆盖到每一个用户,快递服务主体需要建

---

① 参见《2019 年度快递市场监管报告》,载 https://www.spb.gov.cn/gjyzj/c100009/c100010/202007/2524bd2553ed4c45970e19297559be78.shtml,最后访问日期:2025 年 3 月 31 日。

② 参见《2022 年度快递市场监管报告》,载 https://www.spb.gov.cn/gjyzj/c100009/c100010/202305/b4c0c2d81b0149b5910b4f01c4159505.shtml,最后访问日期:2025 年 3 月 31 日。

立覆盖城乡各地的配送网络。例如,对于快件服务需求较高的高校,根据国家邮政局发布的《2019 年度快递市场监管报告》,全国高校已实现快递服务规范化全覆盖。[①] 又如,国家邮政局大力推进"快递入区"工程,各地邮政管理部门积极推动快递公共服务站建设;快递服务主体也积极布局投放智能快件箱,截至 2022 年年底,全国累计布设智能快件箱(信包箱)36.6 万组。[②]

(二)服务质量显著提升

随着市场的发展,快递服务市场的竞争已经不再局限于价格和数量,而更加关注服务质量、创新和个性化需求的满足。需求的多样化和多变性是快递服务市场的重要特征。随着社会经济的不断发展和人们生活水平的提高,快递服务的市场需求呈现出日益多样化和多变化的趋势。个人消费者在性别、年龄、文化程度、地域、生活习惯等方面存在着差异,可能会因为不同的生活场景或者特殊需求而需要不同类型的快递服务,比如普通邮寄、特快专递或者定时配送等。而企业用户的需求则更加多元化,根据其所处的行业、规模、地域等因素,可能需要不同的快递服务方案,例如货运、物流配送、仓储管理等。因此他们对快递服务的需求也各具特色。然而,由于服务产品的无形性和不可见性,用户在购买服务之前通常难以进行实地检查、比较和评价。因此,快递服务企业需要通过提供高品质的服务、建立良好的品牌形象、投放有效的广告宣传以及推出灵活多样的服务方案来吸引客户,满足其多样化和多变化的需求。换言之,快递服务市场的竞争已经逐渐转变为对服务质量和客户体验的竞争。

快递服务质量是快递行业竞争的关键因素之一,对客户满意度和快递公司的品牌形象具有重要影响。快递服务质量包含快递服务的时效、安全、信息保护等方面。为持续改进快递服务质量,近年来,快递服务主体纷纷通过扩展快递服务网络、强化快递服务末端布局、推动快递服务技术创新、加强快递服务安全管理等方法、措施来保证快递服务的高质完成,提升用户的消费体验。在快递服务网络方面,各大快递企业不断开通干线运输线路、积极布局国内外航线。2019 年快递行业新增 24 条国际货运航线,国际航空运输网络覆盖范围不断扩大。[③] 在快

---

① 参见《2019 年度快递市场监管报告》,载 https://www.gov.cn/xinwen/2020-07/09/content_5525223.htm,最后访问日期:2025 年 3 月 31 日。

② 参见《2022 年度快递市场监管报告》,载 https://www.spb.gov.cn/gjyzj/c100009/c100010/202305/b4c0c2d81b0149b5910b4f01c4159505.shtml,最后访问日期:2025 年 3 月 31 日。

③ 参见《2019 年度快递市场监管报告》,载 https://www.spb.gov.cn/gjyzj/c100009/c100010/202007/2524bd2553ed4c45970e19297559be78.shtml,最后访问日期:2025 年 3 月 31 日。

递服务末端布局方面,各大快递企业采取灵活多样的经营模式,满足用户多元化的消费需求,其中,中通快递主推的"快递超市"项目,圆通速递主推的"妈妈驿站"均卓有成效。① 在快递服务技术创新方面,人工智能在快递服务上的运用最为抢眼。例如,顺丰速运的视觉单件分离系统与六面扫描传输设备、中国邮政的智能无人投递车、中通快递的智能寄件桶(小蓝桶)、京东物流的无人分拣中心、申通快递与圆通速递的自动化分拣设备等,标志着快递服务进入了新的时代。② 在快递服务安全管理方面,各大快递企业坚守"安全是快递服务的生命线"这一准则,利用 APP 移动互联网、HHT6 无线终端设备等严格执行了实名收寄、收寄验视等快递服务合同履行中的法定义务。③

目前,我国快递服务市场已基本形成了以快递有效申诉率、快递用户服务满意度、72 小时准时率为分项指标的快递服务质量评价体系。国家邮政局调查显示,2022 年,全国快递服务有效申诉率为百万分之 0.39,快递服务公众满意度得分为 83.4 分,全国重点地区快递服务全程时限为 58.82 小时,72 小时准时率为 77.82%。④ 整体而言,我国快递服务市场不仅业务规模持续增长,快递服务质量亦不断提升。

(三)行业市场不断拓展

随着市场经济的不断发展和人民生活水平的提高,快递服务的覆盖范围和服务内容将不断扩展,快递服务市场的规模和能力也将相应增长。这一趋势是服务市场发展的普遍趋势,反映了人们对便捷、高效服务的不断需求和追求。

我国的快递服务业本来植根于商业发达的江浙沪、广深等地区,而随着互联网技术的普及,快递服务市场得到不断拓展,在全国各地乃至世界各地开枝散叶,逐步建立起全国城乡快递服务网络和全球跨境快递服务网络。

一方面,全国城乡快递服务网络的建立有助于为城乡居民提供快捷、高效、便利的快递服务。全国城乡快递服务网络指的是覆盖全国各地城市和农村地

---

① 参见《2019 年度快递市场监管报告》,载 https://www.spb.gov.cn/gjyzj/c100009/c100010/202007/2524bd2553ed4c45970e19297559be78.shtml,最后访问日期:2025 年 3 月 31 日。

② 参见《2019 年度快递市场监管报告》,载 https://www.spb.gov.cn/gjyzj/c100009/c100010/202007/2524bd2553ed4c45970e19297559be78.shtml,最后访问日期:2025 年 3 月 31 日。

③ 参见《收寄验视、实名登记,顺丰、中通、圆通等拿出"杀手锏"!》,载 https://www.sohu.com/a/251102851_165430,最后访问日期:2025 年 3 月 31 日。

④ 参见《2022 年度快递市场监管报告》,载 https://www.spb.gov.cn/gjyzj/c100009/c100010/202305/b4c0c2d81b0149b5910b4f01c4159505.shtml,最后访问日期:2025 年 3 月 31 日。

区的快递服务网络系统,其建设和发展对于促进经济发展、改善居民生活、推动电子商务和服务农村经济等方面具有重要意义。2015 年 5 月,国家邮政局与商务部联合发布《关于推进"快递向西向下"服务拓展工程的指导意见》,要求进一步健全城乡快递服务网络,加强快递在中西部、农村地区与电子商务的协同发展,促进农村流通现代化。还提出到 2020 年,基本实现"乡乡有网点,村村通快递"。截至 2019 年底,农村地区超过 3 万个乡镇建成农村快递网点,建成公共取送点达 6.3 万个,乡镇快递网点覆盖率达 96.6%;打造快递服务现代农业"一地一品"年业务量超百万件项目 163 个,农村地区年收投快件超过 150 亿件,支撑工业品下乡和农产品进城超 8700 亿元。[①] 截至 2022 年年底,累计建成 990 个县级寄递公共配送中心、27.8 万个村级快递服务站点。[②]

　　另一方面,随着全球经济一体化的深入推进和信息通信技术的普及应用,快递服务产业面临着更广阔的竞争范围和更多元的合作机遇,全球跨境快递服务网络也由此形成。全球跨境快递服务网络通常涵盖了国际货运、跨境仓储、海关通关、国内派送等环节,通过整合各种资源和运输方式,实现了寄递物品在全球范围内得到快速、高效的运输和交付。这一快递服务网络的建立和运营使得各国之间的商品和货物可以迅速、安全地跨越国界,促进了全球范围内的贸易往来和物流流通,也为跨国电子商务和全球供应链提供了重要支撑,推进了国际贸易的发展和经济全球化的进程。近年来,各大快递企业加快了"走出去"的步伐,例如,2014 年,顺丰速运开通了"全球顺"的国际快递服务[③],2015 年,顺丰速运主导的跨境 B2C 电商网站"顺丰海淘"上线[④],2016 年,顺丰速运携手俄罗斯本土电商 Ulmart 打造的 Rumall 丰卖网上线[⑤];2017 年,圆通速递发起的"全球包裹联盟"(Global Parcel Alliance,简称为 GPA)正式启动,这也

---

①　参见《2019 年度快递市场监管报告》,载 https://www.spb.gov.cn/gjyzj/c100009/c100010/202007/2524bd2553ed4c45970e19297559be78.shtml,最后访问日期:2025 年 3 月 31 日。

②　参见《2022 年度快递市场监管报告》,载 https://www.spb.gov.cn/gjyzj/c100009/c100010/202305/b4c0c2d81b0149b5910b4f01c4159505.shtml,最后访问日期:2025 年 3 月 31 日。

③　参见李铎、王运:《顺丰上线"全球顺"加速国际化布局》,载《北京商报》2014 年 8 月 11 日,第 5 版。

④　参见《网易顺丰进军海淘 跨境电商面临规模化瓶颈》,载 http://www.nbd.com.cn/articles/2015-01-12/889872.html,最后访问日期:2025 年 3 月 31 日。

⑤　参见吴文治、王运:《携手 Ulmart 顺丰布局对俄出口电商平台》,载《北京商报》2016 年 8 月 26 日,第 5 版。

是唯一一个由国内物流快递企业发起的国际化物流快递联盟平台①;2020年,申通国际将业务范围覆盖至 70 多个国家和地区,充分利用中欧专列、航空包机、海运等运输资源,在欧洲建立了以列日、布达佩斯、阿姆斯特丹为中心的分拨中心 24 小时转运体系,在波兰建立东欧地区物流转运中心,并辐射欧洲建立多个海外仓、全面拓展中欧小包、国际专线等快递业务,欧洲直营公司和加盟网络超过 30 个,全面覆盖了英国、法国、德国、意大利、西班牙等国家②;韵达速递开通了跨境直邮网站优递爱(UDA),于自己的平台之上整合全球跨境品牌零售电商。③ 在 2022 年,快递企业新增 52 条国际航线,畅通国际物流供应链,国际/港澳台快递业务量累计完成 20.2 亿件。④

(四)科技助力行业发展

高新技术的涌现催生了快递服务产业和服务方式的革新,对我国的快递服务市场的发展产生了深远的影响。首先,科技的进步为快递服务行业带来了新的增长点和商机,激发了新型服务业态的出现,推动了服务业的数字化转型和智能化发展。例如,随着电子商务行业的蓬勃发展,电子商务快递服务市场迅速兴起。其次,科技的应用使得快递服务行业逐渐从传统的劳动密集型产业转向技术和知识密集型产业。新技术的引入不仅提升了服务行业的智能化水平,还改变了服务方式和流程,提高了服务效率和质量。最后,新技术的运用改善了快递服务劳动者的工作环境和条件,使得他们能够更加便捷、高效地完成工作。同时,新技术的应用也确保了服务的规范性、质量的稳定性以及快递服务的迅捷性,为用户提供了可靠的服务保障。这些改进加速了服务产品的流通速度,提高了整体生产效率和效益。

具体来说,为了降低生产成本,各大快递企业纷纷对快递服务的收寄、分拣、运输、投递四大环节进行技术化改造,提升快递服务的效率,从而在激烈的行业竞争中激流勇进、适者生存。

---

① 参见《启动全球包裹联盟 圆通加速国际化布局》,载 https://www.yicai.com/news/5293053.html,最后访问日期:2025 年 3 月 31 日。

② 参见《申通国际正在加快全球快递网络搭建速度!》,载 http://www.cea.org.cn/content/details_10_20325.html,最后访问日期:2025 年 3 月 31 日。

③ 参见《韵达快递跨境电商平台"优递爱"正式上线》,载 http://www.cea.org.cn/content/details_10_6347.html,最后访问日期:2025 年 3 月 31 日。

④ 参见《2022 年度快递市场监管报告》,载 https://www.spb.gov.cn/gjyzj/c100009/c100010/202305/b4c0c2d81b0149b5910b4f01c4159505.shtml,最后访问日期:2025 年 3 月 31 日。

在收寄环节,科技运用能够显著提升揽收效率。如 2017 年 12 月国内领先的快递信息和数据服务提供商"快递 100"所发布的"轻智能收寄时代"云服务系列产品,通过快递 100 收件端、快递 100 小助手、快递 100 云盒等现代化设备①,对寄件人与快递员进行智能化连接,使快递员能够同时接收大量订单,省时省力。又如中邮速递易推出的"小黄筒",是一款可以提供 24 小时自助交寄服务的终端设备,有效解决了交寄快件与快递员揽收快件的时间错配问题。② 而电子运单的推广,则有效降低了纸质运单的耗费,节约经营成本,截至 2019 年年底,全国电子运单使用率达 98%。③

在分拣环节,自动分拣系统、分拣机器人、无人仓等技术已逐步实现规模化应用。京东物流是自动分拣技术运用的翘楚,其于 2016 年成立了项目组,专项攻克人工智能技术在快递物流中的运用。在京东固安 3C 仓库,每日有超过 30万峰值的自动分拣任务,无人仓储计划由智能机器完成入库、理货、出库、分拣等操作④;在京东昆山无人分拣中心,实现从供包到装车全程取代人力操作,通过智能管控系统,实现百分之百的无人分拣,目前该分拣中心的分拣能力已达到 9000 件/小时。⑤

在运输环节,各大快递企业利用大数据技术对快递服务需求进行整合,发挥数据平台的开放性、交互性等优势,通过数据信息有效对接优化快件运输路线、快件运输积载,降低运输成本;通过 GPS 卫星定位、传感技术等实现快件运输环节的可视化,对快件所处状况进行实时监控,一旦发现不符合运输条件的异常情形,立即报告处理。此外,各大快递企业还在指定区域、线路内积极运用无人机、无人驾驶车辆,提升运输能力和效率。

在投递环节,利用物联网技术的智能快件箱的出现和普及,极大缓解了快

---

① 参见《打通寄件与收件 快递 100 轻智能收寄将抓住零售第四次革命机遇》,载 http://m.ikanchai.com/pcarticle/180750,最后访问日期:2025 年 3 月 31 日。

② 参见《中邮速递易小黄筒上海松江首秀 引领物流行业新潮流》,载 https://www.sohu.com/a/202662714_608776,最后访问日期:2025 年 3 月 31 日。

③ 参见《2019 年度快递市场监管报告》,载 https://www.spb.gov.cn/gjyzj/c100009/c100010/202007/2524bd2553ed4c45970e19297559be78.shtml,最后访问日期:2025 年 3 月 31 日。

④ 参见《"6.18"期间平均两分钟发出一车货 智能分拣中心提升京东物流效率》,载 http://dz.jjckb.cn/www/pages/webpage2009/html/2016-06/21/content_20418.htm,最后访问日期:2025 年 3 月 31 日。

⑤ 参见《全球首家全程无人分拣中心曝光 京东物流加速技术发展战略》,载 http://it.people.com.cn/n1/2017/0802/c1009-29443564.html,最后访问日期:2025 年 3 月 31 日。

递服务"最后一公里"的难题。截至 2022 年年底,全国累计布设智能快件箱(信包箱)36.6 万组。[①] 此外,新的末端投递模式不断涌现,如无人机投递、刷脸自提柜、共享快递盒、移动投递车、太阳能智慧配送车等,尝试以更加智慧、集约、多元的解决方案适应不同情境的要求,为用户提供个性化、精准的快递服务。

第三节　快递行业相关法律规范梳理

一、法律法规层面

在法律法规层面,主要有《邮政法》和《快递暂行条例》。

(一)《邮政法》第六章"快递业务"

我国《邮政法》发布于 1986 年,自 1987 年 1 月 1 日起施行;后为适应社会现实发展,进行了多次修改,最新一次修改在 2015 年。《邮政法》是现今全面统领邮政行业的法律规范,也是快递服务业的基本法。《邮政法》共 9 章 87条,包括总则、邮政设施、邮政服务、邮政资费、损失赔偿、快递业务、监督检查、法律责任和附则。

快递服务于 2009 年纳入《邮政法》的调整范围。《邮政法》对快递服务的规范主要体现在三个方面。第一,快递业务经营许可制度。《邮政法》明确规定,经营主体应当依法取得快递业务经营许可。一方面,《邮政法》从实体层面详细规定了快递企业的准入条件,其申请快递业务经营许可时,须满足法人条件、不同经营范围所对应的最低注册资本、与经营地域范围相匹配的服务能力、服务质量管理制度、业务操作规范、安全保障制度等要求。另一方面,《邮政法》从程序的层面明确了快递业务经营许可的审批机关、审批时限与效力等具体内容,为快递企业申请快递业务经营许可、管理部门履行审批许可申请的职责提供了具体的业务规范。第二,快递服务操作规范制度。快递服务提供过程中的邮政专营、收寄验视、禁限寄物品、用户信息保护等制度均被初步提出,有的专门设定条文进行规定,有的准用邮政服务的规定。其中,鉴于快递服务在快递企业、从业人员、快件处理场所、快件、快递损失赔偿方面与邮政服务具有

---

① 参见《2022 年度快递市场监管报告》,载 https://www.spb.gov.cn/gjyzj/c100009/c100010/202305/b4c0c2d81b0149b5910b4f01c4159505.shtml,最后访问日期:2025 年 3 月 31 日。

一定的相似性,出于立法技术的考虑,《邮政法》明确规定快递服务的前述内容适用邮政服务的相应规定。第三,明确法律责任。《邮政法》对与快递服务相关违法行为的法律责任作出规定。主要包括无证经营的行为、价格违法的行为、不建立或者不执行收寄验视的行为、违反禁止限制寄递的行为、损害用户快递信息的行为、危害国家安全的行为等。其中,对于快递企业违反邮政专营的行为、不建立或者不执行收寄验视制度的行为、违反禁止限制寄递的行为、损害用户快递服务信息的行为、拒绝或阻碍管理部门监督检查的行为、危害国家安全的行为,邮政管理部门有权吊销其快递业务经营许可证。自快递业务经营许可证被吊销之日起3年内,该快递企业不得申请经营快递业务。

快递业务关涉国计民生,具有重要的战略意义。《邮政法》中关于快递业务的法律规范的一大特点是高度重视国家安全问题。该法第六章关于快递业务的规范仅有10条,其中有3个条文明确规定国家安全问题。首先,在关于快递业务经营许可的一般规定中,该法关注了快递企业投资者的国籍问题,限制外商投资快递企业的经营范围,禁止其从事经营信件的国内快递业务。其次,在快递业务经营许可申请的审查批准环节,《邮政法》明确规定邮政管理部门应当考虑该申请对国家安全的影响,征求有关部门的意见后作出是否批准许可的决定。最后,《邮政法》针对快递业务中危害国家安全的行为规定了相应的法律责任。如果快递企业及其从业人员的经营活动存在危害国家安全的行为,应当承担相应的法律责任,且对快递企业处以吊销快递业务经营许可证的行政处罚。

(二)《快递暂行条例》

《快递暂行条例》由国务院于2018年3月2日公布,分别于2019年3月2日和2025年3月12日进行了修订。该条例作为我国第一部针对快递行业的行政法规,其地位仅次于《邮政法》,是制定与修订快递行业部门规章、规范性文件、地方性法规与地方政府规章的重要依据。《快递暂行条例》具有以下几个方面的特点:其一,明确促进行业发展的基本定位。《快递暂行条例》在总则部分提出各级政府应当为快递服务业的发展创造良好的营商环境,其政策应当符合公平竞争要求,并特设"发展保障"专章。其二,积极响应简政放权号召。《快递暂行条例》旨在维护快递服务业的竞争秩序,明确快递末端网点备案制度,从而有效减轻了快递服务主体的市场准入负担。其三,强化快递用户权益保障。《快递暂行条例》强调保护快递用户的安全权、知情权、求偿权,以及个人信息权益不受侵害,特别规定了快递加盟经营模式下被加盟方快递企业的损害赔偿责任。其四,快递服务规范的优化。《快递暂行条例》结合行业规章和行业标准的经验,对快递服务环节中快递服务主体、寄件人、收件人之间的权利义务关系进行了梳理和完善。其五,监管部门职权的制度化。《快递暂行条例》对邮政管理部门的监督检查权的行使范围、行使方式等进行了规范。

具体而言,《快递暂行条例》共 9 章 59 条,围绕总则、发展保障、经营主体、快递服务、快递安全、快递包装、监督检查、法律责任、附则谋篇布局。

在总则部分,《快递暂行条例》厘定了该行政法规的立法目的和适用范围,提出了市场主导、保障安全、创新驱动、协同发展等原则,并明确了监督管理部门、行业自律组织的职责与功能。在发展保障部分,《快递暂行条例》提出各级行业主管部门应当将快递业发展纳入本级国民经济和社会发展规划,并提供政府政策支持,涵盖基础设施、从业人员保障、服务网络布局、现代科技应用、行业协同发展、快递出海等方面。在经营主体部分,《快递暂行条例》首先关注了快递业务经营许可制度和快递末端网点备案制度,从而降低快递服务市场的准入门槛,提升快递末端网点的覆盖率。同时,《快递暂行条例》对快递加盟经营模式作出规定,明确了作为被加盟方的快递企业的义务和责任。最后,《快递暂行条例》特别规定了对快递从业人员合法权益的保护,体现了该行政法规对从业人员的人本关怀。在快递服务部分,《快递暂行条例》着重厘清快递服务合同主体之间的法律关系,以快递服务合同的订立、履行、违约责任为主线,结合快递业务操作的特点作出规定。在订立方面,强调快递企业的格式条款提示说明义务,以及用户的实名寄递和如实告知义务;在履行方面,明确快递企业负有规范操作与妥当投递的义务,特别规定了无着快件的处理规则;在违约责任方面,规定了快递服务合同的损害赔偿规则,以及快递保价与保险规则。在快递安全部分,《快递暂行条例》详细规定了快递业务中的安全操作规范,包括禁止寄递或者限制寄递物品、收寄验视、安全检查、电子运单管理、电子数据管理、用户信息保护、安全生产责任制、突发事件应急处理等规则。在快递包装部分,《快递暂行条例》规定快递企业应当优化快递包装方式和包装结构设计、制定实施快递包装操作规范、制定实施包装物回收利用管理制度、报告包装物中一次性塑料制品使用回收情况等内容。在监督检查部分,该行政法规明确了监督检查的重点事项、日常监督检查制度、监督检查措施等内容。在法律责任部分,《快递暂行条例》明确了无证经营、末端网点未备案、违反收寄验视义务、违反实名寄递义务、用户信息泄露、危害国家安全、快递包装不符合要求等行为的法律责任，为快递业务的开展提供了国家强制力的保障。

二、部门规章层面

（一）《快递市场管理办法》

《快递市场管理办法》作为对快递服务市场进行整体规范的规章，对行业发展起到重要的引领作用。《快递市场管理办法》于 2008 年 7 月 12 日由交通运输部发布，是一部专门调整快递服务市场各方主体与活动的部门规章。2012 年 12 月 31 日，交通运输部第一次对《快递市场管理办法》作出修订，并于 2013 年 3 月 1 日起施行。随着快递市场的发展，新的问题不断涌现，原有的《快递市场管理办法》已经无法充分满足为快递服务市场发展提供规范依据的需求，鉴于此，交通运输部于 2023 年 12 月 8 日再次修订《快递市场管理办法》，该办法自 2024 年 3 月 1 日起施行。《快递市场管理办法》包括总则、发展保障、绿色低碳发展、市场秩序、快递服务、安全发展、监督管理、法律责任、附则，共 9 章 57 条。相较于 2013 年《快递市场管理办法》，2023 年《快递市场管理办法》的修订重点在于解决以下两个方面的问题。一方面，依照 2019 年《快递暂行条例》的规定，修改或者增加部分内容。《快递暂行条例》为国务院制定的行政法规，《快递市场管理办法》为交通运输部制定的部门规章，两者均对快递服务市场事项作出规定，由于《快递暂行条例》是《快递市场管理办法》的上位法，《快递市场管理办法》的内容不得与作为上位法的《快递暂行条例》冲突。另一方面，注重促进快递服务市场的发展，集中解决行业焦点问题。例如，2023 年《快递市场管理办法》增设"发展保障"专章，从制定快递业发展规划、布局公共服务设施、建设进出境快件处理中心、创新快递商业模式等多个方面，为快递服务市场的发展提供保障。又如，将原先的"经营主体"一章更名为"市场秩序"，将原先的"快递安全"一章更名为"安全发展"，并修改了重要条款的内容，从而转变监管思路，从市场的角度诠释快递行业规则，让法律更好地为促进市场持续发展而服务。再如，强调快递绿色发展原则，2023 年《快递市场管理办法》总则部分共计 9 个条文，其中便有 2 个条文明确规定快递行业应当绿色经营、绿色低碳发展，又新设"绿色低碳发展"专章，从绿色包装、包装物回收等方面着手，为快递服务市场的绿色发展提供规范。

此外，2023 年《快递市场管理办法》还着重修订了有助于提升快递服务质量的相关规范,主要包括:第一,明确总部快递企业的统一管理责任。2023年《快递市场管理办法》提出"总部快递企业"的概念,明确提出总部快递企业应当在服务质量、安全保障、业务流程、生态环保、从业人员权益保障等方面实施统一管理,并承担统一管理责任。第二,强化快递企业的公示义务,保障快递用户的知情权。快递企业有义务依法公布服务种类等相关服务事项,书面告知电子商务经营者在其网页上明示快递服务品牌,采取技术手段保证快递用户能够查询快递运单号码等。第三,完善快件签收制度,规范快递企业的履约行为。智能快件箱、快递服务站等投递方式的出现,既提升了快递投递的效率,也引发了快递员不按约定名址投递、损害寄递物品财产安全等法律隐患。为此,《快递市场管理办法》明确指出,快件的签收方式原则上应当为当面签收,除非快递企业事先与用户作出另行约定。快递企业未经用户同意,不得代为签收,也不得改变快件的签收方式。第四,严格要求快递运单及号码管理,促进快递服务行业的数字化转型。随着信息技术的发展,大多数快递企业采用电子运单的方式与快递用户签订快递服务合同,相关数据的管理成为业务开展与监督管理中的重点与难点问题。对此,《快递市场管理办法》规定,快递企业应当建立快递运单(含电子运单)管理制度和操作规程,采取安全措施,实行信息关联管理,保证跟踪查询,向监督管理部门报送业务数据信息,以规范快递服务的数字化发展。第五,细化快递用户个人信息保护规定,保障快递用户的人格权益。《快递市场管理办法》明确了快递企业负有保护快递用户个人信息安全的义务。这主要包括快递企业应当控制可以查询的快递用户个人信息内容的范围,防止未经授权的查询,采取加密、去标识化等安全技术措施,委托其他企业处理快递用户个人信息时负有评估与监督义务。《快递市场管理办法》还明确了快递企业对快递用户的个人信息保护责任不因委托关系而免除。

(二)《邮政业寄递安全监督管理办法》

邮政业寄递安全关系到国家安全、社会安全与广大快递用户的人身财产安全。交通运输部作为邮政行业的行政主管部门,专门出台了关于邮政业寄递安全的部门规章。《邮政业寄递安全监督管理办法》于2019年12月18日通过,自2020年2月15日起施行,2011年发布的《邮政行业安全监督管理办法》同时废止。在施行近4年之后,交通运输部于2023年12月20日修正了《邮政业寄递安全监督管理办法》。该部门规章的出台与修正均有一定社会背景。2019年前后,有不法分子利用邮政渠道寄递违禁物品,严重危害了国家安全、社会秩序与用户安全。且随着 2016 年《中华人民共和国反恐怖主义法》(以下简称《反恐怖主义法》)、2018 年《快递暂行条例》、2019 年《电子商务法》的施行,法律法规对包括快递业务在内的邮政行业寄递安全提出了全新的要求。

相较于《邮政行业安全监督管理办法》,2020 年施行、2023 年修正的《邮政业寄递安全监督管理办法》聚焦寄递环节的安全问题,删减与寄递安全关联性不强的条款,取消了原有的"分章"结构,体例更为简洁,共计 43 条。《邮政业寄递安全监督管理办法》主要包括以下内容。第一,完善寄递业务操作规范,包括禁止或者限制寄递制度、实名收寄制度、收寄验视制度、安全检查制度、视频监控制度、协议用户管理制度和寄递信息安全管理制度等。第二,细化寄递企业管理规范,包括寄递安全统一管理制度、安全教育培训制度、邮政业应急管理制度和寄递安全监督检查制度等。第三,增加邮件快件寄递过程中的生态安全要求,规定快递服务主体应当使用符合规定的安全且环保的包装材料,防止过度包装,鼓励回收再利用包装材料。第四,更新法律责任情形,根据寄递行为的规范要求,明确快递服务主体违反行为规范时的法律责任,具体包括包装材料与填充物质不符合要求、未向协议用户书面告知包装要求、视频监控不符合规定、未按照要求报送数据信息四种情形。

(三)《快递业务经营许可管理办法》

《快递业务经营许可管理办法》于 2009 年 10 月 1 日起施行,历经 2013 年、2015 年、2018 年、2019 年四次修改。其中,2018 年的修改最为核心,吸收了监管部门"放管服"改革的成果,适当放松对快递业务经营许可的管理,以适应快递服务市场新模式、新业态的发展需求。施行近 1 年之后,交通运输部于 2019 年 11 月 28 日对《快递业务经营许可管理办法》做出小幅修正,调整了对快递企业拒绝、阻碍监督检查行为的行政处罚措施,其余条文规范保持不变。

现行《快递业务经营许可管理办法》由总则、申请与受理、审查与决定、许可管理、监督检查、法律责任、附则构成,共 7 章 36 条。该管理办法对经营主体的经营许可事项进行了详细的规范设计,主要体现在以下几个方面:第一,细化了快递业务经营许可的实质条件。《邮政法》简要规定了快递业务经营许可条件,在此基础上,该管理办法从具体落实的角度,对快递企业的服务能力、服务质量管理制度和业务操作规范、安全保障制度和措施等要求进行了细化。第二,优化了快递业务经营许可程序。该管理办法对许可的申请与受理、审查与决定、变更与延续、注销与作废等程序作出了细致规定,既能够规范行政机关的管理行为,又能够为快递企业提供清晰的行为指引。第三,规范了事中事后监督管理行为。该管理办法规定以年度报告取代年检制度,增设了合并分立备案、分支机构和末端网点备案的情形与程序,明确了快递业务经营许可注销、许可证公告作废等相应退出机制。

相较于2009年的《快递业务经营许可管理办法》,现行《快递业务经营许可管理办法》的显著特点是行业主管部门的简政放权,为经营主体进入快递市场提供良好的营商环境,减轻其准入负担。例如,对申请经营国际快递业务的申请人,在其未实际具备报关数据、处理场地等条件的情况下,给予一定的宽限期。又如,规定邮政管理部门可以委托下级管理部门实施快递业务经营许可有关工作。再如,精简企业分支机构手续,将原来的"取得分支机构名录——注册登记——备案"三个步骤简化为"取得分支机构名录即为备案"一个步骤,并重申快递末端网点无需办理营业执照。

(四)《智能快件箱寄递服务管理办法》

国家邮政局于2017年5月启动《智能快件箱寄递服务管理办法》制定工作,于2019年3月19日决定提请交通运输部审议。《智能快件箱寄递服务管理办法》于2019年6月20日由交通运输部公布,自2019年10月1日起施行。《智能快件箱寄递服务管理办法》以智能快件箱的运营企业和使用企业为调整对象,对智能快递服务进行了全方位的规范,是我国第一部人工智能商业运用的部门规章。该管理办法共35条,主要规定了立法目的、适用范围、管理机关、管理原则、经营主体、资质取得、智能快件箱运营企业的业务规范、智能快件箱使用企业的业务规范、交寄物品的业务规范、投递物品的业务规范、监督检查与法律责任等内容。

《智能快件箱寄递服务管理办法》在以下方面具有显著的亮点。第一,界定新型服务主体的法律地位。该管理办法首先明确了智能快件箱的定位为快递末端网点,然后根据功能与服务的不同,将智能快件箱寄递服务中商事主体划分为智能快件箱运营企业(以下简称"运营企业")与智能快件箱使用企业(以下简称"使用企业"),规定符合法定条件的两类主体可以取得快递业务经营许可。第二,确立运营企业和使用企业的快递服务规范。运营企业应当具备满足寄递功能的技术条件,告知用户服务项目、合同条款与法规规定,维护智能快件箱的正常运行,保障数据安全,保障用户信息安全。使用企业应当建立使用管理制度,明确操作规范,按照规定收寄和投递,依法处理禁止或者限制寄递物品。第三,注重保护快递用户合法权益。一方面,收件人对接受智能快件箱投递模式享有同意权,即除快递服务合同约定外,使用企业应当在征得收件人的同意之后,才能使用智能快件箱投递快件。另一方面,收件人有拒绝签收的权利,收件人可以当场查验快件,发现快件延误、损毁、内件缺失时,收件人有权拒绝签收快件并将其退回智能快件箱。第四,明确"一票到底"的责任承担规则。该管理办法强调,在快递服务中,智能快件箱的使用企业始终是明确的责任主体,不因其与运营企业的委托合同而免除使用企业应当履行的义务。

(五)《邮件快件实名收寄管理办法》

《邮件快件实名收寄管理办法》由交通运输部于 2018 年 10 月 22 日公布并开始施行,其立法目的在于通过落实实名收寄制度,保障寄递渠道和快递用户的安全。《邮件快件实名收寄管理办法》共 22 条,主要内容包括以下方面:第一,明确了实名收寄的行为内容。寄递企业收寄邮件快件时,应当要求寄件人出示有效身份证件,对寄件人身份进行查验,并登记身份信息。同时,该管理办法明确了寄件人的各类有效身份证件类型。第二,规定了实名收寄的义务分配。在一般情形下,寄递企业应当制定并严格落实本单位的实名收寄管理制度和措施。但存在两种特殊情形:一是,被加盟方快递企业应当对实名收寄的内容、流程、安全实行统一管理;二是,在委托经营收寄业务的情形下,委托合同不能免除委托方对实名寄递应当承担的责任。第三,规定了不同情形下的实名寄递操作规范。该管理办法分别明确了一般情形下的、以安全协议方式交寄时的、寄件人为法人或者其他组织时的、委托他人交寄时的实名收寄规则,为寄递企业与寄件人提供了详细具体的操作规范。第四,强化了寄递企业保障用户信息安全的义务。针对通过实名寄递制度采集的大量用户身份信息,该管理办法详细规定了寄递企业应当履行的信息保护义务,主要包括健全信息安全保障制度,采取防护、保密和补救措施,向主管部门报告,配合调查处理与境内存储信息等。第五,明确了寄递企业违反实名收寄规定的法律责任。该管理办法针对寄递企业实名收寄操作不规范、不执行实名收寄制度、未妥善保护用户身份信息等行为,分别规定了相应的法律责任。

三、其他规范性文件

国家邮政局还针对快递行业出台了为数不少的规范性文件,以有效应对快递服务市场发展过程中出现的现实问题,主要包括以下规范性文件。

2014年3月19日,国家邮政局针对快递行业内的用户个人信息保护问题发布了《寄递服务用户个人信息安全管理规定》。之后,伴随数字信息技术的不断升级迭代,我国个人信息保护方面的立法也不断完善,《中华人民共和国网络安全法》(以下简称《网络安全法》)、《中华人民共和国数据安全法》(以下简称《数据安全法》)、《中华人民共和国个人信息保护法》(以下简称《个人信息保护法》)等纷纷出台。在此背景下,国家邮政局于2023年2月对该管理规定进行了修订,新修订的《寄递服务用户个人信息安全管理规定》主要包括以下内容:第一,明确了寄递服务用户个人信息保护的责任主体。在一般情况下,寄递企业是寄递服务用户个人信息保护的责任主体。此外,还规定了两种特殊情形:一是被加盟方快递企业要对使用其商标、字号或运单的快递企业的信息安全实行统一管理,并依法承担相应责任;二是寄递企业委托第三方完成全部或者部分寄递业务,对受托方侵害用户个人信息安全的行为,寄递企业应当依法承担相应责任。第二,制定了全流程的寄递服务用户个人信息管理制度。寄递企业应当建立投诉处理及请求响应机制,建立应急处理机制并及时采取应急处置措施,建立健全用户个人信息保护合规制度体系,发布寄递服务用户个人信息保护社会责任报告,加强应用安全管理和离岗人员信息安全审计,提高实时监测能力和存储介质管理能力,制定信息系统互联安全技术规则,加强营业场所与处理场所管理,以及落实寄递服务用户个人信息安全责任制。第三,制定了具体的寄递服务用户个人信息保护操作规范。去标识化处理是个人信息保护的重要措施,该管理规定结合寄递服务流程的特点,规定了在寄递企业使用快递电子运单、授权第三方处理或使用快递电子运单的情形下,寄递企业和第三方的去标识化处理的义务与操作流程。

2018年12月14日,国家邮政局印发了《快递业绿色包装指南(试行)》,2020年6月12日,国家邮政局印发《邮件快件绿色包装规范》,以推进邮件快件包装绿色治理,促进资源节约利用,减少环境污染,《快递业绿色包装指南(试行)》同时废止。《邮件快件绿色包装规范》未采用分章体例,共计29条。该规范主要规定了以下内容:第一,寄递企业的绿色包装管理制度,主要包括包装统一采购制度、包装操作制度、包装物统计制度、岗前培训和在岗培训制度、内部考核和奖惩制度等。第二,寄递企业的绿色包装操作规范。该规范公布了详细的绿色包装操作要求,便于寄递企业依规落实。主要包括包装的重金属与苯类溶剂残留数量、各类型号的包装箱的尺寸、各类型号包装箱的胶带封装方式、填充材料的材质选择、可循环集装袋的选择、包装产品的印刷要求、可循环包装的使用与共享、包装物的回收等。第三,寄递企业与上下游主体的协同。该规范提出应当在邮件快件绿色包装方面"加强协同",即指寄递企业与用户的协同,寄递企业与其他行业的经营主体的协同,以及寄递企业与包装生产企业、科研单位、高等院校、环保组织的协同,以推动邮件快件绿色包装事业的发展。

2007 年 11 月 6 日,国家邮政局发布了《禁寄物品指导目录及处理办法》,2016 年 11 月 7 日,国家邮政局会同公安部、国家安全部发布《禁止寄递物品管理规定》,防止禁止寄递物品进入寄递渠道,妥善处理违禁物品,从而维护寄递渠道的安全畅通,同时,《禁寄物品指导目录及处理办法》废止。《禁止寄递物品管理规定》分为正文与附录两部分,附录为"禁止寄递物品指导目录",正文共计 17 条,不设章节,主要包括以下内容。第一,规定了禁止寄递物品的类型,主要包括三类:危害国家安全、扰乱社会秩序、破坏社会稳定的各类物品,危及寄递安全的各类物品,以及法律、行政法规、部门规章规定的其他禁止寄递物品。禁止寄递物品的具体种类由附录详细列举,共包括 19 类物品。第二,细化了寄递企业对禁止寄递物品的处理规范,主要包括执行收寄验视制度、建立安全检查制度、制定禁止寄递物品处置预案、妥当处理完成收寄后发现的禁止寄递物品或者疑似禁止寄递物品等。第三,明确了寄递企业与用户违法寄递禁止寄递物品的法律责任。寄递企业违反规定收寄禁止寄递物品的,应当承担相应的行政责任;用户违反规定寄递禁止寄递物品的,应当承担相应的民事责任、刑事责任与行政责任。

2014 年 3 月 10 日,国家邮政局公布《无法投递又无法退回快件管理规定》。该规定首先对无法投递的快件、无法投递又无法退回的快件进行界定,明确了该规定的适用范围,然后又详细规定了无法投递又无法退回快件的处理规范。具体包括安排专门场地保管、最低保管期限、提供查询服务、不宜保存快件的处理、保管期限届满时的处理规范、捐献捐赠快件的处理、国际快件处理、建立台账记录、建立认领信息平台、做好处理交接记录等内容。

四、标准化文件层面

标准化文件是指为了在既定范围内获得最佳秩序,促进共同效益,对现实或潜在问题确立共同使用和重复使用的条款后,进行编制、发布和应用而形成的文件。标准化文件以标准为主要表现形式,此外还包括技术规范、技术报告等。标准由国家机构或行业机构制定,具有一定程度的专业性,可以有效评判规范对象行为的合法性。因此,标准对于法律规范的落实具有支撑作用,决定着法律规范所能发挥的实效。[①] 快递行业的标准可分为国家标准和行业标准。国家标准是在全国范围内实施的技术规则,主要由中国标准化研究院等机构制定,并由国家市场监督管理总局、国家标准化管理委员会发布。行业标准是在快递行业范围内,针对快递服务的具体环节实施的技术规则,主要由特定环节相关的专业机构制定,并由国家邮政局发布。国家标准和行业标准共同致力于提升快递行业的标准化水平。

(一)快递国家标准

快递国家标准包括《快递服务 第 1 部分:基本术语》(GB/T 27917.1-2023)、《快递服务 第 2 部分:组织要求》(GB/T 27917.2-2023)、《快递服务 第 3 部分:服务环节》(GB/T 27917.3-2023)、《邮件快件循环包装使用指南》(GB/T 43805-2024)、《快递包装重金属与特定物质限量》(GB 43352-2023)、《快递循环包装箱》(GB/T 43283-2023)、《快件高铁运输信息交换规范》(GB/T 42937-2023)、《快递包装分类与代码》(GB/T 42390-2023)、《快递电子运单》(GB/T 41833-2022)、《快递服务制造业仓配信息交换规范》(GB/T 40044-2021)、《快递服务与电子商务信息交换规范》(GB/T 40043-2021)、《绿色产品评价 快递封装用品》(GB/T 39084-2020)、《快递支付服务信息交换规范》(GB/T 39083-2020)、《快件航空运输信息交换规范》(GB/T 38726-2020)、《快递封装用品 第 1 部分:封套》(GB/T 16606.1-2018)、《快递封装用品 第 2 部分:包装箱》(GB/T 16606.2-2018)、《快递封装用品 第 3 部分:包装袋》(GB/T 16606.3-2018)、《快递运单》(GB/T 28582-2012)。

其中,最为重要的是《快递服务》国家标准,包括基本术语、组织要求、服务环节三个文件。《快递服务》国家标准于 2011 年 12 月 30 日发布,自 2012 年 5 月 1 日实施。该标准施行后,显著地促进了快递服务市场的规范发展。考虑到十余年前的标准已经无法适应当前快递服务市场的现状,国家邮政局等相关部门对该标准作出修订,于 2023 年 12 月 28 日发布了新的《快递服务》国家标准,自 2024 年 4 月 1 日起施行。第一,《快递服务 第 1 部分:基本术语》明确了

---

① 参见柳经纬:《评标准法律属性论——兼谈区分标准与法律的意义》,载《现代法学》2018 年第 5 期。

快递服务相关术语的含义,为快递服务的开展提供了基础。该国家标准包括前言、引言、正文、参考文献、索引五个部分,其中正文包括十条标准:第 1 条介绍了本文件的主要内容与适用范围。第 2 条表明本文件无规范性引用文件。第 3 条界定了寄递、快递服务、快递服务主体、快件等基础概念。第 4 条至第 10条分别详细阐释了从业人员、快递服务类别、特殊快件、服务设施设备、服务用品、服务环节、服务质量相关术语的含义。第二,《快递服务 第 2 部分:组织要求》为快递服务主体提出了基本的要求。该国家标准包括前言、引言、正文、参考文献四个部分,其中正文包括十条标准。第 1 条介绍了本文件的主要内容与适用范围。第 2 条列举了本文件所引用的规范性文件。第 3 条指出根据《快递服务 第 1 部分:基本术语》的标准确定本文件所使用术语的含义。第 4 条提出了快递服务主体的五项总体要求,分别为时效性、准确性、安全性、便捷性与环保性。第 5 条至第 14 条则分别从服务主体、服务产品、服务场所及设施、包装用品及设备、从业人员管理、信息系统、数据安全、服务合同、服务安全、服务质量十个方面,提出了快递服务主体应当满足的条件。第三,《快递服务 第 3 部分:服务环节》为快递服务的各个环节提供了具体的操作标准。该国家标准包括前言、引言、正文、附录 A 与参考文献五部分。其中,正文包括六个部分,分别为范围、规范性引用文件、术语和定义、总体要求、国内快递业务、国际快递业务。该国家标准主要包括以下内容。其一,对国内快递业务作出详细的规定,包括通则、收寄、内部处理、投递、仓储、查询、投诉与申诉、赔偿、例外情况。其二,明确了国际快递在各服务环节的具体要求。国际快递业务又分为国际出境快递业务和国际入境快递业务。在国际出境快递业务部分,该国家标准对收寄、分拣、封发和运输、出口报关、查询、彻底延误时限、投诉和申诉、撤回、赔偿等内容作出详细规定;在国际入境快递业务部分,该国家标准对进口报关、分拣和运输、投递环节作出规定。其三,在附录部分对快件赔偿作出详细规定,包括赔偿条件、赔偿原则、索赔程序三个方面的内容。其中,第二部分赔偿原则为核心内容,对快件延误、快件丢失、快件损毁、内件不符的损害赔偿责任作出具体的规定。

(二)快递行业标准

根据内容的不同,本书将快递行业标准主要分为三大类:

第一,快递服务合同类。这是当前快递行业标准中数量最多的一种类型,现有的行业标准主要是为快递服务合同的履行提供指引,具体又分为以下三类:其一,收寄验视类,例如,《邮件快件实名收寄验视操作规范》(YZ/T 0185-2022)、《邮件快件智能 X 射线安全检查设备技术要求》(YZ/T 0177-2021)、《邮政行业基于荧光聚合物传感技术的手持式痕量炸药探测仪技术要求》(YZ/T 0176-2020)、《快递手持终端安全技术要求》(YZ/T 0164-2018)、《快件处理场所设计指南》(YZ/T 0161-2017)、《快件寄递状态分类与代码》(YZ/T 0154-2016)、《快递安全生产操作规范》(YZ 0149-2015)、《邮政业安全生产设备配置规范》(YZ 0139-2015)、《快递营业场所设计基本要求》(YZ/T 0137-2015)。其二,运输车辆类,例如,《邮件快件农村客运车辆搭载作业要求》(YZ/T 0192-2023)、《快递专用电动三轮车技术要求》(YZ/T 0136-2014)。其三,快件投递类,例如,《无人车邮件快件投递服务规范》(YZ/T 0183-2022)、《寄递无人车技术要求》(YZ/T 0182-2022)、《无人机快递投递服务规范》(YZ/T 0172-2020)、《智能快件箱设置规范》(YZ/T 0150-2015)、《快递末端投递服务规范》(YZ/T 0145-2015)、《邮件和快件投递状态分类与代码》(YZ/T 0140-2015)、《智能快件箱》(YZ/T 0133-2013)。此外,冷链快递在包装、运输、投递等方面具有更高的要求,相关单位针对此种特殊的快递服务类型制定了相应的合同履行标准,例如,《鲜活水产品快递服务要求》(YZ/T 0175-2020)、《冷链寄递保温箱技术要求》(YZ/T 0174-2020)、《冷链快递服务》(YZ/T 0162-2017)。

第二,快件包装类。该类标准主要是针对快件的包装提出适运、安全、绿色发展等具体要求。例如,《寄递包装射频识别(RFID)应用技术要求》(YZ/T 0180-2021)、《农产品寄递服务及环保包装要求》(YZ/T 0179-2021)、《邮件快件限制过度包装要求》(YZ/T 0178-2021)、《邮件快件包装基本要求》(YZ/T 0171-2019)、《邮件快件包装填充物技术要求》(YZ/T 0166-2018)、《快件集装容器 第 2 部分:集装袋》(YZ/T 0167-2018)、《快件集装容器 第 1 部分:集装笼》(YZ/T 0155-2016)。

第三,快递数据类。快递数据类的行业标准,包括用户信息保护与业务数据治理两类。例如,《寄递服务用户个人信息保护要求》(YZ/T 0189-2023)、《智能信包箱和智能快件箱监管数据接入规范》(YZ/T 0173-2020)、《邮件快件实名收寄信息交换规范》(YZ/T 0169-2019)、《快件处理场所基础数据元》(YZ/T 0168-2019)、《寄递服务人员基础数据元》(YZ/T 0165-2018)、《快递车辆基础数据元》(YZ/T 0157-2016)、《快递营业场所基础数据元》(YZ/T 0156-2016)、《快递末端投递服务信息交换规范》(YZ/T 0153-2016)、《快递服务监管信息交换规范》（YZ/T 0146-2015）、《快件基础数据元》（YZ/T 0143-2015）、《快件跟踪查询信息服务规范》（YZ/T 0131-2013）。

在上述标准中，除《快递安全生产操作规范》《邮政业安全生产设备配置规范》为强制性标准，应当得到快递服务主体的强制执行外，其余行业标准均为推荐性标准，仅由国家鼓励使用。需要注意的是，上述行业标准虽大多并不具有强制性，但其作为行业标准制定者智慧的结晶，在具体内容上涵盖了快件寄递的各个环节，客观上已经成为制定快递服务市场相关法律法规、部门规章等的有益参考。

第二章　快递服务主体的经营资格

第一节　快递服务市场的经营主体

一、快递服务主体的概念

在快递服务合同中,合同所涉及的相关主体依具体情形而定。当合同中的寄件人与收件人为同一人之时,该合同所涉及的主体只有订立合同的快递服务主体与寄件人双方。但是,在通常情形下,寄件人与收件人并不一致,为相互独立的民事主体。此时,快递服务合同便涉及快递服务主体、寄件人与收件人三方。但是,不难发现,寄件人与收件人所处法律地位迥然不同,寄件人居于合同当事方的法律地位,享有撤销权、解除权等涉及合同整体之权利,而收件人虽可获取合同利益,但并非合同当事人,无力主宰合同之命运。

法律概念的使用应遵循规范性的基本原理,充分彰显规范的主旨目标和适用范围,与此同时,还须适度体现抽象性的要求,反映特定事物的本质属性,不宜简单地套用日常生活用语。在快递行业立法过程中,《邮政法》《快递暂行条例》《快递市场管理办法》均以"经营快递业务的企业"来指称快递服务的提供者。其中有一定的历史缘由,因为在快递市场初创之时,"快递企业"是与"邮政企业"相对应的概念,前者提供的是竞争性的市场服务,后者提供的是公共性的普遍服务。而我国第一家从事快递业务经营的中国邮政速递物流股份有限公司则属于邮政企业中国邮政集团公司下设的直属单位,为了解决这一法律适用上的难题,提出了"经营快递业务的企业"这一概念①,从而将从事快递服务经营的邮政企业纳入法律规范调整的范围。虽然,随着快递市场的迅猛发展

---

① 经营快递业务的企业是指取得快递业务经营许可、有权提供快递服务的企业;快递企业内涵外延较小,专指邮政企业以外的经营快递业务的企业。参见马军胜主编:《中华人民共和国邮政法释义》,法律出版社 2010 年版,第 127 页。

以及邮政专营范围的放开,快递服务已成为邮政企业不可缺少的经营范围,且无论是服务行为还是服务监管,邮政企业、快递企业在从事快递经营活动中并没有任何区别,但是之前的立法技术性方案"经营快递业务的企业"的称谓仍然沿用至今。

本书认为,在快递服务合同典型化立法过程中,应当以快递服务主体取代上述概念。"快递服务主体"由2023年制定的《快递服务》国家标准所采用,其使用了行业管理中的称谓,是指在中华人民共和国境内依法登记的提供快递服务的企业及其分支机构,以及快递末端网点。由于"快递服务主体"的语义范畴更为宽泛,不仅包括快递企业、邮政企业等企业组织,也包括加盟企业、代理企业等经营模式,该术语具有更强的灵活性与适应性,能为今后快递服务市场准入的进一步放开预留充足的法律空间。在快递服务合同中,作为服务的提供者,快递服务主体具有显著的限定性。在我国,虽然快递服务合同中的寄件人与收件人可以是自然人,也可以是法人或非法人组织,并无过多限制,但快递服务主体只能是依法取得快递业务经营许可的主体,任何未经许可的自然人、法人或非法人组织均不可成为快递服务主体。这主要是因为快递服务具有一定的准公共服务属性,与商品的正常流通、公民通信自由保障之间关系极为密切,从严把握服务提供者的主体资质,有助于确保快递服务的基本水准、维护市场的稳定有序。

快递服务主体和寄件人作为快递服务合同的当事人,是快递服务合同内容的策划者与主导者。因此,即使快递服务合同通常涉及收件人这一利益第三人,合同的成立与生效也不以收件人的意思表示为前提。但是,这并不意味着作为利益第三人的收件人处于完全被动的法律地位。基于合同的相对性,在收件人接受快递服务合同利益之前,合同仅能约束快递服务主体和寄件人双方。因此,对于快递服务合同中为收件人所设定之利益,收件人可以选择放弃。通常而言,因收件人并非快递服务合同的当事人,故原则上无需承担快递服务合同所设定之相关义务。当然,如果快递服务主体和寄件人在合同订立的过程中为收件人设定了一定的义务,则只有待收件人明确表示接受该义务之时,方对其产生效力。这在快递服务合同到付的情形下最为典型,如果快递服务主体与寄件人在合同订立过程中约定快递服务费用由收件人负担,那么快递服务主体在收件人签收快件之时,应当告知收件人合同中约定了收件人给付快递服务费用的义务。在此种情形下,收件人可以选择接受快递服务合同之利益而承受价款给付义务,也可放弃合同利益,避免负担价款给付义务。

二、快递服务主体的经营范围

快递服务主体的经营范围,是指快递服务主体可以从事的生产经营活动。快递服务主体应当在法律规定的范围内提供寄递服务。在经营范围上,快递服务主体所寄递的物品包括信件、包裹、印刷品等。按照《邮政法》第 84 条的规定,信件包括信函、明信片两大门类,其中,信函是指以套封形式按照名址递送给特定个人或者单位的缄封的信息载体,不包括书籍、报纸、期刊等。信件在本质上来说是以特定实物方式表现出来的通信载体,与公民的通信自由息息相关,因此信件寄递业务的开展受到严格的限制,在我国,只有邮政企业与快递服务主体方能开展这一业务。包裹是指按照封装上的名址递送给特定个人或者单位的独立封装的物品。值得注意的是,《邮政法》对快递服务中包裹的重量与规格有着严格的要求,其重量不超过 50 千克,任何一边的尺寸不超过 150 厘米,长、宽、高合计不超过 300 厘米。这表明,快递服务主要针对的是小件物品的寄递,与针对大宗货物的运输服务存在显著区别。印刷品包括出版物、包装装潢印刷品和其他印刷品,书籍、报刊、期刊等均属于印刷品的范畴。之所以将印刷品单列规定,是因为印刷品对于国家宣传管理而言十分重要,与其他物品相比,印刷品的寄递具有很强的特殊性。

需要注意的是,快递服务主体在业务范围上受到一定的限制,可以总结为:第一,邮政专营的限制。作为对邮政普遍服务的补偿措施之一,坚持邮政专营能够保障公民切实享受邮政普遍服务,也有利于维护国家基础邮政服务之建设。因此,快递服务主体在提供寄递服务时,应当牢牢把握邮政专营这条"红线",始终做到不越雷池一步。对于邮政专营范围的确定,《邮政法》第 5 条规定,国务院规定范围内的信件寄递业务,由邮政企业专营。第二,快递服务主体不能寄递国家机关公文。国家机关公文的寄递,是政令有效传达的重要渠道,对于国家治理、社会稳定而言意义重大,况且,不少公文涉及机密信息,因此国家机关公文的寄递,只能由邮政企业完成,快递服务主体不应涉足这一领域。第三,快递服务主体不得为禁止寄递物品提供快递服务。被列入禁止寄递范围的物品,由于存在危害国家安全、公共利益等重大隐患,其流通受到法律严格的限制,不宜进入公共寄递网络,快递服务主体亦没有能力提供适当的服务。第四,外商不得投资经营信件的国内快递业务。国内信件的寄递是私人信息、商业信息乃至政治信息传递的重要途径,这一领域的开放与否,不仅关涉公民通信自由与商业秘密保护,更涉及国家信息安全的实现。有鉴于此,《邮政法》明确禁止外资从事信件的国内快递业务。

三、邮政专营的限制

(一)邮政专营的概念及必要性

邮政专营是邮政普遍服务的补偿机制的一种,是对邮政企业提供该服务的补偿方式。这就需要首先明确邮政普遍服务的含义。邮政普遍服务在各个国家都有自己的定义。英国邮政法把提供相关邮件从一地到另一地的业务,包括与之相关的收寄、分拣和投递定义为邮政普遍服务[1];德国邮政普遍服务条例认为,信函、20 千克以下的有址包裹以及其他法律规定的邮政业务,以合理的价格在全国境内提供优质服务为邮政普遍服务[2];美国邮政法认为向所有地区的顾客提供可靠、快速和高效的服务为邮政普遍服务。[3] 我国邮政法认为邮政普遍服务,是指按照国家规定的业务范围、服务标准,以合理的资费标准,为中华人民共和国境内所有用户持续提供的邮政服务。[4] 总结各国的定义可以发现其有以下的共同点:第一,邮政普遍服务的提供主要目的是实现公共利益。第二,其服务具有服务对象和地域上的广泛性。第三,邮政普遍服务的价格应当以保障低收入群体也能享受服务为标准。第四,要保持时间上的持续性,邮政企业不得任意放弃服务。

邮政专营是国家对于邮政企业承担邮政普遍服务义务的一种补偿措施,是用以增强邮政普遍服务能力的重要手段。因而邮政专营更像是承担邮政普遍服务义务的邮政企业的一种权利,国家采用赋予企业专营权的方式弥补企业亏损。[5] 具体分析邮政专营有以下特点:首先,邮政专营的权利主体是邮政企业,承担邮政普遍服务的企业经国家公权力的授权享有邮政专营权,非依法律规定其他企业不享有该项权利。其次,邮政专营权的权利客体为一定重量或资

---

① 参见 UK Postal Services Act 2000 s.1(4)。
② 参见 Postal Universal Service Ordinance (Post-Universal dienst leistungs verordnung, PUDLV) 1999 s. 1(1)。
③ 参见 39 U.S.C.A. § 101 (West)。
④ 参见《邮政法》第 2 条的规定。
⑤ 参见郭宗杰、孙仙冬:《垄断行业普遍服务的价格补偿机制研究——以邮政和电信业为例》,载《价格理论与实践》2014 年第 10 期。

费标准内的邮政服务,其他企业未经邮政管理部门授权不得经营。最后,邮政专营的设定目的是保障公民享有稳定、便捷的服务,而不是获取超额利益,邮政专营的承担者经常是在不计成本的情况下为公民提供服务,如在交通不便的偏远地区设置营业场所。在我国,中国邮政集团公司享有邮政专营权。

　　对于邮政专营的认识,最容易与行政垄断相混淆。有的学者认为,邮政专营实质上是一种行政垄断。① 因此,有必要对这个问题进行明辨。行政垄断的构成要件一般认为有四个,即:第一,行政垄断的主体为行政机关及被行政机关授权的其他组织。第二,在主观方面行为人实施行政垄断是故意的,有排除、限制竞争的目的。第三,行政垄断的客体为其他经营者的竞争权。第四,行政垄断的客观方面体现为对竞争有现实危害性或有现实可能性。② 本书认为,邮政专营同行政垄断的根本区别在于主观动机不同,行政垄断的目的在于排除、限制竞争,归根结底是为了谋取局部和个人的私利;而邮政专营的目的则是维护社会的公共利益,即为社会公众提供邮政普遍服务。从这一点上看,邮政专营的设置同行政垄断本无关联,邮政企业在一定范围内享有的专营地位是对其从事邮政普遍服务的补偿,其在法律规定范围内享有"独占经营权"是于法有据的。

　　《邮政法》经过多次修改,每次修改对于邮政专营的存废都是争议的焦点。本书认为,虽然中国快递市场开放竞争势在必行,但是保留适当的邮政专营仍然是必要的:一方面,邮政专营是保障公民通信自由的要求。通信自由是宪法赋予每个公民的权利,虽然目前科技的发展给人们提供了多种信息传递方式,但是我国的经济发展水平并不平衡,部分地区的经济较为落后,没有条件使用其他便捷的交流方式。在贫穷和交通不便的地区,邮政普遍服务就显得格外重要。另一方面,邮政专营是维护机要信息安全的要求。国家政权的正常运行离不开政府公文的传递,其中最为普遍的传递方式是信件。由于公文信件寄递涉及的机要信息内容重大,为了保障国家的信息安全,由一个网络覆盖全面、组织管理严密的邮政企业来独家经营该项业务是十分必要的。因此,政府要保证普遍服务的公益性,就必须以较为低廉的价格满足所有用户的用邮需求,经营邮政普遍服务的成本决定了一般的市场主体不会提供类似的服务。虽然随着

---

　　① 参见商务部研究院课题组:《中国快递市场发展研究报告(总报告)》,载《经济研究参考》2006年34期。

　　② 参见何海燕、赵飞、乔小勇等:《中国反垄断研究》,北京理工大学出版社2010年版,第95页。

"快递向西向下"服务拓展工程的开展,中西部地区县级覆盖率有所提升,但快递行业仍然呈现出区域性特征,主要集中于东部地区,中西部差距明显。根据国家邮政局公布的统计数据,2023年,东、中、西部地区快递业务量比重分别为75.2%、16.7%和8.1%,业务收入比重分别为76.2%、14.1%和9.7%。① 也就是说,民营快递企业的寄递业务主要集中在经济较为发达的地区。总而言之,邮政专营应当说是对中国邮政集团公司在较为落后地区设立经营网点、开展邮政普遍服务的必要经济补偿。

(二)邮政专营范围不明对快递经营范围的影响

《邮政法》在2009年修改时,明确了邮政专营制度,即"国务院规定范围内的信件寄递业务,由邮政企业专营"。但是,关于具体明确化的解释标准,业内一直存在争议。相关立法《邮政企业专营业务范围的规定(草案)》至今没有获得通过,国务院也未曾制定明确的规定划定邮政专营的范围。② 邮政专营范围的不明确,给我国快递市场的经营范围带来了一定的困扰。近年来我国快递企业超范围经营,成为监管的一大难题,但本书认为邮政专营范围的不确定是导致这一现象加重的重要原因。立法的不完善,很容易在监管领域导致两种极端:一种是任意扩大邮政专营的范围,以此为依据对快递企业进行行政处罚,加重快递企业的经营成本。另一种是由于立法不明确,便放松监管,导致法律形同虚设,从而对邮政专营造成实质上的破坏。

关于邮政专营,我国立法上的不明确,主要体现在以下两个方面:

一方面,对"信件"含义的解释标准不同。如何理解我国邮政专营范围中"信件"的含义,本书整理了关于邮政专营的现行有效的法律规范,主要有《邮政法》、国务院颁布的《中华人民共和国邮政法实施细则》(以下简称《实施细则》)和原邮电部下发的《关于"信件和其他具有信件性质的物品"具体内容的规定的通告》(以下简称《通告》)。可以看出三个法律规范对于"信件"的范围呈现逐渐扩大的趋势。《邮政法》附则中对于"信件"的定义为"信件,是指信函、明信片。信函是指以套封形式按照名址递送给特定个人或者单位的缄封的

① 参见《国家邮政局公布2023年邮政行业运行情况》,载 https://www.spb.gov.cn/gjyzj/c100015/c100016/202401/59eeb6e8b0e7404f8127aa2c7aebded6.shtml,最后访问日期:2025年3月31日。

② 2009年4月在《邮政法》修订后,有关邮政专营的专项立法旋即提上了立法议程,但是最终《邮政企业专营业务范围的规定(草案)》并没有顺利出台。本书认为,该规范文件之所以搁浅,主要原因在于邮政专营的范围关系到快递企业能否从事商业信件寄递业务,关乎民营快递企业的生命线,有关草案的界定范围没有获得各方利益主体的一致认可。

信息载体,不包括书籍、报纸、期刊等"。《实施细则》第 4 条规定,"信函是指以套封形式传递的缄封的信息的载体。其他具有信件性质的物品是指以符号、图象、音响等方式传递的信息的载体。具体内容由邮电部规定"。这条规定扩大了《邮政法》有关"信件"的范围。《通告》具体规定了信件和其他具有信件性质的物品的具体内容,包括:"信函是指以套封形式传递的缄封的信息的载体,具体内容包括:(1)书信;(2)各类文件;(3)各类单据、证件;(4)各类通知;(5)有价证券。明信片是指裸露寄递的卡片形式的信息载体。具有信件性质的物品是指以符号、图像、音响等方式传递的信息的载体,具体内容包括:(1)印有'内部'字样的书籍、报刊、资料;(2)具有通信内容的音像制品、计算机信息媒体等;(3)邮电部规定的其他具有信件性质的物品。"由此可以看出,"信件"的范围在该法律文件中进一步被扩大。再加上,上述三个法律规范采用的界定标准比较模糊,并设置了兜底条款,需要进一步细化,这样很容易为作出扩大邮政专营的解释留下空间。

另一方面,判断邮政专营范围的标准应当随着市场的发展而调整,逐步放开邮政专营范围。目前,我国采用的标准适用重量标准和内件性质标准,应当说是比较严格的。《邮政法》将我国的邮政普遍服务划分为两类:一类为邮政经办的信件、包裹等通信业务,对该类采用的为重量标准,即对信件、单件重量不超过 5 千克的印刷品、单件重量不超过 10 千克的包裹的寄递以及邮政汇兑提供邮政普遍服务。另一类为与国家安全有关的政策性业务,即按照国家规定办理机要通信、国家规定报刊的发行,以及义务兵平常信函、盲人读物和革命烈士遗物的免费寄递等特殊服务业务。[①]

对比世界范围内其他国家,邮政专营的范围呈现日趋开放的趋势。保留邮政专营的国家大概使用四种方式来确定邮政专营的范围:一是重量限制,一定重量以下信件采用邮政专营;二是资费限制,一定资费以内的信件由邮政专营;三是内件限制,规定某些性质的信件采用邮政专营;四是投递限制,邮箱等设施为邮政专用。不同的国家根据本国的情况采用单一或混合的不同方式,并不存在统一的标准,但各国都对于本国的邮政专营范围作出一定的修正,总体的趋势是一致的,均为逐步开放市场,鼓励竞争,缩小邮政专营的范围。具体标准在部分国家的适用情况详见表 2.1。[②]

[①]　参见《邮政法》第 15 条的规定。

[②]　参见张洪斌:《邮政专营及其范围界定》,载《中国物流与采购》2006 年第 11 期。

重量	加拿大	500 克以内的信件。不包括低于 50 克的有址信件资费 3 倍价格投送急件。
	印度	200 克以内的信件。
	墨西哥	重量不超过 1000 克、大小在一定范围内的信件。
	瑞士	重量不超过 100 克的信件。
	肯尼亚	350 克以内的信函。
	越南	2000 克以内的信函。
资费加投递	美国	信件(账单、证明、商函)以及资费低于一类信件资费 2 倍且补足 3 美元信件的寄递;邮政信箱专用。
内件性质	韩国	信函。
	泰国	信件(包括明信片)。
	马来西亚	信函。
重量加资费	英国	重量不超过 350 克且价格低于 1 英镑的信函。
	法国	重量不超过 350 克且基本资费 5 倍以内的国内、国际信件。
	澳大利亚	重量不超过 250 克且标准资费 4 倍以内的信函。

表 2.1   部分国家邮政专营范围的具体标准

(三)限缩邮政专营以开放快递服务市场

针对邮政专营同快递经营范围的争夺,本书认为,正如前文所述,基于我国目前的邮政发展情况,保留邮政专营是很有必要的,但在邮政普遍服务享受着邮政专营、邮政普遍服务专项补贴、邮政普遍服务基金和税收减免相结合的邮政普遍服务补偿机制的情况下,适当缩小邮政专营的范围有利而无害。

因而,对于邮政专营的对象"信件"含义的认定应当采用限缩的原则,《邮政法》附则中对于"信件"的认定为信函、明信片。信函是指以套封形式按照名址递送给特定个人或者单位的缄封的信息载体,不包括书籍、报纸、期刊等。本书认为,对"信件"的这种含义的认定较为合理,而在《实施细则》和《通告》中对邮政专营的扩张解释不应被适用。一方面,邮政专营范围的扩大不利于市场的长久发展。邮政专营的范围迟迟不能确定,体现出了中国邮政集团和民营快递企业之间的力量对抗,任意扩展邮政专营的范围不但损害竞争、不利于形成公平竞争的市场秩序,还会造成中国邮政集团的工作效率低下,从而导致服务能力的下降,影响用户的相关权益。另一方面,邮政专营范围的扩大对于快递市场的发展产生了限制。《邮政企业专营业务范围的规定(草案)》曾明确规定,单件重量在 100 克以内(国家规定的特大城市市区内互寄的单件重量在 50 克以内)的信件国内快递业务由邮政企业专营。这份草案甫一出台,民营快递企业反应强烈,除了在征求意见的座谈会上进行质疑之外,还在北京举行了"民营快递高峰论坛",专门对此草案提出反对意见。[①] 正是如此,《邮政企业专营业务范围的规定(草案)》没有通过审议。快递行业在我国日益展现出重要作用,对其经营范围的排挤不为明智之举。

　　不同邮政专营的判断标准,对邮政专营范围有较大的影响。本书认为调整邮政专营的范围时应当采用双层分类标准,将信件依据内件分类标准分为普通信件和政策性信件。由于政策性信件关乎国家安全,采用邮政专营形式;对于普通信件,则应放弃之前的单一重量标准,采用重量加资费的标准再次进行划分。采用重量加资费标准的好处在于:第一,促进我国快递市场的发展,逐步放开快递的经营范围,应当在保障邮政普遍服务的前提下,将邮政专营业务严格控制在一定范围内,扩大快递市场竞争性业务范围。同时该认定标准还能同国际上邮政专营的趋势接轨,即采取重量加资费的方式。[②] 第二,可以在一定程度上促使民营快递企业形成良性竞争的发展模式。当前民营快递企业低价竞争愈演愈烈,严重影响了快递企业的发展,同时用户也享受不到优质服务。采用重量加资费的标准,能够促使快递企业适当提高收费标准,为自身的发展留足资金,同时也有实力提供优质服务惠及用户。第三,这种标准认定简单明了、操作性强,适合我国快递市场目前的监管水平和整体的执法环境。采用该种标准可以减少监管机关工作量,其首先从资费上可以排除一部分检查对象,仅仅对资费在规定范围以内的快件进行重量检查即可。

　　本书认为,对于邮政专营范围的选定最有发言权的当数从事快递业务的业内人员。在邮政专营范围的讨论过程中,专家建议:商务信件重量在 100 克以上、同城快递资费是本埠挂号信件的 3 倍(11.4 元)以内("次日达"为 2 倍以内

---

　　① 　参见李连仲、何永坚、丁宁宁等:《五位权威破解邮政专营难题》,载《中国经济周刊》2009 年第 36 期。

　　② 　参见王乃超:《几处早莺争暖树——写在〈关于邮政企业专营业务范围的规定(草案)〉缓行之后》,载《中国储运》2009 年第 11 期。

即 7.6 元)、异地快递是外埠挂号信件的 3.5 倍(14.7 元)以内的信件由邮政专营。[①] 其建议值得思考,下面举例说明采用重量加资费的标准如何限缩邮政专营的范围。若仅仅以重量作为邮政专营与快递业务的分类标准,将邮政专营的范围定为 100 克以内,则快递企业可以经营的范围仅仅是大于 100 克的信件。但若采用重量加资费的方式限定邮政专营的范围,对于商务信件的专营限定在重量 100 克以内,同时,同城快递资费是本埠挂号信的 3 倍(11.4 元)以内。则若快递企业将起步价定为 12 元,由于其价格超过了本埠挂号信的 3 倍(11.4元),哪怕用户所寄递的信件的重量在 100 克以内,快递企业也可以寄递该信件。

四、禁止寄递物品的类型

快递服务具有隐秘性、公共性、便捷性的特征,容易成为不法分子实施违法犯罪行为的"温床"。出于保障国家安全、打击恐怖主义、维护公共安全和社会公共利益,保护公众生命财产安全的需要,我国禁止部分物品通过快递服务网络进行流转。根据《反恐怖主义法》的规定,快递应当实行安全查验制度,对禁止寄递、存在重大安全隐患,或者客户拒绝安全查验的物品,不得寄递。[②] 快递用户也应当自觉遵守禁止寄递和限制寄递物品的有关规定。[③] 列入禁止寄递范围的特定物品或因其物质性质不宜进入公共寄递渠道,一旦进入即会危及寄递人员和社会公众之安全,这类物品被称为危险物品;由于对其管制关涉社会稳定、秩序维护甚至国家安全保障,不能放任其自由流通,这类物品被称为违禁物品。在现实生活中,因违法寄递禁止寄递物品而引发的恶性案件频频见诸报端,对快递服务的正常有序提供、社会公众的生命财产安全构成巨大威胁,由此可见,严格执行禁止寄递物品的相关规定,具有很强的现实意义。

在禁止寄递物品的范围上,本书认为,根据《快递市场管理办法》《禁止寄递物品管理规定》等相关规范,可以总结为如下几类:

第一,枪支弹药。枪支弹药主要包括枪支及其仿制品,如手枪、步枪、冲锋枪、防暴枪、气枪、猎枪、运动枪、麻醉注射枪、钢珠枪、催泪枪等,枪支的主要零部件也在禁寄范围;弹药及其仿制品,如子弹、炸弹、手榴弹、火箭弹、照明弹、燃

---

① 参见张俭:《邮政专营应采用"重量+资费"标准》,载《中国物流与采购》2009 年第 12 期。

② 参见《反恐怖主义法》第 20 条的规定。

③ 参见《快递市场管理办法》第 25 条的规定。

烧弹、烟幕(雾)弹、信号弹、催泪弹、毒气弹、地雷、手雷、炮弹、火药等。枪支弹药属于违禁物品,一旦进入寄递渠道流通,将对公众人身安全保护和社会治安带来极大的负面影响。

第二,管制器具。管制器具不仅包括匕首、三棱刮刀、带有自锁装置的弹簧刀(跳刀)、其他相类似的单刃、双刃、三棱尖刀等的管制刀具,还包括但不限于弩、催泪器、催泪枪、电击器等其他管制器具。以上管制器具均能对公众人身安全造成严重威胁,属于违禁物品,无法自由流通,也不应进入寄递渠道。

第三,麻醉药品。麻醉药品是指列入麻醉药品目录的药品和其他物质,包括麻醉药品和麻醉药品药用原植物。依据《麻醉药品和精神药品管理条例》等相关规定,国家对麻醉药品实行管制。为防止麻醉药品在运输过程中被盗、抢、丢失,除条例另有规定外,任何单位或个人不得从事麻醉药品的运输。麻醉药品运输须由定点单位取得运输证明后进行,其中铁路运输须使用集装箱或行李车专门进行,公路、水路运输则须专人押运。因而,麻醉药品运输不能使用快递服务进行寄递,麻醉药品属于禁止寄递物品。

第四,生化制品、传染性物品、放射性物质。生化制品和传染性物品包括病菌、炭疽、寄生虫、排泄物、医疗废弃物、尸骨、动物器官、肢体、未经硝制的兽皮、未经药制的兽骨等可能具备感染性的物质物品。放射性物质如铀、钴、镭、钚等,能够通过辐射对人体产生严重伤害。这些物品具有极强的致病性,一旦通过寄递渠道流入社会,危害极大,应予禁止。

第五,危险化学品。按照《危险化学品安全管理条例》等相关规定,危险化学品是指具有毒害、腐蚀、爆炸、燃烧、助燃等性质,对人体、设施、环境具有危害的剧毒化学品和其他化学品。由于自身所具备的特殊性质,危险化学品的运输具有一定的危险性,一旦处置不当,发生泄漏,将对公众人身安全和周边环境造成严重损害。因而,危险化学品的运输须由取得许可的承运人安排具备资格的专人采用特殊方法进行,不允许使用快递服务的寄递渠道。

第六,国家禁止寄递的其他物品。国家禁止寄递的其他物品是指法律、行政法规以及国务院和国务院有关部门规定禁止寄递的其他物品,包括但不限于以下物品:流通的各种货币,危害国家安全、社会政治稳定或淫秽的非法出版物、音像制品、印刷品等宣传品,濒危野生动物及其制品,禁止进出境物品,侵犯知识产权和假冒伪劣物品,非法伪造物品及毒品等。

本书认为,寄件人交寄物品是快递服务过程开展的前提,寄件人当然须负担禁止寄递的义务,即寄件人负有不为交寄或夹带禁止寄递物品行为的不作为义务。寄件人违反禁止寄递义务的行为表现为两种形式,一为交寄行为,是指直接以禁止寄递物品为寄递对象,交予快递服务主体的行为;二为夹带行为,是指在交予快递服务主体的寄递物品中捎带禁止寄递物品的行为。在实践中,寄件人往往通过匿报或谎报的方式实现禁止寄递物品的交寄与夹带,为此,应当课以快递服务主体终止寄递的义务。快递服务主体在分拣、运输、投递等环节中发现已经收寄的快件为禁止寄递物品或者夹带禁止寄递物品的,应当立即终止寄递服务,防止安全事故的发生。对于已经收寄的禁止寄递物品,快递服务主体应当按相关规定处理,将其移送相关部门妥善处置,不得退还给寄件人。按照《禁止寄递物品管理规定》,对于枪支、弹药、管制器具、毒品、易制毒化学品、爆炸品、易燃易爆等危险物品,应当立即报告公安部门处置;对于非法出版物、印刷品、音像制品等宣传品,应当报告国家安全、公安、新闻出版部门处理;对于假冒侵权等物品,应当报告公安、市场监督管理等部门处理;对于各类禁止进出境物品,应当报告海关、国家安全、出入境检验检疫等部门处理。此外,寄件人在订立快递服务合同的过程中,故意隐瞒交寄物品的真实情况,违法寄递禁止寄递物品或者夹带禁止寄递物品的,严重违反了基于诚实信用原则产生的先合同义务,是造成快递服务合同无效的主要原因。因此,寄件人须承担缔约过失责任,因此产生的费用和损失由寄件人承担。实践中,因寄件人违法寄递禁止寄递物品或者夹带禁止寄递物品造成快递服务合同无效的,其所支付的寄递费用不予退还,这是因为尽管快递服务提供至分拣、运输或投递环节即告终止,但快递服务主体已经支出了相当的费用,此时寄件人所支付的费用构成了对快递服务主体的赔偿。

第二节　快递服务主体的准入制度

一、快递市场准入的必要性及条件

(一)快递市场准入的必要性

正如前文所述,2014 年至 2023 年,我国快递业务量持续十年稳居世界第一。快递服务作为新兴的基础性产业,已经成为现代服务业的重要组成部分,对于促进国民经济和社会发展具有重要作用。我国快递企业的创始者为中国邮政 EMS,1980 年中国邮政 EMS 开办全球邮政特快专递业务,1984 年开办国内特快专递业务,开启了中国大陆快递服务业之先河。① 在三十余年的时间里,我国快递服务主体迅猛发展、数量激增,形成了除中国邮政 EMS 之外的若干民营快递知名品牌企业,其中最有代表性的就是总部设在广东的以商务快件为主营的顺丰速运和于江浙沪一带起家,以电商快件为主营的"三通一达"即申通快递、圆通速递、中通快递和韵达速递。截至 2023 年 12 月 31 日,顺丰速运业务覆盖全国 339 个地级行政区,覆盖率达 100%,覆盖 2789 个县级行政区,覆盖率达 98.1%,拥有超过 3.6 万个国内自营及代理的网点与面客点;全网管理的收派员超过 43 万人。② 截至 2023 年 12 月 31 日,申通快递全网独立网点达到 5000 家,同比增长 3%;全国地市级区域网络覆盖率达 100%,区县级区域网络覆盖率达 99.5%,全网服务站点及门店达 55000 余家,公司全网常态快递员数量约 20.82 万人,已经形成了覆盖率较为全面的快递服务网络。③ 截至 2023 年 12 月 31 日,圆通速递在全国范围内共拥有超 82000 个终端门店,快件入库入柜比例超 71%,共建设乡村妈妈驿站 4.5 万家,全国 30 多个省市基本实现全覆盖。④ 截至 2023 年 6 月 30 日,韵达速递在全国设立 75 个自营枢纽转运中心,枢纽转运中心的自营比例为 100%,服务网络已覆盖 31 省(自治区、直辖市),地级以上城市除青海的玉树、果洛州和海南的三沙市外已实现 100% 全覆盖,公司持续推动"向西向下向外"工程,县级区域覆盖率 98.6%,乡镇服务网络覆盖率达 99.3%,可使用的各类门店驿站等末端资源 9 万余个。⑤ 2023 年,全网服务网点 31000 余个,转运中心 99 个,直接网络合作伙伴 6000 余个,自有干线运输车辆 10000 辆(其中超 9200 辆为高运力甩挂车),干线运输线路 3900 余条,网络通

①　参见《中国快递业发展史》,载 http://www.xinhuanet.com/fortune/ksh/zhuanti/201710/iframe_575.html,最后访问日期:2025 年 3 月 31 日。

②　参见《顺丰控股股份有限公司 2023 年度报告》,载 http://www.cninfo.com.cn/new/disclosure/detail?stockCode=002352&announcementId=1219410699&orgId=9900010448&announcementTime=2024-03-27,最后访问日期:2025 年 3 月 31 日。

③　参见《申通快递 2023 年度报告》,载 http://www.cninfo.com.cn/new/disclosure/detail? orgId=990000 14251&announcementId=1219789392&announcementTime=2024-04-25,最后访问日期:2025 年 3 月 31 日。

④　参见《圆通速递股份有限公司 2023 年年度报告》,载 http://www.cninfo.com.cn/new/disclosure/detail? plate=sse&orgId=gssh0600233&stockCode=600233&announcementId=1219832303&announcementTime=2024-04-26,最后访问日期:2025 年 3 月 31 日。

⑤　参见《韵达控股股份有限公司 2023 年半年度报告》,载 http://www.cninfo.com.cn/new/disclosure/detail? plate=szse&orgId=9900002261&stockCode=002120&announcementId=1217679564&announcementTime=2023-08-29,最后访问日期:2025 年 3 月 31 日。

达 99% 以上的区县,乡镇覆盖率超过 96%。①

　　快递服务区别于邮政普遍服务,属于市场主体为满足公民个性化需求提供的竞争性服务。因此,市场竞争在快递市场中起着至关重要的作用。但快递服务的竞争性并不意味着快递市场可以完全依赖于市场自身调节机制,而不需要进行政府规制。② 相反,现实中并不存在完全的竞争性市场,市场的自我调节手段自始有限,政府的规制必不可少。因而,快递服务业有必要受到政府规制。在政府进行市场规制的方法中,市场准入至关重要,其指国家(政府)对企业进入某领域内市场成为市场主体所进行的限制和准许。

　　国家对快递服务采取市场准入主要出于以下两点考虑。第一,产业经济学意义上,市场准入作为政府产业调控政策的一种,是为了治理不完全竞争市场中出现的市场失灵而设置,属于国家对市场进入阶段的直接干预方式。市场准入主要适用于具有一定规模经济效益的行业。③ 在这些行业中,存在规模经济和市场竞争的"马歇尔冲突",即指在存在规模化效益的市场中,规模经济效应和市场竞争此消彼长,无法达到市场最高效率。这种冲突难以通过市场自我调节机制进行协调,需要政府市场管理力量的介入。就快递市场而言,虽然快递服务网络铺设不具有物理上的排他性,但是快递服务的核心工作之一是覆盖全区域的收寄、分拣、运输、投递等区域网点建设。一旦完成了业务区域内快递网点的人才培养、设备投放、设施建设等成本投入,企业乃至于整个行业都可以获取网络化效益,快递业务经营的边际成本会不断下降。由此可知,快递服务业也存在一定的规模经济效益,存在着市场竞争和规模经济的"马歇尔冲突"。为了避免冲突带来的市场低效运行、过度竞争的现象,需要政府从市场入口通过市场准入的直接规制方法对快递服务主体按法定条件和程序进行筛选,以协调快递市场资源配置,最大程度地利用快递网点实现规模化效益。

　　第二,快递服务既具有私人性质,又具有公共性质,属于准公共服务。快递服务是快递服务主体为满足用户的特别委托,为其提供的个性化的运输配送服务,其与满足公众基本寄递服务需求的邮政普遍服务不同,具有个别化、私人化、市场化的性质。与此同时,快递服务的公共性特征亦值得关注。快递服务的公共性特征,一方面体现在我国快递服务使用的普遍化上。快递服务已经融

---

①　参见 https://www.zto.com/companyIntroduce/companyProfile.html,最后访问日期:2025 年 3 月 31 日。
②　参见马军胜主编:《中华人民共和国邮政法释义》,法律出版社 2010 年版,第 121 页。
③　参见苏东水主编:《产业经济学(第三版)》,高等教育出版社 2010 年版,第 314 页。

入社会生活的方方面面,2023 年快递业务量累计完成 1320.7 亿件①,最高日处理能力超过 7 亿件,年人均快件量接近 80 件②,可以窥见,几乎人人都参与过寄件或收件的过程,享受过快递服务主体提供的服务。另一方面则表现在快递服务网络设施使用的公共化上。快递服务的提供需要公共服务资源的支撑,快件的寄递需要利用公路、铁路、航空网络进行运输,此外,快递服务所需分拣、中转中心以及末端收寄、投递网点等均会涉及基础设施等公共资源的占用。快递服务的公共性使得快递市场的健康发展不仅关涉公众生活品质的提高,还关涉社会的安定与经济的发展。作为公共经济职能的承担者,政府拥有对公共服务(包括准公共服务)的提供进行规制的权力,以保障该产品能够满足社会公众的需要。因此,不具有相应资质的企业应当被政府通过市场准入排除在快递服务业之外。

(二)快递市场准入的条件

市场准入法律制度在快递市场中表现为许可制,取得有关邮政管理部门颁发的经营许可证是快递服务主体进入市场从事快递营业活动的前提条件。《邮政法》《快递暂行条例》《快递市场管理办法》《快递业务经营许可管理办法》等法律规范对快递经营许可证申请的条件作出了规定③,构成了经营主体共同遵守的快递市场准入规范。

第一,主体资格方面。企业法人成为快递市场的唯一经营主体,排除了自然人、合伙的经营资格。快递经营活动资本投入大、操作力度强,相比于商个人和商合伙,企业法人的融资能力持续,内部治理规范,组织稳定健全,更能满足快递服务业之准公共性对主体资质的要求。经营主体若想取得企业法人资格,必须满足依法成立,有自己独立可供支配的财产,有自己的名称、组织机构和住所,以及有独立承担民事责任的能力的基本要求。这是实现快递经营主体长期稳定经营和对外承担责任的基本保障。同时,作为特殊服务行业,为了保证快递服务的质量水平和寄递安全,经营主体仍须按经营范围满足不同的最低

---

① 参见《国家邮政局公布 2023 年邮政行业运行情况》,载 https://www.spb.gov.cn/gjyzj/c100015/c100016/202401/59eeb6e8b0e7404f8127aa2c7aebded6.shtml,最后访问日期:2025 年 3 月 31 日。

② 参见《新时代十年邮政快递业发展成效显著 年人均快件量接近 80 件》,载 https://www.spb.gov.cn/gjyzj/c204534n/202301/00fd889a654a4cc497cd0e38f9eb3185.shtml,最后访问日期:2025 年 3 月 31 日。

③ 参见《邮政法》第 52 条、《快递暂行条例》第 18 条、《快递市场管理办法》第 18 条、《快递业务经营许可管理办法》第 6 条—第 9 条的规定。

注册资本要求。根据从事快递经营活动地域范围的不同,可以划分为三个标准:经营范围在省、自治区、直辖市以内的,企业的注册资本不得低于人民币 50 万元;经营范围跨省、自治区和直辖市的,企业的注册资本不得低于人民币 100 万元;经营国际快递业务的,企业的注册资本不得低于人民币 200 万元。实践中,从事快递经营活动需要雄厚的资金投入,目前几大品牌快递企业均为上市公司,最低注册资本额的限制并不会成为市场准入的障碍。例如,顺丰控股的注册资本为 4985911220 元人民币[①],圆通速递的注册资本为 3436146954 元人民币[②],韵达股份的注册资本为 2899194690 元人民币[③],申通快递的注册资本为 1530802166 元人民币[④]。

第二,服务能力方面。快递经营主体的服务能力应达到与其准入的地域范围和业务范围相适应的水平。快递经营主体应具备由一系列揽收、分拣、中转和末端网点组成的完备、安全的快递服务网络,包括拥有足量的干线和收寄车辆,适宜的快件处理场所和设备设施,以及统一的信息管理和跟踪系统。此外,还应配备与其服务能力所要求的技术素质相当的快递员。2019 年实施的修订后的《快递业务经营许可管理办法》对服务能力作了更进一步的释义,要求经营主体根据从事的业务种类和地域范围,应当具备以下一项或若干项服务能力:相适应的服务网络和快件的运递能力;能够提供寄递快件咨询的能力;适于从事收寄、投递环节经营活动的场地或者设施;相适应的信息处理、存贮能力;适于快件处理的场地和设备。[⑤] 下面以直营经营模式为代表的顺丰速运为例,具体展示一下其所具

---

①　参见《顺丰控股股份有限公司章程(2025 年 3 月)》,载 http://www.cninfo.com.cn/new/disclosure/detail? plate＝szse&orgId＝9900010448&stockCode＝002352&announcementId＝1222943369&annou ncementTime＝2025-03-29,最后访问日期:2025 年 3 月 31 日。

②　参见《圆通速递股份有限公司章程(2022 年 9 月修订)》,载 http://www.cninfo.com.cn/new/disclosure/detail? plate＝sse&orgId＝gssh0600233&stockCode＝600233&announcementId＝1214703346&an nouncementTime＝2022-09-29,最后访问日期:2025 年 3 月 31 日。

③　参见《韵达控股股份有限公司章程(2024 年 9 月)》,载 http://www.cninfo.com.cn/new/disclosure/detail? plate＝szse&orgId＝9900002261&stockCode＝002120&announcementId＝1221235862&announ cementTime＝2024-09-19 最后访问日期:2025 年 3 月 31 日。

④　参见《申通快递股份有限公司章程(2023 年 12 月)》,载 http://www.cninfo.com.cn/new/disclosure/detail? plate＝szse&orgId＝9900014251&stockCode＝002468&announcementId＝1218610130&announcementTime＝2023-12-14,最后访问日期:2025 年 3 月 31 日。

⑤　参见《快递业务经营许可管理办法》第 7 条的规定。

备的雄厚实力。① 在服务网络和运递能力方面,顺丰速运作为快递服务业最早拥有自营航空运递能力的企业,是当之无愧的行业翘楚。截至 2023 年 12 月 31日,在全国范围内,顺丰速运业务覆盖 339 个地级行政区,覆盖率达 100%,覆盖2789 个县级行政区,覆盖率达 98.1%,拥有超过 3.6 万个国内自营及代理的网点与面客点;在全球范围内,顺丰速运业务覆盖全球 202 个国家及地区,在全球运营管理 1900 个仓储资源、396 个转运中心、超 4.4 万个自营及代理服务点;14 条海关智能查验线配合全自动分拣系统,让国际快件拥有和普通包裹一样的效率,从上线、通关、落格到组板只需 15—20 分钟;在空运方面,自有及租赁共 103 架全货机,执飞共 152 条国内及国际航线,连通 65 个国际机场,已建成并投运亚洲最大的鄂州航空货运枢纽;在陆运方面,全球运营管理干支线货车超过 10 万辆,国内运输线路超过 17 万条,末端收派车辆超过 10 万辆;在铁运方面,高铁产品开通1325 条线路,特快班列 4 对 8 列,铁路普列线路 298 条,国际班列线路 416 条,覆盖国家及地区 35 个,铁运总货量超过 251 万吨;在海运方面,海运线路超过 1.8 万条,海运发货量超过 126 万 TEU(Twenty - foot Equivalent Unit,二十英尺当量单位)。在咨询能力和信息处理、存贮能力方面,顺丰速运一直注重研发和运用新技术。顺丰科技开放平台是顺丰速运大客户一站式接入服务平台,其向 API(Application Programming Interface,应用程序编程接口)客户提供通用寄件、注册推送、服务查询、行业解决方案等多种功能接口;对于第三方软件客户,平台已接入快递助手、我打科技、聚水潭、网店管家等近两百家软件。② 2020 年上半年,顺丰速运启动由公安部发起的年度网络安全等级保护测评,同时在行业内率先启动欧盟最严个人数据保护法律《通用数据保护条例》(General Data Protection Regulation,简称 GDPR)的合规自检;启动 2 项数据安全重点项目,8 项网络安全重点项目,对用户隐私数据安全进行高强度的加固和高级威胁检测,全方位保护用户个人隐私的数据安全。在场地、设备方面,顺丰速运亦颇有成效。一方面,在技术上不断推陈出新,推出智能蓝牙耳机"小丰"、智能手持终端、移动快测等智能穿戴

---

① 参见《2020 顺丰控股股份有限公司半年度报告》,载 http://www.cninfo.com.cn/new/disclosure/detail? plate = szse&orgId = 9900010448&stockCode = 002352&announcementId = 1208249112&announcementTime=2020-08-26,最后访问日期:2025 年 3 月 31 日;《顺丰控股股份有限公司 2023 年度报告》,载 http://www.cninfo. com. cn/new/disclosure/detail? stockCode = 002352&announcementId = 1219410699&orgId = 9900010448 &announcementTime=2024-03-27,最后访问日期:2025 年 3 月 31 日。

② 参见 https://www.sf-express.com/chn/sc/support-more/qiao,最后访问日期:2025 年 3 月 31 日。

设备,以适应多元场景的业务需求。截至 2023 年 12 月 31 日,顺丰拥有约 4600 名研发人员,生效中及申报中的专利 4093 项。另一方面,则继续加大"快递下乡"、智能投递等末端网点的布局,截至 2023 年 12 月,顺丰村级驿站合作点超 10 万个,逐步形成了一张较为完备的乡村快递网络,服务网络的乡镇覆盖率超 93%,日处理乡镇包裹量 226 万件;2020 年 5 月,丰巢智能柜完成与中邮速递易的重组。截至 2022 年 7 月 17 日,丰巢已布局了全国 200 余个重点城市,遍布 18 万余个社区,30 万余个柜机网点,积累了超过 4 亿名用户。①

第三,企业制度方面。具备准入资质的快递企业应当科学制定并严格执行全面的企业内部制度,即服务质量管理制度和安全保障制度。在服务质量管理制度方面,快递经营主体应公示其对于服务种类、时限、价格等方面的服务承诺,建立包括投诉受理办法、赔偿办法等在内的服务质量自评体系,并严格执行业务查询、收寄、分拣、投递等操作规范。在安全保障制度方面,快递经营主体根据其所申请的业务范围,应当具备下列安全保障制度和措施:其一,从业人员安全、用户信息安全等保障制度;其二,突发事件应急预案;其三,收寄验视、实名收寄等制度;其四,快件安全检查制度;其五,配备符合规定的监控、安检等设备设施;其六,配备统一的计算机管理系统,配置符合规定的数据接口;其七,监测、记录计算机管理系统运行状态的技术措施;其八,快递服务信息数据备份和加密措施。例如,为保障快递服务质量控制体系的有效实施,韵达速递制定了一系列规章管理制度,包括综合管理型文件《安全管理规程》《问题件界定与处罚标准》《风险事件管理问责机制》《服务质量问询工作办法》;收寄、投递环节的《包装操作指引及包装界定标准》《收寄物品安全查验及奖惩制度》《计费重量管理规定》;中转运输、仓储环节的《设备安全与规范操作制度》《运输时效违约细则》;异常处理及客户服务环节的《服务质量管理办法》《订单处理流程及管理办法》《客户理赔处理流程及管理办法》《客户查询投诉处理流程及管理办法》《遗失件处理流程及管理办法》《延误件处理流程及管理办法》《破损短少件处理流程及管理办法》。② 又如,圆通速递根据《中华人民共和国安全生

---

① 参见《丰巢拓展业务新版图,积极布局"最后一公里智慧生活圈"》,载 https://www.toutiao.com/article/7121534279510704679/,最后访问日期:2025 年 3 月 31 日。

② 参见《宁波新海电气股份有限公司重大资产置换及发行股份购买资产暨关联交易预案(修订稿)》,载 http://www.cninfo.com.cn/new/disclosure/detail?plate=szse&orgId=9900002261&stockCode=002120&announcementId=1202470594&announcementTime=2016-07-14,最后访问日期:2025 年 3 月 31 日。

产法》《中华人民共和国消防法》等有关规定,将安全管理作为标准化体系建设的重要组成部分,制订了《安全管理制度》,包括安全通则、安全生产责任制、生产区和作业场所的安全管理、安全生产检查、安全防火管理、安全隐患整改管理、仓库安全管理、安全生产奖惩、安全例会、违禁品相关规定及处罚标准和应急预案等内容,是圆通速递开展安全生产、进行安全管理的准则。[①]

　　企业应当根据申请经营的地域范围和业务范围选择向所在地省一级邮政管理部门提出申请,跨省经营或经营国际业务的,应当向国务院邮政管理部门提出申请,并提交相应材料。邮政管理部门应当在合理期限内进行审查,作出批准或者不予批准的决定。予以批准的,颁发快递业务经营许可证并公告;不予批准的,书面通知申请人并说明理由。快递业务经营许可证的有效期为5年。

　　为了响应简政放权、转变政府职能的要求,国家邮政局于2018年7月30日印发《进一步优化快递业务经营许可工作方案》,提出将审批时限压缩一半、申请材料精简一半、充分利用信息化手段,进一步提升政务服务效能的要求。据此,跨省申请许可和经营国际快递业务经营许可的审批时限由45个工作日压缩至22个工作日,省内申请许可的审批时限压缩至13个工作日。同时,申请时需要提交的材料也被简化为8项,以最大程度减轻申请许可对企业可能带来的负担,即申请书,企业名称预核准通知书或者企业法人营业执照扫描件,企业法定代表人身份证明扫描件,分公司(营业部)、子公司名录,场地使用证明,安全保障制度和措施,加盟合同协议或意向书,国际业务网络证明材料(申请国际业务时须提交)。此外,不断改进信息化技术,推广电子证照、电子签名和电子签章的应用,以实现行政许可、年度报告、备案等工作网上全程公开办理。

二、外资准入的现实挑战与法律应对

(一)外资准入的双重挑战

　　我国快递业务由国际快递业务和国内快递业务组成。国际快递业务开放

---

①　参见《大连大杨创世股份有限公司重大资产出售及发行股份购买资产并募集配套资金暨关联交易报告书(草案)(修订稿)》,载 http://www.cninfo.com.cn/new/disclosure/detail? plate = sse&orgId = gssh0600233&stockCode=600233&announcementId=1202157058&announcementTime=2016-04-09,最后访问日期:2025年3月31日。

较早,外资企业进入我国国际快递业务市场除须满足相关贸易法规对企业形态的准入条件之外,未受到其他市场准入条件的限制。1980 年,中国邮政 EMS 开办全球邮政特快专递业务。除了中国邮政集团下的 EMS 外,我国当前国际快递业务基本由 FedEx①、UPS②、DHL③ 等几大外资巨头提供。鉴于国际快递市场已经基本放开,此部分分析主要围绕外资市场准入对国内快递市场的影响展开。全方位开放国内快递市场,享受国际资本带来红利的同时,就必然要做好准备,承受随之而至的荆棘之痛。

一方面,外资入市对快递服务业发展带来挑战。扩张性是资本的本质。外资进入国内快递市场,为了获取最大的利润,必然会首先利用各方面优势扩张其市场占有,以取得市场优势地位,争取规模经济效益。④ 外资扩张势必和国内快递企业短兵相接,资本大战硝烟弥漫,快递市场秩序难以保持稳定。因此,国内快递市场对外资的开放,特别是外商直接投资,要格外注意其对我国快递市场发展的影响。

第一,外资入市,可能采取不正当竞争行为扰乱市场秩序。相比于我国民营企业来说,外资快递企业竞争优势明显。资本上,外资企业具备数十年的全球化运营基础,拥有充足的现金流和资金周转能力用以应对业务扩张;技术上,外资快递企业借助成熟的流程控制技术,譬如 UPS 全球公路运输优化系统、FedEx 全球航空运营控制及气象学监控系统,基本实现了自动化运营⑤;管理上,外资企业有更加完备的员工培训和激励机制,可以在更短时间培训出更加熟练且服务标准化的员工。上述外资快递企业的优势足以使其在进入国内市场竞争时占得先机,即便面临国内快递服务网点不足的境况,也能够通过对中小民营快递企业的兼并,迅速完成国内快递服务网点的规模化建设。从我国

①　1984 年 FedEx 收购了在欧洲和亚洲均设有办事处的快递公司 Gelco,开始在中国开展快递业务,参见 https://www.fedex.com/zh-cn/about/history.html,最后访问日期:2025 年 3 月 31 日。

②　UPS 于 1907 年创建于西雅图,1919 年,公司第一次将业务由美国西雅图扩展至加州奥克兰市,自此,联合包裹运送服务公司(United Parcel Service)的名称首次亮相,目前 UPS 拥有约 49 万员工,200 多个服务国家或地区,每日递送包裹 2240 万件,2024 年总收入 911 亿美元,参见 https://about.ups.com/cn/zh/our-company.html,最后访问日期:2025 年 3 月 31 日。

③　DHL 创建于 1969 年,目前在 220 多个国家和地区提供服务,拥有 59.4 万余名员工,2023 年收入 818 亿欧元,参见 https://www.dhl.com/cn-zh/home/about-us.html,最后访问日期:2025 年 3 月 31 日。

④　参见王小琼:《外资控制我国境内企业法律问题研究》,知识产权出版社 2013 年版,第 18 页。

⑤　参见《物流行业间竞争加剧》,载 https://www.sohu.com/a/156749492_635769,最后访问日期:2025 年 3 月 31 日。

引进外资企业的进程来看,一些外资企业凭借优势逐步在国内市场站稳后,可能会直接或变相采取各种不正当竞争行为,以期在短时间内进一步扩大市场份额。其中最典型的不正当竞争行为即为掠夺性定价。早在 2008 年联邦快递进军国内市场后,就曾连续四次发动不计成本的大规模降价,平均每票快件降价 100 元,单价直逼低端市场中的民营企业价格,这场价格战争直接为联邦快递赢来了四倍货量,大大扩张了其市场份额。① 除了发动价格战之外,结合其国际服务优势,外资快递企业还可能和其上游国际电商达成协议,寻求独家交易,妨害国内民营企业的国际化发展。

第二,外资入市,可能影响快递服务的国内网络整合。目前,为了提高整体快递服务业的网点利用率,快递企业的服务网络呈现出集合化使用的趋势。2014 年,邮政集团与阿里巴巴达成协议,将其全国十几万个服务网点向菜鸟网络平台开放,"三通一达"等民营快递企业均已完成与菜鸟网络平台的对接。② 然而,外资快递企业出于技术保护、服务质量保证等原因倾向于采取封闭式直营模式进行扩张,这无疑与我国快递服务网络的集约化、统一化趋势有所偏离。其一,无论是分拣中心、中转中心还是末端网点,外资快递企业均设置内部的独立网络,必将导致重复建设;其二,未接上统一服务网络的外资快递企业一旦撤出,将会带来快件无法追踪、大量滞留等问题;其三,外资快递企业的竞争重点定位于大中城市之高端业务,这会将民营企业的竞争中心集聚于经济发达地区,从而导致偏远村镇地区的快递服务业发展减缓;其四,外资快递企业拥有成熟的国外业务网络,一旦其在国内快递市场中取得了竞争优势,势必影响我国电子商务等行业的协同发展。

另一方面,快递外资准入关涉快递信息的安全保护。我国已经步入信息时代,应当更加重视信息安全、经济安全的保护。快递服务是物与信息的流通交互,全省乃至全国范围内的物流、信息流在某一特定时间都被快递企业掌控。外资企业或多或少受到境外资本的控制,很难保证其不受资本输出国的影响,涉嫌信息泄露损害国家安全。"棱镜门"事件就是前车之鉴。③故而,快递服务业引入外资需要结合国家信息安全的因素进行考量。

① 参见何春梅:《联邦快递:价格屠夫频挥刀》,载《经营者》2008 年第 Z3 期。
② 参见刘志强:《民营快递将共享邮政网点 十几万个服务网点将通过菜鸟网络向社会开放》,载《人民日报》2014 年 06 月 13 日,第 10 版。
③ 参见储昭根:《浅议"棱镜门"背后的网络信息安全》,载《国际观察》2014 年第 2 期。

　　第一,信件通信安全。信件包含信函和明信片,其中信函是指使用套封方式寄递的缄封的信息载体,包含各类书信、文件、单据、证件等。公民的通信自由和通信秘密作为宪法明确规定的基本权利,体现了国家对公民私生活秘密与表示行为的尊重,使公民能表达并传递意愿并禁止任何他人窥探其通信内容。信件通信安全与否,关涉公民通信自由与通信秘密的实现。具言之,国内信件快递①涵盖来往全国各地的企事业机关单位以及公众的信息传递,与我国国家核心利益紧密相关。商业信函上,商业文书的信件传递可能关涉商业秘密,如若泄露损失重大,亦需慎重对待;私人通信上,私人信件的传递是公民行使通信权的重要方式,其通信秘密和隐私的保护需要确保信件寄递渠道的安全。

　　第二,快递信息安全。快递服务必需的信息包括全国各地大量的公民身份、地址和快件信息,这些信息正是构建我国信息网络体系最基础的要素。在大数据时代,这些信息经过分析和统计,可以管窥全豹,勾勒出我国的经济、社会乃至国防发展的基本情况。在经济方面,快递企业能够掌握第一手的用户购买数据,通过和电商企业的合作,统计购买流量的变化,由此分析出全国以及各个区域的经济发展和流通情况。在社会方面,快递服务中收集的公民身份、电话、地址等公民私人敏感信息与公民的日常生活息息相关,如若泄露,后患无穷。在国防方面,通过对大量地址信息、用户信息、快件物品的统计归类,可能会分析出国家重要机关部门的地址、人员,甚至日常的工作动态,具有较大的安全隐患。

(二)外资准入的限制与完善

　　正如前文所述,外资为国内快递服务业带来机遇的同时,亦有引发相应风险的可能性。因此,在制度构建层面上,既要对外资快递企业开放市场,又要对其进行一定的准入限制。主要体现在以下几个方面:

　　第一,逐渐开放地域,限制跨地域经营。正如前文所述,外资快递企业多采取直营经营的地域扩张模式,这为我国快递服务网络集成化建设带来了挑战。对外资企业的地域范围许可应从全局视角,依照区域快递服务网络的布置进行。具言之,在区域快递服务网络中,以各大枢纽城市为中心,向周边区域辐射

---

　　①　此处的信件快递不包括公文信件,根据《邮政法》第55条的规定,快递服务主体不得寄递国家机关公文。

开展快递服务。枢纽城市①经济发展平稳,地理条件便利,具有发达的公路、铁路交通和完备的机场设施,承担着全国快递服务网络的中转工作,其更有能力包容外资的进入,将外资的力量内化。故外资企业的地域范围准入应首先从交通较为便利、经济较为发达的枢纽城市开始,再逐渐发展到快递服务网络的二级、三级节点,以便将外资入市与国内快递服务业资源整合进程结合起来,协同发展。审核外资企业的地域范围准入还应对其服务能力进行重点考察,即根据外资快递企业的实际运力和分支机构网络的铺设情况,向其发放相关地域的经营许可,避免出现占山为王的"圈地"现象,杜绝市场的无序竞争和资源浪费。

　　第二,加强安全审查,明晰行业审查标准。外资入市考验了我国国内快递市场应对风险的能力,准入进程中宜注意加强对国家安全的保护。目前,在市场准入安全审查机制上,《邮政法》仅有总括性规定,即在审查许可申请时,邮政管理部门应当考虑国家安全等因素,并征求有关部门的意见。② 目前,安全审查制度适用在重要军工、能源、农产品、基础设施、关键技术、装备制造、运输服务等与国家安全紧密相关的行业中,其中,重要运输服务是否包含快递行业,未有明确解释。本书认为,快递行业不仅是拉动经济发展的"火车头",更关涉国家和公共信息安全的重大利益,因而应当对运输服务进行扩大解释,使快递服务涵括其中,将外资并购安全审查作为快递市场外资准入的重要环节。外资快递企业通过股权或资产转让方式并购国内快递企业时,国家邮政局、商务部、国家发展和改革委员会、国家安全部等多部门应组成联席会议,对交易进行一般性书面审查。审查的内容包括交易是否导致国防安全、国家经济稳定运行和社会基本生活秩序、关键安全技术研发能力受到影响。此外,快递服务业的安全审查还涉及信息安全的特别审查。例如,外资企业可能通过并购获取原本未受许可地域的用户名址、不同时间和地区的业务流量等信息数据,因而在安全审查时,应加强对并购交易中的企业之间的数据流动的审查。

---

　　① 　国家发展和改革委员会根据区位条件、辐射范围、基本功能、需求规模等,划分出了全国性、区域性和地区性的综合交通物流枢纽。全国性综合交通物流枢纽:北京—天津、呼和浩特、沈阳、大连、哈尔滨、上海—苏州、南京、杭州、宁波—舟山、厦门、青岛、郑州、合肥、武汉、长沙、广州—佛山、深圳、南宁、重庆、成都、昆明、西安—咸阳、兰州、乌鲁木齐等;区域性综合交通物流枢纽:石家庄、太原、福州、南昌、海口、贵阳、拉萨、西宁、银川等。参见国务院办公厅关于转发国家发展改革委《营造良好市场环境推动交通物流融合发展实施方案》的通知。

　　② 　参见《邮政法》第53条第3款的规定。

　　第三,强化持续管理,健全市场监督。放开市场,提高准入程序透明度的同时,宜加强外资准入后的持续管理,以维护市场竞争的有序进行。首先,需要对外资企业设置的经营网点联动管理。外资快递企业取得许可证后,拓展国内快递业务时,在各个地市均需设立经营网点,包括非法人分支机构、末端收寄和投递网点等。这些经营网点数量众多、种类各异,集中管理十分困难,需各级地方邮政管理部门相互配合与协作。应当依照《快递业务经营许可管理办法》的规定①,严格执行外资快递企业分支机构的备案登记制度,规范其快递末端网点的日常运营。其次,对外资企业的市场违规行为要及时严肃处理。在处置规则上,应在每个审核时段,通过对客户投诉率、寄递准时率、快件保质率、实名制执行率、经营违规率等指标的统计,对外资企业诚信经营情况进行评估,对不达标的企业予以暂收甚至吊销许可证的处罚。对于违规经营信件或者超地域范围经营的情况,应尤其重视,情形严重时可实行"一票否决制",杜绝其违规经营的侥幸之心。最后,尽快完善外资企业的市场退出机制。外资企业的总部不在国内,又采用独立网络经营,极易导致一夕之间撤出国内市场,带来大量快件无人处理的严重后果。因此,必须加强对外资快递企业市场退出的监管。一是,出台相关规范,明确外资快递企业撤销一定数量的国内分支机构时,应向邮政管理部门报告;二是,在分支机构撤销后,将撤销后人员、快件、设施的处理方案作为许可证变更的审查资料,督促外资快递企业做好善后工作。

三、快递末端网点备案制度

(一)快递末端网点的定义

　　快递末端网点是由经营快递业务的企业及其分支机构在居住区、商业区、办公区、工厂、学校、乡村等基层地区,直接设立、委托其他组织设立或者与其他组织合作设立的,有固定经营场所、设施的,主要从事快件的末端收寄、投递服务的经营网点。快递末端收寄、投递是快递服务的重要环节,随着电子商务的普及,人们对快递服务的需求量急剧增加,增加快递末端网点的必要性也越来越明显。一方面,鼓励发展快递末端网点是惠及百姓、服务民生的重要体现,让生活在街道、社区、工厂、学校、乡村等基层地区的居民享受到方便、快捷的快递服务;另一方面,鼓励发展快递末端网点可以带动当地经济、增加就业机会,实

---

①　参见《快递业务经营许可管理办法》第23条、第25条的规定。

现快递下乡镇、下基层,带动当地农副产品、手工艺品的输入输出,促进当地交通运输业的发展。

快递末端网点在快递服务市场发展迅猛,以 2017 年为例,邮政 EMS 采用终端代办点模式,新建社会合作代办点 1.75 万个;顺丰速运与近三万个合作代办点及 673 个物业管理公司网点展开合作;圆通速递持续推行妈妈驿站,在上海开设"妈妈菁选"便利店,通过"快递+新零售"模式占据社区流量入口,网点已达 6.8 万个;申通以"快递+水果"模式在潍坊和攀枝花推广末端店,开通水果店三百余家,网点约 2.4 万个,独立网点 1846 个。① 根据国家邮政局于 2023 年 4 月发布的《2022 年度快递市场监管报告》,各品牌快递企业大力推广自身品牌旗下末端服务站布局,截至 2022 年底,全国快递末端网点和服务站达 34.3 万个。②

从本质上来看,快递末端网点属于广义上的快递服务主体,是快递服务主体经营链条中的重要组成部分。具备如下特征:第一,设立主体。快递末端网点的设立主体是具有快递业务经营许可证的企业及其分支机构,以及应当持有快递业务经营许可证的第三方专业机构。第二,设立地域。快递末端网点通常设置在基层,比如在大型居住区、商业区、校区、机关企事业单位综合办公区等地区,为了解决"最后一公里"派件难的问题而设立,为广大快递用户提供便利。第三,设立要求。设立快递末端网点,对经营场所、经营设备有一定的要求。第四,快递末端网点主要从事快件的末端收寄、投递业务,而不涉及分拣、运输等业务,不能独立地提供一单完整的快递服务。

(二)快递末端网点的类型

本书认为,根据参与设立主体、经营形式的不同,可以将快递末端网点分为三类:直营式末端网点、兼业代理式末端网点和合作式末端网点。

第一,直营式末端网点。直营式末端网点,也被称为"自建网点",是指由快递企业及其分支机构直接设立的末端网点,人、财、物直接由快递企业负责管理,通常情况下只负责收寄、投递本快递企业的快件。这里所说的直营式,意味着直接管理、自筹自建,是指快递末端网点由快递企业及其分支机构直接设

---

① 参见《国家邮政局:〈2017 年度快递市场监管报告〉(摘要)》,载 https://www.100ec.cn/detail--6459270.html,最后访问日期:2025 年 3 月 31 日。

② 参见《2022 年度快递市场监管报告》,载 https://www.spb.gov.cn/gjyzj/c100009/c100010/202305/b4c0c2d81b0149b5910b4f01c4159505.shtml,最后访问日期:2025 年 3 月 31 日。

立,而不是指整个快递服务主体采取直营经营模式。实践中,快递企业总部直接设立末端网点的情况比较罕见,总部控制的子公司(区部)、分支机构(分部)设立末端网点的情况比较普遍;如果快递服务主体采取加盟模式、代理模式或者混合模式经营,具有快递业务经营许可的加盟企业和代理企业也会设立末端网点。概言之,直营式末端网点的核心在于直接建设与管理,因此,出于自身利益的考虑,为了宣传自身品牌、扩大市场占有份额,直营式末端网点在通常情况下仅收寄或投递由本企业提供快递服务的快件。

直营门店是典型的直营式末端网点。快递企业或分支机构设立传统直营门店,通常是在大型居住区、商业区、高校区中租赁一间门面房,作为固定的经营场所;由快递企业或分支机构负责出资购买计算机、扫码机、货柜、移动电话以及其他办公用品,统一配备取件、派件运输车辆;负责末端收寄、投递的工作人员也是由快递企业统一管理。如果直营门店管理不当,或者是工作人员在收寄、投递的过程中出现过错,导致快件延误、毁损,造成第三人损害的,产生的相应民事责任应由快递企业承担,快递企业对外承担责任后再根据企业内部规章制度追责。

第二,兼业代理式末端网点。兼业代理式末端网点,是指从事其他经营活动的组织接受快递企业的委托,代为收寄、投递快件。上述从事其他经营活动的组织被称为代理机构,包括但不限于便利店、超市、加油站、村邮站、物业公司、运输公司等。兼业代理式末端网点由代理机构负责管理,通常情况下一个代理机构会接受多家快递企业的委托,收寄、投递多个品牌的快件。兼业代理式末端网点规制的核心在于委托合同(代理协议)。签署委托合同的双方是快递企业(包括快递企业授权的分支机构)和从事其他业务的组织(包括企业法人、合伙企业、个人独资企业、个体工商户等类型),快递企业是委托人(被代理人),从事其他业务的组织是受托人(代理人)。协议中的主要内容包括代理式末端网点的服务方式、服务费用以及在末端服务过程中产生的责任承担等问题。

由于兼业代理式末端网点涉及代理机构的类型众多,本书认为,为了保护快递用户的利益,有必要对其法律责任承担规则进行统一。首先,根据《民法典》第 162 条的代理一般规则,代理机构造成快递用户的损失,由被代理人快递企业承担民事责任。如果快递企业和代理机构之间没有书面委托合同,或者约定授权不明的,对快递用户所造成的损失,应当由快递企业和代理机构承担连带责任。其次,快递企业和代理机构之间的责任分担,应当按照双方签署的委托合同的约定处理,如果合同没有约定或约定不明的,则应当区分有偿委托和无偿委托。在有偿末端服务的情形下,因代理机构的过错造成快件损失的,快递企业可以请求代理机构赔偿损失;在无偿末端服务的情形下,只有代理机构存在故意或重大过失,快递企业才得请求赔偿损失。最后,当代理机构超越权限提供快递服务,造成快递企业或分支机构损失的,应当承担赔偿责任。

第三,合作式末端网点。合作式末端网点,是指由具有快递业务经营许可的企业及其分支机构与第三方专业机构合作,或者直接由第三方专业机构负责的,在大型居住区、商业区、校区、机关企事业单位综合办公区等基层地区设立的,有固定经营场所、设施的,主要从事快件的末端服务的快递服务主体。第三方专业机构在合作式末端网点中发挥重要作用,从网点的选址、筹建到正式运营、管理和维护,尽在第三方专业机构的掌控之中。典型的合作式末端网点为快递超市。

本书认为,不论第三方专业机构是合作式末端网点的设立者、经营者,还是管理者,其行为均围绕着快递末端服务展开,本质上属于经营快递业务,应当依照《邮政法》《快递业务经营许可管理办法》的规定取得快递业务经营许可。当然,这并不能免除快递企业的寄递义务和指导义务。一是,快递企业与第三方专业机构合作时,要保证快件全程寄递时限符合企业服务承诺及国家标准。第三方专业机构从事快件末端服务的,应当严格按照《快递服务》国家标准和《快递业务操作指导规范》向用户提供服务。二是,快递企业有义务对合作的第三方专业机构从事快递末端服务的行为进行相应的指导和培训,保障后者提供的快递末端服务符合质量要求。

至于自助服务设备,如智能快件箱,应当被视为快递末端网点。根据其设立及实际运营主体来看,又可以分为直营式自助服务设备和合作式自助服务设备。前者由快递企业直接设立,其所有权、经营权归快递企业享有;后者由第三方专业机构建设、运营,与快递企业签订自助服务设备的使用协议。

(三)快递末端网点的备案规则

邮政管理部门对不同主体进入快递服务市场采取了不同的监管模式。具体而言,对于快递企业,要求其取得快递业务经营许可;对于快递企业分支机构、快递末端网点,要求其进行备案。这里所说的备案,是指行政相对人用特定公示方式向行政机关提供有关信息予以登记备查,从而对行政相对人产生法律效果的行政行为。备案与许可制、审批制、注册制不同,是行政部门最低限度的监管手段,其本质是一种行政确认,目的不在于改变现有法律关系,而是对已有权利、资格或行为进行承认、确定或否认。

2018 年国家邮政局制定《快递末端网点备案暂行规定》,对快递末端网点的备案规则进行了规定。本书认为,结合上述规定和实践,我国快递末端网点的备案为外部行政备案中的告知性行政备案。具体规则如下:

第一,备案主体和备案相对人。快递末端网点的备案主体为邮政管理部门,具体由末端网点所在地省级以下邮政管理机构进行管辖。备案相对人为快递末端网点的开办者。对于直营式末端网点,开办者即为直营快递企业及其分支机构;对于兼营代理式末端网点,开办者为作为委托方的快递企业或其分支机构;对于合作式末端网点,开办者为第三方专业机构。至于自助服务设备,不论直营式还是合作式,统一将自助服务设备的运营者作为开办者,更符合备案的便利高效原则。

第二,备案事项和备案程序。本书认为,快递末端网点的开办者的备案事项应当包括网点的经营信息和服务能力信息,前者如开办者营业执照、网点负责人身份信息等,后者则是经营快递业务的必然要求。虽然快递末端网点仅提供末端快递服务,无需具备全网寄递的服务能力,但是与末端服务相适应的服务场所、设备设施、名称标识还是必备的。换言之,开办者应当在快递末端网点设置快件存放和保管区域,配备相应的通讯、货架、监控等设备设施,公示快递服务主体标识,并合法合规经营。在备案程序上,开办者应当自快递末端网点开办之日起 20 日内,向具有管辖权的邮政管理部门备案,通过邮政管理部门信息系统填写快递末端网点备案信息表,并提交营业执照、授权书、身份证明、场所图片资料等相关证明材料。邮政管理部门在收到材料后进行形式审查,材料齐全的,应当在 5 个工作日内予以备案,材料不齐全的,要求开办者补正。

第三,备案效果和变更撤销。对开办者而言,快递末端网点备案制确定了其经营主体的法律地位,使其从事快递末端业务的经营行为受到法律的认可和保护;对邮政管理部门而言,快递末端网点备案制不仅是一种信息收集与告知,更是一种软性的行政监管手段,备案后邮政管理部门可以依法对开办者和快递末端网点实施行政监督与检查。快递末端网点的备案事项可以依法变更,当网点名称、类型、经营范围、负责人等事项发生变更的,开办者应当在 10 日内通过信息系统向原备案机关履行变更手续。当快递末端网点退出市场时,由原备案机关负责注销备案。末端网点退出市场的原因包括:开办者的快递业务经营许可被注销或者分支机构名录失效;开办者撤销其设立的快递末端网点或者合作终止;快递末端网点被依法关闭。值得注意的是,快递服务主体有持续经营的义务,因此当快递末端网点退出时,应当妥善处理尚未投递的快件,并向社会公告。

第三节 快递服务主体的退出制度

一、快递服务市场主体退出概述

市场主体退出制度即市场主体依照法定程序和法定条件,经过登记主管机关核准后,丧失经营资格退出市场的制度。市场主体退出有广义说和狭义说。[①] 本书认为,考虑到快递服务市场涉及许可和备案的不同情形,对快递服务市场主体退出进行规范时,应采广义的市场主体退出说,即快递服务主体临时或永久、主动或被动终止从事快递经营活动资格的市场行为。

(一)市场主体退出的基础理论

从逻辑上来说,有市场主体准入制度,就必然存在市场主体退出制度,两者之间辩证统一,共同保持市场经济的活力,同时也构成了对市场主体进行管理的主要内容。合理的市场准入制度能够确保在市场中开展经营活动的主体具备法定的经营资质,从市场的入口端降低市场经济中源自主体的风险;而合理的退出制度则能够使不再具备经营资质的主体有序从市场中离开,及时纾解市场中可能存在的交易风险。市场机制本身就具有优化资源配置、鼓励优胜劣汰的作用,市场主体的退出则是市场机制发挥作用的一个方面,体现了市场经济发展的基本规律。[②] 如果缺乏市场主体退出制度,市场主体准入制度所承担的市场主体资质筛选功能就会大打折扣,必然无法实现其制度初衷,同时也会导致后续市场交易过程中耗费更多的监管资源。因此,正视市场主体退出制度的价值,为其存在基础提供理论证成,是探讨快递服务主体退出制度的首要工作。目前,市场主体的退出方式主要有两种类型,一是在私法层面,由市场主体行使

---

① 参见崔立群:《市场主体退出制度研究》,载《中国市场监管研究》2018 年第 11 期。

② 参见中国政法大学破产法与企业重组中心课题组:《完善市场主体退出制度的路径选择与制度构建》,载《中国市场监管研究》2019 年第 6 期。

退出权,主动从市场中退出,二是在公法层面,市场主体在公权力机关的要求下,被迫从市场中退出。这两种方式均有相应的法理基础。

市场主体的退出权是指市场主体在满足法定条件的前提下,暂时或永久终止其主体资格或退出相关市场的权利。这一权利具有以下特征:其一,处于正常的经营状态是市场主体享有退出权的前提条件;其二,市场主体能够按照自己的意志决定是否行使退出权,以及如何处分退出权;其三,市场主体具备通过申请破产、解散等法律途径进行退出的能力;其四,市场主体行使退出权是基于减少亏损或追求其他利益的考量。从本质上来看,市场主体的退出权作为一项私法层面的权利,具备相关的私法权源基础,是市场主体的财产权和迁徙自由的结合物。① 一方面,市场主体行使退出权实质上是其对自己私有财产的自由处分,即将经营活动所需的财产转移至市场交易之外。另一方面,市场主体的退出权也体现了其迁徙自由,即其可以基于降低成本等考虑,从某个地域的市场转移至另一个地域的市场,或者从市场经济之内转移到市场经济之外。退出权的存在能够有效控制市场制度容量高低的合理性②,避免市场运行成本过高、市场信息传递通道不畅等问题。所谓的"制度容量"就是指制度对环境变化的承受能力③,与制度容量的界限相关的因素包括人力、物力、财力等。退出权有助于解决市场制度容量不足的问题。具体来说,当市场中的主体数量过多,超过市场的承载能力时,市场中的资源就会被过度消耗,现有的市场制度将无法进行圆满的自我调节,从而降低整个市场的资源配置能力和配置水平。而退出权使得市场中的市场主体数量保持在合理的水平,降低市场制度的负担,进而能够实现市场化机制作用的最大化。

在市场主体不再符合参与市场交易条件的情况下,需要公权力的介入实现市场主体的非自愿退出。此时,公权力的介入具有正当性。从市场主体满足市场准入条件,得以成功进入市场开展经营活动时起,市场主体就时刻处于公权力的监管之下,并深刻嵌入市场交易的环节之中。一方面,由于公权力部门准许该市场主体开展经营活动,其也就相应负担了对经营主体符合存续条件的持续监管义务。在市场主体不再适合存续的情况下,由公权力部门介入,推动该主体的强制退出是其履行监管义务的体现。另一方面,市场中的各类主体以营

---

① 参见葛方林:《论市场主体退出权》,载《重庆大学学报(社会科学版)》2013 年第 2 期。
② 参见李厚廷:《"退出权"及其制度功能》,载《社会科学研究》2013 年第 5 期。
③ 参见黄少安:《关于制度变迁的三个假说及其验证》,载《中国社会科学》2000 年第 4 期。

利法人为主,其得以存续的意义和价值就在于通过开展经营活动获取相应利润并向成员分配,并在这一过程中为社会公众提供高质量的产品和服务,创造一定的社会价值。当市场主体无法继续从事上述活动时,便失去了作为营利法人继续存在的意义,其退出市场也就成为必然选择。反之,该市场主体若继续存在,则不仅造成了对市场经济健康运行的不利影响,消耗大量的行政监管资源,同时也不利于市场资源的合理配置。① 因此,基于上述两个理由,公权力在市场主体非自愿停止经营的情况下进行介入实现强制退出,具有正当性和合理性。

(二)快递服务主体退出的意义

建立快递服务主体的退出机制,对提高快递企业的竞争力和发展力、保障快递行业健康有序持久发展、建立和完善快递服务市场具有重大意义。

第一,快递服务主体退出机制的建立是维护市场交易安全和环境稳定的需要。通过市场主体退出制度,让那些有严重问题、难以拯救的快递企业妥善退出市场,最大程度地实现市场机制传递信息的功效,从而避免因个别企业的危机引发更大的市场波动。例如,2022 年极兔快递江苏常州武进湖塘镇网点负责人"跑路",导致快件积压,并拖欠快递员工资 30 余万元,尽管极兔事后回应已妥善解决此次危机,但据媒体报道此类事件已不是第一次发生。②

第二,快递服务主体退出机制的建立是保障市场运行效率的需要。非正常经营企业的退出有助于提高全要素生产率。③ 优胜劣汰是市场经济的法则,有效促进竞争是市场经济规律之一。通过使有严重问题的快递企业退出市场,可以促使快递企业主动展开积极的竞争,不断优化资源配置,提升服务能力和质量,发挥资源的最大效益。同时,有序的市场退出机制,也可以警示公众关注市场风险,增强风险意识,最大程度上保护自己的利益。

第三,快递服务主体退出机制的建立是保护利益相关主体的需要。市场主体的退出会涉及诸多利益相关主体,进而影响社会经济的运行状况。④ 快递服

---

① 参见王伟:《非正常经营企业强制性市场退出机制研究——优化营商环境背景下的行政规制路径》,载《行政法学研究》2020 年第 5 期。

② 参见《狂奔的极兔,摔了一跤》,载 https://finance.sina.com.cn/tech/csj/2022-06-23/doc-imizm-scu8270409.shtml,最后访问日期:2025 年 3 月 31 日。

③ 参见王玉喜、卓越:《退出机制失灵、行业间资源配置与地区全要素生产率——基于正常与非正常经营企业二元视角的分析》,载《云南财经大学学报》2023 年第 4 期。

④ 参见李曙光:《市场主体退出改革迎来突破》,载《中国金融》2019 年第 15 期。

务主体经营状况恶化时,处于弱者地位的快递用户和末端加盟者、代理者的利益极易受到侵害。例如,2010年深圳市东道物流有限公司挪用广东地区代收货款4516.6万元,产生极为恶劣的社会影响。① 因此,安排无可挽救的快递企业及时有序地退出市场,并按规定妥善处理善后事宜,有利于快递用户、合作伙伴等利益相关主体的保护,同时也有利于社会的安定团结。

(三)快递服务主体退出的分类

根据快递服务主体退出的不同标准,可以有以下三种分类:

第一,部分退出和完全退出。根据市场主体退出市场程度的不同,可分为部分退出和完全退出。② 退出部分(特定)市场是指经营者由于经营不善、违反特定经营条件而主动或被强制退出特定的市场,但还可以从事其他非特殊经营的情况。退出全部市场,也称之为完全退出市场,是市场主体由于某种原因或者违反有关法律法规、规章等方面规定,从而主动或者被强制终止全部经营活动、完全停业、退出所有市场经营活动领域的情况。涉及快递服务主体的退出,如果该快递企业在丧失快递业务经营许可证后,变更市场主体登记,退出快递服务市场,转向经营其他业务,属于部分退出;如果快递企业既丧失了快递业务经营许可证,又失去了法人资格(当然先后顺序根据情况有所不同),则属于全部退出。无论是部分退出,还是全部退出,都需经过注销许可证的必备程序,只是在处理与市场主体登记的问题上有所差别。

第二,主动退出和被动退出。根据市场主体退出的意志因素,可分为主动退出和被动退出。③ 主动退出是市场主体在经济活动中意思自治的体现,市场主体是否退出与其经营目的、经营状况紧密相关。被动退出多是由于政府部门对经济活动的宏观调控、监督管理,是政府部门为了维持市场经济秩序而采取的措施,不以经营者的意志为转移。快递服务主体的退出亦可以分为快递企业依申请的主动退出和邮政管理部门依职权的被动退出。前者例如快递企业因分立、合并、解散等情形的出现而主动请求注销登记;后者则包括企业被责令关闭或撤销、被吊销营业执照或经营许可等情形。一般来说,主动退出是由快递企业自己提出,因此在许可证注销过程中企业会比较配合,后续问题处理简便。

---

① 参见《DDS倒闭再调查:行业黑马为何兵败如山倒》,载 https://www.163.com/money/article/5UH22TLQ002526O5.html,最后访问日期:2025年3月31日。

② 参见张国华:《市场主体退出法律机制研究》,载《特区经济》2006年第11期。

③ 参见崔立群:《市场主体退出制度研究》,载《中国市场监管研究》2018年第11期。

而被动退出则是由行业主管部门提出,往往会遭遇更多阻力,如无法通知企业负责人、企业拒绝交还许可证、企业提出行政复议等,因此,被动退出对退出机制的程序性依赖更高。

第三,暂时退出和永久退出。根据退出期限的长短,可分为暂时退出和永久退出。暂时退出是指市场主体只退出一段时间,以后有可能重新回到市场上参与竞争。比如遇到经济不景气、市场销路不好、原材料价格上涨、用工荒、政策性因素改变等情况,市场主体会根据市场行情自主决定以关闭部分业务、歇业等主动退出的方式退出市场。永久退出是指该市场主体彻底退出市场,不再从事任何相关业务。这种分类方法对快递服务主体退出制度有借鉴之处。一方面,暂时退出会涉及部分末端网点停业,此时涉及已收快件的末端投递服务,需要及时报告并妥善处理,并要防止出现员工工资、代收货款等不能及时清偿的问题。另一方面,永久退出会涉及许可证的重新申请。在永久退出后,如果该企业恢复服务能力,在符合准入条件时,可以重新申请快递业务经营许可证。

二、快递服务主体退出的法定事由

根据《快递业务经营许可管理办法》的相关规定[①],快递服务主体退出市场有以下几项法定事由。

(一)快递业务经营许可有效期届满未延续的

快递企业应当按照快递业务经营许可证的许可范围和有效期限经营快递业务,快递业务经营许可证的有效期限为 5 年。根据《快递业务经营许可管理办法》第 17 条的规定,快递企业应当在快递业务经营许可证有效期届满 30 日前向颁发许可证的邮政管理部门提出申请,换领许可证。如果快递企业未在有效期届满 30 日前提出换领许可证申请的,在许可证有效期届满后,颁发许可证的邮政管理部门有权注销该许可证,快递企业也可以向发证机关申请注销许可证。对于逾期申请,邮政管理部门可以不再受理,此时,快递企业如打算继续营业,需要重新向邮政管理部门申请快递业务经营许可证。

(二)企业法人资格依法终止的

企业法人资格终止是指快递企业的主体资格丧失,快递企业在解散或完成

---

① 参见《快递业务经营许可管理办法》第 21 条的规定。

破产清算后,向登记机关办理注销登记,终止法人资格。公司法人是目前快递服务主体的主要形式,因此快递企业终止法人资格,应该遵守《中华人民共和国公司法》(以下简称《公司法》)的有关规定。《公司法》第 229 条规定,公司解散可以分为意定解散、行政解散和司法解散。意定解散,是指公司基于自己的意愿按照法定程序决定解散,具体包括快递企业因章程规定的营业期限届满或者章程规定的其他解散事由出现而解散,股东会决议解散,以及因合并、分立需要解散的情形。行政解散,是指有关行政机关作出公司解散的行政命令,具体包括快递企业因依法被吊销营业执照、责令关闭或者被撤销而解散。司法解散,是指快递企业经营管理发生严重困难,继续存续会使股东利益受到重大损失,通过其他途径不能解决的,持有 10% 以上表决权的股东,可以请求人民法院解散公司。通常而言,公司解散后成立清算组,进入清算程序。除公司解散之外,还存在一种特殊的企业法人资格终止的情况——破产。快递企业不能清偿到期债务,并且资产不足以清偿全部债务或者明显缺乏清偿能力的,人民法院可以受理破产清算申请。当快递企业被人民法院宣告破产后,破产管理人开始进行破产清算,破产清算完毕,企业法人人格终止。

快递企业的企业法人资格依法终止后,由于《企业法人营业执照》被收缴,其经营资格一并丧失。当快递企业或公司登记主管机关向邮政管理部门告知,或邮政管理部门经查询得知该快递企业终止法人资格后,快递企业可以向颁发许可证的邮政管理部门申请注销快递业务经营许可证,后者也可以依职权注销快递业务经营许可证。

(三)快递业务经营许可依法被撤销、撤回的

快递业务经营许可的撤销,是指邮政管理部门对违法的快递业务经营许可全部或部分排除其法律效力的行为。根据《快递业务经营许可管理办法》第 10 条、第 14 条、第 30 条和《中华人民共和国行政许可法》(以下简称《行政许可法》)第 69 条的规定,快递业务经营许可的撤销包括以下几种情形:第一,快递企业在申请经营国际快递业务时暂不具备条件,承诺在约定期限内能够达到而获得快递经营许可的,其在约定期间届满后的实际情况与承诺内容不符时,邮政管理部门应当撤销其快递业务经营许可。第二,申请人以欺骗、贿赂等不正当手段取得快递业务经营许可的,邮政管理部门应当依法撤销其快递业务经营许可。第三,作出行政许可决定的邮政管理部门存在违法许可情形时,快递企业的快递业务经营许可证可以被撤销。在第三种情形下,由于快递企业并无过

错,因此其快递业务经营许可被撤销后,行政机关应当依法给予赔偿。该企业如果符合申请条件,还可以向邮政管理部门重新申请快递业务经营许可证。

快递业务经营许可的撤回,是指出于情势变化的需要,邮政管理部门废除快递业务经营许可的部分或全部的效力。根据《行政许可法》第8条的规定,对于快递企业因快递业务经营许可被撤回产生的损失,邮政管理部门应当依法给予补偿。

综上,无论快递业务经营许可是被撤销还是被撤回,邮政管理部门均应当依法注销快递业务经营许可并公告。但两者在溯及力上存在差别:快递业务经营许可被撤销后具有溯及力,被撤销的快递业务经营许可通常自始不具有法律效力;快递业务经营许可被撤回后不具有溯及力,撤回之前的法律关系不受撤回行为的影响。

(四)快递业务经营许可依法被吊销的

吊销快递业务经营许可证是邮政管理部门作出的一种依职权具体行政行为,是针对违反《邮政法》相关规定的快递企业的行政处罚,最终直接影响其经营快递业务的实体权利。根据《中华人民共和国行政处罚法》(以下简称《行政处罚法》)的相关规定①,法律可以设定各种行政处罚,行政法规可以设定除限制人身自由以外的行政处罚,所以在法律、行政法规中都可以设置"吊销许可证"这种行政处罚。因此,邮政管理部门应当严格依照《邮政法》《快递暂行条例》中的明文规定,对相关快递企业处以吊销许可证的行政处罚。具体情形包括:

第一,违反邮政专营寄递信件或国家机关公文的。根据《邮政法》第72条规定,邮政企业以外的单位或者个人经营由邮政企业专营的信件寄递业务或者寄递国家机关公文的,对快递企业可以责令停业整顿直至吊销其快递业务经营许可证。

第二,外商投资经营信件的国内快递业务的。为了保障公民的通信秘密和通信自由,《邮政法》第51条禁止外商投资经营信件的国内快递业务,其中,国内快递业务,是指从收寄到投递的全过程均发生在中华人民共和国境内的快递业务。这也属于邮政专营的内容,当外资快递企业违反这一规定时,可以适用《邮政法》第72条的规定,吊销其快递业务经营许可证。

---

① 参见《行政处罚法》第10条、第11条的规定。

第三,不建立或不执行收寄验视制度的。收寄验视制度是保障快递服务市场安全的重要关口,为此,《邮政法》第 75 条规定,快递企业不建立或者不执行收件验视制度的,邮政管理部门可以责令停业整顿直至吊销其快递业务经营许可证。

第四,违反禁止或限制寄递规定收寄快件的。对于《禁止寄递物品管理规定》所列的禁止寄递物品,快递企业不得收寄,并应当依法处置、报告;对于限制寄递的物品,如烟草、药品、出版物等,快递企业应当按照有关法律规范进行收寄,并在服务过程中妥善处理,以防止危险的发生。违反这一规定的行为,同样受到《邮政法》第 75 条的调整,对违反禁止或限制寄递规定收寄快件的企业,可以吊销其快递业务经营许可证。

第五,未尽到用户信息安全保护义务的。快递企业负有对用户信息的安全保护义务,可以总结为四项具体规则:一是建立快递运单及电子数据管理制度,妥善保护用户信息等数据;二是定期销毁快递运单,采取有效技术手段保证用户信息安全;三是快递企业及其从业人员不得出售、泄露或者非法提供用户信息;四是一旦发生信息泄露或可能的,快递企业应当立即采取补救措施并向邮政管理部门报告。根据《快递暂行条例》第 54 条的规定,邮政管理部门可以对未尽到用户安全信息保护义务的快递企业,责令停业整顿直至吊销其快递业务经营许可证。

第六,邮政管理部门有对快递企业实施监督检查的权力,此时,快递企业则负有对依法进行的监督检查予以配合的义务。根据《邮政法》第 77 条的规定,快递企业拒绝、阻碍依法实施的监督检查,可以责令停业整顿直至吊销其快递业务经营许可证。

第七,有危害国家安全行为的。危害国家安全的行为,是性质极为严重、恶劣,社会危害性极大的违法行为,直接侵害了国家安全、民族统一和社会主义制度。快递企业及其从业人员在经营活动中有危害国家安全行为的,应当受到严厉的法律制裁。《邮政法》第 78 条、《快递暂行条例》第 55 条均规定,快递企业及其从业人员在经营活动中有危害国家安全行为的,由邮政管理部门吊销其快递业务经营许可证。

三、快递服务主体退出的程序

快递企业的退出程序,是指快递企业丧失快递业务经营资格,终止快递经营活动,进而退出快递服务市场的各环节的总称。退出程序本身具有独特的内在价值,这一价值集中体现为退出程序的"过程特征",即能够使相关主体认识到退出程序已经进行到哪个阶段,以及各类程序参与主体在程序中可以基于何种理由参与哪些活动。① 退出程序的内在价值能够使快递企业的退出环节处于良好的秩序之内,同时也有助于实现公权力部门对快递企业的有效管理。结合上文所述,本书将快递企业退出的程序分为依申请退出的程序和被强制退出的程序两种类型。

(一)依申请退出的程序

快递企业依申请退出的程序,是指由快递企业在快递业务经营许可的有效期内,主动向邮政管理部门申请退出快递服务市场的各环节的总称。根据《快递业务经营许可管理办法》第20条、第22条的规定,快递企业依申请退出的程序包括:第一,提前向社会公告。快递企业在快递业务经营许可的有效期内主动退出快递服务市场的,应当提前10日向社会公告。公告的方式可以选择APP消息通知、短信通知、官网通知等多种途径。快递企业是各类快递服务需求的聚集地,对人们的日常生活具有重要影响。要求快递企业在退出前向社会公告,有助于快递用户及时更换快递服务的提供主体,合理调整寄递规划。第二,书面申请,交回快递业务经营许可证。快递企业应当向作出快递业务经营许可决定的邮政管理部门提交退出快递服务市场的书面申请,并交回快递业务经营许可证。这既是邮政管理部门对快递服务市场实施管理的需要,也便于后续发布公告废止该快递业务经营许可证的效力。第三,邮政管理部门公告作废快递业务经营许可。快递企业主动申请退出快递服务市场并交回快递业务经营许可证的,邮政管理部门应当公告作废该快递业务经营许可证。这一环节的作用在于向社会公众宣布快递企业不再具有快递业务经营资格,是快递企业退出快递服务市场的标志。第四,依法妥善处理未投递快件。快递企业退出快递服务市场之后,可能依然存有部分尚未妥投的快件,其应当采取多种方式妥善处理这些快件,如委托其他具有快递业务经营许可的快递企业完成剩余快件的投递工作等。

(二)被强制退出的程序

快递企业被强制退出的程序,是指快递企业被行政机关处以吊销许可证或

---

① 参见王锡锌:《论法律程序的内在价值》,载《政治与法律》2000年第3期。

被责令关闭，丧失快递业务经营活动的资格，进而退出快递服务市场的各环节的总称。具体包括：第一，立案。吊销快递业务经营许可证和责令关闭属于《行政处罚法》第9条规定的行政处罚措施，同时也不属于《行政处罚法》第51条规定的适用行政处罚简易程序的情形，故应当适用普通程序，由行政机关在确认符合立案标准的情况下进行立案。第二，调查取证。调查是行政机关为了正确实施行政处罚而采取的对快递企业的调研、检查等手段，以获取吊销许可证件或责令关闭所需要的证据或事实依据。调查与收集证据往往会同时进行。第三，告知当事人权利义务。行政机关根据调查取证的结果，在作出吊销快递业务经营许可证或责令关闭的行政处罚决定之前，应当告知快递企业拟作出的行政处罚内容及事实、理由、依据，并告知其依法享有的陈述、申辩、要求听证等权利。第四，听证程序。根据《行政处罚法》第63条的规定，在前述告知环节完成之后，若快递企业要求听证的，行政机关应当按照法定程序组织听证。第五，法制审核。根据《行政处罚法》第58条的规定，吊销快递业务经营许可和责令关闭属于直接关系当事人重大权益的事项，在经过听证程序的情况下，应当先由从事行政处罚决定法制审核的人员进行法制审核，之后再由行政机关的负责人作出行政处罚决定。第六，作出处罚决定并送达。完成上述各环节之后，行政机关即可吊销快递企业的快递业务经营许可证或责令其关闭，同时需要将行政处罚决定书送达快递企业。第七，注销快递业务经营许可证并公告。根据《快递业务经营许可管理办法》第21条的规定，快递企业的快递业务经营许可证依法被吊销的，邮政管理部门应当依法注销快递业务经营许可并公告。

第三章　快递服务主体的经营模式

第一节　经营模式概览

快递服务主体要实现快件从寄件人手中安全送达收件人,拥有覆盖广泛且健全的寄递网络是必要条件,面对我国幅员辽阔的现实,快递服务主体通过多种方式实现自身业务的扩展就显得十分关键。总结我国快递行业的发展经验,我国快递经营模式主要分为四种:直营模式、加盟模式、代理模式和平台模式。每种模式均有其独特的法律结构,快递服务主体会根据其经营理念和经营能力选择其中一种或几种作为其从事快递经营活动的主要方式,以进一步优化自身的快递服务网络,提升快递服务的整体水平。

一、金字塔组织结构中的直营模式

直营模式,系指以快递总公司为主导,由其直接投资拓展的经营网点开展具体的快递服务,并对各地的经营网点进行统一经营、管理的快递经营模式。在直营模式下,快递总公司能够准确把握公司的市场定位,实施专业化经营策略,以及建立具有核心竞争力的标准化体系。在我国,采取该模式进行投递的有中国邮政速递物流股份有限公司[1]和顺丰速运有限公司[2]。

---

[1]　中国邮政速递物流股份有限公司是经国务院批准,由中国邮政集团公司作为主要发起人,于2010年6月发起设立的股份制公司,拥有中国邮政航空有限责任公司、中邮物流有限责任公司等子公司。截至2020年底,公司注册资本达250亿元人民币,员工近16万人,业务范围遍及31省(自治区、直辖市)的所有市县乡(镇),通达包括我国港、澳、台地区在内的全球200余个国家和地区,自营营业网点近9千个。参见http://www.ems.com.cn/companyintroduction,最后访问日期:2025年3月31日。

[2]　1993年,顺丰速运创建于广东顺德。顺丰速运采用直营模式,对全网络具有强有力的管控,顺丰速运总部控制了全部快递网络和核心资源,包括收派网点、中转场、干支线、航空枢纽、飞机、车辆、员工等。直营模式对各环节具有绝对控制力,有助于公司战略自上而下始终保持统一,保障公司战略和经营目标的有效达成。参见《2019顺丰控股股份有限公司年度报告》,载http://www.cninfo.com.cn/new/disclosure/detail?orgId=9900010448&announcementId=1207395450&announcementTime=2020-03-(转下页)

(一)直营模式的法律构造

　　快递直营模式是一种典型的"总公司—子公司—分公司"的金字塔组织结构。金字塔的上层为总公司,由其构建并管理公司事业的组织系统;中层为在一定区域设立的快递子公司,负责特定地区快递公司的组织管理和专项业务;下层为区域内部的若干快递分公司,负责在其所属区域内开展具体的快递业务。其中,主要由最下层的分公司来从事快递末端的收寄、投递。这种金字塔组织结构是由快递服务的全网性特征决定的,快递服务的全网性主要体现在三个方面:首先,快递服务覆盖的地域范围广,需分散在各地的经营网点通力协作,形成贯穿一体的寄递网络;其次,快件的寄递需要依靠完善的运输网络,包括干线运输网络和末端的收寄网络、投递网络;最后,快递服务需要在统一的信息系统下进行指挥调度和财务结算。

　　在金字塔组织结构中,直营模式下的快递总公司持有子公司的全部股份或一定比例以上的控股股份。根据母子公司的基本法律规则,快递总公司与快递子公司之间的关系为各自独立的法人,并非公司内部体制中的行政隶属关系,但是快递总公司可以基于股权行使资本多数决来影响快递子公司的重大经营事项,对其进行宏观和间接的管理。而直营模式下的快递分公司与其本公司之间则属于公司体制内部的管辖关系,快递分公司作为本公司的分支机构,在法律地位上依附本公司。本公司参考经营地域、业务种类等因素对快递分公司的资金、业务、人员等进行合理分配和统一调度,从而实现对分支机构经营管理的直接和全面控制。概言之,快递子公司具有独立的法人地位,其控股股东为快递总公司;快递分公司隶属于快递总公司或快递子公司,不具备独立的法人地位。

(二)快递子公司独立法人地位的刺破

　　快递子公司作为独立法人,无论快递总公司拥有其多少股权,均无权撼动子公司的法人地位,二者在业务经营和事务管理上保持法律上的明确区分,并依自己责任的基本法则,对各自的行为负责。然而,实践中快递服务主体的运作并非如法律最初设定的那般理想化,快递业务具有极强的全网性特征,快递总公司不仅通过股权持有对快递子公司的网点进行宏观管理,还凭借统一信息系统控制着各网点的物流调度和财务结算。如此这般,就意味着快递总公司实

(接上页)24,最后访问日期:2025 年 3 月 31 日;《顺丰三十年:见证中国快递物流飞速成长》,载 http://finance.ce.cn/stock/gsgdbd/202303/23/t20230323_38459303.shtml,最后访问日期:2025 年 3 月 31 日。

际直接控制、支配快递子公司的经营活动,二者具有业务混同之嫌。此外,在直营模式下,快递总公司与下设子公司之间的财产很难作出清晰区分,极易发生日常营业利润、公司账目等财产混同的情形。业务或财产的混同,必然会导致子公司法人人格形骸化,使得子公司成为母公司经营的工具。① 如此一来,快递子公司的法人地位显然成了"皇帝的新衣"。

公司独立承担法律责任的基础为法人制的现代经济组织形式,法人制下公司股东出资产生公司财产,公司对该部分财产享有独立的所有权,并以其作为对外承担法律责任的来源和限度。然而,法人制时常成为股东逃废或者悬空债权的工具。针对这一现象,《公司法》引入了法人人格否认制度,本书认为,当快递总公司与其下设子公司之间具有业务或财产上的混同时,二者之间明确的法人界限业已被打破,本质上违反了公司独立法人地位存在的基本要件。因此,可直接通过法人人格否认制度,使快递总公司与快递子公司共同对外承担连带赔偿责任。也就是说,在此种情形下,如果快递子公司在提供快递服务过程中,导致快递用户及他人的合法权益受损时,受害人对快递总公司和子公司均享有损害赔偿请求权。实践中,快递子公司多为总公司全资投资,此时应按照一人公司的规定②,实行举证责任倒置,由快递公司承担人格混同事实不存在的举证责任。

(三)快递分公司提供服务行为的规制

在直营模式中,众多的快递分公司犹如一个个分子组成了快递服务网络,特别是在收寄、投递末端环节,一般由其直接与快递用户"对话",并提供"门到门"的快递服务。显然,快递分公司的投递服务是整个快递服务的"触点",其行为直接影响快递用户的服务体验。因此,必须通过行之有效的责任制度对快递分公司提供服务的行为进行有效的管控,以提升快递服务的品质。法律责任的本质是国家对违反法律义务的不法行为所作的法律上的否定性评价和谴责,从而补救受到侵害的合法权益,恢复正常的法律关系和法律秩序。③ 但是,需要注意的是,快递分公司并不是法律意义上的独立主体,法律只能通过向设立分公司的本公司追责,间接规制快递分公司的行为。

基于快递分公司的法律地位,虽然如收寄、投递等服务行为系由分公司履

---

① 参见赵旭东主编:《公司法学(第四版)》,高等教育出版社 2015 年版,第 9—10 页。
② 参见《公司法》第 23 条第 3 款的规定。
③ 参见张文显:《法哲学范畴研究》,中国政法大学出版社 2001 年版,第 127 页。

行,但是其本公司才是快递服务合同的主体。快递分公司依其设立主体的不同,可分为两类:一是快递总公司直接设立的快递分公司;二是由快递子公司设立的快递分公司。因此,快递总公司和快递子公司都有可能成为快递服务合同的主体。依快递服务合同之要旨,快递公司应当在约定的时限内,安全而迅速地将快件运至收件人处,这是其必须履行的基本义务。如果快递分公司在提供快递服务的过程中,导致快件毁损、丢失、短少或者快件迟延时,实属合同义务之不完全履行或迟延履行,依据分公司与本公司在法律上的管辖与隶属关系,快递总公司或子公司需对用户承担违约责任。此外,快递服务的安全亦直接牵动着用户的人身和财产安全,快递服务主体应尽到合理的注意义务,维护正常的寄递秩序,保障用户和他人的合法权益,实现自我利益与他人自由的有机平衡。如果快递分公司在提供快递服务行为的过程中,因其不法行为而造成用户或他人合法权益受损的,快递总公司或子公司应对受害人承担相应的侵权责任。

二、纵横交错关系中的加盟模式

加盟模式,是指被加盟者在服务网络、组织结构、人员培训以及经营管理等方面为加盟者提供支持,加盟者给予相应对价并提供某一环节的快递服务,且加盟者之间相互协作的快递经营模式。实践中,被加盟者往往被称为总部快递企业。加盟模式最早由申通快递有限公司创立,在快递行业发展如火如荼的今天,该经营模式因能以相对较低的投资成本在短时间内快速实现全国性的市场网络布局的优势,成为我国众多快递经营主体的首选。如申通快递有限公司①、圆通速递有限公司②、中通快递股份有限公

---

① 申通快递品牌初创于 1993 年,2016 年 12 月 30 日上市,开启民营快递企业上市之先河,是国家 5A 级物流企业、全国工商联 2024 中国民营企业 500 强、《财富》中国 500 强。截至 2025 年 3 月 31 日,申通快递常态吞吐能力日均量级 7500 万单,独立网点 5000 个,服务站点以及门店 55000 余家,自有干线车辆 5992 辆。参见 https://www.sto.cn/pc/about,最后访问日期:2025 年 3 月 31 日。

② 圆通速递创立于 2000 年 5 月,现已成为一家集快递物流、科技、航空、金融、商贸等为一体的综合性国际供应链集成商。2016 年 10 月,圆通速递在行业内率先上市(600233.SH)。2017 年 11 月,圆通速递战略并购香港上市公司先达国际(06123.HK),完成快递行业首例大规模跨境并购。参见 https://www.yto.net.cn/about/intro/enterpriseoverview.html/,最后访问日期:2025 年 3 月 31 日;《中国快递第一股!圆通正式 A 股上市》,载 https://www.sohu.com/a/116738283_162522,最后访问日期:2025 年 3 月 31 日;《圆通速递董事长喻渭蛟撰文:国家有需要 圆通有担当》,载 https://finance.sina.com.cn/chanjing/gsnews/2021-06-19/doc-ikqciyzk0515594.shtml,最后访问日期:2025 年 3 月 31 日。

司①、杭州百世网络技术有限公司②和上海韵达货运有限公司③等。

(一)纵向与横向关系的交织体

　　在加盟模式中,无论是加盟者还是被加盟者都必须是取得快递业务经营许可证的法人,所以,基层的快递经营网点一般不具有法人资格,其仅为加盟者的分支机构。加盟模式包含纵向和横向两重法律关系。纵向法律关系,是指加盟者和被加盟者基于加盟合同所形成的权利义务关系。在纵向法律关系中,依据加盟合同,被加盟者对加盟者负有授权其使用品牌商标、商号、快递运单、运输网络等经营性资源,并对加盟者的人员培训、组织架构以及经营管理等方面予以协助指导等义务。相应地,加盟者负有支付加盟费、提供标准化快递服务、不得无故停业以及接受被加盟者监督等义务。加盟者与被加盟者之间的纵向法律关系是加盟模式中的主线,其支撑了加盟模式的主体法律结构。

　　横向法律关系,是指横向的各个加盟者之间根据快递服务的需要所形成的合作关系。虽然,从表面上来看,作为独立的快递业务经营主体,各加盟者分别在其经营区域内从事快递服务行为,彼此似乎并不存在任何权利义务关系,其仅与授予特许经营权的被加盟者之间存在纵向法律关系。但是,快递服务的实现依托于整个运营网络,每票快件的寄递由收寄、分拣、运输、投递四个环节构成,这便意味着处于不同环节的加盟者之间将不可避免地发生交集,产生横向法律关系。在横向法律关系中,数个加盟者均为独立的经营主体,他们通过相互合作对快件的分拨、运输和结算等事宜作出安排,按照相互之间的约定履行具体的义务。横向

　　① 中通快递创建于 2002 年 5 月,是一家以快递为核心业务,集跨境、快运、云仓、冷链、金融、商业等生态版块于一体的综合物流服务企业。2016 年 10 月在美国纽约证券交易所上市。2020 年 9 月,中通快递在港交所上市,成为首家同时在美国、中国香港两地上市的快递企业。中通快递 2023 年年业务量达到 302 亿件。中通快递在行业内率先开通跨省际网络班车、实施并完善有偿派送机制、优化二级中转费结算体系、推出全国网络股份制。参见 https://www.zto.com/companyIntroduce/companyProfile.html,最后访问日期:2025 年 3 月 31 日。

　　② 2003 年 5 月,汇通快运在上海正式成立,2007 年百世集团在杭州成立,2010 年百世集团收购"汇通快运",成立"百世汇通",后更名为"百世快递"。2017 年百世集团在美国纽约证券交易所上市(已于 2025 年退市)。2020 年首次荣登中国民营企业 500 强榜单,2025 年连续 5 年入围中国物流企业、中国民营物流企业 50 强。百世集团业务涵盖快运、供应链管理、国际物流等多个板块,构建起"门到门"的 B2B2C 一站式服务体系。参见 http://www.800best.com/best,最后访问日期:2025 年 3 月 31 日。

　　③ 韵达速递创建于 1999 年 8 月,总部位于上海,致力于成为领先的综合快递物流服务商,于 2016 年 12 月 23 日在深圳证券交易所上市。截至 2020 年末,韵达速递的服务网络覆盖全国 31 省(自治区、直辖市)及港澳台地区,通达全球 30 余个国家和地区。2020 年,韵达递送包裹超 140 亿件。参见 http://www.yundaex.com/cn/about_qiyejianjie.php,最后访问日期:2025 年 3 月 31 日。

法律关系,是整个加盟模式中的辅线,其与纵向法律关系的结合能够彻底盘活整个快递服务网络,保障快递服务顺利进行。归根结底,加盟模式的法律结构,由纵向的加盟合同和横向的合作关系共同编织而成,呈现出纵横交错之态。

(二)加盟者的法律地位

当事人缔结合同,意在保证快递服务的顺利进行,而合同目的的实现,则有赖于所有债权债务的履行。加盟者作为快递服务的具体实施者,其合同义务主要包括以下三项:一是,其须根据快递加盟合同,在所授权的特定区域内提供某一环节的快递服务,并接受被加盟者的监督;二是,其须根据横向的合作关系,履行相应环节的职责,确保快件的正常流转;三是,其须妥当履行快递服务合同中的义务,在特定的时限内,安全且迅速地将快件投递至收件人处并获得签收。

义务意味着对行为的约束与限制,一旦合同的履行遭遇阻碍,法律就应当提供相应的应对措施和手段,否则当事人依合同所获取的权利将会成为空头支票。因此,如果加盟者逾越合同,恣意行为,那么,合同的相对方可要求加盟者承担违约责任。除了违约责任之外,快递服务业的加盟者在从事快递经营活动的过程中,亦须维护他人的自由,合理地限定自己行为的界限,担负起对快递用户和他人的人身与财产安全的合理注意义务。如果加盟者违反了该注意义务,对快递用户及他人的合法权益造成损害的,其须承担侵权损害赔偿责任。

关于加盟者的法律责任,实践中在加盟合同里,加盟者往往会与被加盟者就用户合法权益发生损害赔偿后的损害赔偿责任进行约定。根据合同相对性原则,加盟者与被加盟者之间关于责任的约定对合同以外的第三人不具有效力。所以,不能以此认为,当加盟者的违约行为或者侵权行为导致快递用户合法权益产生损害的,需依据加盟者与被加盟者之间的约定确定责任主体。本书认为,根据立法者的本意,加盟者与被加盟者就损害赔偿责任的约定,是双方关于责任内部分配的约定,不影响外部责任的承担规则。

(三)被加盟者的法律地位

加盟合同,作为连接加盟者与被加盟者之间的法锁,其在成立并生效后须被双方严守,合同主体应依约履行合同义务。一旦依加盟合同所形成的纵向法律关系遭到破坏,整个快递服务将无从进行,加盟者会因此陷入进退维谷的境地。

因此,当被加盟者怠于履行加盟合同,或者履行行为不符合约定之时,其须对此承担违约责任,以补偿加盟者所产生的损失。除此合同义务之外,被加盟者作为快递加盟模式法律结构中的"指挥中心",其负责指导、调控快递服务的各个环节,一旦"指挥中心"失灵,寄递网络将会随之陷入瘫痪。因此,本书认为,基于被加盟者的重要地位,应当明确要求被加盟者负担信息披露、统一管理、持续经营等法定义务。

因被加盟者并非快递服务合同主体,一旦发生快件丢失、毁损或者内件短少等快递服务本身的问题时,快递用户无法根据快递服务合同向被加盟者追责。但是,被加盟者对此实际上有不可推卸的责任,其行为实质上违反了上述统一管理义务,当属侵权行为。值得注意的是,在此情形下,加盟者的行为亦构成侵权行为。虽然二者的行为不具有主观上的共同过错,但是损害后果是由他们的侵权行为直接结合而发生的,出于对快递用户的保护,宜将此认定为共同侵权,由他们对用户的损失承担连带责任。① 快递服务的全网性特征决定了一票快件的寄递活动须由数个加盟者共同合作来完成,一味地要求所有加盟者承担连带责任未免矫枉过正,应当对连带责任的主体进行进一步限缩。本书认为,收件方加盟者、投递方加盟者以及被加盟者均与用户的利益损害有着直接或较为密切的联系,故宜将责任主体限定为此三者,具体理由将在后文进行专门论述。

三、灵活多样的代理模式

代理模式,是指基于合同约定并取得代理权的代理人,在代理权权限内以被代理人的名义向快递用户提供快递服务或协助快递用户接受快递服务,且该行为的法律后果直接归属于快递公司或者快递用户本人的快递经营模式。实践中,快递代理模式灵活多样、因地制宜,主要包括物业等服务组织代收快件②、快递便利店③、校园快递超市④、乡村快递客车⑤等。代理模式因其能够迅

---

① 参见张新宝:《侵权责任法(第五版)》,中国人民大学出版社 2013 年版,第 42 页。

② 物业等服务组织代收,是指快递用户与居住区、写字楼的物业等服务组织签订代理协议,由此类服务组织代为签收快件。如 2012 年圆通速递和上海万科 30 家小区物业合作,首次在上海的居民小区设立"物业快递代办点"。

③ 快递便利店,即"快递公司+便利店",是指快递公司利用便利店的分布广泛性特征,通过与便利店签订合同的方式,将快件送至特定区域就近的便利店内,由便利店负责提供派送服务的末端投递模式。如 2014 年顺丰便利店正式开业,定名为"嘿客",顺丰便利店除了提供商品服务之外,还提供快件自取、送货上门等末端投递服务。

④ 校园快递超市是指由第三方主体与快递公司达成代理协议,由其来整合校园快递末端资源,统一安排快件的投递。如 2014 年北京师范大学引入一家企业,在校内建立公共收发室,其他快递公司可与该家企业合作,师生可以来门店自取快件,也可提前预约该家企业提供送货服务。

⑤ 乡村快递客车是指快递公司与农村客运经营者开展合作,更新符合相关标准、满足农 (转下页)

速扩张快递公司和快递用户的活动范围,具有"分身术"的功效,而成为化解快递末端收寄、投递环节"门难进""楼难上"的重要手段。

（一）代理模式的基本法则

在代理模式中,依据被代理人的不同,可将其分为"快递公司-代理人"和"快递用户-代理人"两种具体的模式。前者是指由快递公司授权第三方向快递用户代为提供快递服务,快递便利店和校园快递超市即为此种代理模式的典型代表;后者是指由快递用户授权第三方代为交寄物品或者签收快件,其主要指物业等服务组织代寄或代收。代理模式须遵循代理制度的基本法则。

具体而言,在"快递用户-代理人"的代理关系中,快递用户基于委托合同,授予代理人代为交寄物品或签收快件的代理权,代理人在授权范围内以快递用户的名义交寄或签收,其行为与快递用户的亲为行为,在法律效力上并无二致,法律效果直接归属于快递用户。在"快递公司-代理人"的代理关系中,快递公司基于委托合同,授予代理人代为提供快件某一环节服务的代理权,在该代理权限内,代理人以被代理人的名义提供的快递服务的法律效果直接归属于快递公司。

诚然,"快递公司-代理人"代理模式与"快递用户-代理人"代理模式,在形式结构上相同,但准确地来说,一为商事代理,一为民事代理。商事代理是指,商事代理人以营利为目的接受被代理人的委托,以符合经济的原则同第三人建立商事法律关系,其法律后果直接归属于被代理人的商行为。[1] 不同于民事代理,在"快递公司-代理人"代理模式下,代理人并非单纯为他人利益而行为,其是以营利为目的而提供快递服务的,在主观上具有谋取个人利益的意图,应属于为获取经济利益而进行的商行为。商事代理制度旨在满足商事主体多样性和职业化营业的需求,原则上具有营业性特征。[2] 商事代理人作为从事商事代理业务职业的人,须在取得经营代理业务的资格后方能从事商事代理业务。[3] 因此,本书认为,为了保证快递市场的有序运行,维护快递服务安全,须

(接上页) 村客货运输需求的农村客运车辆,在保障农村旅客乘车需求和安全的前提下,依托农村客运车辆代送已经安检的快件。如四川宜宾屏山县屏山镇蒋坝村"金通快邮驿站"是由屏山直运锦桓汽车运输有限公司与邮政、顺丰速运、申通快递等7家快递物流企业合作打造的乡村快邮示范点,主要提供邮政快递和小件快递到户服务。

① 参见覃有土主编:《商法学(第三版)》,高等教育出版社2012年版,第54页。
② 参见肖海军:《商事代理立法模式的比较与选择》,载《比较法研究》2006年第1期。
③ 参见施天涛:《商法学(第七版)》,法律出版社2024年版,第87页。

对"快递公司–代理人"代理模式下的代理人进行备案或许可。详言之,代理人如果兼业提供快递服务,如快递便利店,被代理人须对此进行备案;代理人如果是以提供快递服务为主业,如校园快递超市,依照《快递市场管理办法》的规定①,其必须取得快递业务经营许可证。

(二)代理人的法律地位

代理权是为被代理人私法活动之补充而赋予之权限。不论民事代理还是商事代理,恪守代理权均是代理人应尽的职责。代理人不可逾越代理权提供快递服务,否则,在被代理人不进行追认或不具有足以使第三人相信的代理权外观时,将由代理人对快递用户承担相应的法律责任。快递代理经营模式属于意定代理,根据意定代理的一般规则,代理人的代理权限由双方约定。但在"快递公司–代理人"的代理模式下则有所不同,我国对快递服务采取市场准入,快件的收寄环节和分拣环节直接关系整个快递服务网络的安全性,需要执行严格的收寄验视和过机安检制度,故须以获得快递业务经营许可证为前提。所以,本书认为,应当严格限定快递代理模式中的代理权权限,除非代理人具有快递业务经营许可证,否则,代理人的代理权仅限于快递末端投递服务,以解决快递服务"最后一公里"难题。快递服务"最后一公里"一直是影响快递合同顺利履行的顽疾。快递服务与一般的货运服务的重大区别之一,就在于末端环节的投递,即将快件准确投递至收件人的名址,可是实践中由于末端的地理、人文环境复杂,很多小区、园区实行物业封闭管理,再加上提供"门对门"服务需要收件人的协助,如果出现投递时间与作息时间不匹配、与收件人无法联系等情况,快递员则无法将快件直接交于收件人的手中。此时,对于受时效考核约束的快递员来说,更愿意选择代理模式作为履行快递服务合同的投递方式。

在代理模式中,除了上述授权关系外,代理人与被代理人之间还存在委托合同关系。代理人应当受人之托、忠人之事,按照被代理人的指示,妥善地处理委托事务,代理人因其懈怠、处理事务不当等过错,给被代理人造成损失的应承担违约责任。所以,在"快递公司–代理人"代理模式下,代理人应妥善保管交寄物品或者快件,及时通知相应主体交接物品或者快件,并认真核对交接人的信息。在"快递用户–代理人"代理模式下,代理人应依据快递用户的指示对物品或者快件进行验视,并以代理人的身份进行交寄或者签收。

---

①　参见《快递市场管理办法》第18条、第19条的规定。

此外,代理人在处理委托事务的过程中,还须对快递用户及他人的人身和财产安全尽到必要的注意义务。这主要体现在以下两个方面:第一,快递用户个人信息的保护义务。无论是快递公司的代理人还是快递用户的代理人,均会因其代理行为而知悉用户的个人信息。未经快递用户同意,代理人不可随意处分其个人信息,否则须对此承担侵权责任。第二,经营场所的安全保障义务。在"快递公司-代理人"模式下,快递用户会前往代理人的营业场所交寄物品或者取件,此时,代理人作为该营业场所的经营者,对快递用户负有安全保障义务。代理人违反安全保障义务,造成快递用户损害的,在没有第三人介入的情况下,应当由其承担侵权责任。反之,在第三人致害的情况下,如果代理人未尽安全保障义务,须对损害承担补充责任。①

(三)被代理人的法律地位

被代理人作为快递服务合同的主体,应当严守合同义务。快递服务合同的履行,应当严格遵循有关履行地点、履行期限、履行方式的规定,这一点不能因为代理经营模式的介入而改变。在"快递公司-代理人"代理模式下,快递公司只有在经过快递用户同意之后,方可由代理人提供快递服务,并且代理人仍应按照快递服务的交易习惯在时限内将快件运至收件人的名址,也就是提供所谓的"门到门"的快递服务,除非双方对履行地点、履行方式作出特别约定。而实践中,一些快递公司贪图速度、省事,在未征得快递用户同意的前提下,要求用户自行前往代理人的经营场所取件②,该行为实际上构成了对快递服务合同的单方面变更,属于违约行为,快递公司须为此向快递用户承担违约责任。

当然,依据代理制度的基本法则,代理人在授权范围内以被代理人名义所为的法律行为,无论利益还是不利益,均归属被代理人。因此,在"快递公司-代理人"代理模式下,代理人在提供快递服务的过程中,因未能及时通知相对人收取或未对快件进行合理保管等原因,造成快件迟延、毁损或丢失的,快递公司须向用户承担相应的违约责任。而在"快递用户-代理人"代理模式下,物业等服务组织若因故而未能在约定时限内交寄物品或者签收快件,进而导致快递

---

① 参见《民法典》第 1198 条的规定。

② 2018 年 4 月,北京市大兴区的张女士收到圆通速递快递员的通知,需要到小区内的驿站自取快递,但她所在的小区比较大,有三四个圆通速递的驿站,快递员并没有准确告知去哪个驿站领取,导致她跑了几处才找到快递。参见《快递未来都要驿站或快递柜自取? 拒送货上门是否合规》,载 http://finance.people.com.cn/n1/2018/0411/c1004-29918157.html,最后访问日期:2025 年 3 月 31 日。

公司无法按时完成快递服务的,快递用户须承担迟延受领、灭失毁损等不利益。

代理法则以意思表示为要素,所以代理人在处理委托事务时,因不法行为而侵害他人合法权益的,不可依代理法则要求被代理人承担责任。[①] 然而,被代理人作为代理权的授予者,其须尽到选任和管理上的注意义务。如果代理人在从事委托事务时,对他人的人身和财产权益造成损害的,且被代理人在对代理人的选任或管理上存在过失的,被代理人应当在其过错限度内对损害承担侵权损害赔偿之责。至于侵权责任的承担,本书认为,出于对快递用户合法权益的保护,应当强调由被代理人和代理人共同承担连带责任。

四、提供数据管理服务的平台模式

平台模式是指平台经营者利用互联网技术构建平台,为快递用户、快递服务主体等多方提供快递数据管理服务的快递经营模式。平台模式是近年来我国平台经济兴起后,商业模式创新在快递服务业经营活动上的体现,其代表企业为菜鸟网络。2013 年 5 月 28 日,阿里巴巴联合银泰集团、复星集团、富春控股集团、顺丰速运、韵达速递、圆通速递、申通快递、中通快递、宅急送、百世汇通(后更名为"百世快递"),以及相关金融机构共同组成"中国智能物流骨干网"(简称 CSN)项目菜鸟网络科技有限公司。股权结构方面,阿里巴巴的天猫投资 21.5 亿元,占股 43%。银泰集团通过北京国俊投资有限公司投资 16 亿元,占股 32%。复星集团通过上海星泓投资有限公司投资 5 亿元,占股 10%。富春控股集团则通过富春物流投资 5 亿元,占股 10%。顺丰速运、韵达速递、圆通速递、申通快递、中通快递各出资 5000 万元,各占股 1%。[②]

(一)第四方物流(快递)平台

菜鸟网络的经营模式在本质上应当被定性为第四方物流(快递)平台。第四方物流的概念,最早由美国安盛咨询公司提出,是指对企业内部物流资源和具有互补性的物流服务提供商的物流资源及技术进行整合管理,并提供相关的物流解决方案。[③] 在这个概念之下,第四方物流企业主要提供的服务是"物流

---

① 参见史尚宽:《民法总论》,中国政法大学出版社 2000 年版,第 514 页。

② 参见《阿里巴巴建新物流公司菜鸟 天猫出资 21.5 亿占股 43%》,载 https://news.pedaily.cn/201305/20130528349160.shtml,最后访问日期:2025 年 3 月 31 日。

③ 参见 John Gattorna,Strategic Supply Chain Alignment:Best Practice in Supply Chain Management,Gower Publishing Limited (1998),p.425。

解决方案"和"供应链管理"。所谓"供应链",是由履行客户需求的各方组成的网络结构,包括原材料供应商到顾客在内的众多环节,而供应链管理则包括供应链设计、计划和运作全方位的管理活动,如供应链网络设计、供需计划协调、库存管理与运输网络规划等,具有较强的技术性。[①] 随着互联网技术及电子商务行业的发展,在第四方物流的基础上又发展出了第四方物流平台,即利用互联网第四方物流平台技术整合第三方物流企业的物流资源,向物流需求客户提供供应链管理服务及物流解决方案的企业。在经营模式上,第四方物流平台彻底摆脱了传统物流企业的经营规模、服务对象及重资产配置等限制,不再介入具体物品由供应地向接收地的流动,而是将核心竞争力定位于提供数据管理服务以进行供应链管理,并提供有效的物流解决方案。菜鸟网络就是在这样的商业创新模式下应运而生,以平台经营模式提供快递服务中不可缺少的数据管理服务,属于快递服务合同的服务主体。

第四方物流(快递)平台根据主营业务可以分为两种,交易撮合型第四方物流(快递)平台和综合型第四方物流(快递)平台。前者主要利用互联网技术,为物流需求方和物流服务提供方构建交易平台,提供第三方物流等社会物流资源的撮合匹配,满足双方的物流需求。后者除了提供物流撮合交易服务之外,业务重心在于收集、处理供应链中上下游的物流数据,对第三方物流等社会物流资源进行整合、管理,提供供应链管理和物流解决方案的综合服务。根据菜鸟网络官网显示,其业务范围涵盖供应链物流服务[②]、快递服务[③]、在线数字化平台服务[④]等。[⑤] 由此可见,菜鸟网络属于典型的综合型第四方物流(快递)平台,其所提供的快递数据管理服务具有如下特征:

其一,综合性。综合性是指菜鸟网络提供的服务内容涵盖了快递服务的各

---

①　参见〔美〕苏尼尔·乔普拉、彼得·迈因德尔:《供应链管理(第五版)》,陈荣秋等译,中国人民大学出版社 2013 年版,第 8 页。

②　参见 https://www.cainiao.com/chn-supply-chain.html? spm＝a2d524.28498148.0.0.67fe19e4yziNN1&from＝subHeaderClick,最后访问日期:2025 年 3 月 31 日。

③　参见 https://www.cainiao.com/chn-express.html? spm＝a2d524.28498150.0.0.4bb5365d08LX0k&from＝subHeaderClick,最后访问日期:2025 年 3 月 31 日。

④　参见 https://www.cainiao.com/chn-guoguo.html? spm＝a2d524.28498148.0.0.1e6e19e4OqkE34&from＝subHeaderClick,最后访问日期:2025 年 3 月 31 日。

⑤　参见 https://www.cainiao.com/? spm＝a21da.7839175.0.0.4d7631931SLN3Q,最后访问日期:2025 年 3 月 31 日。

个阶段。在交易准备阶段,向用户和快递服务主体开放注册服务,双方可以上传需求信息和供给信息,使对方知悉交易机会,并结合相应数据作出服务资源配置的预测。在交易缔结阶段,菜鸟网络提供自动化缔约系统和电子面单系统,帮助双方缔约并将成交的快递服务信息以数据信息的形式固定,从而提高快递服务的效率。在交易履行阶段,菜鸟网络根据电子面单的扫描情况实时监控快件走向,并向快递服务主体和用户实时反馈。其二,远程性。远程性是指菜鸟网络所提供的综合性服务,并不要求第四方物流(快递)平台与用户、快递服务主体处于同一时空。在传统快递服务合同的履行过程中,用户和快递服务主体之间必然存在直接的物理互动;而通过第四方物流(快递)平台,双方可以在不同地点提供和接受快递服务,并且对快递服务的环节进行拆分、节点管理。例如,菜鸟网络在电子运单管理中开发运用的"三段码"技术完美实现了不同时空、不同环节的完美对接。[①]　其三,持续性。持续性是指菜鸟网络所提供的服务是一个持续不断的过程,自快递用户、快递服务主体注册账户至其注销账户期间,菜鸟网络都应按照合同约定持续不断地提供服务。结合快递服务业的特性而言,全网性的持续经营是行业正常运行的根基,因此,服务期限、条件不宜限于特定的交易活动,而是应该尽可能地保持一段时间的稳定,以维系平台与快递服务主体之间的合作关系。2017年的"丰鸟之争"事件的一个重要诱因,就在于合同续期时菜鸟网络欲单方面修改合作条件。

(二)平台经营者的控制力

在菜鸟网络进军我国快递市场之时,各大快递企业均已拥有自己比较成熟的服务网络和市场划分,因此,菜鸟网络的经营理念定位于与已有的快递企业建立合作关系,为其提供快递数据管理服务,而不是自己配置资产具体从事快递服务。这就为市场监管带来了新的挑战。菜鸟网络的属性为单纯的技术支持公司,抑或从事快递服务的市场经营主体? 如果是前者,其仅仅是商业活动的履行辅助人,无需独立负担相应的经营者义务;如果被认定为后者,则应遵守经营主体的准入规则、行为准则,纳入快递市场的监管范畴之中。

本书认为,欲解决这一新型经营模式的属性问题,应当引入控制力理论来

[①]　所谓"三段码"技术,是指通过三段有规则的编码,来表示特定的快递服务节点信息。其中,第一段表示目的地中心及快件类型;第二段表示目的地分公司及分部;第三段表示派送路线或派送员。经由三段码技术,菜鸟网络可以充分收集各个环节的数据,并在后续处理与利用的基础之上,实现对"天网、地网、人网"三网的逐步优化。

对平台经营者的行为进行认定,若其所提供的服务对平台内经营者的交易活动具有相当的控制力,则应当认定平台经营者亦介入了该交易活动,甚至是该交易活动的直接主导者,此时,不能再援引中介责任之避风港条款进行免责,而是将平台经营者纳入市场经营主体,要求其承担交易活动中相应的义务和责任。

控制力理论,是指平台经营者对平台和交易活动能够予以掌握,在一定程度上使得上述对象按照其自身的意志运行。从客体的层面来看,控制对象既包括平台,也包括通过平台进行的交易活动,前者是交易得以顺畅进行的基础设施和虚拟空间,后者则是平台搭建的最终目的和归宿,两者存在明显的手段与目的关系,平台经营者对两者的控制呈现出犬牙交错的关系。在学理上,控制性可以分为事实上的控制性与法律上的控制性。事实上的控制性体现的是主体对客体进行物理支配的现实能力,具体到本书论题,则是平台经营者对信息传输存储通道和介质的支配。通常而言,信息具有传播共享性、单向不可逆性等特征,主体无法对其建立起如同物理实体般的独断性支配。然而,互联网技术改变了这一观念,由于信息发出者与信息接收者之间并不处于同一物理空间,信息的传递高度依赖平台经营者提供的存储介质和传输通道,这使得平台经营者对信息传输过程具有高度支配力。具体而言,平台经营者可以关闭信息传输通道或者设置访问权限,使得信息发出者无法发送信息或者令信息接收者无法接收信息;平台经营者可以对存储在其所控制的物理介质之上的信息进行删除、更正、补充,从根本上改变信息的内容。平台经营者通过信息传输的拒绝或者内容的改变阻却潜在交易的缔结,影响已缔约交易的履约情况,最终实现对交易活动的控制。菜鸟网络作为第四方物流(快递)平台,就是通过提供快递数据管理服务完成对快递服务的事实上的控制的。菜鸟网络通过提供统一的电子面单系统,不但获取了某票快件在流通过程中的各个节点信息,还掌握了各大快递企业的寄递路线、经营网点等信息,并且为快递企业提供车辆路线、运输导航、快件装载等多种智能算法,虽然快递服务合同的缔结者仍然为某一快递企业,但是在其使用统一电子面单系统的情况下,一旦菜鸟网络中止快递数据的传输、处理,该快递企业将无法继续履行快递服务。由此可见,菜鸟网络对快递服务交易活动的收寄、分拣、运输、投递环节均有相当强的控制力。

就法律上的控制性而言,平台经营者有权制定并单方变更交易规则等合同条款,其所制定的交易规则对平台内经营者、交易相对人等主体具有普遍、广泛的拘束力,其效力并不局限于特定交易活动,而能够抽象地适用于平台内发生的一切交易活动。因此，交易规则事实上居于"软法"的地位。对于交易规则，平台内经营者与交易相对人无权就其内容与电子商务平台经营者进行协商，只能选择接受或者不予接受。交易规则制定权与单方变更权的引入使得相关主体的意思自治受到相当程度的限制，这是法律对平台经营者权利作出的倾斜性配置①，从而在法律层面确立其对交易活动的控制。从涵盖的领域来看，交易规则遍及交易达成、价格确定、合同履行、违约责任等诸多方面，上述环节均存在法律上的控制。在交易达成方面，菜鸟网络推出了菜鸟裹裹APP。菜鸟裹裹是专门针对快递用户开发的快递服务APP，功能包括交寄、收取、查询等，菜鸟裹裹从"淘宝系"电商快件入手，截至2021年6月，菜鸟裹裹用户数已突破3亿②，用户可在该APP上享受一站式快递服务。在价格确定方面，菜鸟网络不仅掌握了快递数据管理服务的定价权，还实际上影响了快递服务各环节之间费用的分派。2017年5月，菜鸟网络与中通快递、圆通速递、天天快递统一定价推出了定时派送的增值服务，上调了投递费用。③ 在合同履行方面，菜鸟网络建立了服务评价体系"菜鸟快递指数"并于2015年7月起推行，通过品牌认知、物流时效、派件服务、用户评价、包裹追踪五大环节包含十七小项指标来对快递企业的服务能力进行评价，该评价结果直接影响快递企业在商家端即电商快递寄件人的推介排名。④ 在违约责任方面，菜鸟网络在官网"菜鸟法律政策"版块公布了《菜鸟服务协议》，目前为2023年11月30日第十二版，服务协议中对违约认定、赔偿责任、免责条款、争议解决等事项作了详细的规定。⑤

　　综上所述，菜鸟网络以第四方物流(快递)平台经营者的身份，通过事实层面与法律层面的控制，广泛深入地参与到快递服务活动当中，对快递服务主体、

① 参见王红霞、孙寒宁：《电子商务平台单方变更合同的法律规制——兼论〈电子商务法〉第34条之局限》，载《湖南大学学报(社会科学版)》2019年第1期。

② 参见《菜鸟裹裹发布年中寄件报告：用户量突破3亿，95后用户超3成》，载https://www.360kuai.com/pc/9f3c242bd319530cc?cota=3&kuai_so=1&tj_url=so_vip&sign=360_57c3bbd1&refer_scene=so_1，最后访问日期：2025年3月31日。

③ 参见《淘宝推定时派送服务》，载https://www.sohu.com/a/138807963_115402，最后访问日期：2025年3月31日。

④ 参见《菜鸟快递评价指数发布 全峰快递位列前八强》，载http://www.cn56.net.cn/news/a3867.html，最后访问日期：2025年3月31日；《研报：巨头入侵、市场内卷，加盟制快递破局，还有哪些机遇？》，载https://www.headscm.com/Fingertip/detail/id/17719.html，最后访问日期：2025年3月31日。

⑤ 参见《菜鸟服务协议》，载https://www.taobao.com/markets/cnwww/policy/site?wh_ttid=pc?wh_ttid=pc，最后访问日期：2025年3月31日。

上下游用户施加了极为重要的影响,因此,菜鸟网络应当被认定为快递服务的经营主体,受到《邮政法》《快递暂行条例》《快递市场管理办法》的约束,并应当遵循快递经营主体相应的义务与责任。2019 年修正的《快递业务经营许可管理办法》亦专门关注了菜鸟网络这类"通过互联网等信息网络经营快递业务的"新型服务主体,要求其必须具备相应的信息处理能力,并依法取得快递业务经营许可。① 实践中,菜鸟网络的两家下属企业已经分别取得快递业务经营许可证。2017 年杭州菜鸟供应链管理有限公司获得浙江省邮政管理局颁发的经营快递业务许可证,许可证有效的起始日期为 2017 年 10 月 10 日。② 2019年浙江省邮政管理局发布公告称,根据国家邮政局新业态许可相关制度,其向浙江驿智网络科技有限公司颁发了全国第一张开办服务站经营快递业务许可证,许可证有效的起始日期为 2019 年 5 月 31 日。③

第二节　快递加盟经营模式

快递加盟经营模式是我国快递经营主体独创的、亦是最为常见的经营模式,值得进行专门研究。相较于快递直营经营模式而言,加盟经营模式的优点在于投资门槛低且扩张速度快,其能够有效地帮助处于发展初期的快递经营主体克服自身资金缺乏、管理经验薄弱等困难,并能够积极推进企业自身的品牌建设、资金回收以及市场拓展,实现短时间内寄递网络的建设和完善。正如前文所述,我国快递市场上大部分的快递服务主体采取了加盟经营模式。

一、快递加盟经营模式的法律性质

快递加盟经营模式不同于直营经营模式,应为一种特殊的商业特许经营,既与一般特许经营存在共同点,又有一般特许经营无法涵盖的特殊性,因此形成了一种特殊的法律关系,值得进一步研究。

---

① 参见《快递业务经营许可管理办法》第 7 条的规定。

② 参见《杭州菜鸟供应链管理有限公司》,载 https://zwfw.spb.gov.cn/xkqy,最后访问日期:2025 年 3 月 31 日。

③ 参见《快递业务经营许可发证公告(2019 年第 2 批)》,载 https://zj.spb.gov.cn/zjsyzglj/c100057/c100058/201908/6b9a5119f33f4208ace1eaf73fcf2c80.shtml,最后访问日期:2025 年 3 月 31 日;《菜鸟驿站获全国新业态快递许可第一证 引导末端规范发展》,载 https://www.163.com/dy/article/EI7BFJ9K0511M3GR.html,最后访问日期:2025 年 3 月 31 日。

(一)快递加盟经营模式的定性分析

我国快递加盟经营模式从法律上应当被认定为一种商业特许经营的具体表现形式。商业特许经营作为一种商业模式,其最初是指一种特许人将自己已经经营成功的商号、商标、技术、商业秘密等授权给被特许人使用,以高效地吸纳他人资金,扩张特许经营网络的融资方式。于法律层面上,它是指一种以知识产权等经营资源授权使用为核心的指导性、控制性与长期性的合同关系。①

商业特许经营以特许经营合同作为纽带。其核心是品牌等无形资产的许可使用。被特许人基于合同中的约定,在特许人指导的统一商业经营管理模式下独立开展经营活动,支付特许经营产生的相应费用。商业特许经营产生的法律关系为特许人与被特许人之间的合同法律关系。特许人依据合同的约定,应对被特许人进行特许授权,授权特许人在特定业务中,使用特许人的独家经营资源,如商标、产品、公司象征等,并要求被特许人支付一定的费用。

快递加盟经营模式所产生的法律关系,有广义和狭义之分。其狭义的内部关系为加盟者与被加盟者之间依据快递特许经营(加盟)合同而产生的法律关系,加盟者与被加盟者之间相互独立平等,按照快递特许经营(加盟)合同的约定,开展快递经营活动,履行自己的权利义务,承担相应的风险和责任。快递加盟经营模式中核心的特许授权为被加盟者的独家快递服务经营资源,包括商誉商号、运单封装、运输网络、服务网络等。以百世快递为例,开业前,百世快递提供"360度"站点评估、全方位业务培训、一对一实操指导、百世品牌支持。开业后,百世快递提供经营管理支持、信息系统支持、疑难咨询及经营指导、培训支持、广宣推广支持。百世快递还提供加盟扶植,这包括资金扶持、小额扶持计划、购车扶持、电商贷、银行信用贷款。②

根据我国快递市场的具体情况,快递加盟经营模式具备如下特征:一是加盟合同的要式性。根据《快递市场管理办法》的规定③,快递加盟经营合同为要式合同,加盟者与被加盟者需要签订书面的加盟合同。2011年国家邮政局、原国家工商行政管理总局曾对快递加盟经营模式联合制定了《快递行业特许经营(加盟)合同》(示范文本)GF-2011-2511,提出了指导性的意见。二是经营资源的独占性。经营快递服务业需要的资金是巨大的,所涉及的寄递网络是庞杂

---

① 参见余冬爱:《特许经营商事法律制度研究》,法律出版社2010年版,第25页。
② 参见 http://www.800best.com/express/partner/#detail,最后访问日期:2025年3月31日。
③ 参见《快递市场管理办法》第4条的规定。

的,没有一定的服务能力根本无法胜任区域性、全国性或者国际性的快递服务活动。当其成为被加盟者时,有实力为加盟者提供统一的商标、商号、快递运单、收费标准和用户服务系统。三是法律地位的独立性。被加盟者和加盟者均应取得行政许可,也就意味着依照《快递业务经营许可管理办法》的许可条件,被加盟者和加盟者都是企业法人,为独立的法律主体。虽然基于加盟合同产生了统一经营的外观,但是并不能以此否定两者之间独立的法律地位,其应当各自承担独立的经营风险和法律责任。四是加盟行为的有偿性。被加盟者向加盟者提供其独占的快递服务经营资源,加盟者向被加盟者支付加盟费用,是该经营模式的应有之义,也是加盟合同需要规制的重要内容。加盟费用体现了被加盟者无形快递服务经营资源的价值,也为被加盟者拓展快递市场、提升快递服务提供了资金链的保证。

(二)加盟经营模式在快递服务业的特殊性

快递服务业是一个特殊的服务行业,其重要性和复杂性往往超出人们的设想。业内甚至将其喻为"准公共服务"行业。因此,单纯将快递加盟经营模式视为普通的商业特许经营并不可取,而应当对快递加盟经营模式的特殊性进行充分的认知。

快递加盟经营,是指依法取得了快递经营许可的加盟者与被加盟者,双方依法签订加盟合同,被加盟者根据合同约定授权加盟者使用其商标、商号、快递服务运单和收费标准,对不同寄递环节的加盟者进行针对性指导,建立的统一快递服务网络体系,对加盟者进行管理和提供服务,并承担相应法律责任的经营模式。按照此定义,不难看出快递加盟经营模式具有以下两个方面的独有特征:

一方面,加盟者之间的横向性。在快递加盟经营模式的广义内部关系中,除了加盟者与被加盟者之间的纵向关系,加盟者之间亦存在横向关系。加盟者各自处于寄递网络的不同环节,并不可避免地发生了寄递活动的合作,而产生了横向的交集关系,这与其他行业中的加盟单元之间仅存在供应链的纵向关系十分不同。此是快件服务的精细分工造成的,一次完整的快件服务包括收寄、分拣、运输和投递四个缺一不可的环节,一般由四个不同的加盟者完成,如果快件属于远途寄递,其中的分拣和运输环节还会涉及更多的加盟者。这些加盟者之间并不是隶属关系,而是独立的经营主体,同时在每票不同的快递服务活动中,其承担的环节亦会不同。每个加盟者仅与被加盟者之间发生合同关系,而其分配机制按照行业内惯例往往又倾向于收寄方加盟者,为此加盟者之间的竞争关系在所难免。既合作又竞争的横向关系,给加盟者之间的快递服务活动带来了摩擦,一旦发生快件延误、破损等问题,加盟者之间缺乏一致利益,从而相互推诿责任,很容易出现服务质量下降、用户求偿困难的问题。

另一方面,快递加盟经营的全网性。寄递网络是由若干个面向用户、负责快件集散的网点以及连通这些网点的网络,按照一定的原则和方式组织起来的网络系统,在控制系统的作用下,遵循一定的运行规则传递快件。该系统是一个统一的整体,各部分紧密衔接,依靠全网的整体功能才能完成快件的寄递服务。由于快递服务业的加盟者之间存在竞争业务关系,不可期待加盟者之间的合作会积极主动,此时就要求被加盟者(总部)在不同地区设置下属组织,形成其营业网点,履行收寄和投递职能;又基于统一使用被加盟者(总部)的经营资源和经营管理模式以及统一跟踪查询和处理投诉服务的要求,被加盟者(总部)有能力也有条件通过分拣和运输方式,将这些营业网点连成一个统一的寄递网络。① 普通的商业特许经营模式中,单一加盟者的退出并不会影响其他加盟者的经营活动。但是,在快递加盟经营模式中,任意一个环节加盟者的消失,甚至是加盟者下设的一个经营网点的经营不善,都会对后续的其他快递服务环节产生影响,那么此时就有可能造成大面积快递服务陷入瘫痪状态的严重后果,从而对国民经济和公民的私有财产权造成直接的影响。2017 年 2 月,圆通速递北京花园桥网点老板因经营不善"跑路",致使四五千件快件滞留,后虽经北京圆通速递总部临时抽调车辆、人员继续履行了快递服务,但仍引发了不良的社会影响。②

综上所述,快递加盟经营与商业特许经营是特殊性与一般性的关系。因此,不能对快递加盟经营模式简单地适用《商业特许经营管理条例》的规定,而应根据行业的特点,对其进行特殊化的法律制度设计和安排。

二、快递加盟经营主体资格之认定

纵观我国现有的立法,《快递暂行条例》《快递市场管理办法》对快递加盟经营模式进行了相应的规定。③ 从整体上看,这些规定并未有效体现快递加盟

---

① 参见贺强:《快递服务与市场监管》,中国法制出版社 2014 年版,第 12 页。

② 参见《圆通花园桥站点快件积压被吐槽 加盟商经营不善正更换》,载 https://beijing.qianlong.com/2017/0216/1407773.shtml,最后访问日期:2025 年 3 月 31 日。

③ 参见《快递暂行条例》第 20 条的规定;《快递市场管理办法》第 4 条、第 20 条、第 31 条、第 39 条、第 40 条的规定。

经营作为特殊的商业特许经营的法律性质。因此,基于商业特许经营的一般性以及快递加盟经营模式的特殊性,有必要对现有法律规制进行更加深入的分析与探讨。

关于加盟主体的资格,按照现行的法律规定本来并不存在争议。《快递市场管理办法》(2013年)第14条曾经规定加盟人、被加盟人均应当取得快递业务经营许可,并要求加盟不得超越被加盟人的经营许可范围,也就是说加盟人应当依照《邮政法》《快递业务经营许可管理办法》的相关规定,满足具备企业法人资格,达到不同经营范围所要求的最低注册资本门槛,具有与申请经营的地域范围、业务范围相适应的服务能力以及严格的服务质量管理制度,健全的安全保障制度和措施等基本要求。

然而,《快递暂行条例》第20条与《快递市场管理办法》第4条的表述对快递业务经营许可的规定比较模糊①,并没有直接提及快递业务经营许可,虽然从"经营快递业务的企业"用语中可以推定只有快递经营主体才能采用快递加盟经营模式,但是并没有强调是否可以通过加盟合同超越被加盟者的地域范围和业务范围。该规定模糊的表述方式,很容易在实践中产生一种解读,即加盟者与被加盟者可以通过加盟合同的方式突破一方的快递经营许可的范围,而实践中往往是被加盟者通过寻找不同地域,比如跨省一级的加盟者来扩张自己的地域范围。如果排除《快递暂行条例》立法时可能的文字不周延,该规定很可能受到社会上关于在快递行业取消经营许可观点的影响②,认为可以将快递行业完全交由市场去自由调节。

本书认为,上述观点并不可取。虽然为了方便群众生活应当在快递服务业推行简政放权,其实国家邮政局近年来在分支机构备案、末端网点备案等方面已经取得了相当的成绩,但是并不能由此否认快递服务业行政许可监管的必要性。快递服务业是不同于其他服务行业的"准公共服务"行业,快递业务经营许可应当得到严格的遵守,经营许可范围的底线不应在快递加盟经营中被轻易突破。

主要有以下几个理由:首先,快递业务经营许可是加盟者从事快递经营活动的先决条件,确保了快递市场的有序竞争。严格坚持对加盟者经营主体资格的要求,能够有效保障加盟者拥有符合准入门槛的资金、优秀的管理经验以及

---

① 参见《快递暂行条例》第20条与《快递市场管理办法》第4条的规定。

② 参见刘光琦:《简政·减负:关注快递业的政策瓶颈》,载《中国储运》2014年第11期。

基础的设施条件,有效提高加盟者的准入门槛,及时将一些不合格的加盟者淘汰出局,加剧行业洗牌速度,提升行业经营效率。客观上也会促进加盟者努力规范自身的经营、提升服务质量以及综合竞争实力,从而具备从事快递经营活动的基本条件。其次,快递业务经营许可的范围反映了服务主体的服务能力,一定程度上保证了快递加盟经营中服务质量的稳定性。寄件人所交寄的物品主要是具有财产性质的物品,快递服务主体在为用户提供服务之时,特定物品已脱离了用户的占有,在众多加盟者中移转,如何保障快件能够完整及时地到达收件人一直是加盟经营模式中亟待解决的问题。如果放开经营许可的地域范围和业务范围,非常有可能导致被加盟者在自己没有寄递网络覆盖的地域从事快递经营活动,或者从事一些自己没有服务能力的业务,如国际快递、代收货款等。这样非常不利于快递加盟经营的统一管理,极易发生快件短少、毁损和延误的情况,甚至出现快递服务网络的瘫痪。最后,快递服务业关系到公共安全,快递业务经营许可可以有效地防止快递服务活动安全隐患的发生。快递服务提供过程中,由于寄件人与快件分离,而快件的包装又具有一定程度上的隐蔽性,因此,一些不法分子利用寄递渠道运送一些违禁物品的事件时有发生,直接危害到社会的公共安全和人民群众的生命健康。我国快递加盟经营模式尚处于初期发展阶段,单纯依靠行业自律或是事中事后监管很难达到对快递服务主体全方位监督的理想效果,事前的行政许可制度,特别是其中有关安全措施和制度方面的要求具有存在的合理性。

三、权利、义务与责任承担

(一)加盟者的主要权利

　　快递服务主体以加盟者的身份加入快递加盟经营模式,目的就在于能以较低的门槛开展快递业务,并利用被加盟者的经营资源开展快递服务,取得经济利益。因此,在快递加盟合同中,应当约定加盟者享有如下权利,即经营资源使用权、履行协作请求权和收派件报酬请求权。

　　第一,经营资源使用权。传统民法关注财产的形式与财产权利的具体内容,但随着社会经济的发展,民商事交往进一步复杂化,营业过程中财产交易的频率显著提升,而财产的具体形式在法律规制中的重要性却逐步降低。[①] 与此

---

① 参见叶林:《营业资产法律制度研究》,载《甘肃政法学院学报》2007 年第 1 期。

同时,作为用于营业的全部财产统称的"经营资源"概念被引入。具体适用于快递服务业,所称的"经营资源"是一个开放的概念,指的是被加盟者所拥有的,提供快递服务所必需的各类财产的总称。需要注意的是,加盟者有权使用的被加盟者的经营资源并非覆盖被加盟者全部经营资源的范围。结合快递加盟合同的具体内容,实践操作中,被加盟者自有的交通工具、分拣中心和其他有关设备等经营资源通常供其自己使用,被加盟者主要负责向加盟者提供分拣、调度、干线运输、信息系统服务等经营资源。首先,当事人在快递加盟合同中约定加盟者的经营资源使用权时,应当明确许可使用的商标和商号,约定许可时间和许可的区域范围。其次,应当明晰加盟者享有使用被加盟者所搭建干线运输的权利,保障加盟者所揽收快件能够通过干线运输到达投递方加盟者手中。最后,应在合同中明确约定被加盟者向加盟者提供信息网络系统的方式,具体包括为加盟者安装硬件、提供准入和操作培训等,确保加盟者能够利用该系统开展业务。

第二,履行协作请求权。快件服务具有全网性的基本特征,在快递加盟经营模式下,需要处于横向关系中的加盟者之间高度分工协作,这种协作关系由被加盟者通过快递加盟合同与加盟者一一约定建立。快递服务包括收寄、分拣、运输、投递四个环节,一般来说,加盟者的服务能力有限,其只负责特定地域范围内快件的收寄、投递工作,而将中间环节的分拣、运输以及整个过程的跟踪记录和调度交由被加盟者负责。因此,为保障快件服务各个环节之间的无缝衔接,在快递加盟合同中,当事人应当明确约定不同环节之间的交接方式,如收寄方加盟者将快件交接给被加盟者的衔接、被加盟者将快件交接给特定投递方加盟者的衔接等。被加盟者与加盟者之间的约定,应当明确快件交接的时间地点、交接方式以及迟延交接的后果和补救措施。此外,由于快递加盟经营需要使用统一的商标、字号、快递运单,因此,快递运单等物料的供给,应当统一由被加盟者提供并保证物料充足,这也是加盟者所享有的履行协作请求权之应有的内容。

第三,收派件报酬请求权。收派件报酬,是加盟者为被加盟者完成其所负责区域内快件收寄、投递服务所获取的对价。收派件报酬系被加盟者在加盟合作中应当支付给加盟者的合法报酬,也是加盟者在快递加盟经营模式下的主要收入来源。由于收寄环节关系到快递服务合同的订立,为了拓展业务,被加盟者往往会出台政策鼓励加盟者揽收快件,并许以优厚的提成作为服务费用,所以在实践中,很少有因收件报酬请求权而引发的纠纷。派件报酬请求权则不同,在经历了层层服务环节之后,被加盟者往往选择挤压末端派件费以达到提高服务收益的目的,快递服务中的"收派倒挂"现象一直是快递服务业发展的痛点,也是末端投递环节有时服务质量不佳的一个主要原因。根据有关报道,2021 年初,记者在广州天河区、海珠区走访发现,韵达速递、圆通速递、中通快递的多位快递员反映,单件派件费已降到 0.8 元—1.2 元之间,派件费低于 1元成为常态,快件寄存在智能快件箱、快递驿站的价格在 0.4 元左右,快递员还需自费支付。① 地理、人文环境的不同导致了投递难度的差异,考虑交易效率,被加盟者会根据全网布局来统筹制定派件费规则,并根据客观情况的变化在合同履行过程中对派件费进行调整。然而,法律必须注意到被加盟者与加盟者之间悬殊的经济地位,充分保障加盟者的派件报酬请求权,如利用《中华人民共和国反垄断法》《中华人民共和国反不正当竞争法》(以下简称《反不正当竞争法》)对派件费规则的确立、调整进行监管;又如对快递加盟合同中的格式条款的效力进行严格审查,维护加盟者取得派件费的权利。

(二)被加盟者的主要义务

根据《快递暂行条例》第 20 条的规定,加盟者与被加盟者之间的权利义务遵循当事人双方的约定,而并没有将其上升为法律的强制义务。由此可见,业内的主流观点多把被加盟者的义务看作是约定义务,并承认加盟者与被加盟者协商的意思效果。虽然这种规定充分尊重了当事人的私法自治,却忽略了现实中加盟者与被加盟者双方经济地位并不平等的现实问题。被加盟者往往比加盟者拥有更为雄厚的资本和独占的快递服务网络资源,被加盟者处于经济上的优势地位,加盟合同签订过程中难以实现双方平等协商。因此,将被加盟者应负有的某些义务上升至法律的强制义务层面,对于协调加盟者与被加盟者之间的利益平衡具有十分重要的意义。

本书认为,被加盟者应该在以下三个方面负有法律上的强制义务,包括信息披露义务、统一管理义务和持续经营义务。

第一,信息披露义务。加盟者与被加盟者市场地位的不平等性突出体现在双方所掌握的交易信息的不对称上,这是商业特许经营中普遍存在的现象。被特许人决策时严重地依赖特许人所提供的信息,因而容易陷入特许人虚假陈述

---

① 参见《快递员派件费低于 1 元成常态 网点每单赚 1 毛钱已经不错(1)》,载 https://epaper.xkb.com.cn/view/1176411,最后访问日期:2025 年 3 月 31 日。

所造成的交易陷阱中。① 实践中,我国快递加盟经营模式亦面临同样的问题,加盟者对被加盟者的市场占有率、盈利模式以及内部管理方式一知半解,往往只能够依靠被加盟者提供的资料进行推断,而被加盟者出于趋利避害的心理,在客观上经常会选择刻意隐藏部分信息,这种情形很容易导致加盟者作出错误判断。基于市场的效率与公平的要求,将被加盟者的信息披露义务上升到法律层面具有必要性,而且这种信息披露义务应负有持续性。即被加盟者在加盟经营过程中,应及时向被加盟者披露有关快递经营业务的重大事项,包括但不限于商号品牌、服务网络、股权变动、法律纠纷等。

第二,统一管理义务。正如前文所述,快递加盟经营模式具有全网性特征,加盟者在与被加盟者签订加盟协议以后,在完成一次快件的服务活动中不仅需要使用被加盟者的统一的商标、商号、运单和封装,还需要利用被加盟者的快递服务网络,该网络中既有被加盟者自有经营资源的运转,还涉及其他横向加盟者在快递服务活动中的合作与支持。而处于横向关系的加盟者由于相关竞争关系的存在,只能依赖被加盟者对整体寄递网络的管理与调度。被加盟者应当承担对其所有加盟者的统一管理义务,即在快递经营活动中提供完整畅通的寄递网络服务,特别是保证分拣、运输和投递环节的快递服务,设计合理的规章制度和分配机制协调各加盟者之间的关系,使每个加盟者都能够通过签订纵向的加盟合同享受到"纵横交错"的全网服务,涉及服务质量、业务流程、安全保障、网络稳定、应急管理、生态环保、从业人员权益保障等各个方面。否则,被加盟者应当承担相应的统一管理责任。②

第三,持续经营义务。根据普通的商业特许经营模式,虽然被特许人与特许人采用的是统一的商业模式,并在特许人的经营指导以及技术支持之下开展经营活动,但是被特许人与特许人都是独立的法律主体,特许人并不对被特许人的经营活动负担任何强制义务。这在仅有纵向关系的普通商业特许经营模式下,并不存在问题,因为被特许人之间没有业务上紧密的合作,某一被特许人的退出并不会影响其他被特许人的经营活动。而在快递加盟经营模式中,其横向性的特征则意味着某一加盟者停止快递服务的提供,则该区域内的快件收件和投递都会出现困难,甚至影响到分拣和运输,导致大量快件积压无法得到妥善处理,甚至引发被加盟者快递服务网络的局部迟滞,从而影响其他加盟者的

① 参见闫海、徐岑:《商业特许经营信息披露法律制度研究》,载《天津法学》2011 年第 3 期。
② 参见闫海、徐岑:《商业特许经营信息披露法律制度研究》,载《天津法学》2011 年第 3 期。

利益。因此,十分有必要对被加盟者课以持续经营义务,要求其承担加盟者退出经营活动后该区域内的提供快递服务的义务,不得擅自停止该区域内的快递经营活动。这也符合《快递市场管理办法》要求快递服务主体建立突发事件应急机制的要求。①

(三)加盟者与被加盟者的责任承担

2013 年《快递市场管理办法》第 14 条曾经规定,加盟人与被加盟人依照加盟合同的约定对用户承担损害赔偿责任。该规定并没有直接明确双方对外责任的承担,而是将对用户的赔偿责任交由加盟合同进行约定。基于合同的相对性,加盟合同的内容不易被外人知晓,在面对用户的维权请求时,不排除出现以加盟合同的约定推卸责任,从而导致用户索赔无门的情形。而 2018 年制定的《快递暂行条例》第 19 条第 3 款(现为《快递暂行条例》第 20 条第 3 款)则采用了完全相反的处理方式,规定因快件发生延误、丢失、损毁或者内件短少而造成用户合法权益受损的,由被加盟者和实际提供快递服务的加盟者承担连带责任。《快递暂行条例》无疑系维护快递用户权益的一次创新,值得肯定,但是该规定将连带责任的责任主体扩及所有纵向、横向加盟关系中的企业,并不符合实际中的业务操作。须知一票快件除了始末收寄、投递两段之外,中间可能历经若干分拣中心、运输线路,快递用户很难掌握寄递线路的全部信息,没有必要也缺乏动力起诉寄递线路上的所有加盟者。

本书认为,法定的连带责任实际上已经明确了加盟者与被加盟者较为严苛的责任承担形式,为了实现快递经营主体和快递用户之间的权利义务之平衡,不宜对加盟者与被加盟者之间的连带责任作扩张解释,以免矫枉过正。本书建议结合我国快递市场的实际情况,将加盟者与被加盟者的连带责任限制在收寄方加盟者、投递方加盟者以及被加盟者的范围之内。首先是收寄方加盟者,其作为与寄件人签订快递服务合同的主体,当然应该按照快递服务合同的约定承担快件毁损、延误的责任。其次是投递方加盟者,无论对于收件人还是寄件人而言,投递方加盟者并没有参与签订快递服务合同,因此当快件遭受损害时并不具备向投递方加盟者求偿的请求权基础。上述合同关系对快递用户权益的保护十分不利,一般情况下收件人只能寄希望于寄件人为其维权,向收寄方加盟者请求赔偿,其权益能否得到保护取决于寄件人的积极作为。然而,投递方加盟者作为与收件人联系

---

① 参见《快递市场管理办法》第 39 条的规定。

密切的经营主体,基于便利收件人的原则,应当将其纳入责任主体的范畴,并同时赋予收件人在寄件人怠于行使损害赔偿请求权时的直接请求权。最后是被加盟者,作为提供快递服务网络资源的主体,其对加盟者所提供服务的质量具有监督管理的义务,用户的快件在其提供的快递服务网络中出现毁损、迟延,不管是由于被加盟者自身快递服务网络的缺陷,还是其未尽到对加盟者的监督管理义务,被加盟者都应承担相应的责任。

在以上范围内的连带责任主体对外承担责任之后,随之涉及内部责任的最终承担问题。为避免不平等的责任划分给加盟者与被加盟者带来过重的责任负担,应明确规定两者承担的是不真正的连带责任,允许任何一方在对外承担相应的责任以后,仍能够享有对真正的过错方请求赔偿的权利,而此时的请求对象不再限于上述的连带责任主体,而应当由真正的过错方承担最终的赔偿责任,还包括分拣方加盟者、运输方加盟者等涉及快递服务活动的其他主体。当然,此种连带责任形式客观上加重了被加盟者的责任,因为实践中用户往往会优先寻求品牌的拥有者亦是最具经济实力的被加盟者进行索赔。为此,应当允许被加盟者在处理内部责任承担上采取商业惯例中向加盟者收取保证金或者约定合同解除权的做法来弥补自己的损失,以法定与约定的责任承担相结合的方式最大限度地实现加盟者与被加盟者责任的平衡。

第三节　平台经营模式

平台模式,是指平台经营者利用互联网等信息网络技术构建平台,为快递用户、快递公司等多方提供网络快递管理服务的经营模式。网络快递管理服务包括但不限于提供网络交易场所、交易撮合、信息发布、数据处理、数据传输等服务内容。采取平台模式提供快递服务的经营主体是平台快递服务主体。其代表企业为2013年由阿里巴巴牵头成立的菜鸟网络。2022年由抖音电商开放"音需达"平台服务,京东快递、圆通速递、申通快递、韵达速递等多家快递公司接入,亦采用平台模式为用户提供电商快递服务。

一、平台快递服务主体的法律地位

在平台模式下,平台快递服务主体的性质为平台经营者,其并不直接配置资产从事快递服务经营活动,而是为快递用户、快递公司提供网络快递管理服务。平台快递服务主体具有如下法律特征:其一,平台快递服务主体是网络企业法人。平台快递服务主体首先是运用互联网等信息网络技术形成网络进行经营活动的商主体,其次考虑到平台运营的管理成本,平台快递服务主体应采取法人的商组织形式。其二,平台快递服务主体是第四方物流(快递)平台的运营者。平台快递服务主体对其投资设立或继受取得的第四方物流(快递)平台享有运营的权利,换言之,第四方物流(快递)平台是其从事快递服务的经营工具。其三,平台快递服务主体运营平台的目的,是服务他人的快递服务供需活动。正如前文所述,平台快递服务主体不是自己独立承担一票物品的寄递,而是通过互联网等信息网络技术为快递用户、快递公司提供平台支持。

作为平台经营者,平台快递服务主体主要享有如下权利:第一,对第四方物流(快递)平台的运营权。第四方物流(快递)平台是归属于平台快递服务主体的虚拟财产,后者享有对前者的支配权,包括对第四方物流(快递)平台采取何种技术手段和管理措施,也包括允许哪些快递用户、快递公司使用该平台。第二,对平台交易规则的制定权。平台快递服务主体有权独立制定网络快递服务的交易规则,包括但不限于服务品牌、服务对象、服务时效、服务追踪等,快递用户、快递公司通过平台提供快递服务的行为都应当遵守上述交易规则。第三,对快递服务信息以及其他交易信息的管理权。快递服务信息包括用户信息和经营者信息,是在快递服务各个环节中所产生的全部信息的总和。[1] 基于快递服务管理的需要,平台快递服务主体有权要求快递用户、快递公司在使用平台服务时提供真实信息并进行审查,同时,还可以在法律允许的范围内收集、处理、传输、存储快递服务信息以及其他交易信息。第四,对快递用户、快递公司违法违规行为的处罚权。依据社会共治原则,平台快递服务主体具有维护网络交易秩序的公共职能,可以对其用户在平台内的违法违规行为如违反寄递安全的行为、违反公平竞争的行为等进行处罚,具体的处罚措施包括但不限于警告、降权、罚款、屏蔽等。

平台快递服务主体与快递用户、快递公司之间签订平台服务合同,根据该合同调整彼此之间的权利义务关系。根据平台服务合同,平台快递服务主体主要负有如下义务:第一,为快递用户、快递公司提供网络交易场所的义务,保障快递用户、快递公司分别以个人或企业的身份接入第四方物流(快递)平台。

---

[1]　参见郑佳宁:《"谁动了我的信息?"——快递服务信息的归属与保护》,载《兰州学刊》2016 年第 8 期。

第二,向快递用户、快递公司发布服务信息的义务,并根据供需要求进行匹配建议,撮合双方在线缔结快递服务合同。第三,为快递用户的价金提供资金托管支付服务,当快递服务完成之后再与快递公司进行结算。第四,向快递公司提供快递数据管理的义务,主要体现为电子面单、寄递路线、投递网点的数据处理与算法决策,从而维护快递服务网络的有效运行。第五,向快递用户提供快件信息查询的义务,保证其可以对一票快件的流通节点信息有效知悉。第六,为双方提供交易信用评价的义务,对快递服务质量进行完整、系统的评价,并妥善处理快递用户的相关投诉。

二、平台快递服务主体的责任承担

实践中,平台快递服务主体通常采取两种提供网络快递管理服务的模式。当平台经营者以有形资产、自有运力直接从事快递服务时被称为资产型快递服务模式;当平台经营者依赖寄递系统、运力网络等无形资产组织、管理快递服务时被称为管理型快递服务模式。

资产型快递服务模式下的法律关系比较简单,由于平台经营者与快递服务提供方的身份混同,平台经营者当然应当承担因直接从事快递服务而导致的私法责任。实践中,快递服务平台为了运营方便,往往会将平台业务与配送业务相分离,设置"母公司-子公司""总公司-分公司"等内部结构,例如 2019 年菜鸟网络联合多家城市配送公司推出的自营品牌丹鸟物流。至于如何在企业集团内部划分快递服务的责任,应当遵循公司法有关母子公司、总分公司以及关联企业的基本规则,如果行业法律规范有特殊规则的,按照特殊规则承担责任。

管理型快递服务模式,是目前平台快递服务主体采取的主要经营模式。菜鸟网络本身并不提供具体的快递配送服务,而是通过技术手段和管理措施整合各家快递企业的寄递资源,完成"最后一公里"的快件投递。概言之,平台快递服务主体的竞争优势在于它的"组织者"功能,在管理型快递服务模式中扮演着快递服务"统筹安排"的"总指挥"角色,甚至在某些情形下直接介入快递服务的提供。

本书认为,应当引入承揽运送人的理论对这一问题进行分析。承揽运送人,是指以承揽运送人自己之名义,为他人之计算,使运送人运送物品,而受报酬之营业主体。[①] 从经营方式上看,承揽运送人一般不亲自运送货物,而是对

---

① 参见刘朗泉:《中国商事法》,商务印书馆 2011 年版,第 451 页。

货物进行居间统筹,其负有指定运送工具和线路、选择执行的运送人、提供有关信息和指示等义务。此外,为了保障运送过程的顺畅,承揽运送人还负有为委托人安排装运、仓储、代收货款等事项的附随义务。承揽运送人制度起源于代理,起初其作为托运人的代理人或运送人的代理人出现,根据代理法基本原理,承揽运送人并不参与运送的执行,其在运送过程中扮演"促进"角色,因此,仅对选任、查验等方面负有注意义务,而不对具体的运送行为负责。在责任方面,一方面,对承揽运送人托运物品之丧失、毁损或迟到责任的追究,采用的是过错推定原则;另一方面,其比承运人享有更多的法定免责事由,而且承揽运送人原则上还可以与委托人任意约定各种减免责任的条款。然而,随着 20 世纪 60 年代集装箱运输、多式联运的推广,承揽运送人的角色发生了翻天覆地的变化,其不再是谨遵委托人指示,而是整合各方资源、构建了供应链管理体系并提供所有物流服务的功能。托运人只需委托承揽运送人,由其安排"一揽子"运送事宜即可实现"户对户""门对门"的物流需求;承揽运送人也不再是为他人的利益行事,而是自己掌握、支配物流服务的各个环节。此时,承揽运送人承担责任的范围也发生了变化,当其以自己的名义"介入"运送执行时,则需要承担运送人的责任,包括承揽运送人行使介入权(自己运送)和从事介入拟制的行为(确定运费、签发单证、集合运载等)两种情形。介入权,是指除合同另有约定外,承揽运送人有权自己运送货物从而具有与承运人相同的权利和义务。此外,尽管承揽运送人没有实际运送货物,但由于其实施了特定法律行为(包括固定运输费用、签发运输单证、集合载运等),则法律视为其进行了介入拟制行为,因而认为其具有与实际承运人相同的权利和义务。

具体到平台快递服务主体,可以参照适用承揽运送人的理论进行解释。当平台快递服务主体仅在配送服务中扮演"媒介""促进"角色时,其无需为快递服务的具体执行承担责任;但是,一旦介入了快递服务,就应当承担相应的法律责任。

传统观点认为,平台经营者不直接参与销售商品或提供服务的过程,因此,其只承担中介责任,但是,随着平台经营模式的多样化和经营机构的复杂化,强化平台经营者的责任已成为我国司法部门和行政部门的共识。中介责任之所以成立的原理在于,该理论认为平台经营者仅仅为用户之间的交易提供信息通道,具有明显的技术性、自动性和被动性的特点[1],这显然与平台经营模式

---

① 参见杨立新:《网络交易法律关系构造》,载《中国社会科学》2016 年第 2 期。

的实践不符。

我国平台快递服务主体早已超越了中立平台的地位,参与到具体的快递服务执行当中。在资产型快递服务模式下,平台快递服务主体以自有工具、运力提供配送服务,通过介入权的行使,全部承担了快递服务,应当负有快递服务提供者的全部责任。在管理型快递服务模式下,平台快递服务主体介入配送服务的方式更为隐蔽,虽然打着"交易撮合""信息中介和管理""技术支持"的名义,但是效果却有可能达到"控制"的程度。因此,如果能证明平台快递服务主体的行为达到了对快递服务的实际控制,即符合"介入拟制"的标准,就可以要求其承担相应的民事责任。

本书认为,应当引入控制力理论来判定平台经营者的行为,根据控制力的强弱在具体平台经营模式下重新分配责任。若平台经营者所提供的网络服务对平台内经营者的交易活动具有相当的控制力,则应当认定平台经营者介入了该交易活动,甚至是该交易活动的直接主导者,此时,不得再援引中介责任之避风港条款进行免责,而是将平台经营者纳入直接经营者的范畴,要求其承担交易活动中相应的义务和责任。鉴于快递服务全网性、安全性等特征,平台快递服务主体必须对平台和具体的快递服务活动进行强力控制,保证上述对象按照其自身的意志运行。具体而言,平台快递服务主体通过统一的电子面单系统控制着各个节点之间信息的流通,一旦其中止快递数据的传输、处理,具体承接快递服务的快递公司将无法继续履行。同时,平台快递服务主体单方面制定的平台交易规则通常涉及交易达成、价格确定、合同履行、违约责任等诸多方面,实际上已涵盖了快递服务合同的主要条款。综上所述,鉴于事实层面与法律层面的控制,应当将平台快递服务主体认定为快递服务的直接提供者,受到《邮政法》《快递暂行条例》《快递市场管理办法》的约束,承担快递经营主体相应的义务与责任。此时,快递用户可以根据快递服务合同向平台快递服务主体主张相应的违约责任,至于平台快递服务主体与快递用户、快递公司之间的约定,只能作为内部责任分担的依据,不得对抗第三人。

三、平台快递服务主体的治理方案

自 2013 年菜鸟网络诞生以来,行业对其法律性质如何定性、对其经营行为如何规制一直存在争议,导致菜鸟网络主要呈自发性、粗犷性发展,以自律自治为主要治理模式,缺乏法律上的明确定位和强制义务的约束,既不利于平台快递服务主体的合法合规经营,更不利于快递服务市场的持续健康运行,从而损害平台内快递用户、快递公司的相关权益。本书认为,为了改变这一现状,未来行业立法应将平台快递服务主体明确定性为"经营主体",并借鉴《电子商务法》中有关电子商务平台经营者的相关规定,对平台快递服务主体课以法定的经营者义务,即除却履行平台服务合同项下的约定义务之外,平台快递服务主体作为平台经营者,还应当根据其享有的在竞争中的优势主体地位,承担更严格的经营者义务,保障快递服务市场的公平竞争,对平台内的快递用户、快递公司的合法权益给予倾斜性保护。

总体来说,平台快递服务主体的强制性的经营者义务,应当包括以下几项内容。

(一)提供公平竞争条件义务

从技术层面看,平台快递服务主体(平台经营者)往往需要拥有更为先进的现代信息技术,才能提供信息传递、交易撮合、寄递算法、资金结算等网络快递管理服务,根据技术中立原则,上述技术的运用应该为交易的各方当事人提供服务,而不能给任何一方带来阻碍和限制。因此,法律要求平台经营者提供公平竞争与公平交易环境,禁止平台经营者使用技术手段来影响市场竞争秩序,干涉或限制平台内经营者的经营自由。也即,平台快递服务主体不得利用自治性规范以及技术手段侵犯平台内快递公司的竞争性权益,不得对平台内快递公司的自由竞争进行不合理限制或者附加不合理条件,不得向平台内快递公司收取不合理费用。

常见的平台经营者的不正当竞争行为,同样可以适用于平台快递服务主体,主要包括以下几种:第一,平台"二选一"行为。平台经营者为增强自身竞争力,对入驻平台的平台内经营者作出不合理的限制,通过搜索降权、限制经营等方式限制后者与其他平台经营者进行交易。第二,价格限制行为。平台经营者为维护用户黏性,设置不合理的价格机制,通过提高初始价格、发放优惠券的方式,形成补贴假象,倒逼平台内经营者为留住客源降价、压缩利润。第三,滥收费用行为。平台经营者直接利用其在市场上的支配地位向平台内经营者收取不合理的服务费用,侵害其合法权益。第四,自我优待行为。自我优待行为,是指具有市场主体的平台经营者,利用自身技术或数据资源的先进条件,采取一定措施给予自营业务相对优惠的待遇,从而达到排除或限制竞争的效果。例如,快递用户使用第四方物流(快递)平台下单寄件时,平台快递服务主体总是利用算法,而非考虑距离、价格、服务能力等客观因素,推荐给自营的快递公司提供服务,就构成自我优待行为。

(二)终止服务告知义务

第四方物流(快递)平台具有较为强烈的公共属性,一旦终止经营,其影响的不仅仅是平台快递服务主体本身,还包括平台内快递用户、快递公司等利害关系人。因此,为了维护交易环境的稳定性,当平台快递服务主体准备关闭平台时,应当要求其履行终止服务告知义务,依法提前通知利害关系人,以便相关主体能够有所准备。平台快递服务主体终止服务包括以下两种情形。

第一,平台快递服务主体自行终止服务。在终止服务前,平台快递服务主体应当在合理期限内,比如提前三十日,在首页显著位置持续公示告知,以便平台内快递用户、快递公司完成正常的交易和结算。此种情形下,要求平台快递服务主体履行终止服务告知义务,一方面是为了督促平台快递服务主体妥善处理法律关系,了结未结交易活动;另一方面是为了提示平台内快递用户、快递公司及时主张权利,审慎开展新的交易活动。

第二,作为惩戒措施,平台快递服务主体决定停止为特定平台内快递公司提供服务。作为平台经营者,平台快递服务主体享有对平台内快递公司的监督管理权,可以根据自治性规范作出惩戒措施。平台快递服务主体应当严格按照自治性规范的规定实施惩戒措施,并及时进行公示。此种情形下,要求平台快递服务主体履行终止服务告知义务,一方面,是为了保障快递用户的知情权,防止快递用户的损害扩大;另一方面,对平台内快递公司的违法违规行为进行公示可以起到警示作用,有利于在平台内构建良好的经营和竞争秩序。

(三)自营业务标识义务

平台快递服务主体可以采取混业经营,即在提供网络快递管理服务的同时,提供一部分直接快递服务。当平台快递服务主体(平台经营者)直接提供快递服务时,这种业务形态被称为自营业务,此时,平台快递服务主体居于服务提供方的地位,快递用户得请求其提供相应的快递服务,当其不履行或不全面履行合同义务时,快递用户有权请求其承担违约责任。因此,法律应当要求平台快递服务主体履行自营业务标识义务,以便快递用户能够及时、准确地了解快递服务的来源,从而采取法律手段捍卫自身权益。

自营业务标识义务要求平台快递服务主体通过显著的位置、字体、颜色等方式,对其自营业务进行明确的标识,达到足以让消费者清楚地辨别自营业务与他营业务的标准。以菜鸟网络为例,快递用户选择"服务点自寄"时,系统会自动推荐附近便利的快递网点,分为"官方服务点""三方合作点""自助设备"三类,其中"官方服务点"即菜鸟驿站的营业网点,在菜鸟网络 APP 上有显著标识。本书认为,对于"自营"的含义应当进行广义解释,即"自营"是指包括运营平台在内的整个具有关联性质的公司整体从事营业活动。实践中,为了进行专业化分工、实现规模效应和隔离法律风险等,平台并不是仅依靠某单一公司主体运营,而是以某一公司为核心,形成由众多关联公司共同构成的运营集团。有鉴于此,"自营"的范围并不局限于作为平台经营者的法人主体自身所从事的经营活动,一般而言,只要商品或服务提供者与平台经营者存在商业或者法律上的关联关系即可。

(四)真实搜索结果的提供义务

第四方物流(快递)平台上设有提供链接、索引等信息搜索工具,可以根据快递用户输入的关键词和搜索选项,在搜索结果界面显示对应的快递服务信息。显然,搜索结果的排名顺序会对快递用户的选择产生较大的影响。实践中,平台快递服务主体(平台经营者)可能采用竞价排名的方式控制搜索结果的排名,即平台快递服务主体将会对支付价款的快递公司的服务"置顶",并根据平台内快递公司支付价款的高低,来对这部分竞价的搜索结果进行排序。需要明确的是,竞价排名实质上具有广告的属性,如果不对竞价排名加以规制,容易使消费者产生混淆,侵害其知情权和选择权,造成负面效应。为此,法律应当要求平台快递服务主体严格区分真实搜索结果与竞价排名,并对后者予以明确标示,在搜索结果的显著位置标明"广告",避免快递用户被诱导,作出错误的选择。

此外,依据《中华人民共和国广告法》(以下简称《广告法》)等相关法律法规的规定,平台快递服务主体在实施竞价排名时应当取得发布广告的相应资质[①],并对发布广告的平台内快递公司的主体身份、相关行政许可以及广告内容证明文件进行审核。[②] 如果因发布不实广告导致快递用户合法权益受损的,且平台快递服务主体不能提供快递公司的真实名称、联系方式和地址等经营信息的,平台快递服务主体应当履行先行赔付责任。

---

① 参见《广告法》第 32 条、第 44 条第 1 款的规定。
② 参见《广告法》第 34 条的规定。

(五)信用评价服务提供义务

为消除交易中的信息不对称,平台快递服务主体应该结合销售量、投诉量、主观评价等因素,建立信用评价机制,为快递用户选择快递公司提供相应的参考。2017 年 7 月 19 日,京东以"综合服务质量较差,违反平台规则"为由,宣布将不推荐天天快递、百世快递给京东平台的卖家使用;7 月 21 日,天天快递向国家邮政局投诉京东,称其严重扰乱市场秩序。① 该事件虽然不是发生在第四方物流(快递)平台当中,但是意义深远,体现出构建客观、公正的信用评价机制的重要性。为此,平台快递服务主体应当建立平台信用评价体系并公示相关规则,且在平台运营过程中根据实践中出现的新问题进行查缺补漏。

需要注意的是,《电子商务法》要求平台经营者不得删除消费者的评价②,那么,是否也应对平台快递服务主体施加同样的要求?本书认为,虽然快递用户的评价可以在一定程度上消除信息不对称、督促快递公司提升服务质量,但是快递用户的评价具有较高的主观性,不能苛求不同用户对同一商品作出一致性的评价,因此用户评价的真实性、准确性并不能保证。要求平台快递服务主体负有不得删除用户评价的义务,明显矫枉过正,容易滋生恶意评价、职业差评等不良现象,不利于快递服务市场的有序发展。因此,本书认为,平台快递服务主体可以删除涉及侮辱、诽谤和内容明显不实的评价。

(六)信息记录与保存义务

平台快递服务主体是快递服务信息的重要控制者,这些信息是当事人从事交易活动的重要证明和凭证,在查询快件、售后处理等环节对明确当事人之间的权利义务关系具有重要意义。为此,平台快递服务主体作为平台经营者,应当妥善保管快递服务信息。

就保存信息的范围来看,主要包括交易信息、用户信息、商品服务信息;就保存的期限来看,通常为三年,存在但书条款的情形除外③;就信息保存的具体要求来看,要求保存的信息应当满足完整性、保密性、可用性的要求。完整性,是指平台快递服务主体应当完整、全面地记录每一名平台用户的每一次交

---

① 参见吴砚峰:《从京东终止与天天快递合作看自建电商物流的发展策略》,载《对外经贸实务》2018 年第 3 期。

② 参见《电子商务法》第 39 条第 2 款的规定。

③ 如果其他法律法规对于特定数据信息的保存期限另有规定的,平台经营者应当按照相关规定履行信息保存义务,如金融机构的客户身份资料、客户交易信息应当至少保存 10 年。参见《中华人民共和国反洗钱法》第 34 条的规定。

易活动,并保障所记录的信息不被破坏或篡改。保密性,是指平台快递服务主体应当建立有效的安全保护机制,防止信息被未获授权的人非法获得,避免其所记录和保存的信息出现泄露,保障用户信息安全。可用性,是指平台快递服务主体所记录和保存的信息可以被检索、读取和使用,使得有权合法拥有或使用相关信息的主体能够及时有效地访问和利用有关信息。实践中,平台快递服务主体可以利用数据云、数据迁移、区块链等技术手段实现数据的有效记录和保存。

(七)协助解决争议的义务

协助解决争议的义务有两个触发条件:一是快递用户通过该平台快递服务主体所运营的平台接受了相关快递服务;二是快递用户因前述服务交易而与平台内快递公司产生了争议或纠纷。在满足前述情形时,平台快递服务主体应当积极协调解决争议,帮助快递用户维护其合法权益。具体而言,协助解决争端义务包括如下内容。

第一,平台快递服务主体应当在平台内建立投诉、举报机制,向快递用户公示投诉、举报的渠道和规则。此外,平台快递服务主体还可以建立争议在线解决机制,在自治性规范中明确在线解决的具体流程和规则。该在线解决机制应当易于访问、对用户免费,且不得仅依靠自动化处理,从而保证平台快递服务主体及时、公正地处理投诉。

第二,在快递用户向平台进行投诉、举报后,平台快递服务主体应当积极应对,并按照事前确定的处理流程和规则调解有关纠纷。快递用户在投诉、举报时,应当提交平台内快递公司侵犯其合法权益的有效证明。如果平台快递服务主体认为快递用户的证据充分,可以按照平台自治性规范的约定采取退还寄递费用、冻结保证金账户等合理措施,督促平台内快递公司停止侵害行为和采取补救措施。

第三,如果快递用户选择将有关争议提交法院、仲裁机构进行诉讼、仲裁,则应快递用户的要求,平台快递服务主体应当向其提供相关平台内快递公司的真实姓名、地址和有效联系方式。如果快递用户选择向市场监督管理部门或其他主管行政机关进行投诉、举报,那么平台快递服务主体应当协助和配合有关部门的调查取证工作,向有关部门提供有关交易数据信息,帮助其查清真实交易情况,并配合有关行政决定的执行。

第四章　快递服务合同的订立与履行

第一节　快递服务合同概述

一、快递服务合同的特征

快递服务合同是快递服务主体提供在承诺的时限内完成物品寄递服务,寄件人或者收件人支付寄递费用的合同。其中,快递服务主体是以提供快递服务为营业,并收取服务费用的当事人;物品为快递服务的对象。

本书认为,就快递服务合同的具体性质而言,其属于服务提供型合同。服务提供型合同又被称为劳务型合同,是指纯以提供劳务为标的的合同。具体而言,在此类合同中,债务人所负之给付义务为纯粹提供劳务,合同的订立并非在于实现财产权利的一时性或永久性让渡,而在于供给并不具有可视外观的特定服务。将快递服务纳入服务提供型合同领域,主要是基于如下考量:首先,快递服务合同之债的标的为具体的快递服务。快递服务即在约定时限内将快件迅速且安全地运送至约定地点,并交由收件人签收。此种服务不属于有形物品的范畴,具有鲜明的无形性特征。快递服务以实现物品与信件空间位置变动为根本宗旨,在这一过程中,标的物的物理外观与内在功能须完整无缺。合同履行完毕后,快递服务为标的物所完全吸附,无法为人类感官所直接触摸感知,并不具备有形载体之外观。其次,快递服务具有提供消费同时性、难以库存性、不可复原性的特征。快递服务主体提供服务的过程与寄件人、收件人享受服务的过程在时空范围上高度吻合,无法实现有效分离。快递服务仅存续于合同履约的动态过程之中,无法做到预先库存、有备无患,也无法完成由服务接受者向服务提供者的逆向流动,在物理层面做到原状之恢复。最后,快递服务合同具有专属性。因债之标的为具体的服务,而服务的水平与质量主要取决于服务提供者的服务能力,故服务提供者的资格在服务提供型合同中尤为重要,这就决定了在服务提供型合同中给付义务或给付请求权原则上具有专属性。[①] 就快递服务合同而言,快递服务水准和质量与快递服务主体的服务能力密切相关,不同的快递服务主体在寄递网络、设备设施、工作人员等方面不尽相同,其所提供的服务在履约时效、运送范围、寄递安全等方面也有所差异。因此,原则上,未经寄件人或收件人同意,快递服务主体依据快递服务合同所承担之给付义务不可随意转让于其他主体,否则即构成对快递服务合同的违反。

从规范层面上而言,快递服务合同具有如下特征:

第一,快递服务合同以提供快递服务为主要目的。这既是快递服务行业属性在规范层面的映照和反映,又是证成快递服务合同独立性的关键所在,其所包含的主给付义务具有独一无二的个性特质,无法简单地套用既有的规范体系。快递服务合同的订立,并非意图实现财产权利的移转与让渡,而是为了提供寄递服务及相关的增值服务,上述服务缺乏可以感知的有形外观,具有无形性、提供消费同时性、难以库存性、不可复原性等特征。寄递服务的提供需达到物品空间位置变换的效果,因此,在寄递物品的过程中,快递服务主体须保证寄递客体的外观完好、功能无缺,不得出现毁损、灭失、短少的现象。除完成寄递服务的主给付义务之外,快递服务合同还具有代为收取货款、提供履约凭证等方面的增值功能,大大扩展了合同的适用范围与领域,为当事人灵活便捷地实现自身利益提供了多样选择。

第二,快递服务合同具有双务性、有偿性、要式性、诺成性的特征。按照双务合同的基本法理,快递服务主体与寄件人双方所负担的合同义务大体相当,快递服务的提供与寄递费用的支付之间构成对待给付,两者在发生、履行、存续上具有牵连性,履行抗辩权、合同解除、风险负担等规则于该合同而言均有适用空间。在有偿性方面,快递服务主体费用请求权的获得须以寄递服务提供为对价,而寄件人服务之享有则以支付寄递费用为前提,双方之间的利益关系呈现出交互性而非单向性的特征。虽然,目前有关快递服务的法律规范并没有规定快递服务合同必须采用书面等特定形式,但是实践中要式化的快递运单已经成为合同本身或是合同的组成部分。鉴于服务标准化运行的需要,采取法定书面形式作为快递服务合同成立的要件,更为适宜。快递服务合同还具备诺成性的特征,在当事人意思表示达成合意时即告合同成立,并不以完成现实给付

---

① 参见邱聪智:《新订债法各论(中)》,中国人民大学出版社 2006 年版,第 5 页。

为成立要件,快递运单的签发、交寄物品的封装成为快件只是证明快递服务合同成立的证据,而非合同的成立要件。

第三,快递服务合同系典型的利他合同。该合同系在寄件人与快递服务主体之间缔结,收件人并非合同主体,但却因当事人约定而享有独立的给付请求权。从法律关系的结构上看,快递服务合同中存在着三种法律关系:在快递服务主体与寄件人之间存在着补偿关系,此乃快递服务合同根基所在,将直接影响合同的有效性判定;在寄件人与收件人之间存在着原因关系,这种原因关系或为有偿,或为无偿,其效力存在瑕疵与否并不波及快递服务合同本身;在快递服务主体与收件人之间存在着执行关系,由于收件人并未真正取得合同当事人的地位,这种关系仅具有"准合同"的属性。① 之所以要突破合同相对性、赋予收件人独立的给付请求权,系促进交易效率之考量。否则,收件人作为快递服务合同事实上的受益人,却不能直接向快递服务主体请求给付,只能依据其与寄件人之间的原因关系,通过寄件人间接向快递服务主体主张权利,造成权益移转的繁琐。当然,为保障消极的合同自由不受侵犯,收件人有权拒绝受领快件。实践中,为了保障用户信息安全,很多快递运单采取了对寄件人信息匿名化的处理,此时,收件人对来源不明的快件,可以要求快递服务主体提供寄件人的名址、联系方式等必要信息,快递服务主体不得拒绝。② 一旦收件人作出不欲享有利益的意思表示,则快件交付请求权视为自始不存在。在收件人作出受领快件的意思表示后,快递服务主体得以对抗寄件人之一切抗辩对抗收件人,以充分保障其应有的法律地位。

二、快递服务合同义务群

快递服务合同属典型的合同之债,债的核心在于给付,依据给付的功能不同,又可将其分为给付义务与附随义务,它们共同形成合同义务群,成为合同的核心内容。③ 因此,在明确了快递服务合同所涉及的相关主体的基础之上,需要从合同义务的角度,描绘出缠绕在它们之间的法律关系,从而明确合同履行的基本规则。在快递服务合同中,合同所涉及的相关主体依具体情形而

---

① 参见〔德〕迪尔克·罗歇尔德斯:《德国债法总论(第七版)》,沈小军、张金海译,中国人民大学出版社 2014 年版,第 379—381 页。
② 参见《快递市场管理办法》第 27 条的规定。
③ 参见王泽鉴:《债法原理(第一册)》,中国政法大学出版社 2001 年版,第 34 页。

定。当合同中的寄件人与收件人为同一人之时,该合同所涉及的主体只有订立合同的快递服务主体与寄件人双方。但是,在通常情形下,寄件人与收件人并不一致,为相互独立的民事主体。此时,快递服务合同便涉及快递服务主体、寄件人与收件人三方。然而,收件人并非合同当事人,属于利益第三人,故在快递服务合同中不承担具体的义务。因此,本书主要从快递服务合同的当事人即寄件人和快递服务主体两方主体的角度来构建快递服务合同义务群。

在快递服务合同中,寄件人的义务主要包括以下三项:一是,按照合同约定交寄快件;二是,如实准确填写和告知寄件人、收件人和快件的基本信息;三是,按照合同约定支付快递服务费。需要注意的是,即使寄件人与收件人为同一主体,在快递服务合同中,收件人亦并不具有收取快件的法律义务。就具体性质而言,此时签收快件应当属于收件人的一项权利,收件人拒绝签收或迟延签收并不会因此而承担违约责任。快递服务主体在提供两次免费投递服务之后,即可据此宣告合同履行完毕,而从快递服务合同的束缚中摆脱出来。

快递服务主体的合同义务比较复杂,贯穿于快递服务合同始终,包括给付义务和附随义务。考虑到整个快递服务包括收寄、分拣、运输和投递四个环节,任一环节出现问题都会影响快递服务合同的履行效果。因此,本书认为,应当围绕收寄、分拣、运输和投递四个环节明确快递服务主体的给付义务。具体而言,快递服务主体的给付义务主要包括:在收寄环节,对快件相关信息进行核实,确保快件寄递的安全与准确;在分拣环节,依据所掌握的快递服务信息对寄递物品进行妥善的包装与分拣;在运输环节,按照快件的具体性质与时效要求合理安排运输路线与方式;在投递环节,应当采取合理方式及时向收件人发送投递通知,并按照约定的投递地点至少提供两次免费投递服务。快递服务主体的附随义务主要包括以下两个方面:第一,保密义务。对其在快递服务的过程中因提供服务所收集和处理的关于寄件人、收件人和快件的信息进行保密,并且不得超出快递服务的限度使用此类信息。第二,提供即时查询的义务。快递服务主体在收取快件之后,应对快递服务的各个环节进行实时跟踪,并通过电话或者互联网等合理查询通道向寄件人和收件人提供快递服务信息的即时查询服务。

第二节　快递实名收寄制度

一、实名收寄制度实施的必要性

快递实名收寄,是指快递服务主体在收寄快件时,应当对寄件人的身份进行查验、核对,并如实登记其有效身份证件的制度。在利用寄递渠道实施违法活动概率增多的今天,快递实名收寄制对于保障快件安全送达、维护社会公共秩序有着不可替代的意义,快递服务主体只有核查寄件人或其指定的代理人的身份信息后,方可予以收寄。

从快递服务本身而言,寄件人信息并非提供服务所需的基本信息,对于快递服务主体来说,只需获取收件人的有效信息即可完成寄递服务,因此其在收寄快件时对寄件人的真实身份并不关注,由于寄件人与快件分离,而快件的包装又具有一定程度的隐蔽性,这就给寄件人提供了以隐匿身份的形式侵害他人合法权益,甚至从事犯罪活动的可乘之机。例如寄件人非法获取他人的个人信息后,利用该信息向收件人寄送商业广告等物品,扰乱收件人的正常生活。在运费到付和代收货款的情况下,收件人还可能落入寄件人的骗局,为快件支付高额的运费或者货款,产生不必要的财产损失。[1] 又如,寄件人利用快递行业存在的安全漏洞,以匿名的方式通过快件的寄递渠道,寄递枪支、弹药、毒品、爆炸物等违禁品,从而达到自己违规获利、发泄私愤、报复社会等非法目的,直接威胁到社会公共安全和不特定多数人的利益。[2]

快递服务作为一种新型的提供物品流通的服务方式,与传统物流运输不同,经常采用"门到门"的服务方式收取快件。该种服务方式决定了快递员无法随身携带安全检验设备,只能对快件进行内件形式验视,待收取快件后送至经营网点时,再通过 X 光机等安检设备来进行实质查验。这就使得快件进入寄递渠道后存在安全检查的真空区域,一旦寄件人信息不明,将增加追究法律责任的难

---

[1]　参见《到付快递成诈骗新渠道 对到付包裹要先核查或拒收》,载 http://finance.people.com.cn/GB/n1/2017/0514/c1004-29273974.html,最后访问日期:2025 年 3 月 31 日。

[2]　参见"陈显斌非法制造、买卖、运输、邮寄、储存枪支、弹药、爆炸物、非法持有、私藏枪支、弹药案",广西壮族自治区柳州市中级人民法院(2015)柳市刑一终字第 110 号刑事裁定书;"郑某某走私、贩卖、运输、制造毒品案",山东省青岛市中级人民法院(2015)青刑一终字第 421 号刑事裁定书。

度。此亦是我国相关管理部门一再强调全面推行"收寄验视+实名收寄+过机安检"制度的重要原因。① 除此之外,在 2019 年《智能快件箱寄递服务管理办法》实施之后,智能快件箱具备了合法的揽收功能,即寄件人可以通过智能快件箱交寄物品,当物品进入箱体后亦存在快递员进行安全检查的"时间差",此时通过寄件人信息追溯物品源头、保障寄递渠道的安全,就显得更为重要了。

具体而言,快递实名收寄制的实施可以从以下三个方面增强快递服务的安全性。第一,快递实名收寄制可以增加寄件人交寄时的心理压力,从源头上遏制非法行为。快递实名收寄制下,寄件人交寄快件时,会产生潜意识上的认识,即如果快件在寄递过程中或完成后被发现,均能根据快递运单上所登记的寄件人身份信息明确寄件人。如此一来,快件寄递渠道不再隐蔽,寄件人在衡量违法成本后,往往会主动放弃其违法寄递行为。第二,快递实名收寄制可以明确责任主体。如果寄件人采取化名方式,地址信息不明,即使禁止寄递的快件被查出也很难查到真实的寄件人,匿名使得个人处于非公开非公众评价状态,从而社会规范难以约束个人行为,容易诱发犯罪,而快递实名收寄制简单快捷地解决了这一难题,一旦发现违禁物品,显示寄件人真实信息的快递运单将成为重要物证之一,为追究寄件人的法律责任提供了有力支持。第三,快递实名收寄制的实施能够实现"收寄验视+实名收寄+过机安检"三项制度的综合效应,构筑快递寄递安全的防火墙。实名收寄制以核实寄件人的真实身份为宗旨,过机安检以杜绝禁寄物品为主要目的,收寄验视制则肩负着阻止禁寄物品进入寄递渠道和明确寄递物品品名、性质和价值的双重任务。如此一来,三者结合能够有效地弥补物品交寄后至经营网点之间的"时间差",做到快递服务业安全的无隙对接。

在实名收寄制实施之初,曾有个别用户不能理解其制度功能,而与快递服务主体发生争执,例如,2015 年 10 月,福建快递用户邹某在交寄快件时被要求在快递运单上填写身份证号码,邹某认为福建邮政速递物流公司侵害了其合法权益,并将之起诉至法院。② 就本质而言,寄件人的身份信息属于寄

---

① 2015 年 11 月国家邮政局公布《集中开展寄递渠道清理整顿专项行动实施方案》,全面推进"收寄验视+实名收寄+过机安检"。2015 年 10 月 22 日中央综治办、公安部、国家邮政局等部门联合召开电视电话会议,专题研究部署寄递安全,即"收寄验视+实名收寄+过机安检"三项制度的推进落实工作。

② 参见《被要求在快递单上填身份证号,福建律师起诉邮政公司获立案》,载 http://www.thepaper.cn/newsDetail_forward_1389752,最后访问日期:2025 年 3 月 31 日。

件人告知义务的范畴,本属附随义务,即在无法律明文规定、当事人无明确约定的情况下,根据诚实信用原则的要求,为协助快递服务合同的履行而由寄件人负担的一项义务。从其功能来看,寄件人告知义务旨在促进相关信息的流通,以便快递服务主体及时掌握情况,促进快递服务的有效提供,该义务与给付目的履行之间具有直接、密切的联系。但是,附随义务的不确定性导致了现实操作的不稳定性,寄件人是否应当告知身份信息、如何告知身份信息依赖于在单个合同关系中当事人的理解与适用,并不利于快递服务合同的效率履行。因此,有必要将其上升为一项法定义务,通过法律的强制性规范来实现社会公共利益的保护,充分发挥寄件人身份信息告知义务的价值功能。在学理上,附随义务的法定化有着坚实的法理基础。一方面,从合同法自身演进来看,适度限制合同自由以实现合同正义,进而增进社会公共福祉,成为普遍认同的发展趋势。在这一思想的指导下,合同法中出现了一定数目的强制性规范,其能够直接为当事人创设特定的权利义务关系,且无法为当事人的意志所排除。寄件人告知义务的法定化正与合同法上述发展趋势高度吻合,从而构成了对双方当事人意思自治的合理限制。另一方面,附随义务本身便带有相当程度的法定性特征,其义务并非源自双方之间的自主意志,而是基于诚实信用原则,无论双方当事人是否作出约定,其均为合同的有效组成部分,对当事人产生拘束力。① 对此,有论者将其称为基于"不成文的客观法"而产生的义务。② 而附随义务的法定化只是将上述法律原则成文化、具体化,以更为清晰明确的方式将寄件人的义务规定下来,以减少规则的模糊空间。这与附随义务的法律属性之间并无明显冲突,仅仅起到提升后者法定化程度的作用,因此,该做法在规范逻辑层面具有相当的正当性基础。

2014 年 9 月,中央综治办、公安部、交通运输部、国家邮政局、国家安全部、海关总署、国家工商行政管理总局、国家铁路局、中国民用航空局联合印发《关于加强邮件、快件寄递安全管理工作的若干意见》,明确实行寄递实名、收寄验视、安检等制度,明确要求对在重点时期或寄往重要区域、特殊场所的邮件、快件实行实名收寄。2016 年后,实行全行业的实名收寄,除信件、已有安全保障机制的协议客户快递、通过自助邮局(智能快件箱)等交寄的邮件、快件外,

---

① 参见韩世远:《合同法总论(第四版)》,法律出版社 2018 年版,第 8 页。
② 参见汪倪杰:《我国〈民法典(草案)〉中附随义务体系之重构——以中、德附随义务学说溯源为视角》,载《交大法学》2020 年第 2 期。

一律要求寄件人出具有效身份证件并登记相关身份信息后方可收寄。其间,邮政管理部门应加强对实名寄递制度的研究,制定规范的操作流程,为全面实行实名寄递制度奠定基础。根据 2016 年施行、2018 年修订的《中华人民共和国反恐怖主义法》第 20 条、第 85 条规定,快递等物流运营单位应当实行安全查验制度,并配套了相应的行政处罚措施。2016 年开始施行的《快递安全生产操作规范》(YZ 0149-2015)第 5.3 条,明确赋予快递服务主体对快递运单信息进行核对的权利,寄件人拒不配合的,快递员应拒绝收寄,从而将实名收寄落实到快件收寄的业务环节当中。2018 年施行、2019 年修订的《快递暂行条例》第 22 条规定,快递服务主体收寄快件,应当对寄件人身份进行查验,并登记身份信息,寄件人拒绝提供身份信息,或者提供身份信息不实的,不得收寄。2018 年10 月 22 日,关于实名收寄的专门文件《邮件快件实名收寄管理办法》正式出台施行,由此,寄件人的身份信息告知义务成为快递服务合同的一项法定义务。

二、快递实名收寄制度的内容

《邮件快件实名收寄管理办法》规定,快递实名收寄制度主要包括以下几方面内容。

第一,寄件人的义务。寄件人在接受快递服务时,必须按要求向快递服务主体出示有效身份证件。当寄件人为自然人时,应当出示的身份证件包括居民身份证、临时居民身份证;中国人民解放军军人身份证件、中国人民武装警察身份证件;港澳台居民居住证、港澳居民来往内地通行证、台湾居民来往大陆通行证;外国公民护照;以及符合规定的其他有效身份证件。当寄件人为法人或者非法人组织的,应当出示统一社会信用代码,以及法定代表人或者相关负责人的身份证件复印件。寄件人可以委托代理人交寄物品,此时需要提供寄件人、代理人双方的有效身份证件。寄件人必须在交寄物品被封装为快件之前提供身份信息,如果是当场填写快递运单的,寄件人应当向快递员出示有效身份证件;如果是线上填写快递电子运单的,寄件人应当按要求输入有关证件的相关信息。

第二,身份信息的查验。快递服务主体应当严格执行实名收寄制度,对寄件人身份进行查验,并登记身份信息。如果寄件人是法人或者其他非法人组织的,则应核对、记录其统一社会信用代码,留存法定代表人或者相关负责人的身份证件复印件。对于协议用户,快递服务主体应当一次性完成查验、登记、留存工作,避免重复查验带来的低效率、不便捷。快递服务主体必须使用符合要求的实名收寄信息系统,并与国家实名收寄信息监管平台联网。对于采取快递加盟经营模式的快递服务主体,总部企业必须对各加盟企业、末端网点实行实名收寄的内容、流程、安全进行统一管理,不得推诿查验责任。

第三,违反实名收寄的法律后果。对于寄件人而言,拒绝出示有效身份证件、拒绝登记身份信息、姓名与证件不一致的情形,都会导致交寄物品被拒收。对于快递服务主体而言,未执行实名收寄或者在执行实名收寄过程中存在不当行为的,应当按照《邮件快件实名收寄管理办法》《反恐怖主义法》《邮政法》《快递暂行条例》的规定承担相应的行政责任,包括罚款、责令停止从事相关业务或者提供相关服务,以及吊销相关证照或者撤销登记。

三、快递实名收寄信息系统的运用

国家邮政局、公安部、国家安全部于 2017 年 2 月联合印发《关于加快全国邮件快件实名收寄信息系统推广应用工作的实施方案》,该方案以加快全国邮件快件实名收寄信息系统推广应用,提升落实实名收寄制度信息化、标准化、规范化水平为目标,提出顶层设计、标准先行,安全高效、综合运用,试点先行、稳步推进,分类施策、分层管理四项工作原则。同时,将邮件快件实名收寄信息系统分为企业版、公共版和监管版三类。具体而言,企业版适用于国际、跨省许可的网络型快递服务主体,快递服务主体可以自主开发前端系统,采集、查验用户信息传输至企业总部,并与国家邮件快件实名收寄监管平台实时对接。公共版适用于省内许可或暂不具备实名收寄信息化自建条件的区域性快递服务主体,这是由国家邮政局结合企业作业流程开发的统一前端系统,企业采集、查验用户信息,与国家邮件快件实名收寄监管平台实时对接。监管版则用于接收来自企业版和公共版的用户信息以及实时查验数据,对企业执行实名收寄制度情况实时监测和动态分析;与相关政府部门实行信息共享,对用户寄递特征、行为风险、信用等级等进行关联分析,为各级邮政管理部门、公安机关、国家安全机关开展实名收寄制度监管,对重点风险用户进行预警和追溯提供支撑。

邮件快件实名收寄信息系统即为国家邮政局建立的安易递实名收寄公共服务平台。具体操作中,快递用户下载用户版 APP,在该系统 APP 内上传或扫描有效身份证件信息,进行实名认证。用户版 APP 在读取快递用户的个人信息后,在后台对其个人信息的真实性进行验证,通过验证后的快递用户将会直接形成一个二维码,供其寄件时使用。用户版 APP 还同时向快递用户提供快件追踪、投诉申诉、服务评价、网点推荐、政策查询等一站式信息化公共服务。快递员需下载收寄版 APP,由快递服务主体将快递员的信息录入平台,经邮政管理部门审核后,形成快递员"白名单",仅有"白名单"上的快递员才能够注册收寄版 APP,进行快件的收寄环节。监管版 APP 为加强邮政管理部门的监管职能而设计。邮政管理部门可以通过快递单号及条形码、快递员身份证号码、快递员手机号码查验快件的实名收寄情况;同时还可以通过监管版 APP 对权限范围内的实名寄递数量进行统计,以地理区域、企业品牌、时间段为选择因素进行实时查询,以供决策分析。

邮件快件实名收寄信息系统于 2017 年 4 月开始,已在全国 153 个城市启动了实名收寄信息系统推广应用试点。[①] 截至 2017 年 6 月底,国家邮政局实名信息监管平台共接入邮政 EMS、顺丰速运、申通快递、中通快递、圆通速递、韵达速递、百世快运等主要品牌企业数量达 10 家,占行业业务总量约 90%。[②] 全网信息化实名收寄业务量累计完成 3 亿件,日均已逾 500 万件,实名收寄信息系统在线注册用户达 2250 万人。[③] 截至 2017 年年底,全国信息化实名收寄业务量累计完成 111.3 亿件,日均实名率达 83%,超额完成了年度既定工作目标。[④]

第三节　快递收寄验视制度

一、快递安全的首要关口

收寄验视制度起初是作为保障邮件寄递安全的重要措施而进入法律视野的。1986 年第一部《邮政法》明确规定了邮政企业及其分支机构拥有对邮件进行验视的权利。后因快递行业的迅速发展,出于保障寄递渠道安全的需要,收

---

① 参见《如何保障寄件信息不被泄露滥用? 国家邮政局回应》,载 http://www.chinanews.com/cj/2017/07-12/8275209.shtml,最后访问日期:2025 年 3 月 31 日。

② 参见丁怡婷、赵展慧:《1 天,1 亿件》,载《人民日报》2017 年 8 月 2 日,第 9 版。

③ 参见《国家邮政局:2018 年将实现实名收寄信息化全覆盖》,载 http://www.china.com.cn/news/2017-07/11/content_41193039.htm,最后访问日期:2025 年 3 月 31 日。

④ 参见《国家邮政局:2017 年全国信息化实名收寄达 111.3 亿件》,载 https://www.chinanews.com/cj/2018/01-19/8428518.shtml,最后访问日期:2025 年 3 月 31 日。

寄验视制度开始被引入快递行业。2008 年发布实施的《快递市场管理办法》明确要求快递服务主体必须在快递服务的收寄环节进行收寄验视,2023 年修订的《快递市场管理办法》再次重申了此项要求。近年来鉴于安全事故频发,业内愈来愈一致认为收寄验视制度系从源头上控制快件风险的利器,统一规范收寄验视的具体操作流程的呼声迭起。正是在现实需求的推动下,2015 年 7 月国家邮政局发布的《邮件快件收寄验视规定(试行)》从适用范围、验视内容、处理结果、企业职责等方面对收寄验视的操作流程进行了较为全面的梳理。随后,2016 年 6 月国家邮政局开始实施的《快递安全生产操作规范》(YZ 0149-2015)明确将收寄验视制度作为行业标准;快递收寄验视制度被正式纳入 2018 年施行、2019 年修订的行政法规《快递暂行条例》当中。

快递收寄验视制度,是指在快递服务的收寄环节,对寄件人所交寄的快件,快递服务主体应当场查验该快件是否符合快件寄递安全的相关规定,并对快件的相关信息进行核实。快递服务合同成立后,寄件人需依约定交寄快件,提供必要的信息并接受验视后,快递服务主体方可提供快递服务。结合快递行业的实践和相关法律法规的具体规定,本书认为,我国快递服务的收寄验视制度具有以下三个特点:

第一,收寄验视为快递服务合同的法定内容。业内一般认为,快递行业属于准公共服务领域。快递行业的外部性十分明显,无论是健全运输网络、方便公众生活,还是利用公共基础设施、信息资源,快递行业都不仅仅是一个单纯的竞争性纯商业领域,其"门到门"提供运输服务和增值服务的行业特点,决定了快递行业的准公共服务的法律属性。正是因为这样,快递服务的安全关系到不特定多数人的公共利益,禁寄、限寄物品的寄递不但会损害特定收件人,还会对整个寄递网络所涉及的社会公众的人身和财产造成威胁。因此,收寄验视为快递服务合同的法定内容,不可依约定将之排除。

第二,收寄验视兼具"安全性"和"确定性"的双重功能。其一,收寄验视能够从快递服务的起点确保快件的"安全性",以避免危险事件的发生。快递服务主体应当按照相关法律规范,在收寄时拒绝禁寄物品进入寄递渠道,防止限制寄递物品以普通物品的名义进行运输。其二,检查、核对快件内容的"确定性",以防止索赔争议频现。明确收寄物品的相关信息是快递服务的前置程序,其便于快递服务主体合理安排运输工具、线路和费用,甚至决定是否揽收此票快件。寄递合同双方也能在此基础上对快件的基本信息达成一致意见,减少快件丢失、毁损时所产生的索赔争议。

第三,快递服务的收寄验视在操作时面临重重困难。较之于邮政服务的收寄验视,快递服务的收寄验视的执行难度更大。这主要是因为:其一,快件的收件场所为寄件人的住所或其指示的场所,上门取件的快递员很难携带检验和监控设备;其二,快递员素养有待提升,其入职条件较低,知识水平有限,工资也往往直接和揽收的业务量、时效性挂钩,这就造成快递员在一些情况下很难对快件的安全性进行准确判断,甚至为了追求利润链而走险,非法收寄禁寄、限寄物品。

在此需要指明的是,收寄验视制度是权利义务的结合体,其包括两个维度的法律关系。一是内部法律关系。内部法律关系是快递服务主体与寄件人之间基于快递服务合同所产生的债权债务关系,其主要目的在于明确双方的利益范围,定分止争,防止争议频现。收寄验视是快递服务合同的有机组成部分,在收寄验视中,企业有权对其所收取的快件当场验视,与之相对应,寄件人具有接受验视的义务。快递服务合同中债权群和义务束的重要组成部分由快递服务主体与寄件人之间的"权利——义务"关系构成。二是外部法律关系。外部法律关系是指寄件人与快递服务主体对不特定第三人的注意义务,其主要目的在于划定寄件人与快递服务主体行为自由的界限,避免不法行为对社会秩序的侵害。虽然,寄件人、快递服务主体具有缔结快递服务合同的自由,但是他们的行为自由必须以尊重快递服务合同主体以外的民事主体的人身和财产权利为前提。换言之,其行为自由不得牺牲他人的合法权益。

当前,学界对收寄验视的内部法律关系关注不够,通常认为收寄验视是快递服务主体的法定义务。这完全忽视了收寄验视的内部法律关系,导致对收寄验视的法律性质的认识不够深刻。因此,有必要进一步剖析收寄验视的内部法律关系,并在此基础上,重塑收寄验视的责任体系。

二、夯实收寄验视的权利根基

作为快递服务的提供者,快递服务主体拥有在快递服务中收寄验视的权利。快递服务主体的经营活动,主要采取直营连锁经营或加盟连锁经营模式,即依靠企业自身力量建设直营分支机构,或选择加盟者扩大经营网络。两种经营模式的核心都是以连锁经营的模式开拓业务规模、提高经济收益,这也是由快递行业依靠寄递网络资源生存发展的行业特性所决定的。因此,我国快递企业一般都拥有庞大繁杂的子公司、分公司、营业部等,这些经营网点具体承担着快件的揽收工作,在经营许可或备案的基础上可以行使对快件内件的收寄验视权。不过,在具体实践中,这项工作是由负责揽收的快递员完成的,基于其雇员身份,由其代表企业与寄件人订立快递服务合同,在办理交寄手续时当然可以对寄件人交寄的物品进行检验。

收寄验视旨在确定快件的"安全性"和"确定性",包含两项内容:一是,快件是否属于禁寄、限寄物品。这些禁寄、限寄物品不仅威胁到快递员的人身安全,还会危及不特定他人的人身和财产安全,甚至危及国家安全和社会稳定,应当被严格禁止。快递员一旦在揽收时发现禁寄物品,应当拒绝办理交寄手续,并按照规定及时向有关部门汇报。另外,快递服务主体还可在法定禁寄、限寄物品名录的基础上结合自身的实际情况,进一步明确本企业的禁寄、限寄物品名录,并以服务承诺的方式向社会公布。以百世快运为例,其在法律法规的规定之外,将贵金属、古董、动植物标本、易碎品等物品也纳入该企业的禁寄、限寄物品名录中。① 二是,快递运单上所填写的快件信息是否与真实情况相符。寄件人在交寄物品时,需要填写快递运单,在该运单上对寄件人、收件人以及与快件相关的基本信息进行说明,并以签字的方式予以确认。所寄递物品的不同,对运费、包装、运输方式等均有影响,快递服务主体会根据寄递物品的情况来决定合同的具体条款,甚至决定是否缔约;同时,快递运单上经确认的快件信息亦是所寄递物品丢失、毁损时的重要赔偿依据。因此,快递员在收寄环节有权对快件内件进行检查,并核对寄件人填写信息的真实性和有效性,发现填写信息与快件内件不符时,快递员可以提醒寄件人予以更正,不更正的情况下拒绝收寄。

具体而言,快递服务主体在收寄验视过程中可以行使以下三项权利:第一,对交寄物品进行检查的权利。这里需要注意的是,为了维护公民的通讯自由和通信秘密,快递服务主体只能对物品进行验视,而不能对信件拆封检查。快递员在收寄环节要求寄件人拆开物品封装,接受安全性和确定性的检查,是快递服务收寄验视制度的核心所在。收寄环节的检查往往由快递员通过对交寄物品的现场目检完成,具体范围包括:快递运单信息是否完整、清楚;交寄物品是否与运单信息相符;交寄物品是否存在潜在危险;是否存在超量寄递等。

---

① 参见 http://www.800best.com/freight/faq,最后访问日期:2025 年 3 月 31 日。

第二,要求提供相关证明的权利。实践中通过寄递渠道运输的物品五花八门,种类繁多,诸如毒品、剧毒物质、爆炸物和假发票等。① 单凭快递员的目检很难识别出所有交寄物品的属性,因此快递员在对交寄物品的性质无法有效确认时,有权要求寄件人出示安全证明文件,如检疫证明、化学品合法使用需要证明等。第三,拒绝收寄交寄物品的权利。在寄件人拒绝开拆验视、快递运单信息不真实完整、交寄物品为禁限寄物品以及其他不符合寄递安全的情形下,快递员在充分说明理由后,可以拒绝收取寄件人的交寄物品。如果发现交寄物品属于危害国家安全和社会稳定的违法物品,快递员可以直接扣留交寄物品,并按照程序向有关部门报告。②

快递服务的“门到门”和时效性的特点决定了大多数收寄环节由上门取件的快递员单独完成,由于专业金属检测设备体积庞大、成本昂贵,一般很难随身携带,所以实践中收寄验视的具体检查方法为人工目检而非设备机检。然而寄件人交寄的物品名目不一,从个人消费用品到工业配送商品,如果要求快递员仅凭自身的知识水平来识别所有交寄物品的属性,实属强人所难。另外,即便借助微剂量 X 射线等高科技检测设备对交寄物品进行检查,现代技术存在的客观缺陷和盲区导致机检亦不能保障交寄物品的绝对安全。因此,本书认为,应当将快递服务的收寄验视视为一种形式上的检查,不能认为一旦通过验视,快件就百分之百安全,更不能由此免除寄件人的责任;同时,只要快递员严格执行了收寄验视的法定程序要求,就不应过分苛责其个人。毕竟,快递服务由诸多寄递环节共同构成,涉及公共交通工具、公共场所空间等公共领域,各经营网点、各有关部门都有责任对进入该环节、该领域的快件进行检查,“即查即停”,一旦发现不安全因素立即停止对该快件的寄递,并按有关法定程序进行处置,以维护社会公众的人身和财产的安全。

三、强化收寄验视中的寄件人义务

在收寄验视的内部法律关系中,寄件人因快递服务合同而与快递服务组

---

① 参见《“危险快递”肆意路上“实名制”呼之欲出?》,载 http://new.chinawuliu.com.cn/xsyj/201504/14/300393.shtml,最后访问日期:2025 年 3 月 31 日。

② 2016 年 3 月一名快递员在对寄件人所寄的 4 台空气压缩机进行检查的过程中,认为所收寄的货物可疑,并立即向警方反映情况。后经 X 光机扫描后发现,空气压缩机的密闭内胆中藏有约 100 公斤的冰毒。参见《广州快递小哥助警截毒 获奖 30 万元(图)》,https://www.163.com/news/article/BPMM3QMA00014AED.html,最后访问日期:2025 年 3 月 31 日。

织形成债之关系。债之关系通过给付义务创设出债权人与债务人之间的紧张关系,这种紧张关系即为"法锁",债务人须为一定的给付行为方能解开该"法锁",由此促成了金钱、货物以及服务的流动。① 因此,基于快递服务合同,为了促成快递服务的顺利进行,寄件人在收寄验视中须切实履行以下三项义务:如实提供快件信息的义务、特殊物品的安全保证义务以及接受验视的义务。

(一)如实提供快件信息的义务

掌握与快件有关的基本信息是快递服务主体进行快递服务的基本前提,物品的名称、类别和数量等,直接关系快件运输的费用、方式以及其他具体要求,快递服务主体只有在知悉物品的相关信息后方可安排具体的寄递行为。所以,寄件人应当恪守诚实信用原则,在填写快递运单时应如实履行提供快件信息的义务。具体而言,寄件人应当在快递员的指导下,如实提供快件的名称、性质以及数量等重要信息,以保证快递服务主体做出合理的安排,确保快件寄递过程中的安全性。

快递服务的收寄验视制度旨在对寄递物品的安全性和确定性进行核实,因此当快递员对寄件人所寄递快件的安全性存在疑问时,寄件人当然负有提供相应证明文件的义务,在特殊情形下,快递员还可以进一步要求寄件人出具书面凭证的原件。这是因为:首先,寄件人对其所交寄物品最为熟悉,要求其出具相关的证明文件具有现实可行性,无论其是否为交寄物品的所有权人,寄件人都应当对现实占有的交寄物品有支配力。其次,快递服务主体会根据寄递物品的性质选择适宜的运输方式以保证快件按时送达,而寄件人提供的相应的证明文件则成为选择运输方式的重要依据。最后,实践中客观存在寄件人主观上为了规避许可管理、高额运费等而谎报内件品种的情况,要求其提供证明文件可以有效避免此种法律风险的发生,从寄递源头上减少或消灭利用寄递渠道进行违法行为的现象,保证企业的合法权益。证明文件的类型根据交寄物品的具体情况而定,如普通化学品的寄递需要提供地区卫生管理部门出具的化学品毒性鉴定书;超量烟草的寄递需要提供烟草专卖行政管理部门出具的烟草准运证;大宗药品的寄递需要提供区域食品药品监督管理部门出具的药品生产经营的资质证明等等,不一而足。

---

① 参见王洪亮:《债法总论》,北京大学出版社 2016 年版,第 2 页。

（二）特殊物品的安全保证义务

在货物运输合同中，托运人负有安全保证义务，若托运人所托运的货物为易燃易爆等危险物品，托运人应当按照符合国家运送相应物品的规定妥善处理，并向承运人进行特别说明。快递服务涉及公共安全，寄件人在交寄物品后就失去了对快件的实际控制，因此，寄件人也应当在收寄环节承担对特殊物品的安全保证义务，从源头上防止危险延伸到快件运输的其他环节当中。

结合快递行业的实际业务操作，本书总结出以下几类特殊物品以及相应的安全保证义务：第一，异型物品应当进行重量、体积的专业核准。和传统物流运输不同，我国快递服务合同对快件的重量以及体积有所限制，为了保障快件的时效性和寄递物品的安全性，过大过重的快件更适宜采用物流运输的方式。因此，异型物品的寄件人应当提前通知快递服务主体，并接受其现场核准。第二，贵重物品应当进行价值声明，并签订保价条款。贵重物品通过快件的方式进行运输具有相当高的风险性，一旦毁损产生的赔偿金额往往与快递运费不能形成公平的对价，尤其是一些古董、高价艺术品的价值本身就很难估量。为此，寄件人应当在交寄贵重物品时进行价值声明，并提供相应的质量鉴定证明，同时还应签订有关损害赔偿的保价条款。第三，液体类、粉末类物品应当保有原包装，并进行合理标识。液体类、粉末类物品可以通过快件进行寄递，但是其在寄递过程中极易发生破碎、泄漏、散落等现象，因此寄件人应当保有液体类、粉末类物品的原包装，防止拆封后再次包装时的不当操作。另外，寄件人还应按照快递服务主体的要求，在快递运单及快件外包装上进行标识，以供航空运输、铁路运输的安全检查需要。第四，普通化学品应当按指示进行交寄。对于不属于《危险化学品目录》①《禁止寄递物品管理规定》②中的普通化学品，可以通过快件寄递渠道进行运输，但是寄件人必须前往快递服务主体指定的专门

---

① 《危险化学品目录》对危险化学品的定义和确定原则、剧毒化学品的定义和判定界限作出规定，并列举了阿片、氨等2828种危险化学品。

② 《禁止寄递物品管理规定》中规定的禁止寄递物品包括：枪支（含仿制品、主要零部件）、弹药，管制器具，爆炸物品，压缩和液化气体及其容器，易燃液体，易燃固体、自燃物质、遇水易燃物质，氧化剂和过氧化物，毒性物质，生化制品、传染性、感染性物质，放射性物质，腐蚀性物质，毒品及吸毒工具、非正当用途麻醉药品和精神药品，非正当用途的易制毒化学品，非法出版物、印刷品、音像制品等宣传品，间谍专用器材，非法伪造物品，侵犯知识产权和假冒伪劣物品，濒危野生动物及其制品，禁止进出境物品，其他物品。

营业场所,或在企业安排的专门人员在场时方可办理交寄手续。同时,寄件人还需对未确定安全性的普通化学品提供专业证明,并进行妥善封装。第五,生鲜类物品应当在交寄时声明,并选择专项寄递服务。生鲜类物品一直是快递服务中的重要类型,既包括植物类的水果、蔬菜,也包括具有生命特征的海鲜、河鲜。一般来说,生鲜类物品可以寄递,但是需要寄件人事先声明并经核准,并按照企业的要求,选择当日达、次日达等专项增值寄递服务,以保证生鲜类物品在寄递过程中不发生腐烂、变质的现象。

(三)接受验视的义务

在收寄验视中,寄件人虽然负有如实提供快件信息的义务和对特殊物品的安全保证义务,但是上述两种义务均依赖于寄件人的自觉履行,寄件人往往出于减少运费等目的怠于履行其义务。因此,仅凭上述两项义务,快递服务主体无法确定其所收取的快件是否符合快递安全的具体要求,因此上述两种义务不足以有效维护寄递活动的安全性,维护快递市场的良好秩序。据此,寄件人负有接受验视的义务,其应当积极配合快递服务主体验视其所交寄的快件。通过课以寄件人此项义务,强化寄件人义务的有效履行,夯实快递安全的法律基础。

需要注意的是,寄件人接受验视的义务是一种强制性义务,不得通过约定而排除。即使存在所谓的"免检""抽检"条款或合同,但因此类条款或合同违反了《邮政法》第75条的强制性规定,可能危及快递安全,当属无效约定,寄件人依然必须严格履行此项义务,其自然不可以此类规定为由拒绝接受验视。质言之,收寄验视是快递服务中的法定程序,任何人不得以合同约定而将之排除。此外,收寄验视是一种形式上的验视,这意味着,寄件人须在此过程中积极配合验视活动,并依据相关情况作出相应说明。具体而言,首先,寄件人须自觉接受验视。寄件人不得以快件已封装等任何理由拒绝快递服务主体对快件的验视,更不得以暴力行为阻扰正常验视。其次,在验视过程中,当快递服务主体对快件的内件、封装材料以及填充材料提出合理疑问时,寄件人有义务对此类疑问作出合理说明,必要之时需提供有关部门所出具的相关证明文件。最后,当寄件人所交寄的快件信息与寄件人所告知或填写在快递运单上的信息不符时,寄件人有义务对此作出合理解释,并协助快递员进一步完善寄递物品的真实信息。

四、重塑收寄验视的责任体系

奥斯丁认为义务是对行为的约束或限制,如果行为人不服从法律的命令与要求,即会遭受法律所施加的不利后果。① 换言之,对义务的违反将会直接触发法律责任,法律责任是义务得以履行的重要保障。如果没有完善的法律责任制度,法律义务则形同虚设,无法发挥约束与限制作用。在收寄验视中,寄件人、快递服务主体在内部法律关系和外部法律关系中分别负担着相应的义务,为了确保义务得以充分履行,促进收寄验视避害止争作用的实现,必须将法律责任落到实处。

(一)寄件人的责任承担

在收寄验视过程中,基于快递服务合同,寄件人负有如实提供快件信息的义务、对特殊物品的安全保证义务和接受验视的义务。依债之本旨,债务乃指履行其给付之义务,该给付系由债务人之意思自由给付,不为他人所强制。但是,当债务人当为给付而未为给付或不完全给付时,即产生责任,债权人得申请法院,依强制执行程序,而使之履行。② 若寄件人未履行上述义务,即违反了快递服务合同的相关规定,其就应承担合同法上的责任。

具体而言,快递服务合同之标的乃快递服务本身,寄件人是否真正有效履行其在收寄验视中的各项义务直接决定了快件能否在特定的时限内安全、迅速地运至收件人处。也就是说,如果寄件人拒不提供快件信息、提供虚假信息或所提供的信息不明,以及未对特殊物品进行必要的安全保证和拒绝快递服务主体对其所交寄的快件进行拆封验视的,企业就无法根据快递服务合同提供寄递服务。这将会从根本上导致快递服务合同的履行受阻,合同的目的落空。合同神圣与合同严守是合同双方必须恪守的基本原则,但若合同目的已然落空,就有必要使守约方从合同义务的束缚中解放出来,恢复其自由。③ 因此,如果寄件人未能履行其在收寄验视中的义务而导致合同目的无法实现的,快递服务主体具有法定解除权。该解除权的行使属单方法律行为,快递服务主体因寄件人违反收寄验视中的相关义务而要求解除合同的,其须向寄件人为解除的意思表示,自到达对方时起,该意思表示生效。

企业在行使其解除权后,快递服务合同自始无效,当事人则需要恢复到未

---

① 参见〔英〕约翰·奥斯丁:《法理学的范围(中译本第二版)》,刘星译,北京大学出版社 2013 年版,第 22 页。

② 参见诸葛鲁:《债务与责任》,载郑玉波主编:《民法债编论文选辑(上)》,五南图书出版有限公司 1984 年版,第 20—25 页;林诚二:《论债之本质与责任》,载郑玉波主编:《民法债编论文选辑(上)》,五南图书出版有限公司 1984 年版,第 26—59 页。

③ 参见韩世远:《履行障碍法的体系》,法律出版社 2006 年版,第 304—305 页。

订立合同的原初状态。如果在收寄验视中发现寄件人所交寄的快件为禁寄、限寄物品,快递服务主体应根据快件的具体种类及时向相关部门报告或通知寄件人领回。但如果寄件人所交寄的不符合禁寄、限寄规定的快件已通过收寄验视,并进入分拣、运输和投递等环节的,快递服务主体还可以根据《民法典》第566条的规定要求寄件人赔偿其在分拣、运输和投递等环节中所支出的合理费用,如果在分拣、运输和投递等过程中,该快件对快递服务主体的财产或其所雇佣的快递员的人身造成损害的,寄件人亦须对此类固有利益的损失承担损害赔偿责任。

此外,除了因快递服务合同所产生的义务之外,寄件人还负有不损害他人的义务。普芬道夫甚至认为不损害他人的义务是人类生活的保证,是最为根本的义务。对他人所造成的伤害或者以任何方式所造成的损失应当承担责任的人,应当负有损害赔偿的责任。① 快件的安全性直接关系收寄、分拣、运输和投递等整个快递服务环节的安全,一旦出现问题将会严重危及他人的合法权益。虽然,寄件人具有寄递快件的自由,但是该自由必须限定在合理的范围之内,不得侵害他人的合法权益。正如康德所言,严格的权利表示为一种可能性,根据普遍的法则,普遍的相互的强制,能够与所有人的自由相协调。② 因此,法律应当协调每个人的权利的彼此空间,收寄验视是其中重要的协调机制之一。寄件人在寄递快件时,必须对他人的权益尽到必要的注意义务。若其快件涉及禁限寄物品的,即构成对注意义务的违反。在寄递过程中,如果快件对他人的合法权益造成损害的,寄件人的寄递行为即属侵权行为,其应负损害赔偿之责。根据《邮件快件收寄验视规定(试行)》针对寄件人责任作的明确规定,寄件人未如实提供快件的基本信息或者违反相关规定寄递禁寄、限寄物品,对他人的合法权益造成损害的,应承担赔偿责任。③

(二)快递服务主体的责任承担

收寄验视制度只有在被寄件人和快递服务主体共同严格遵守的基础之上方可发挥其安全阀的重要作用。对于快递服务主体而言,收寄验视既是其权利

---

① 参见〔德〕萨缪尔·普芬道夫:《论人与公民在自然法上的责任》,支振锋译,北京大学出版社2010年版,第65—66页。

② 参见〔德〕康德:《法的形而上学原理——权利的科学》,沈叔平译,商务印书馆1991年版,第42页。

③ 参见《邮件快件收寄验视规定(试行)》第24条的规定。

亦是其法定的义务。其中,权利是指根据快递服务合同,快递服务主体有权对寄件人交寄的快件进行验视;义务是指基于对他人合法权益的保护,在收取快件时,须当场对快件进行验视,以保证快件的安全性。取得经营许可之后,企业享有在特定地区开展快递业务的权利与自由,但这并不意味着无限的自由,其在收取快件后,需经分拣、运输和投递等诸多环节方可完成快递服务,在此过程中,快递服务主体必须保证其经营活动无碍于他人民事权益的保护。故法律以命令的形式课以其收寄验视的义务,扭转企业的非理性行为,该义务从本质上来说是对他人人身和财产的合理注意义务。然而,在实践中,快递服务主体出于拓展市场范围和提高经营利润的考虑,违背其在收寄验视中的义务,侵害了他人的权利空间,威胁了他人的自由及财产安全,没有发挥好"看门人"的作用,理应承担损害赔偿责任。

因收寄验视是对寄件人交寄的快件进行形式上的验视,即使快递服务主体履行了收寄验视义务也无法完全排除危险物品或者限寄物品进入快递服务的其他环节。据此,快递服务主体对收寄验视义务的违反有以下两种情形:第一,快件未经验视而直接进入寄递渠道,从而对他人的合法权益造成损害的。该种情形下损害的发生主要是因快递服务主体未履行收寄验视义务,其行为具有不法性且主观上具有明显的过错,符合过错责任的典型构成要件。快递员作为快递服务主体的代理人,此时应由快递服务主体承担替代责任。此外,在此种情形下,寄件人的寄件行为亦违反了收寄验视中的相关义务,该行为本身也构成侵权行为。如此一来,二者之间存在共同的过错,其行为构成共同侵权,须承担连带责任。第二,快递员对寄件人交寄的快件进行了严格的验视,但是寄件人恶意的欺骗使得具有危险性的快件进入寄递渠道,从而导致损害的发生。此种情形下,由于快递员在客观上已经全面地履行了收寄验视义务且主观上并没有过错,其对最后损害的发生不具有可归责性,责任应由具有主观过错的寄件人承担。但由于受害人的力量往往较为薄弱,寄件人更可能在事故发生以后就消失不见,要求受害人找到寄件人并提出侵权之诉以获得相应的赔偿存在较大难度,受害人的利益损害难以获得及时有效的补偿。本书认为,基于快递服务主体经济实力较为雄厚、社会资源占有率较高,出于便利受害人的目的,应要求企业与寄件人承担不真正连带责任。不真正连带责任意味着,受害人对快递服务主体和寄件人均有损害赔偿请求权。当然,快递服务主体在此过程中对损害结果的发生并没有过错,属于中间责任人,而寄件人因其过错而为最终责任人,前者在承担损害赔偿责任后,可依法向后者求偿。① 如此,受害人的损害能够得到及时有效的补偿,亦能够进一步督促收寄验视制度的真正践行。

第四节　快递交付签收制度

一、快递交付及风险负担

风险负担规则旨在解决合同因不可归责于当事人的缘由而陷入履行障碍时应由何者承担相关风险和损失的问题。在学理上,风险负担规则中的风险可以分为物上风险、给付风险与价金风险三部分。② 其中,物上风险解决的是物之毁损灭失由何者承担的问题,给付风险着眼于出卖人的给付标的物义务是否因物之毁损而免除,而价金风险针对的是买受人支付价金的对待给付义务问题。一般而言,我国民事立法传统采取的是狭义风险说的立场,风险负担规则主要指向的是价金风险问题,物上风险、给付风险原则上均排除在外,这也是《民法典》采取的立场。

对于价金风险的配置,比较法上存在不同立法例,主要包括所有权主义和交付主义,前者以所有权移转作为价金风险移转的基点,而在后者中,交付的完成使得对待给付的风险由买受人承担,纵然标的物毁损灭失,其价金支付义务亦不受影响。《民法典》以及原《中华人民共和国合同法》(以下简称《合同法》)均采用交付主义的立场,主要基于如下的考虑:首先,实际管领的便利性。交付的完成使得买受人取得了对标的物的占有,也就具有了事实上的管领控制力,买受人最具能力和条件采取必要措施,防范危险情事的发生。其次,交易安全的维护。在不同立法体例下,所有权移转模式五花八门、不尽相同,以此作为规则设计的基点,势必导致风险负担的转移时点具有极大的不确定性,这对交易安全的维护而言并非幸事。而交付具有更为直观、确定的外在形式,受不同法律传统影响相对较小,能够给予当事人更为稳定的合理预期。最后,双务合同的牵连性。在双务合同中,给付与对待给付彼此关联,在发生、履行、消灭等方面均具有牵连性。交付标的物系出卖人承担的主给付义务,与价金支付之间构成对待给付,在前者业已履行完毕的情况下,买受人理应积极承担价金支付义务,纵然标的物毁损灭

---

① 参见杨立新:《论不真正连带责任类型体系及规则》,载《当代法学》2012 年第 3 期。
② 参见周江洪:《风险负担规则与合同解除》,载《法学研究》2010 年第 1 期。

失,亦不得主张排除,这是双务合同牵连性原理的应有之义。

在交付主义模式下,交付时点的确定构成了确定风险归属的关键所在,对此,需要区分不同法律关系加以讨论。就快递服务合同而言,其交付时点的确定须充分考虑服务合同的法律属性。在学理上,服务合同可以分为成果交付型与劳务提供型两类①,前者意味着服务提供人须承担结果义务,向服务受领人交付约定的工作成果,而在后者中,服务提供人仅须承担行为义务,应达到行业中一般主体的平均服务水准。而快递服务合同属于成果交付型服务合同的范畴,快递服务主体须按照合同的约定实现快件空间位置上的变动并将快件交送收件人。

从履行地点来看,快件的交付须在快递运单载明的收件地点进行,快递服务主体不得随意变更履行地点,否则其交付义务并未完全履行。从交付的标的来看,须为寄件人寄递并由快递服务主体运送的快件。从交付的对象来看,快递服务主体须将快件交付给收件人或其指定的第三人,在欠缺有效授权的情况下,擅交他人的行为不能构成交付义务的有效履行。在传统模式之下,快件的交付由快递员完成,其须按照名址向收件人当面递交快件,收件人对快件表面状况核查无误并签字确认后,交付过程最终完成。收件人的签字确认即所谓的快件签收制度。收件人对快件的签收,意味着快递服务合同的交付,因此快件签收制度是快递服务合同的最后步骤,收件人一旦在快递运单上签字,即意味着其已接受快递服务主体提供的服务,快递服务合同至此圆满履行,快递服务主体不再承担给付义务。若收件人认为快递服务不符合约定,在质量、时效上没有达到合同的预期效果,应当拒绝签收快件。需要注意的是,快递服务主体履行投递快件的义务,需要得到收件人的协助与配合,当收件人不受领快件时,债权债务关系处于悬而未决的状态之中。快递服务主体所进行的投递活动,需要耗费一定人力物力,要求其承担无限投递的义务,未免过于苛责。有鉴于此,应当对快递服务主体的投递义务设置一定的范围边界,以实现快递服务主体与收件人利益的平衡。按照《快递服务 第 3 部分:服务环节》国家标准第5.4.2.3 条的规定,快递服务主体应当至少提供两次免费投递,这一规定构成了投递次数的最低标准,快递服务主体可以作出更高次数的投递承诺。当快递服务主体已经完成约定次数的投递服务,但仍无法将快件交投收件人的,无须承

---

① 参见曾祥生:《服务合同一般规则与立法模式研究》,中国政法大学出版社 2017 年版,第 88 页。

担债务不履行的责任。与此同时,由于快递服务主体并无继续投递的当然义务,快递服务主体应当与收件人协商处理相关事宜。如果收件人放弃快件的,则快递服务主体可以按照无着快件处置的相关规则对快件依法处置。

根据《快递暂行条例》《快递市场管理办法》的规定①,快递服务主体投递快件,应当告知收件人或者其指定的代收人当面验收,并由收件人或者代收人签字或者以其他易于辨认、保存的明示方式予以确认。这是在规范层面对快件签收制度的肯认,确立了"先验后签"的操作流程。不过,随着行业竞争的白热化和投递模式的多元化,实践中快件虚假签收的现象仍时有发生,或者因快递员为追求时效考核而提前扫码签收,或者投递至快递驿站、智能快件箱时在信息系统内标识为"已签收"。

需要注意的是,快递服务的提供往往构成买卖合同的重要履约手段,此时,便涉及买卖合同的交付时点问题。原则上,该时点的确定须遵循意思自治的原则,优先考虑当事人之间的约定。具体而言,包含如下情形:第一,赴偿之债。此时,交付地点为买受人所在地,出卖人须自行或委托他人将标的物由其所在地运输至买受人所在地,并向买受人履行交付义务。标的物的发出或运输合同的订立并不意味着交付义务的履行完毕,出卖人应自行承担运输途中的价金风险,若此时发生标的物毁损灭失,买受人得主张排除对待给付。第二,往取之债。于此情形下,交付地点为出卖人所在地,买受人须自行前往该地向出卖人提出给付请求,其受领标的物的行为意味着风险的移转,后续的运输环节并非出卖人的义务,买受人理应自行承担运输途中的相关风险。第三,送付之债。该情形介乎赴偿之债与往取之债之间,一方面,出卖人并不承担运输的合同义务,运输途中的风险由买受人自行承担,另一方面,出卖人须履行发出标的物的义务,该行为构成了风险负担转移的根本时点,也是判断交付完成与否的重要依据。标的物送交承运人意味着交付义务的履行完成,也会产生价金风险由出卖人向买受人转移的法律效果。

就以上三种模式而言,合同当事人可以自行选择其一,以此为据确定风险的归属。关键在于,倘若当事人没有约定或约定不明时,应当如何处理。对此,《民法典》与《电子商务法》采取不同的推定规则。《民法典》第607条规定,在双方当事人没有约定交付地点或约定不明的情形下,自出卖人将标的物

---

①　参见《快递暂行条例》第26条、《快递市场管理办法》第28条的规定。

送交第一承运人起,价金风险由买受人承担。由此可见,《民法典》采取的是送付之债的推定规则,第一承运人的交送是判断交付义务完成的关键时点,并最终作用于价金风险的归属。而《电子商务法》第 51 条规定,当合同标的为交付商品并采取快递物流方式时,以收货人签收时间为交付时间。换言之,在双方当事人没有约定的情况下,适用赴偿之债的规定,出卖人须承担运输标的物的合同义务并对途中的风险负责,买受人签收快件或物品的行为意味着交付义务的最终完成并实现价金风险由出卖人向买受人的移转。此外,对于涉及消费者的交易事项,《电子商务法》还设有特殊规则。该法第 20 条规定,除消费者另行选择快递物流服务提供者外,电子商务经营者须自行承担运输途中的风险,上述风险不得通过合同另行约定的方式转嫁给消费者。

对于《民法典》与《电子商务法》的相关内容,可以从如下方面进行理解:第一,两者在基本构造上具有相似性,而在交付时点的判断上有所差异。两者均采取交付主义的立法模式,以交付的完成作为价金风险由出卖人向买受人移转的依据。[①] 在交付时点的确定上,两者均采取意思自治优先、法定规则补充的适用顺序,当事人可以就交付模式自主进行安排,从赴偿之债、往取之债、送付之债中选择其一,并最终确定风险移转的时点。倘若当事人并未约定或约定不明,两者的处理存在差异。其中,《民法典》采取的是送付之债的适用模式,以货交第一承运人作为风险移转的时点,标的物运输途中的风险由买受人承担,而《电子商务法》采取的是赴偿之债的适用模式,以买受人签收作为风险移转的时点,标的物运输产生的风险由出卖人承担。

第二,《民法典》的推定规则直接继受自《联合国国际货物销售合同公约》(CISG)的规定,该规则系国际贸易领域的通常做法,具有强烈的商事色彩。货交第一承运人规则的合理性在于:一方面,买卖双方均为平等、理性的商事主体,均有一定的能力妥善组织运输事宜,并采取必要措施防范运输途中产生的种种风险。基于双方之间的平等地位,在权利义务的配置上,无须对一方给予特殊保护,而应当更为充分地尊重双方的自主意愿。在双方并未明确约定的情形,货交承运人的行为仅仅意味着出卖人代为办理相关运输事宜,并不意味着其承担额外的运输义务。另一方面,在标的物送交承运人后,出卖人在事实层

---

① 以《电子商务法》第 20 条为例,该法起草组认为,该条所确立的交付原则是以交付时间作为确定风险移转的时间,而不是将风险移转和所有权移转问题挂钩。参见电子商务法起草组编著:《中华人民共和国电子商务法条文研析与适用指引》,中国法制出版社 2018 年版,第 83 页。

面便失去了对标的物的控制能力,与之相反,买受人在收到标的物后可以及时检查、核验,并在其出现毁损灭失的情形下及时向承运人请求索赔。① 因此,这一规则的采取与买卖双方对标的物控制情形相一致。

第三,《电子商务法》更加偏重对消费者权益的保障,在风险负担上采取赴偿之债的推定规则。② 在电子商务交易活动中,买卖双方的经济实力和实际地位并不平等,存在着明显的强弱格局。其中,出卖人多为具备相当经济实力和专业能力的商事主体,其风险防范能力更胜一筹,而买受人多为专业知识欠缺、交易有限的消费者,其对寄送环节的把控能力较为有限。除此之外,在实践中,快递物流服务提供者的选取,多由出卖人完成,通常而言,买受人难以参与到这一过程中,因此,出卖人可以通过妥善包装、积极索赔、更换服务主体等方面对相关风险进行一定程度的干预和控制,而买受人在这一领域多处于消极被动的状态。基于上述理由,《电子商务法》在风险负担事项上采取了有别于《民法典》的特殊规定,原则上,出卖人须负担寄送标的物的合同义务,并对寄送途中的风险负责,出卖人签收快件的行为方可宣告交付行为的最终完成,并实现价金风险由出卖人向买受人的移转。

二、买受人验收权与收件人验收权的区别

(一)电子商务线下履约的双重关系

根据快递服务是否与电子商务相关联,可以分为电商快递和商务快递,前者构成电子商务必不可少的线下履约环节。在电商快递中,电子商务的线下履约涉及出卖人(寄件人)、买受人(收件人)和快递服务主体三方,其中出卖人和买受人之间的买卖合同构成了快递服务合同的基础法律关系。在电子商务交易中,出卖人与买受人往往身处异地,在整个交易过程中并不发生面对面的现实接触。在这种情况下,交付标的义务的完成需要借助快递服务主体等第三人才能完成。具体而言,为履行买卖合同的给付义务,出卖人(寄件人)须订立快递服务合同并将标的交付给快递服务主体,快递服务主体按照名址将物品投递到买受人(收件人)手中,整个交付环节遂告完成。因此,电商快递的法律关系

---

① 参见朱晓喆:《我国买卖合同风险负担规则的比较法困境——以〈买卖合同司法解释〉第 11 条、14 条为例》,载《苏州大学学报(哲学社会科学版)》2013 年第 4 期。

② 在比较法上,消费者合同中的风险移转并不适用货交第一承运人的规则。参见吴香香:《〈合同法〉第 142 条(交付移转风险)评注》,载《法学家》2019 年第 3 期。

应当从奠定履约基础的买卖合同和提供货物运送的快递服务合同两个方面进行剖析。

第一,买卖合同。不同于传统交易,在电子商务中,买卖双方主要利用计算机、移动电话和电视机等设备,通过计算机互联网、广播电视网等信息网络进行交易。① 因而,买卖合同主要是以数据电文的形式订立的。此外,在电子商务中,因受时空距离所限,买卖双方多数情形下无法就合同内容进行讨价还价,为了提高交易效率,电子商务的线上交易平台一般均会事前单方拟定定型化的合同条款,买受人只能消极地接受,无任何协商的余地,故买卖合同多属格式合同。所谓格式合同是指,当事人一方为与不特定的多数人进行交易而预先拟定的,且不容许相对人对其内容做出任何变更的合同。② 当然,在电子商务中,买卖合同的格式条款必须遵循法律和行政法规的强制性规定,方能发生效力。

根据买卖合同,出卖人应按照合同关于货物种类、数量和质量等约定及时交付货物以及说明书等证明文件,并对该货物承担物之瑕疵担保和权利之瑕疵担保的义务。与之相对应,买受人在验收无误后,应当及时受领货物并交付相应的价款。买卖合同的基本目的在于使得标的物的所有权在不同主体之间发生移转,以促进社会交往,实现财产的流转。因而,上述义务为合同的本质内容,属于买卖合同中的给付义务,此类义务的履行直接关系到合同目的能否如期实现。

此外,在电子商务中,出卖人除了依约交付符合合同目的之货物外,还应当合理地安排货物的运送。虽然根据合同,出卖人不承担运送货物的义务,但依照民法诚实信用原则的基本要求,出卖人应依照买受人的要求或者按照合理的标准,选择适当的快递服务主体订立快递服务合同,正确填写买受人的名址信息,并根据货物的种类进行合理包装、选择适当的快递服务的种类,如航空快递或高铁快递等,以确保货物能安全及时地运至买受人处。该义务并不是买卖合同中的给付义务,而是附随义务,旨在保障货物的顺利交付,是对买受人权益的延伸性保护,使其给付利益获得最大可能的满足。

第二,快递服务合同。在电子商务买卖合同的履行过程中,货物的寄递自然为必不可少的环节,出卖人须根据合同约定合理安排货物的寄递。此处需特别说明的是,安排运送并不意味着出卖人需根据买卖合同承担运送货物的义

① 参见齐爱民:《中华人民共和国电子商务法草案建议稿》,载《法学杂志》2014 年第 10 期。
② 参见王卫国主编:《民法(第二版)》,中国政法大学出版社 2012 年版,第 377 页。

务,出卖人仅负责将特定的货物交于承运人,故而货物的运送并非属于出卖人履行债务的范畴。因此,不能将快递服务主体理解为出卖人的履行辅助人。所谓履行辅助人是指,债的关系的当事人之外辅助债务人履行债务的人。在快递服务合同中,存在寄件人(出卖人)、快递服务主体和收件人(买受人)三方法律关系,结合货物运送的基本规则和快递服务业的特殊要求,概括而言,三者需要在快递服务合同中履行如下义务。寄件人应当承担如实告知交寄物品的义务、交寄物品的安全保证义务和接受快件收寄验视的义务;快递服务主体应当承担准时、安全提供寄递服务的义务和通知收件人收取快件的义务;收件人则应当承担及时验收快件和收取快件的义务,该义务属于不真正的义务,实为对收件人检验权和受领权的行使的督促。

快递服务合同是典型的利益第三人合同,利益第三人合同,即利他合同,是指当事人为第三人设定了合同权利,由第三人取得利益的合同。在快递服务合同中,寄件人是债权人,快递服务主体是债务人,收件人是第三人,第三人得依"受益的意思表示"①而取得快件。通常情形下,快递服务主体将特定的快件运至收件人处,收件人即可凭其身份信息领取快件。然而,在电子商务中,存在大量"货到付款"的情形,导致虽然出卖人已将货物交运,但是货物的所有权须至交付于买受人后方可转移,在买受人未提前支付价款的情形下,给付地与履行效果地之间的客观距离极易导致买受人"空手套白狼"行为的发生。因此,有必要强化出卖人对货物的控制权。下面以《电子商务法》第52条第4款规定的代收货款为例进行解释。

在代收货款中,快递服务合同为附条件交付的合同,合同中存在附条件交付条款,快递服务主体须待收件人同意支付价款之时方可交付快件。附条件交付条款实际上是对出卖人在买卖合同中无法行使同时履行抗辩权的补救。据此,若收件人由于货物瑕疵或资金短缺等原因,拒不支付货款的,快递服务主体依据其与寄件人之间的约定,不得将货物交付给收件人,并及时通知寄件人待其指示来处理该货物。除此之外,在代收货款中,还存在一层寄件人与快递服务主体之间的委托代理法律关系。根据该法律关系,快递服务主体作为寄件人(出卖人)的代理人,以寄件人的名义代为受领价款,受领价款的法律效果直接归属于寄件人(出卖人)。在代收货款中,出卖人在选定适当的快递服务主体作为代理人受领

---

① 参见韩世远:《合同法总论(第四版)》,法律出版社2018年版,第372页。

价款之后,会通过线上交易平台,将该企业的信息通知买受人。寄件人与快递服务主体之间的代收货款委托合同,一般情况下为有偿委托合同,其手续费根据还款周期的不同从 0.5% 至 5% 不等,因此被称作"增值服务"。

(二)功能、时间、内容的区别

从电商快递的法律结构中可以发现,买受人不仅是买卖合同的主体,亦是快递服务合同中的收件人。据此,其自然分别享有和负担买卖合同与快递服务合同中的权利和义务。

值得关注的是,根据《民法典》第 620 条的规定,买受人享有对货物的验收权,而根据《快递暂行条例》第 26 条的规定,收件人享有对快件的验收权。验收权的行使是对出卖人或快递服务主体是否适当履行其合同义务的考察,当货物(快件)产生毁损、短少和灭失等情形时,对确定责任的承担主体具有重要的意义。但在实践中,两种验收权经常被混淆,导致追责困难,因而广受诟病。因此,有必要对两种验收权进行解析,厘定二者之间的界限,为法律责任的判断提供明确的指引。

在电子商务中,买受人基于买卖合同享有的验收权,与普通买卖合同的验收货物并无二致。买受人在收到货物后,应当在合同约定的期间或合理的期间内,及时检查货物是否符合买卖合同的描述,并将验货结果告知出卖人。而在快递服务合同中,收件人的验收权,是指收件人应当在投递现场当面开拆快件包装,对寄递物品的外观和数量进行验视,并将验收结果当场反馈给快递服务主体。根据合同相对性原则,快递服务主体并非买卖合同的主体,不受买卖合同中关于货物质量之特殊约定的拘束。况且,大型快递企业在旺季期间全国揽收订单量已经高达日均亿件[①],其既没有义务也没有能力对交寄物品的品质、效用等具体情况进行详细了解。因此,在电商快递中,寄件人与收件人之间约定的检验标准属于出卖人和买受人之间的利益分配,与快递服务主体无关,对其不产生法律约束力。

本书认为,买受人验收权和收件人验收权,无论在检验功能,还是在检验期间、检验内容方面均存在显著的区别。

第一,在检验功能上,买受人验收权是衡量出卖人是否适当履行买卖合同的标杆,而收件人验收权则是确定快递服务主体是否合理地提供快递服务的尺

---

① 参见《双十一快递订单量再创记录,中通、圆通、韵达当日揽收破亿》,载 https://www.jiemian.com/article/5257436.html,最后访问日期:2025 年 3 月 31 日。

度。正是基于功能的不同,买受人验收权所针对的瑕疵,在该货物的风险转让给买受人之时即已存在,至于该瑕疵是买卖合同成立时即已存在,还是买卖合同成立后才出现,在所不问。而收件人验收权所针对的瑕疵,则应当限于快递服务过程中,因快递服务主体的不当行为而发生的瑕疵,如违反操作流程抛扔、踩踏快件所造成的损害。二者在功能上泾渭分明,相互独立。也就是说,若买受人经检验后发现货物不符合合同的约定,且并非因运送行为所致,出卖人应当承担违约责任;若货物的数量和外观与快递运单上的记载相左,快递服务主体则须对货物的短少和毁损等承担赔偿责任。

第二,在检验期间上,买受人验收权的检验期间相对较长。在买卖合同中,关于买卖合同标的物的检验期限首先应尊重当事人的约定,未作约定的,应根据交易性质、目的、方式、标的物种类、检验方法和难易程度等因素,确定检验的合理期间,但该期间不得超过 2 年。买卖双方约定的检验期间短于法律、行政法规规定的检验期间和质量保证期间的,以法定检验期间和保证期间为准。此外,出卖人若故意隐瞒瑕疵的,则检验期间不受上述期间限制。在快递服务合同中,收件人应当进行现场验收。除非存在运单上记载的事前特别约定,收件人或其代理人应当在运单填写的投递地址或约定的其他投递场所,于快递员在场的情况下当面开拆快件,检查内件物品的外观是否完好、数量是否无误以及与快递运单记载是否一致。一旦收件人或其代理人签收,视为快递服务主体已完全、适当地履行了其在快递服务合同项下的寄递义务,即在约定的时间内快速且安全地将快件运至收件人处并获得签收。

第三,在检验内容上,买受人验收权的检验内容范围更广。无论是买受人还是收件人,法律赋予其验收权,旨在判断债务人是否依债之本旨,交付标的物。在买卖合同中,出卖人所交付的标的物必须符合当事人所约定的品质,因此,除却标的物的数量和外观等表面瑕疵之外,买受人对标的物的检验还包括对品质、效能等较为隐蔽的瑕疵的检验。[①] 而在快递服务合同中,快递服务主体须在时限内将快件快速而安全地运至收件人处,因此,收件人验收权所检验的内容主要为快件内物品的数量和外观是否与快递运单上的记载相符,也就是说检验快件是否短少和毁损,不包括物品的品质、效用、价值等与快递服务无关的内容。更为确切地说,收件人只能进行初步验收。收件人在签收快件前,有

---

① 参见林诚二:《民法债编各论(上)》,中国人民大学出版社 2007 年版,第 93—94 页。

权拆开快件包装进行检验,但仅限于对货物的外观和数量的验视,不提供任何形式的体验验货,比如手机不可插卡试用、服装不可试穿、食品不可试尝等。

由此可见,买受人验收权和收件人验收权是两种完全不同的法律权利,在电商快递中,应当尊重此两种验收权的分别独立存在。但在实践中,电子商务经营者往往将二者混淆,以收件人在快递运单上的签收行为拒绝其行使买受人验收权,这无疑剥夺了收件人(买受人)根据买卖合同所享有的同时履行抗辩权,增加了交易的风险。为此,2022 年出台的《最高人民法院关于审理网络消费纠纷案件适用法律若干问题的规定(一)》第 1 条明确规定,电子商务经营者在合同中约定"收货人签收商品即视为认可商品质量符合约定"的格式条款,应当依法认定无效。

三、快件签收的实践与规则设计

(一)签收时间的确定

在整个法律关系中,签收时间点的确定对各方的利益产生举足轻重的影响。签收时间即为快件的交付时间,一旦用户签收快件即认为快递服务主体已将特定物品交付收件人,完成整个快递服务,寄件人和快递服务主体也因此完成相应的法律义务。在传统快递服务中,快递服务主体主要以"面对面"的方式对快件进行投递,并以即时签收的方式完成寄递服务。而智能快件箱的使用使得"面对面"的投递与即时签收的形式被打破,快件的投递与签收之间形成时间差,快件签收时间的确定成为法律上的难点。关于智能快件箱投递模式中签收时间点的确定,主要有两种观点。一是,业内在实际操作中认为快递员将快件投入智能快件箱时,即视为收件人已经签收。二是,收件人自智能快件箱中取出快件视为对快件的签收。第二种观点已被邮政管理部门采纳。两种观点看似差之毫厘,但结果却谬以千里。

本书支持第二种观点,认为快递服务主体在利用智能快件箱进行快件投递时,应当以收件人自智能收件箱中取出快件的时间为签收时间。主要理由如下:其一,快递员将快件投入智能快件箱即视为签收,会导致收件人被强迫收件。在快递服务中,收件人对快件的签收意味着交付的完成,即整个快递服务合同履行完毕。对于使用快递服务的电子商务买卖合同而言,用户签收意味着寄件人(出卖人)已将标的物交付于收件人(买受人),根据相关法律规定,此时标的物因不可归责于双方当事人的事由而发生毁损和灭失的不利益将由收件人(买受人)负担,这毫无疑问增加了收件人的风险。其二,投入智能快件箱即视为签收,会使收件人的验收权化为乌有。检验快件是否完好,是收件人的重要权利之一,未及时检验快件并提出异议,将视为快递服务主体已合理地完成快递服务的初步证据。同样,对于电子商务买卖合同而言,收件人(买受人)签收后除有相反证据外,视为收件人(买受人)已对货物的数量和外观瑕疵进行了检验。这样一来,无疑加重了收件人举证责任上的负担,导致其快件毁损的损害赔偿请求权难以实现。其三,智能快件箱并不处于收件人的实际掌控之中,收件人无法采取有效措施规避快件暂存智能快件箱期间所发生的风险。因此,以投递行为为交付时点的做法,将使收件人承担额外且不可控的风险,在利益衡量上有失妥当。

本书认为,智能快件箱不应成为快件投递与签收之间的物理障碍。快递员将快件投入智能快件箱后,智能快件箱随之生成相应密码并发送至收件人,应当视为快递服务主体发出的取件通知,此时快件仍然处于投递环节。而收件人凭密码等收件凭证打开智能快件箱,并在智能快件箱安装的监控设备下对快件进行实时验收,最终提取快件的行为,才能被确认为快件已经签收,整个快递服务合同至此完结。

(二)签收环节的设计

根据上述分析,为了减少快件签收环节的不必要纷争,应当重新设计快递服务合同中签收的法定内容。其一,将收件人的验收内容定为对快件内件外观和数量的检查。因为,根据现行国家标准,目前快件外包装需要经过塑料包装袋、泡沫棉、胶带等封装,有时很难看出内件是否破损、泄漏或短缺。其二,在快递运单上设计增加二次签收流程。收件人关心的是快件的质量,而快递员关心的是精准投递,两者并不矛盾。最佳的签收模式是投送时,收件人先在"件到"一栏进行签字,然后开拆检视内件,再在"外观完好、数量齐全"一栏进行签字,并最终收取快件。其三,不干预寄件人与收件人之间买卖合同关于验收货物的约定。快递服务主体负责的是货物的运送,而不是货物的生产,只要妥善提供快递服务即可,无需对货物的品质、效用等承担法定义务。国家标准对此不宜作过多规定,而应交予寄件人和收件人自行处理。其四,明确签收的证明效力。由于快递运单上一般会载明物品的数量、种类、规格、型号等基本信息,因此收件人的签字应当被认定为其对快件内件外观和数量的验收,然而这并不能剥夺收件人作为买受人的验收权,收件人有权按照买卖合同的约定在检验期内对货物进行检验,或者在未约定检验期的情形下提出相反证据推翻快递运单上对内件数量和外观瑕疵的签收。

(三)签收制度的实施

快件签收制度是收件人行使验收权的关键步骤,无论快递服务主体采取何种投递模式,都不能减损快递用户应有的基本权利,即依约享受完整的快递服务。随着技术进步,快递服务业已经具备了在多元化投递模式下落实签收制度的可能性。

第一,针对传统"面对面"的投递模式,可以推广 APP 投递软件,用 APP 点击的方式取代传统的现场签字。例如江苏省苏州市下辖昆山市邮政企业开发的"邮政投递 APP",收件人可以在相应的软件 APP 上实现快件的有效签收。[①] 比起现场签字签收,APP 点击签收的方式更能忠实记录快件的移动轨迹,确保快件精准到达,保障收件人本人操作,杜绝快件被"代签""倒签"的现象。

第二,针对使用快递驿站等代理人的投递模式,应当介入代理人快件信息查询系统的算法设计,从本源上防止快件"先签后验"的发生。代理人的场所、信息系统实际上是快递服务主体的延伸,在双方建立合作关系时,完全可以按照法律规范的要求,将快件签收的时间在信息系统内设计为收件人前往代理人场所取件之时。代理人的工作人员应当按照前文所述二次签收的设计思路,在收件人实际取件时,再次对快件扫码录入系统,以保障收件人的验收权。

第三,针对使用智能快件箱的投递模式,应当将收件人从智能快件箱格口取出快件的时间作为快件签收的时间。由于智能快件箱已经完全实现智能化操作,配置深度摄像技术,收件人只要在指定区域内,在监控摄像头的视程内开拆快件,就可以实现自己的验收权。若收件人发现快件存在异常,则可以根据监控摄像头所记录的检验视频,向快递服务主体提出相应请求。

需要注意的是,根据《快递市场管理办法》的规定[②],快递服务主体未经用户同意代为签收快件,或者改变约定的签收方式,擅自使用智能快件箱、快递服务站等方式投递快件,可以被处以最高 3 万元的罚款。

---

① 参见《苏州智慧邮政提升服务水平》,载 https://www.chinanews.com.cn/cj/2014/12-22/6898549.shtml,最后访问日期:2025 年 3 月 31 日。

② 参见《快递市场管理办法》第 54 条的规定。

第五章　快递服务合同的违约救济

第一节　违约损害赔偿

合同一经成立，合同义务即应得到严守。在快递服务合同中，快递服务主体应当秉持债之本旨，合理履行合同义务，因其违约行为所产生的损害，寄件人有权要求其承担损害赔偿之责。在我国快递市场发展的初期，由于缺乏对新生事物的有效制度安排，因快递服务合同履行所产生的纠纷经常发生，在峰值时，2015 年国家邮政局申诉中心收到的快递服务有效申诉案件高达 27.6 万件。[①] 随着快递服务业服务标准化的确立，这一情况已经大为改观，2023 年全国快递服务有效申诉量约为 5.0 万件。[②] 不过，申诉量的下降只能说明在快递服务合同违约之时，各大快递企业已经建立起一套行之有效的纠纷解决机制，而法律规范的缺漏仍然存在。2021 年初武汉快递经营网点与快递员之间的纠纷，引人深思，行业内普遍存在的"以罚代管""层层下压"的赔偿追责机制导致负责投递的快递员工作几个月后，反而倒欠快递企业罚

---

①　参见《2015 年度快递市场监管报告》，载 https://wenku.baidu.com/view/1c6d45dd0912a216147929e9.html?_wkts_=1745158282937，最后访问日期：2025 年 3 月 31 日。

②　2023 年度，第一季度快递服务有效申诉 28705 件，第二季度快递服务有效申诉 6065 件，第三季度快递服务有效申诉 4304 件，第四季度快递服务有效申诉 11081 件，合计 50155 件。参见《国家邮政局关于 2023 年 1 季度邮政业用户申诉情况的通告》，载 https://www.spb.gov.cn/gjyzj/c100015/c100016/202305/3017e986a0884cfa80d2cd4c14b49c7e.shtml，最后访问日期：2025 年 3 月 31 日；《国家邮政局关于 2023 年二季度邮政业用户申诉情况的通告》，载 https://www.spb.gov.cn/gjyzj/c100015/c100016/202308/953036eecb144bc6a12edebce6a8b70d.shtml，最后访问日期：2025 年 3 月 31 日；《国家邮政局关于 2023 年三季度邮政业用户申诉情况的通告》，载 https://www.spb.gov.cn/gjyzj/c100015/c100016/202311/06eeb618a6814689ad947244817314bb.shtml，最后访问日期：2025 年 3 月 31 日；《国家邮政局关于 2023 年四季度邮政业用户申诉情况的通告》，载 https://www.spb.gov.cn/gjyzj/c100015/c100016/202402/4c3199f6285642afae84aae9e237d9ee.shtml，最后访问日期：2025 年 3 月 31 日。

款十余万元。① 在此背景之下,合理划分当事人之间的权利义务责任,实现利益格局的衡平具有重要意义。一方面,快递服务主体承担的义务责任不宜过重,尤其是在损害赔偿方面,过于宽泛的赔偿事由以及过高的赔偿额度可能导致其面临不堪重负的经济压力,最终成为行业发展的绊脚石。另一方面,寄件人、收件人的权益保障也应当引起重视,如果采取片面注重行业发展的价值取向,寄件人、收件人的权益势必受到严重限制和减损,这与民法奉行的公平原则背道而驰,也会打击寄件人、收件人对快递服务的信心,最终形成两败俱伤的"双输"局面。基于此,快递服务领域规范设计应当妥善处理好不同主体的利益关系,寻求各方都能接受的"最大公约数",使各方权利、义务与责任得到合理、妥善地配置。

一、快递服务合同的违约类型

从相关统计数据可以得出②,我国快递服务主体的违约行为主要分为快件丢失及短少、快件迟延、快件毁损、快递服务的瑕疵履行、附随义务的违反、快递增值服务的违反六大类型。

第一,快件丢失及短少。快件丢失、短少,是指在寄递过程中,快件全部丢失或快件内件部分丢失的情形。在快递服务合同中,快递服务主体应当尽到合理的注意义务,保证快件的数量、重量与快递运单等书面形式的记载相符合,如违反则应承担相应的违约责任。具体而言,在单一快件丢失时,快递服务主体在客观上已丧失了继续履行的能力,该合同陷入履行不能的境地,原给付请求

---

① 2021 年 2 月,武汉鲁先生称,其承包了汉阳区域某网点两个片区的申通快递、圆通速递、韵达速递的投递服务,后因网点转让而与老板进行清账。鲁先生称其送了 7 个月快递,却倒欠网点近 12 万元。他认为,网点给他们的账单中,有许多罚款由"让人无法接受"。数十位快递员一共倒欠网点 100 多万元。相关省区公司核查账单后表示账目问题不大,武汉市邮政管理局工作人员称,已责成相关省区公司进一步核查此事。参见《武汉数十位快递员倒欠网点 100 多万 邮管局:已责成省区公司核查》,载 https://news.hexun.com/2021-02-06/202988003.html,最后访问日期:2025 年 3 月 31 日。

② 国家邮政局邮政业申诉服务平台将快递服务申诉原因划分为七类,包括延误、丢失短少、损毁、收寄服务、投递服务、费用争议、其他。参见 https://sswz.spb.gov.cn/portal/appeal(登录后可查看),最后访问日期:2025 年 3 月 31 日。以 2023 年第四季度快递用户申诉情况为例,各类申诉问题在快递服务有效申诉量中的占比情况如下:丢失短少占比 36.39%,投递服务占比 27.49%,损毁占比 18.64%,延误占比 14.94%,收寄服务占比 1.75%,违规收费占比 0.32%,其他占比 0.47%。参见《国家邮政局关于 2023 年四季度邮政业用户申诉情况的通告》,载 https://www.spb.gov.cn/gjyzj/c100015/c100016/202402/4c3199f6285642afae84aae9e237d9ee.shtml,最后访问日期:2025 年 3 月 31 日。

权因而被排除,寄件人不得要求快递服务主体继续履行该合同。与此同时,该违约行为构成根本违约,寄件人可依据《民法典》第 563 条的规定要求解除快递服务合同,并要求快递服务主体对其违约行为承担相应的损害赔偿责任。根本违约是指导致合同目的落空的重大违约行为,这一概念源自英国合同法,并对我国民事立法产生一定的影响。① 快件的丢失使得运送的标的在物理层面不复存在,导致快件空间位置的变动无法实现,这直接使得合同的履行难以为继,因此,允许寄件人解除合同,并寻求违约救济便成为保障其权益的应有之义。在发生快件短少时,需根据该违约行为对合同目的实现的影响程度进行区分。当快件的短少导致整个给付行为与合同目的相悖之时,那么该违约行为构成完全的给付不能,寄件人亦可按照快件丢失进行同样主张;而当快件的短少并未致使快递服务合同的目的落空之时,该违约行为属于部分给付不能,寄件人则只能请求快递服务主体继续完成快件的寄递服务,而对无法履行的部分主张其承担相应的损害赔偿责任。

第二,快件迟延。快件迟延,是指快件首次投递的时间超出快递服务合同约定的快递服务履行期限。时效性是快递服务合同的基本特征之一,一旦快递服务主体未能在约定的时限内投递快件,即构成对合同的迟延履行。迟延履行须满足下列要件:首先,快递服务主体与寄件人之间须存在有效订立并业已发生效力的快递服务合同;其次,快递服务的提供须具有客观可能性,当快件毁损灭失而导致该合同陷入履行不能时,即便超过合同约定的履行期限也不能认定为迟延履行;最后,迟延履行行为不具有正当性,当存在不可抗力等免责事由时,纵然快件未在约定的时间内送达目的地,其行为也不属于迟延履行的范畴。对于迟延履行而言,须区分不同情形加以处理:在一般迟延的情形下,因快递服务尚存在履行的可能性,快递用户可以请求快递服务主体继续履行债务,完成快递服务,并对因迟延履行造成的损失承担赔偿责任。② 根据《快递服务 第 3 部分:服务环节》国家标准的规定,除合同特殊约定之外,因履行迟延产生的迟延赔偿为免除本次快递服务的费用。③ 当然,如果快递迟延已经导致快递服务合同所承载的合同目的落空,那么,该迟延行为则构成根本违约。根据《民法典》第 563 条的规定,寄件人享有法定的解除权,彻底摆脱合同对其利益的不当

---

① 参见韩世远:《合同法总论(第四版)》,法律出版社 2018 年版,第 663—664 页。

② 参见韩世远:《履行迟延的理论问题》,载《清华大学学报(哲学社会科学版)》2002 年第 4 期。

③ 参见《快递服务 第 3 部分:服务环节》国家标准附录 A 第 A.2.2 条的规定。

束缚,并可主张填补赔偿以替代本来的履行行为。为了简便地判断快件迟延是否构成根本违约,可以援引《快递服务 第 3 部分:服务环节》国家标准有关彻底延误时限的规定,同城快件为 3 个日历天,省内异地和省际快件为 7 个日历天,从约定的快递服务履行期限到达之日起计算。①

第三,快件毁损。快件毁损,是指在寄递过程中,快件破损或毁坏致使快件失去全部价值或部分价值,包括全部毁损和部分毁损。快递服务由收寄、分拣、运输和投递等多个环节组成,快递服务主体在服务的各个环节均应尽到合理的注意义务,封装变形、野蛮分拣、运输不当、派送错误等任一环节的操作失误,都会导致快件的毁损。当发生快件毁损之时,如寄递物品已经完全丧失了其客观功能与价值,即属快递服务标的物的灭失,快递服务主体的违约行为构成完全的给付不能,与快件丢失相同,寄件人可以要求解除快递服务合同并主张违约损害赔偿。值得注意的是,这里所称的快件毁损,并非完全等同于物理意义上的毁损,而须结合社会一般观念和交易习惯加以确定。当快件完全丧失其预定功能与财产价值,纵然其存在修复的可能性,但修复所花费的成本与其原有价值之间明显不成比例时,也应当认定为快件毁损之成立,进而适用履行不能的相关规则。如快件的毁损并未致使快件的客观价值完全灭失,合同目的的实现仍具可能性时,快递服务主体的违约行为则属于债务的不完全履行,寄件人可以要求快递服务主体继续履行债务,并要求赔偿因违约行为所产生的损害。

第四,快递服务的瑕疵履行。快递服务的瑕疵履行是指快递服务主体在提供快递服务的过程中并未完全履行自身的合同义务,致使服务质量并未到达合同约定或行业通行的标准。有别于快件丢失、毁损等情形,快递服务的瑕疵履行并不会导致寄件人、收件人等主体之财产权益的直接减损,其对相关主体利益格局的影响主要作用于非物质性权益的层面,此种损害同样满足规范层面可救济性的要求。对于服务瑕疵的判断,须遵循如下标准:在双方当事人存在明确约定的情况下,以双方的约定为基准,例如,快递服务合同对信息告知、服务用语等有着明确的规定,应当以此作为服务瑕疵的判断基准。在欠缺明确约定的前提下,则应当采取行业标准的立场,以快递服务领域行业的平均水准作为判断快递服务主体行为合法性与否的尺度,该基准的具体化,一方面须参考国家或行业制定的操作规范,如《快递服务》国家标准,另一方面也应当考虑快递

---

① 参见《快递服务 第 3 部分:服务环节》国家标准第 5.4.8 条的规定。

服务领域的实际操作水准,如"快递向西向下"时遇到的实际问题,综合考虑方能最终确定。该种违约行为具体包括:其一,服务质量欠佳。例如,快递服务主体并未按照要求在经营场所对服务类型、收费标准、联系方式等进行公示,对寄件人、收件人的咨询、投诉等并未在规定时间内予以答复。此外,快递员的服务态度问题亦可能导致服务质量未达标准,当其用语粗鲁、态度烦躁,没有耐心细致地解答寄件人、收件人提出的相关问题,甚至与之发生言语、肢体冲突,此时,快递服务主体须向寄件人承担相应的违约责任。其二,不按名址投递。快递服务主体须按照快递运单所载明的地址和约定的方式投递快件,这是其应当履行的合同主给付义务,擅自变更投递地址或投递方式的行为构成对合同义务的违反,将导致违约救济机制的触发。在实践中,此种情形主要表现为快递服务主体未经收件人同意将快件投递至末端网点,或将其置于智能快件箱中,要求收件人自行前往并领取快件。对此,收件人可以要求快递服务主体取回快件并另行提供投递服务,由此产生的快件迟延,快递服务主体须承担额外的损害赔偿责任。

第五,附随义务的违反。附随义务是指在债的关系发展过程中,依据诚实信用原则,当事人负担的义务,包括通知、保护、协助、保密等义务。[①] 为了促进快递服务的实现,维护当事人和利益第三人的合法权益,快递服务合同中亦产生了相应的附随义务,其中最为重要的是用户信息保护义务。在快递服务合同中,因寄递的客观需要,寄件人必须在快递运单等书面合同上明确寄件人与收件人的名址、个人联系方式、交寄物品品名等信息,此类信息因具有可识别性而构成用户个人信息。依据诚实信用原则,快递服务主体必须通过合理的方式,对寄件人、收件人和交寄物品的信息进行收集、处理与存储,并采取相应的保密措施。[②] 因快递服务主体的过错导致用户个人信息泄露的,则构成对附随义务的违反。此时,如果因用户个人信息的泄露而带来履行利益以外的其他损害的,即构成所谓的加害给付。基于此,寄件人可以要求快递服务主体对该加害给付之违约行为承担相应的损害赔偿责任。值得注意的是,附随义务具有辅助履行利益实现与保障固有利益的双重功能[③],不同类型附随义务的违反可能

---

① 参见王卫国主编:《民法(第二版)》,中国政法大学出版社 2012 年版,第 298 页。

② 参见郑佳宁:《快递实名收寄制下用户个人信息的法律保护》,载《湖北社会科学》2016 年第6 期。

③ 参见韩世远:《合同法总论(第四版)》,法律出版社 2018 年版,第 555—556 页。

带来不同的法律效果。当快递服务主体违反的附随义务旨在辅助履行利益实现时,其行为构成瑕疵履行,损害赔偿请求权的主张在一定程度上具有替代给付的功能,当快递服务主体的行为构成根本违约时,寄件人亦可行使法定解除权。当违反的附随义务旨在保障固有利益时,该行为的违反仅发生简单损害赔偿请求权的法律效果,原则上并不产生合同解除的问题。

第六,快递增值服务的违反。快递增值服务,相对于快递服务主体所提供的基础寄递服务,是指快递服务主体为满足用户多样化需求而开发的具有较高附加值的服务产品。快递增值服务给予寄件人充分的自主选择权,拓展其拣选服务的范围与空间,如快递服务的履约顺序、赔偿限额、清偿方式等。2023 年发布的《快递服务 第 1 部分:基本术语》国家标准规定的四种常见的快递增值服务为代收货款、签单返还、逆向快递、保价快递。[1] 实践中,快递服务主体开展的快递增值服务还包括收件人付费、签收短信提醒、虚拟地址、特殊时段、包装入仓、礼品礼仪等类型。就法律属性而言,快递增值服务是快递服务合同的特别约定条款,其所确定的权利义务应当被当事人遵守,当快递增值服务的相关内容与快递基础服务发生冲突时,应当以前者的约定作为确定责任承担的依据。例如,在快递服务合同中,支付费用的义务一般由寄件人承担,而收件人付费服务的引入使得该义务由收件人承担,此时,须排除一般条款的适用,以收件人付费服务为基准确定各方的权利义务关系。同时,快递增值服务的引入在一定程度上改变了快递服务合同的面貌,使之朝着混合合同的方向发展,该合同兼具快递服务、委托、保价、仓储等多种属性,因此,须结合上述有名合同的内容确定合同当事人的违约责任。

二、快递服务合同的违约损害赔偿请求权

在快递服务合同中,当快件出现毁损、灭失等情形时,寄件人既可基于合同的请求权基础向快递服务主体主张违约损害赔偿请求权,又可基于所有权人的身份向快递服务主体主张侵权损害赔偿请求权,此时,便产生请求权竞合的情形,须妥善处理两者之间的关系。对此,我国采取请求权竞合说的基本立场,原则上,寄件人可以根据自身掌握的证据材料,从中选择其一作为主张权利的依据。

---

[1]　参见《快递服务 第 1 部分:基本术语》国家标准第 5.5 条的规定。

　　然而,在具体运用至快递服务法律关系当中之时,违约损害赔偿请求权与侵权损害赔偿请求权之间存在不少区别,主要体现在:第一,过错的认定不同。我国民法对违约责任采取的是严格责任的归责原则,当行为人违反合同约定且不存在法定或约定的免责事由时,无论其在主观上是否存在过错,均应当向对方承担违约责任,快递服务合同亦不例外。而就侵权责任而言,快件的毁损、灭失适用侵权责任一般条款的规定,过错是必不可少的构成要件之一,只有当快递服务主体应当预见而没有预见损害结果的发生,或者积极追求、放任损害结果发生时,其才需要向寄件人承担损害赔偿责任。第二,对所有权归属的要求不同。在违约责任中,快递服务主体承担责任的前提为双方之间存在有效订立的快递服务合同,而快件所有权的归属对于责任承担并无显著的规范意义,无论寄件人是否对快件享有所有权,其均可基于合同的相关条款要求快递服务主体赔偿损失。而侵权责任与之不同,其有效成立须以民事权益被侵犯为前提,因此,确定所有权归属便成为责任成立的重要前提。当寄件人为所有权人时,侵权责任的成立自不待言,反之,若寄件人仅为承租人或使用人时,侵权责任的成立便缺乏坚实的基础。第三,弹性空间不同。对于违约责任而言,快递服务主体和寄件人可以在事先对赔偿范围、免责事项、赔偿方式等事项作出约定,在不违反法律、行政法规强制性规定的前提下,上述约定对双方当事人均具有约束力,并对违约责任的最终承担产生重要影响。而侵权责任弹性空间相对较弱,其带有强烈的法定性色彩,通常而言,快递服务主体与寄件人难以通过事先约定的方式就赔偿范围及方式作出自主安排。

　　值得注意的是,快递服务的提供过程往往伴随着快件所有权的变动,这使得上述问题呈现出进一步复杂化的趋势。具体情形包括:其一,赴偿之债。此时,快件的交付地点为收件人所在地,寄件人使用快递服务的行为则是其履行基础法律关系之主给付义务的重要环节。因此,所有权的变动在收件人签收这一时点完成,在整个快递服务提供过程中,快件所有权仍然归属于寄件人,一旦发生快件毁损、灭失等情事,其可以基于侵权责任主张权利。其二,往取之债。在此情形下,快件的交付地点为寄件人所在地,其并不负担运送快件的义务。因此,在快递服务的提供过程中,快件所有权已经移转至收件人处,与此相对应,侵权损害赔偿请求权亦应由收件人主张,寄件人不得行使该项权利。其三,送付之债。此时,寄件人只负担发送快件的义务,而并无运送的义务,货交第一承运人便意味着交付行为完成,从而实现所有权由寄件人向收件人的移转。因此,对于快递服务中的收寄环节而言,寄件人仍居于所有权人的地位,得主张侵权损害赔偿请求权;而在分拣、运送、投递等环节中,所有权已经移转至收件人,因此,侵权损害赔偿请求权也应由收件人主张。

通过上述分析,本书主张对快递服务领域中侵权责任的适用予以适度限制。一方面,损害赔偿权利人复杂多变,并不利于快递服务主体稳定预期的形成。在不同交付模式下,损害赔偿请求权人不尽相同,或为寄件人,或为收件人。该主体的确定完全取决于双方之间基础法律关系对交付模式的约定,快递服务主体对此无从知晓,这在一定程度上使得损害赔偿过程复杂化,大大增加了快递服务主体处理相关赔偿请求时的难度。另一方面,在往取之债、送付之债等情形下,侵权损害赔偿请求权人多为收件人,而违约损害赔偿请求权人却为寄件人,这使得规范在同一事项上出现了评价相互冲突的现象,必须加以有效解决。

综上所述,本书认为,在损害发生时快件所有权仍然归属寄件人的情形下,请求权竞合得以有效成立,寄件人可以从侵权责任、违约责任中择一主张权利。而当快件所有权归属收件人时,应当排除其所享有的侵权损害赔偿请求权,仅允许寄件人主张违约损害赔偿请求权,以实现不同请求权基础在规范评价上的统一性。至于收件人能否主张违约损害赔偿请求权,还须进行进一步的探讨。

在快递服务合同中,收件人既可能与寄件人为同一主体,亦可能二者相分离。在收件人与寄件人不一致的情形下,便会产生收件人在快递服务合同中地位的界定。正如前文所述,此时,收件人为快递服务合同的利益第三人。民法上的主体具有自由之意志,只有其以意思表示的方式同意受领该利益之时,合同中的约定方对第三人有效。因此,在快递服务合同中,收件人作为利益第三人,需要对快件作出受领的意思表示,当快递服务主体向其发出签收快件通知时,收件人可以明确告知同意接受,也可以以直接签收快件为默示表示。如果收件人同意受领快递服务合同中的利益,那么,在快递服务主体未能适当履行债务之时,作为利益第三人的收件人是否享有独立请求权,则成为需要解决的重要问题。对此,学界形成了两种观点:一是认为基于对收件人利益的保护,应当赋予收件人对快递服务主体独立的请求权;二是认为收件人并非快递服务合同的主体,应当坚持合同相对性的基本原理,不赋予其独立请求权。[1]

---

[1]　参见周洋:《快递行业消费者权益定位与法律救济》,载《重庆社会科学》2012 年第 8 期;贾玉平:《网购快件丢失毁损时消费者权利救济途径》,载《中国流通经济》2015 年第 2 期。

本书认为,快递服务合同中的收件人作为利益第三人,享有独立请求权,但是该独立请求权的行使应受到一定的限制。详言之,只有当寄件人不行使或者怠于行使基于快递服务合同所产生的请求权时,收件人作为利益第三人才享有独立请求权。这是因为,一方面,按照合同相对性原则,合同之债所约束的主体只限于当事人双方,而无法扩至合同以外的第三人,除非有更值得保护的利益,否则不能随意突破该限制。在快递服务合同中,收件人的利益完全可以通过寄件人行使违约损害赔偿请求权来间接实现,所以,只有当寄件人不行使请求权,导致收件人利益无从维护之时,方可赋予其独立请求权。另一方面,收件人只有在接收签收通知并表示同意后,方可成为快递服务合同的利益第三人。那么,如果快件在收寄、分拣和运输环节中发生丢失和彻底毁损时,快递服务主体的违约行为已经构成完全给付不能,快件投递环节的签收程序也就不存在。此时,快递服务合同的利益并未为收件人所同意,如果当然地认为收件人具有独立请求权,不免自相矛盾。因此,本书认为,快递服务合同收件人的独立请求权应当源自法律的拟制,即当寄件人不行使或怠于行使请求权之时,法律为保护利益第三人的利益,而将寄件人基于快递服务合同所产生的请求权移转至收件人,收件人此时方可获取对快递服务主体的独立请求权。

三、快递服务合同违约损害的限额赔偿

违约责任一经成立,违约人则须向受害人承担损害赔偿之责。在快递服务合同违约损害赔偿中,限额赔偿是其不同于一般合同的重要特征。所谓合同违约限额赔偿,是指通过法律规范,以强制性的方式明确规定违约损害赔偿的最高赔偿额度,并以此为标准确定最终的损害赔偿,即使实际损失超过该限度,仍以该限额为最高赔偿额度。[①] 关于该定义,需要从两个角度予以进一步说明:其一,在合同违约限额赔偿中,核心要素无疑是最高赔偿额度,最高赔偿额度的确定须满足合理性要素,一般以通常损害为标准确定之。其二,此处所指之限额赔偿,属违约损害中的损害赔偿,而非侵权损害中的损害赔偿。前者主要是为了解决违约人对损害的预见不明,后者主要是为了缓解危险责任中的损害赔偿责任。本书认为,当快递服务主体的违约行为是因一般过失所引起之时,其对所导致的损害赔偿应当承担限额赔偿责任。

---

① 参见雷涛:《限额赔偿的正当性基础及适用规制》,载《甘肃政法学院学报》2015 年第 5 期。

对于快递服务合同中的限额赔偿,应当将其区别于《邮政法》规定的邮件限额赔偿,即快递服务合同并不适用《邮政法》关于邮件限额赔偿的相关规定。针对邮政普遍服务,《邮政法》区分平常邮件和给据邮件,并设置了不同的赔偿规则。① 其中,平常邮件在收寄环节无须予以登记,在投递环节无须签收,与此相对应,邮政企业责任承担限度更低,原则上,其不承担损害赔偿责任,不就邮件毁损灭失等事项负责,但其存在故意或者重大过失的情形除外。而给据邮件的处理流程则较为复杂,需要予以登记核验,并设置统一编号,录入邮件管理系统,且在投递环节要求收件人签收查验。因此,邮政企业承担的责任相对较重,在该邮件并未保价的情形下,邮政企业以所收取资费的 3 倍为限承担违约责任。本书认为,《邮政法》的相关规定对于快递服务合同而言并无适用的余地。原因在于,上述规则仅适用于邮政普遍服务。因此,有必要在快递服务领域引入专门的限额赔偿机制,其法理依据在于:

第一,快递服务合同违约中的限额赔偿是对民法公平原则的有益彰显。公平是我国民法的基本原则之一,其宣示了法的一般价值,为民事主体提供以私法正义为支撑的环境与舞台。公平原则以各得其所、各得所值为核心内容,体现在交换、归属、分配、矫正正义等方面②,要求权利义务的配置须相适应、相匹配,契合社会公众的道德观念。对于快递服务而言,其流程复杂多样,从最初的快件收寄到最终的投递完成,每一环节均面临着多种多样、难以完全掌控的风险,这些风险均可能对合同的正常履行构成挑战。而当前的快递服务费通常为5 元至 20 元不等,较之于快件价值和其中的风险而言,两者之间明显存在不匹配的情况。与此同时,服务费用价格往往依据物品尺寸、种类、重量等因素加以确定,与快件的真实价值之间并无必然联系,在这样的情况下,如果采取完全赔偿的立场,势必出现快递服务主体收取之费用与赔偿范围极不相称的情形。因此,从公平原则出发,应当将相关损失在快递服务主体与寄件人、收件人之间进行合理配置,要求双方均在合理范围内分担部分损失,避免一方完全承担损失而导致的利益失衡格局。在规范操作层面,则需要对完全赔偿原则进行适度的修正,在快递服务领域引入限额赔偿规则,合理分配合同履行过程中的风险,筑牢损害赔偿的公平基础。

第二,快递服务合同违约中的限额赔偿符合可预见性规则的要求。可预见

---

① 参见《邮政法》第 46 条、第 47 条的规定。

② 参见易军:《民法公平原则新诠》,载《法学家》2012 年第 4 期。

性规则是指合同违约方所应承担的损害赔偿责任不得超出其在订立合同时预见到的或者应当预见的损害范围。① 在快递服务合同中,由于时效性、便利性和寄递物品的多样性,快递服务主体往往处于快件信息劣势地位,无法精准地获知快件的真实价值和目的等。质言之,依据一般的理性人标准,快递服务主体无法预见寄件人、收件人因违约行为而遭遇的损失和所失利益。因此,完全损害赔偿也就失去了填补损害的基础,而适用限额赔偿则更有利于平衡快递服务主体与用户之间的利益冲突。与此同时,寄件人在通常情况下系快件的所有人或实际使用人,对其实际价值、性质特点、注意事项等有着更为深入全面的了解,这一信息优势使其能够采取有效措施尽可能防范和避免损害情事的发生,将相关风险降低至可控的范围。② 当需要寄递的物品价值高昂时,寄件人可以采用保价服务的方式,向快递服务主体额外支付保价费用,由此获得更高的赔偿额度,完成限定赔偿向完全赔偿的再次回归,从而为其权益实现提供更为有力的保障。

限额赔偿的适用在运输等相关领域已成为通行做法,快递服务可以参照适用其做法。运输合同同样面临种类繁多、难以完全把控的风险,为合理配置上述风险、平衡各方利益,该领域普遍适用限额赔偿规则。首先,在国际航空运输领域,《统一国际航空运输某些规则的公约》(1999 年签订于蒙特利尔)区分人员、行李和货物,设置了不同的赔偿限额,其中,针对人员延误造成的损失,承运人的责任限额为 4150 特别提款权,行李毁灭、遗失、损坏或者延误造成的损失,承运人的责任限额为每名旅客 1000 特别提款权,货物毁灭、遗失、损坏或者延误造成的损失,赔偿限额为每公斤 17 特别提款权。③ 其次,在海上运输领域,《海牙规则》和《维斯比规则》同样引入了限额赔偿规则。在《海牙规则》中,货物运输的赔偿上限为每件或每计费单位 100 英镑,但托运人事先作出价值声明并在提单中加以标注者不受此限。④ 而《维斯比规则》则采取双重标准确定赔偿限额,承运人的责任范围以每件 10000 法郎或每公斤 30 法郎中较高者为基准。⑤《中华人民共和国海商法》亦采取限额赔偿的立场,并采取货物件

---

① 参见李永军:《合同法(第四版)》,中国人民大学出版社 2016 年版,第 230 页。

② 参见孙良国:《快递物品毁损的限额赔偿论》,载《当代法学》2021 年第 1 期。

③ 参见《统一国际航空运输某些规则的公约》第 22 条第 1 项、第 2 项、第 3 项的规定。

④ 参见《统一提单的若干法律规则的国际公约》第 4 条第 5 项的规定。

⑤ 参见《1968 年布鲁塞尔有关修改 1924 年 8 月 25 日在布鲁塞尔签订的统一提单的若干法律规则的国际公约的议定书》第 2 条第(a)项的规定。

数、货物毛重的双重基准确定赔偿限额。① 最后,在铁路运输领域,《中华人民共和国铁路法》(以下简称《铁路法》)区分保价运输和非保价运输,设置了不同的规则。就保价运输而言,承运人虽然须就实际损失全部承担赔偿责任,但赔偿范围不得超过保价额。就非保价运输而言,承运人也须按照实际损失赔偿,但赔偿范围不超过国务院铁路主管部门规定的赔偿限额。② 综上,在航空、海运、铁路运输等诸多领域,限额赔偿规则均广泛存在,发挥了重要作用,该规则已成为运输行业的通行做法。基于运输合同与快递服务合同在给付义务、履约环节、所涉风险等方面的相似性,限额赔偿规则也应适用于快递服务领域,从而合理配置相关风险,助力行业健康持续发展。

　　当前,快递服务合同中关于违约损害赔偿的约定,一般均采用限额赔偿。③ 实践中,对赔偿限额的约定主要有两种类型:一是约定赔偿限额的具体计算方法;二是直接确定损害赔偿的最高赔偿额度。第一种类型主要是以快递服务费用为基准,对因快件的短少、毁损和灭失等所引发的违约损害,赔偿一定倍数的快递服务费用。在该类型中,具体又有两种处理方法。一种以区分普通用户和协议用户为基础,确定不同的倍数标准。以顺丰速运为例,顺丰速运将月结用户作为协议用户,非月结用户作为普通用户。对于月结用户,快递服务合同损害赔偿的金额限定在 9 倍服务费的限额内;而非月结用户,则限定在 7 倍服务费的限额内。另一种是不对快递用户的类型进行区分,而统括性地适用统一的服务费倍数标准。例如,全峰快递在快递服务合同中约定,因其过失而导致快件短少、丢失、毁损和灭失的,统一适用 5 倍快递服务费用的最高赔偿额度。第二种类型的限额赔偿,则是以通常情况下某类快件的正常价值为基准,直接约定具体的最高赔偿额度。这主要以圆通速递为代表,圆通速递一般在快递服务合同中约定,当快件发生短少丢失、毁损和灭失的,物品快件的最高赔偿限额为每票 300 元,文件快件的最高赔偿限额为每票 100 元。本书认为,相对于第一种类型限额赔偿的约定,第二种类型更为合理。这是因为,影响快递服务费用的因素主要为快件的重量、寄递距离和寄递方式,而上述因素与快件的真实价值之间并不相关,故以快递服务费用作为计算基准无法在实际损

---

① 参见《海商法》第 56 条第 1 款的规定。
② 参见《铁路法》第 17 条第 1 款的规定。
③ 笔者通过对顺丰速运、申通快递、中通快递、圆通速递、韵达速递、全峰快递、天天快递、如风达快递八家市场上主要的快递企业的快递运单的搜集与整理,发现快递运单中均采用了限额赔偿条款。

失和赔偿限额之间建立起可靠的联系,反而会导致赔偿标准的不一致,有失公允。相反,第二种类型通过结合不同快件的种类和各类快件在通常情形下的价值,确定统一的最高赔偿额度,能够更为合理地实现对同类快件以同样的标准进行赔偿,更具合理性。

但是,需要注意的是,正如前文所述,快递服务合同中的限额赔偿仅限于违约行为系因一般过失而引起的情形。如果快件损害是快递服务主体故意或者重大过失造成的,则其依然须承担完全赔偿责任。所谓故意,是指明知和能预见其不良结果,希望或放任该结果发生的心理状态。① 与之相应,快递服务合同中的故意,是指快递服务主体能够预见自己的行为将使快件无法圆满送达收件人,但仍然希望或者放任这种不利结果的发生。例如,在寄递过程中快递员盗取、贩卖快件;又如,快递服务主体因企业内部纠纷拒绝派送快件等。所谓重大过失,是指未尽一般理性人之注意。② 据此,快递服务合同中的重大过失,是指快递服务主体在寄递过程中未尽到一般理性人应有的注意。主要包括:在收寄环节未对易碎物品进行标识;在分拣环节对快件进行暴力分拣;在运输环节未依照约定的路线和方式进行运输;在投递环节未认真核实签收人身份等。在以上情形中,之所以遵循完全赔偿原则,而排除限额赔偿的适用,是因为在故意和重大过失情形中,快递服务主体的主观责难性较高,法律必须对此给予强制性的否定性评价和制裁,以从根本上对快递服务主体起到约束、惩罚的功效。

此外,合同以意思自治为其根本理念,该理念贯穿合同订立、合同实现以及合同救济的整个过程。基于此,在快递服务合同中,快递服务主体与寄件人可以通过特殊约定来明确违约责任的承担,以排除限额赔偿规则的适用。该特殊约定在快递服务合同中,主要是指快递保价服务。快递保价服务是指在订立合同之时,由寄件人向快递服务主体声明快件价值,并依约支付一定额度的保价费用,当快件发生损害时,在声明价值真实的情况下,快递服务主体按照约定的保价规则赔偿寄件人相应的损失。快递服务主体与寄件人之间约定保价赔偿的,应当在订立快递服务合同时向寄件人进行合理的说明,如实告知寄件人保价费用计算标准、免责条款、最高保价限额等相关信息。寄件人则应向快递服务主体提供真实的声明价值以及交纳额外的保价费用,寄件人的声明价值将会直接构成该保价快件损害赔偿的基础。

---

① 参见江平主编:《民法学(第三版)》,中国政法大学出版社 2015 年版,第 500 页。
② 参见曾世雄:《损害赔偿法原理》,中国政法大学出版社 2001 年版,第 82 页。

四、快递服务合同违约责任的免责事由

法律责任本质上是行为人对义务违反与背离时,法律所给予的制裁。[①] 因此,在快递服务合同中,判断债务人是否承担违约责任的基础是其行为是否违反了约定或法定的义务。换言之,在合同履行过程中,并非所有的履行障碍,快递服务主体均须一概承担违约责任。当出现免责事由时,快递服务主体则无需承担违约责任,所谓免责事由,是指法律明文规定的对其不履行合同不承担违约责任的条件。免责事由具有妥善实现风险配置、维持双方利益格局公平的重要功能,在《民法典》实行严格责任归责原则的大背景下,该制度的意义和作用进一步凸显。严格责任的引入在一定程度上扩张了违约责任的适用范围,使得违约方的责任负担明显加重,而免责事由恰恰发挥着违法性阻却要件的重要作用,适度缩小违约责任的适用范围,从而使得合同双方的利益关系重新回归衡平的局面。免责事由具有如下特征:其一,法定性。免责事由系法律明确规定的,不为当事人的意志所左右,无论其意愿如何,免责事由均发生法律效力,产生违约责任免除、减轻的规范效果,当事人不得排除、限制免责事由的适用。免责事由的法定性使之与免责条款相区分,对于后者而言,只有当事人明确作出约定的情形下,免责条款才发生相应的法律效力。其二,免责性。免责事由的援引具有部分或全部免除违约方相应民事责任的法律效果。纵然相关主体存在违约行为并对相对方造成一定的损害,其行为在规范层面仍然被认定为合法,相对方不得要求相关主体承担继续履行、赔偿损失、采取补救措施等违约责任。快递服务合同中的法定免责事由,可以参照《民法典》关于货运合同的相关规定,主要包括以下三项:不可抗力、寄递物品本身的自然性质、寄件人或收件人的过错。[②]

不可抗力,是指不能预见、不可避免并且不能克服的客观情况。[③] 该项免责事由,目前已被 2023 年修订的《快递市场管理办法》所采纳。[④] 具体而言,不可抗力是不受合同当事人意志所左右的客观事实,此类客观事实是债务人在缔

---

① 参见〔奥地利〕凯尔森:《法与国家的一般理论》,沈宗灵译,中国大百科全书出版社 1996 年版,第 73 页。

② 参见《民法典》第 832 条的规定。

③ 参见杨立新:《合同法》,北京大学出版社 2013 年版,第 352—353 页。

④ 参见《快递市场管理办法》第 26 条的规定。

约时无法合理预见到的客观情况,并且这种情况的发生具有必然性,不能避免与克服。例如,因自然原因引发的洪涝灾害、台风、地震等;因社会因素所造成的战争状态、军事行动等。此类客观情况的发生,都会对快递服务合同的履行造成无法避免与克服的客观障碍。在快递服务合同中,因不可抗力而产生的履行障碍,无法归责于快递服务主体,这是因为:其一,违约责任的成立须以违约行为的存在为前提,不可抗力的出现导致快递服务合同履行发生障碍,可推翻对违约行为的推定,即不存在债务人的违约行为,故不成立违约责任。其二,在不可抗力导致合同履行发生障碍时,债务人不具有主观上的过错,同时,快递服务主体的收寄、分拣、运输和投递等行为与履行障碍之间亦不存在因果关系,故而足以否定违约责任的构成。但是,如果不可抗力是在快递服务主体履行迟延后发生,不能免除其违约责任。此外,这里需要特别指出的是,虽然对因不可抗力所产生的履行障碍,快递服务主体无需承担违约责任,但是,快递服务主体负有及时通知寄件人和收件人的义务。如果快递服务主体因自身原因没有通知或怠于通知的,并因此导致损害结果扩大的,其应当就扩大的损害后果承担违约责任。值得注意的是,在实践中,快递服务主体往往与寄件人在合同中另行约定不可抗力条款,这与法定层面上的不可抗力免责存在较大的区别。前者系合同条款的组成部分,其效力根源在于双方当事人之间的意思表示,且其范围确定较为宽松,纵然相关事项并不完全符合不能预见性、不可避免性、不能克服性的要求[1],亦可纳入该条款的调整范畴之中,发生相应的法律效力。而后者系合同法对双方权利义务关系作出的法定安排,其范围较为明确固定,无法通过当事人意志加以扩大或缩小,法定层面不可抗力的认定须同时满足上述"三性"的要求。

寄递物品本身的自然性质,是指寄递物品特殊的物理或化学属性致使其在寄递过程中产生不可避免的损耗,包括热变性、易腐性、挥发性等。这一免责条件的理论根据主要是衡平思想,即平衡快递服务主体与寄件人和收件人之间的利益关系,妥善协调不同利益主体之间的矛盾与冲突,形成在价值判断上具有妥当性的规范结论。寄递物品本身的自然性质,是物品自身所具有的客观风险,在一般情形下,是快递服务提供者所无法克服与避免的。因此,如果将此类风险强加于快递服务主体身上,无疑有失公允。较之于快递服务主体,作为寄

---

[1]　参见崔建远:《不可抗力条款及其解释》,载《环球法律评论》2019 年第 1 期。

递物品控制者的寄件人,对寄递物品本身所带来的风险具有更强的防范能力,其可以选择更为稳妥的方式将该物品运至收件人处。既然寄件人选择了以快件服务的方式运送该物品,即意味着寄件人自愿承担在寄递过程中因寄递物品本身的自然性质而产生的合理损耗。但是,需要注意的是,该种免责事由的前提,是快递服务合同并未就寄递物品的自然属性约定特别义务。例如,如果所寄递的物品是果蔬等易腐烂的物品,快递服务合同明确约定,快递服务主体应当通过合理的冷藏设备进行寄递,此时,如果快递服务主体没有采取合理的寄递方式而导致所寄递的物品发生毁损、灭失的,快递服务主体不能以寄递物品本身具有易腐性为由要求免责。此外,因物品自然属性发生的合理损耗不能被无限放大,如果该损害超过了合理的范围,就超出合理范围的部分,可以推定快递服务主体具有违约行为,其应当对此部分的损失承担违约责任。

寄件人或收件人的过错,是指因寄件人或收件人未能履行其所负担的合同义务,而导致快递服务合同的履行障碍。寄件人或收件人的过错作为免责事由的基础在于,履行障碍的风险应当由造成障碍的行为人来承担。此时,快递服务主体提供的快递服务与损害的发生之间不存在任何因果关系,快递服务合同利益的损害完全系由于外来原因,即寄件人或收件人的过错行为而引发。就债之关系而言,寄件人、收件人负有合理照顾自身权益的不真正义务,如告知、包装、签收等,此种义务程度较弱,快递服务主体不得请求寄件人、收件人履行该义务,但义务的违反将导致寄件人、收件人自身利益格局的贬损[1],快递服务主体得以此为抗辩事由主张免除责任或缩减责任范围。不真正义务的引入体现了责任自担的重要理念,能够充分调动合同相对方的积极性,尽可能促进合同目的之达成,防范违约情事的发生,也使得寄件人、收件人过错具有坚实的正当化基础,能够发挥免除责任的规范效果。该免责事由适用的具体情形包括:首先,在快递服务合同中,寄件人应当在合同订立之时,将寄递物品的名称、数量、重量、收件人的名址信息和联系方式等具体信息告知快递服务主体,怠于告知、因故意或过失而未告知或者所提供的信息错误的,对快递服务过程中因信息不实而产生的快件丢失、迟延和毁损等损害,均需承担法律责任。其次,当寄递的物品应由寄件人包装时,因快件的包装不善而导致寄递物品在寄递过程中发生毁损或灭失的,快递服务主体对此不承担违约责任。再次,收件人作为快递服

---

[1]　参见王泽鉴:《债法原理》,北京大学出版社 2009 年版,第 36—37 页。

务合同的利益第三人,其负有及时签收快件并验收的义务。收件人未履行及时签收的义务,导致快递服务合同履行迟延的,寄件人和收件人均不得主张快递服务主体的投递延误。最后,对寄件人或收件人的过错所造成的损失,快递服务主体不负违约责任,还体现在与有过失方面。也就是说,如果快件的毁损、灭失是双方的违约行为共同造成的,双方应分别承担相应的责任。如果在快递服务主体违约致寄件人或收件人损害时,寄件人或收件人未采取适当措施防止损失扩大的,快递服务主体对损失扩大的部分不负担损害赔偿之责。

虽然违约责任具有法律强制性,是法律对违约行为的否定性评价与谴责。但与此同时,对合同内容的自由约定是合同自由原则的应有之义。因而,除了上述三项法定免责事由之外,在快递服务合同中,基于合同自由的基本原则,寄件人与快递服务主体还可以就违约责任的免责事由进行约定。当然,此类约定必须遵循诚实信用与公平的基本原则。本书认为,在快递服务合同中,寄件人与快递服务主体可以在快递运单等书面合同中,对免责事由进行特别约定,但是要使免责条款产生法律效力,必须符合以下要件:一是,免责条款的特别约定必须经由合同双方意思表示一致,并须已明确记载于快递运单等书面合同中。口头约定不发生法律效力。二是,所免除的责任不能是故意或重大过失之责任。因为债务人的故意和重大过失行为,是应受道德责难的行为,法律通过违约责任对此类行为进行谴责和否定,当事人之间的约定不能干扰法律制裁的功能。最高人民法院于 2022 年发布的《关于为促进消费提供司法服务和保障的意见》第 8 条,明确了因快递服务主体及其工作人员的故意或重大过失导致快件毁损灭失时,免责条款不得作为其免责抗辩的依据,快递用户有权向快递服务主体主张赔偿。三是,不允许当事人以约定的方式免除快递服务主体根本违约所产生的违约责任。根本违约是指违约行为致使守约方遭受损害,并使守约方的缔约目的无法实现。[①] 合同的订立以完全履行为终极目标,对因根本违约而产生的违约责任的免除,将会形成对债务不履行的不适当鼓励。

第二节　快递保价服务

互联网技术的运用、电子商务的发展推动了快递服务链条的延展,在基础

---

① 参见王利明:《〈联合国国际货物销售合同公约〉与我国合同法的制定和完善》,载《环球法律评论》2013 年第 5 期。

寄递服务之外不断衍生出多种增值服务,以满足社会多样化、个性化的服务需求。快递保价服务是快递增值服务的重要内容之一,不仅能充分体现对当事人意思自治的尊重,还可以有效提高当事人之间的纠纷解决效率。《快递暂行条例》专门规定了快递保价服务的相关规则,《电子商务法》中有关争议解决的规定亦为快递保价服务预留了空间。[①] 然而,目前有关快递保价服务的法律规定内容过于笼统,规范结构不清,具体操作不明,增加了相关规则的适用难度。本书从快递保价服务的法律属性入手,论证保价服务条款的订立与效力,厘定其中的主要权利义务,形成完整的法律关系框架;同时,强调作为保价服务条款的核心要素,保价金额必须获得双方的确认,损害赔偿规则也应紧密围绕保价金额与实际损失展开,确立类型化的具体实现路径。

据《北京青年报》2017 年 2 月报道,四川古玩爱好者成先生委托顺丰速运寄出的一件南宋青影双鱼盘,货到后边缘破损,导致 12 万元的买卖无法实现。顺丰速运表示,由于成先生并没有保价,因此最高只能赔偿 1000 元。[②] 2018 年 9 月,重庆市金女士通过韵达速递将一尊辽代千手观音寄往天津,收件人发现快件毁损而拒收,退回后金女士发现千手观音已解体。由于金女士既未告知寄递物品为古董,也未进行保价,因此最终只获得 1000 元赔偿。[③] 实践中类似事件的发生并不少见,快件本身价值与寄件人最终获得的损害赔偿数额之间存在的差距引发社会热议。贵重物品快递是否存在限额赔偿、如何购买快递保价服务成为关注的焦点。就传统意义上的快递服务而言,快递服务主体所负担的义务仅限于将标的物及时、完整地投递至收件地,提供的服务水准有限,只适于一般物品的寄递,形象地说可以与“经济舱”大体对应。若寄递物品价值不菲或者性质特殊,需要特别照管,基础寄递服务模式则无法完全满足寄件人的实际需要。在此背景下,保价服务就成为寄件人降低寄递过程中快件毁损、灭失风险的一种有效途径。保价服务最早起源于国际海运中当事人通过约定对承运人限额赔偿规则的修正[④],随后其被引入邮政领域。从《万国邮政公约》到我国《邮政法》都有关于保价服务的内容,主要针对高价值的印刷品、支票、现金、

---

① 参见《快递暂行条例》第 28 条、《电子商务法》第 63 条的规定。

② 参见赵新培:《贵重物品快递受损到底该怎么赔》,载《北京青年报》2017 年 2 月 26 日,第 A8 版。

③ 参见《辽代千手观音快递途中破损 快递方:没保价只赔 1 千》,载 https://news.163.com/18/0929/13/DSSIPQ3U0001875P.html,最后访问日期:2025 年 3 月 31 日。

④ 参见《统一提单的若干法律规则的国际公约》第 4 条的规定。

文件材料等特殊邮件。① 这一增值服务亦被《快递暂行条例》所明确。② 在快递服务合同中,当寄件人选择快递保价服务时,意味着实现了快件从"经济舱"到"商务舱"的"升舱",寄件人将享受个性化、高品质、全方位的定制服务。由此可见,作为快递限额赔偿规则的有益补充和自治安排,快递保价服务可以满足寄件人的多元服务需求。完善快件的损害赔偿机制,对推进快递物流与电子商务的协同发展具有重大意义。

一、快递保价服务的法律属性界定

快递保价服务即寄件人在交寄物品之时,向快递服务主体声明快件的价值,并依照确定的保价金额,在已交纳的寄递费用之外另行交纳相应的保价费用,一旦快件发生损害,则以保价金额为限,对快件的实际损失进行全面赔偿的快递增值服务。在大陆法系,损害赔偿的基本原则为完全赔偿原则③,但不排除在某些特殊领域,采取限额赔偿规则。在我国快递服务合同实践中,限额赔偿规则被广泛运用。④ 该规则虽在总体上较好地平衡了双方当事人的利益关系,促进快递业的健康稳定发展,却在贵重物品、特殊物品的寄递问题上引发了新的失衡。因此,保价服务应运而生,通过特别约定的方式实现利益关系的个案式精准调节,修正了限额赔偿规则适用中的缺憾。

(一)快递保价服务的法律属性

作为快递服务合同的组成部分,保价服务条款同样遵循意思自治的法则,当事人可以依据自身的意志创设权利义务。当事人的意志不仅是权利义务的渊源,而且是其发生的根据。具体而言,当事人以意思自治的方式重新确定赔偿的范围,一旦损害发生,寄件人能够以保价金额为限获得更为充分的救济。快递保价服务的法律属性,可以从以下两个层面展开:

一方面,快递保价服务是快递服务合同的当事人以意思自治的方式,对限额赔偿规则的约定排除。允许当事人就违约责任的承担方式进行约定是合同

---

① 参见《万国邮政公约》第 51 条、第 53 条、第 56 条的规定。
② 参见《快递暂行条例》第 28 条的规定。
③ 参见〔德〕迪尔克·罗歇尔德斯:《德国债法总论(第七版)》,沈小军、张金海译,中国人民大学出版社 2014 年版,第 316 页。
④ 参见郑佳宁:《快递服务合同典型化的立法表达与实现路径》,载《法学家》2019 年第 1 期。

自由的一个重要体现。① 我国快递服务合同普遍适用限额赔偿规则,若寄件人不对快件进行保价,在快件发生损害之时,其仅能按照与快递服务主体所约定的赔偿标准获得有限的赔偿,一般为寄递费用的倍数或某类快件的最高定额,无法填补遭受的全部损失。而快递保价服务妥善地弥补了限额赔偿规则的不足,寄件人以支付一定的保价费用为代价,与快递服务主体约定,在快件出现毁损灭失时排除限额赔偿规则的适用,从而使得其损失更为有效地被填补。

　　另一方面,快递保价服务是快递服务合同的主给付义务之外,由当事人另行约定的从给付义务。快递服务合同的内容仅应当包含服务内容、服务费用、服务地点等具体与快递服务相关的内容,而是否选择保价则属于快递服务合同的特别条款。因此,不论寄件人是否选择保价服务,都不影响快递服务合同的性质和主要内容。虽然保价服务条款的内容主要涉及快件损失之后如何进行赔偿的约定,但其作用并不局限于损害赔偿。在快递服务合同的履行过程中,快递服务主体为避免保价快件发生毁损灭失所导致的高额赔偿,会采取措施对保价快件进行标识,并对该快件提供更谨慎妥善的寄递服务,如选取特殊的包装、安排特殊的运输路线和方式、采取特殊的收派模式等。换言之,尽管保价服务条款没有直接约定,但事实上对快递服务主体课以额外的注意义务。这种义务从功能上说起到了辅助快递服务合同主给付义务实现的作用,因此,可以将其界定为当事人特别约定的从给付义务。

　　由此可见,在快递服务合同中,快递保价服务是寄件人与快递服务主体遵循意思自治原则,就快件损害赔偿责任的自行安排。寄件人支付的保价费用,为快递服务主体承担加重损害赔偿责任的对价。当然,快递保价服务只是当事人关于损害赔偿的一种安排,并不能确保快件在寄递过程中的 100% 安全,保价快件仍然面临毁损灭失的风险,只是选择保价服务的寄件人能够就快件的损害获得更充分、全面的赔偿。同时,尽管保价服务条款并不涉及快件寄递过程中的义务,但为了避免快件毁损导致的高昂赔偿责任,快递服务主体会在寄递过程中对保价快件尽到更严格的注意义务,从而降低快件毁损灭失的可能性。

(二)快递保价与快递保险之差异

　　如前所述,快递保价服务是为了化解限额赔偿规则下寄件人所遭受损害难

---

　　① 参见王利明:《侵权责任法与合同法的界分——以侵权责任法的扩张为视野》,载《中国法学》2011 年第 3 期。

以得到全面补偿的难题,由寄件人与快递服务主体通过意思自治达成的一种特殊的商业安排,重新划分了当事人之间的利益分配。快递保险则是一种经济补偿制度,寄件人将自身承受的风险转移给保险公司,集中社会力量应对快件毁损灭失造成的经济损失,最终由社会团体所有成员一起分担风险。在功能论上,保价服务与保险都具有分散风险、提供保障的效果,但两者之间的区别也是显而易见的,主要表现在:

其一,涉及的主体和风险转移不同。在保价服务中,仅涉及寄件人与快递服务主体两方当事人。在我国法上,标的物毁损灭失风险通常采取交付主义,使得风险承受与标的物实际占有、控制之间相契合。① 但由于限额赔偿制度的存在,对于一般快件而言,快递服务主体仅在限额赔偿范围内承担快件毁损灭失的风险,余下部分的风险由寄件人自行承担,而当寄件人支付保价费用之后,该风险就完全移转到快递服务主体。在保险合同中,涉及寄件人、快递服务主体和保险人等多方主体,相应地,快件损失风险由寄件人移转到保险人。其二,责任范围不同。对于快递服务合同而言,其归责原则、免责事由适用我国合同法的一般规则,与其他典型合同并无二致,违约责任之成立并不以过错为构成要件,但快递服务主体可以援引不可抗力、寄收件人过错、标的物自身属性等事由进行抗辩②。寄件人选择使用保价服务并不会对归责原则与免责事由产生影响。在保险合同中,保险人的责任范围取决于当事人的约定,通常而言,不可抗力不会被完全排除出保险责任范围之外,但保险人不对因寄件人过错造成的损失负责。其三,理赔方式不同。在快递保价服务中,保价快件的赔偿由快递服务主体自主处理,由于其欠缺专业的定损能力,快件赔偿随意性较大,易滋事端。在保险合同中,保险人为专业金融机构,具备相当的专业定损能力,损害赔偿数额的确定更为精准、科学,发生纠纷可能性较低。综上,在规则制定方面,保价服务虽可适度参考借鉴保险合同的相关规定,但更应着眼于自身的独特属性,努力挖掘形成一整套与之相匹配的特殊规范结构。

保险价值的确定是保险合同订立的关键环节。然而,在快递服务合同中交寄物品往往缺少鉴定价值的依据,且第三方保险公司不可能在现场履行繁杂的价值确定手续,极易发生道德风险。因此,现实中保险公司大多不愿承保快递

---

① 参见王利明:《合同法研究(第三卷)(第二版)》,中国人民大学出版社 2015 年版,第 93 页。

② 参见郑佳宁:《快递服务合同违约损害赔偿的理论剖析与审视》,载《北京社会科学》2017 年第 9 期。

保险,或是为快递保险设置严格的投保条件。以平安快递邮包险为例,《快递邮包险适用条款》明确将承保对象限定为顺丰速运、申通快递等六家快递企业寄递的快件,其余经营规模较小的企业则不在承保的范围之内;保险范围限定在中国大陆;保险标的之保险价值不得超过2万元。目前,从中国平安保险商城官方网站上显示的信息来看,该险种已经下架。① 而与之相反,保价服务却在快递市场上体现了活跃的生命力,在不同经营主体提供的快递运单上都可以见到保价服务的选项。由此可见,同样作为降低快递服务合同中寄件人风险的制度安排,快递保价服务在与快递保险的制度竞争中更胜一筹。相较于将快件毁损灭失的风险移转给第三方的机制,在当事人之间重新划分风险责任的调整模式显然更符合快递服务高效、便捷的特点。

二、快递保价服务条款的订立与效力

目前,现行法律规范初步确立了快递保价服务制度,赋予了快递服务合同双方当事人订立快递保价服务条款之自由。但是,保价服务与寄递服务这一主给付义务相比,只是一项可供选择的增值服务,再加上快递服务的时效性、便捷性,若不对该条款订立过程中的一些具体问题进行妥善设计与指引,极易导致当事人之间权利义务的失衡,引发不必要的纷争。此外,由于快递服务合同所采取的限额赔偿规则,与之伴生的保价服务条款的效力经常受到质疑,因此有必要对该条款的合法性证成,以保证保价服务条款所确立之权利义务能依双方合意有效履行。

(一)保价服务条款的订立

保价服务条款的订立,在实践中表现为寄件人与快递服务主体就保价服务达成合意后,在快递运单上勾选"保价"选项。看似简单的过程,却蕴含着双方当事人复杂的权利义务之分配,核心问题围绕如何知晓保价服务的内容,谁来负担物品价值的告知义务,保价费用何时支付,以及保价合意未达成如何处理展开。

第一,对保价服务条款的提示与说明。在快递服务合同订立过程中,快递员有义务向寄件人提示限额赔偿规则的存在,同时也应当向寄件人提示保价服务条款,并就二者关系作出必要的说明。限额赔偿规则是格式条款,可能会导

---

① 参见 https://baoxian.pingan.com/product/allbaoxianlist.shtml,最后访问日期:2025年3月31日。

致寄件人在快件损失时不能得到充分的赔偿,因此,有必要告知寄件人获得充分赔偿的补充方案,即保价服务的存在,以确保其作出最有利的安排。此外,寄件人还有权了解保价服务的详细内容。快递服务强调时效性,快递服务合同从订立到履行的每一个节点都有严格的时效要求,物品的交寄也不例外。物品交寄往往现场完成,而快递保价服务的内容涉及诸如声明价值、保价费率等专业术语,寄件人若不能作出正确理解,则会影响对保价服务的选择判断。但实践中,负责揽收的快递员往往没有时间和能力对复杂的条款内容作出有效说明,为确保寄件人的知情权,应当要求快递服务主体在网站、经营网点公示保价服务的内容,避免出现交寄现场的瑕疵意思表示。

第二,寄件人应当如实告知物品的价值。根据诚实信用原则,在缔约阶段,缔约双方应当承担告知的附随义务,即任何一方均不得故意隐瞒与订立合同有关的重要事实或提供虚假情况。在签订保价服务条款之时,寄件人亦应负有如实告知义务,寄件人需要向快递服务主体如实告知交寄物品的价值。对于普通物品,寄件人应当告知其实际价值,即声明价值,声明价值经过负责揽收的快递员形式审查后予以确认,即可将其确定为保价金额;对于特殊物品,则由寄件人与快递员协商后直接确定保价金额。可见,寄件人所告知的物品价值不仅是保价费用确立的前提,更是快件毁损灭失时损害赔偿的重要依据。在寄递普通物品的情况下,寄件人应当保证声明价值的真实性,寄件人须履行证实义务,提供相关的发票、收据或其他能证明声明价值的证明材料。若寄件人所告知的声明价值为虚假告知,造成快件保价金额与实际价值出现严重背离时,寄件人则须承担由此造成的不利益。

第三,保价费用的给付。保价服务为典型的有偿服务,寄件人需要为未来在快件损失时排除限额赔偿规则的适用,获得有效填补损失的权利付出对价,即支付保价费用。关于保价费用的费率标准,属于合同意思自治的范畴。快递服务主体在测算保价费率时,一般综合考虑自身的资本实力、业务规模、寄递能力等因素,从而得出合理的收费标准。需要指出的是,保价费用的给付是保价服务条款的生效要件。保价服务条款具有射幸性,当事人在订立条款时并不能确定快件损失是否会发生,由此引发的保价赔偿责任是否会产生。若该条款在协商一致之后立即生效,寄件人则可以在快件出现损失之后再补缴保价费用,并主张全额赔偿,对于快递服务主体而言显失公平。因此,应以保价费用的支付作为保价服务条款的生效要件,寄件人未给付保价费用的,保价服务条款不生效,快件在寄递过程中出现损失的,快递服务主体按照一般快件的赔偿规则,仅在限额赔偿范围内承担责任。

第四,快递服务主体可以拒绝提供服务。快递服务不同于邮政普遍服务,其性质为私人之间的市场行为,快递服务主体并不负有强制缔约义务。同理,提供多元化的增值服务亦属快递服务主体的缔约自由,其有权拒绝寄件人请求保价服务的要约。实践中,快递服务主体会依据自身的寄递能力,明确其在提供保价服务时不收取物品的范围(如禁止限制寄递物品、易碎物品、不宜贮存物品、鲜活物品等),并通过合理的方式进行公示。当交寄物品属于该范围时,快递服务主体可以拒绝提供保价服务。此外,对于寄件人未能履行对交寄物品声明价值的证实义务,或双方当事人未能就保价金额达成一致的,快递服务主体同样可以拒绝提供保价服务。如同前述,保价服务条款性质上属于从给付义务,并不影响快递服务合同的主给付义务。此时,寄件人可以选择将物品作为未保价的一般快件进行寄递,也可以选择其他快递服务主体,或者采取其他方式对物品进行运送。

(二)保价服务条款的效力

在探讨快递服务合同的损害赔偿时,学界、实务界往往否定快递服务合同中的限额赔偿规则,认为该规则由于排除快递用户的主要权利,或免除快递服务主体的责任应被认定为无效。[1] 如同前述,保价服务条款是对快递服务合同中限额赔偿规则的修正,后者是前者适用的前提。这种观点实质上也否定了保价服务条款存在的正当性,因为当限额赔偿规则不能发挥作用时,对于快件的损害赔偿当然适用完全赔偿原则,而有偿的保价服务则失去存在的必要。本书不赞同这种观点。该观点没有对快递服务合同中当事人之利益分配进行充分考虑,亦没有正确理解保价服务在快件损害赔偿中之功能。本书认为,限额赔偿规则在快递服务合同中具有利益平衡和规范适用上的合理性,而快递保价服务则拓展了当事人以意思自治安排法律关系内容的空间,允许当事人就损害赔偿作更进一步的特殊安排,是对限额赔偿规则的完善,其效力应当得到认可。

从利益平衡的角度而言,特定法律安排的建立必须站在成本与收益的通盘考虑之上,具体到快件损害赔偿上亦是如此。快递服务主体从一票基础寄递服务中所能获得的利润十分微薄;相反,快件须在短时间内完成空间位置的长距

---

[1] 参见杨立新:《确定快递服务丢失货物赔偿责任的三个问题》,载《中国审判》2010 年第 12 期;高翼飞:《快递公司对丢失的未保价贵重货物的赔偿责任》,载《人民司法》2013 年第 4 期。

离移转,多种运输方式接力,不同环节相互结合,过程高度复杂。要求快递服务
主体在复杂而强调时效性的寄递过程中对快件的损失承担完全赔偿责任,有悖
民法上公平原则之要求。然而,当快件毁损灭失的情况已经发生时,限额赔偿
规则又可能在某些特定情形下引起当事人之间利益的失衡。为解决这一问
题,在保价服务当中,应当允许寄件人通过支付额外保价费用的方式,使得快递
服务主体承担更全面、广泛的损害赔偿责任,最终实现当事人之间权利义务的
对等。可以说,保价服务为当事人通过意思自治实现快递服务合同中利益分配
的动态平衡创造了条件。

　　从规范适用的角度而言,限额赔偿规则只是对快递服务合同中快件损害赔
偿的约定,并不涉及对快递服务合同中寄件人主要权利的排除;且该规则也没
有免除快递服务主体在快件毁损灭失时的赔偿责任,只是对该赔偿责任的范围
进行了限制,在限额赔偿范围内寄件人受到的损失仍然可以获得填补。因
此,并不能认为快递服务合同中的限额赔偿条款属于《民法典》第 497 条规定
的"不合理地免除或者减轻其责任、加重对方责任、限制对方主要权利"或者
"排除对方主要权利"的无效格式条款。只要快递服务主体在订立快递服务合
同时尽到格式条款提供者的告知说明义务①,限额赔偿规则的效力就应当被认
定为有效。根据《民法典》有关格式条款解释的规定,非格式条款相较于格式
条款优先适用。② 具体到快递服务合同中,保价服务条款系以当事人的另行约
定对限额赔偿规则进行修正,属于非格式条款,可以排除限额赔偿规则这一格
式条款优先得以适用,符合合同法的一般原理。

　　值得注意的是,保价服务虽然也被印制于快递运单上供寄件人勾选,但是
不宜将其视为格式条款。保价服务条款的核心要素为保价金额,保价金额直接
决定了保价费用、赔偿规则等重要内容,甚至会影响快递服务主体是否愿意提
供保价服务。而在保价金额的确定上,寄件人享有充足的议价空间,实际上系
由其首先提出具体数额,对快递服务主体施以影响。具体而言,对于普通物
品,寄件人提出该物品的声明价值,快递服务主体仅做形式上的审查;对于特殊
物品,亦由寄件人先行衡量其无法以货币计算的特殊价值,之后再由快递服务
主体选择接受或不接受。总之,保价金额的确定必须得到快递服务合同双方的

----

① 　快递服务主体应当提醒寄件人在提供快递运单信息前,认真阅读快递服务合同条款,并就相关
保价规则和保险服务项目进行告知,参见《快递市场管理办法》第 26 条的规定。

② 　参见《民法典》第 498 条的规定。

认可,否则无法达成保价服务的合意,保价服务条款也无从生效。

三、快递保价服务保价金额的确定标准

保价金额是用以作为赔偿基准依据的,以货币形式表现出来的经济价值,是寄件人与快递服务主体对快件损害赔偿意思自治的集中表现。关于保价金额的确定方式,对于普通物品而言,寄件人申报其客观价值作为声明价值并提供相关证明材料,负责揽收的快递员形式审查之后,最终确定为保价金额;对于特殊物品而言,鉴于无法确定其客观价值,由寄件人和快递员协商直接确定保价金额。下面对保价金额中涉及的核心问题逐一展开:

第一,寄件人声明价值的证实义务。当快递服务主体对物品的价值存有疑问时,寄件人负有证明声明价值真实性的义务。要求寄件人承担声明价值的证实义务是诚实信用原则的体现,诚实信用原则属于市场活动的道德准则,要求当事人不得通过自己的活动损害第三人和社会的利益。[1] 在该原则的指导下,当事人在市场交易中应出于善意并尽到合理的告知义务。保价服务条款的订立以双方的自由意志为前提,因此,寄件人提出的声明价值必须获得快递服务主体的认可,方能确认为保价金额。若快递服务主体对声明价值提出疑问,寄件人负有义务对寄递物品的情况进行详细说明,并提供相应的证据如发票、购物记录等,以证实其填写声明价值的真实性。实践中,面对大量的快递用户和种类繁多的寄递物品,快递员很难在现场凭目测经验对寄递物品的价值作出准确判断,而寄件人作为寄递物品的占有人明显处于信息优势地位,无论是其所有的物品,还是其管理的物品,寄件人都有能力获悉物品的真实价值,并对物品的声明价值进行证明。这当属寄件人的一项法定义务,即使保价服务条款并未对该义务进行明确约定,寄件人也应自觉遵守,并承担不履行证实义务带来的不利后果。当快递服务主体要求提供证明材料,而寄件人无法提供且双方不能就物品价值达成一致的,快递服务主体可以拒绝向寄件人提供快递保价服务。

第二,快递服务主体仅对物品的声明价值作形式审查。当寄件人履行声明价值证实义务时,快递服务主体对声明价值的证明文件,仅审查其是否具备完整性、规范性和准确性,而无需对证明文件的真实性、合法性进行核实。具体而

---

[1]　参见梁慧星:《民法总论(第五版)》,法律出版社 2017 年版,第 275—276 页。

言,证明文件的完整性要求该证明文件的载体应当完好无损,不存在足以影响证明效力的物理上的残缺。证明文件的规范性要求该文件具有一定的权威性,如有效的税务发票或购物凭证,又如专业鉴定机构之书面证书。证明文件的准确性要求该文件从直观上能够全面体现寄递物品的准确价值,若该文件仅对寄递物品的价值作了模糊表述,则不具备准确性。仅要求快递服务主体承担形式审查的原因在于,快递服务合同不同于货物运输合同,其提供的是"门至门"的时效性寄递服务。在收寄环节,交寄现场往往只有寄件人与快递员两人,此时,囿于自身知识水平和所携设备,快递员很难对寄递物品的真实价值作出准确判断,只能依赖有关声明价值的证明文件。而在将物品封装成为快件之后,在送至网点进行过机安检的后续流程中,由于时效的要求和种类的繁杂,很难对每个快件逐票检验核价。因此,若要求快递服务主体对物品的声明价值作实质性审查,确属过于严苛,难以实现。

第三,特殊物品的保价金额由当事人协商约定。特殊物品,是指无法根据其客观价值确定损害赔偿金额的特殊性质的物。例如人事档案、学历证书、税务发票、诉讼材料等具有特殊用途的文件材料,以及对于寄件人而言具有情感意义和人格利益的信件、照片、纪念品等。这类物品在快递服务合同中并不罕见,若寄件人提出保价服务的要约,则须确定其保价金额。如同前述,普通物品以客观价值为确定保价金额的基础,保价金额与快件毁损灭失所造成的损失大致相同,可以视为一种向完全赔偿原则的实质回归。但是,当物品本身的价值无法通过货币计算(如学历证书、人事档案等),或者一旦物品毁损灭失造成的损害远远超过其自身的财产价值(如带有强烈人格利益和情感价值的纪念品、照片等)时,就很难以其客观价值作为确定未来损害赔偿范围的依据。在这种情况下,只能由寄件人与负责揽收的快递员通过自愿协商的方式确定保价金额,若双方达成一致则保价服务条款成立,若双方不能达成一致,快递服务主体有权拒绝提供保价服务。实践中,为了避免双方在特殊物品保价金额上的争议,减少不必要的磋商成本,快递服务主体可以在官网、经营网点公示对特殊物品保价服务作出的限制。如针对特殊物品设置保价金额的上限,一旦逾越上限,则不予提供服务,以防止因超出保价服务的对价而产生的高额赔偿。①

---

① 参见《业务流程》,载 http://www.yundaex.com/cn/product_liucheng.php,最后访问日期:2025 年 1 月 25 日;《保价服务》,载 http://www.yto.net.cn/express/product/newpro/insurance.html,最后访问日期:2025 年 3 月 31 日。

四、保价快件损害赔偿责任的具体规则

保价快件损害赔偿旨在突破限额赔偿规则,对寄件人由于快件毁损灭失所遭受的损失给予更加有效的填补。《邮政法》第45条第2款明确规定,邮政普遍服务业务范围以外的邮件的损失赔偿,适用有关民事法律的规定。即快件的损害赔偿应适用《民法典》的有关规定。根据《快递暂行条例》第28条的规定,在快递服务过程中,若发生快件的损毁灭失,对保价快件应当按照快递服务主体与寄件人约定的保价规则进行损害赔偿。根据《快递市场管理办法》第26条的规定,快递服务主体应当在寄件人提供运单信息之前,告知其相关保价规则。实践中,关于保价赔偿规则主要有两种观点:一是直接按照保价快件的保价金额进行赔偿。如韵达速递约定,若保价快件丢失,按保价金额进行赔偿,部分毁损或内件短少,按保价金额与全部价值的比例对物品的实际损失进行赔偿。① 二是经过核实调查等手续按照保价快件的实际价值在保价金额限额内进行赔偿。如申通快递约定,保价快件按寄递物品的保价金额和损失比例赔偿,保价金额高于实际价值的,按实际价值赔偿。②

两种观点的分歧在于,如何理解保价金额与实际价值之间的关系。第一种观点显然将保价金额等同于实际价值,认为只要快递服务合同双方对寄件人提出的声明价值达成一致并将其确定为保价金额,发生快件毁损灭失时即应当认为寄件人产生了等同于保价金额的实际损失,以约定的保价金额为基础计算快件损害赔偿的数额。这种观点虽然操作简单便捷,但是无法预防快递保价服务中的道德风险,考虑到快递服务面临散户众多、物品多样、原因关系复杂的收寄环境,这一做法极易引发寄件人未如实告知声明价值的情况。因此,本书认为,第二种观点更为可取,即区分保价金额与实际价值,当保价金额与实际价值相一致时为足额快递保价,快递服务主体应就寄件人所遭受的损害给予完全的赔偿,保价金额为寄件人所能获得损害赔偿的最高额度。当保价金额与实际价值不相符时,根据金额的超出或不足,分为超额快递保价和不足额快递保价,具体的赔偿规则如下。

---

① 参见《业务流程》,载 http://www.yundaex.com/cn/product_liucheng.php,最后访问日期:2025年3月31日。

② 参见《快递服务标准》,载 https://www.sto.cn/pc/service-page/iframe_2_25?index=4,最后访问日期:2025年3月31日。

对于超额快递保价的赔偿规则,应坚持填补损失原则。即损害赔偿应以损失发生为先决条件,以财产损失程度为基础,以损失金额为补偿依据,补偿金额不得大于损失金额,实现全面赔偿。基于此,当保价快件发生损害时,快递服务主体仅对寄件人的实际损失进行赔偿,因此在超额快递保价的情形下,超出寄递物品实际价值的部分不应得到填补。这一规则亦被运输行业保价服务所采纳①,从而有效防范道德风险,维护快递服务主体的合法权益和快递市场的正常秩序。至于超额保价所多支付的保价费用是否应该退还寄件人,需要区分寄件人主观之善意与恶意。若寄件人为善意,快递服务主体应将超出物品实际价值的保价费用退还寄件人。若寄件人为恶意,寄件人不得主张超额快递保价部分的保价费用,此时,由于寄件人违反了如实告知义务,快递服务主体有权解除保价服务条款甚至快递服务合同,拒绝承担相应的赔偿责任。对于不足额快递保价,是否还坚持实际损失的赔偿规则,值得探讨。完全赔偿原则应当建立在双方权利义务对等的基础之上,给予权利人充分救济,而在不足额快递保价的情形下,寄件人并未对寄递物品支付充足的保价费用,此时要求快递服务主体按照实际损失进行赔偿,有失公允。这种做法极易诱使寄件人怀有侥幸心理,有意对快件进行不足额保价,但在毁损灭失时却要求全额赔偿,不合理地加重了快递服务主体的负担。因此,在不足额快递保价的情形下,不应以实际损失为赔偿标准,而应以寄件人在快递运单上填写的保价金额为赔偿基准与最高额度,按照寄件人的实际损失与快件的实际价值的比例进行赔偿。

需要注意的是,实践中确定快件的实际价值并非易事,往往会出现寄件人与快递服务主体各执一词,难以佐证的局面。因此,需要借助举证责任分配机制来明晰相关风险的负担。举证责任分配机制的主要目的在于解决待证事实真伪不明时不利诉讼后果的分配问题。具体到保价服务中,当快件实际价值无法确定时,若举证责任由快递服务主体承担,应当认定其主张的保价金额与实际价值不符之抗辩不能成立,则以保价金额作为确定赔偿范围的依据;若举证责任由寄件人承担,应当认定相关抗辩成立,实际价值无法计算的,则以快递服务合同的赔偿限额作为确定赔偿范围的依据。本书认为,在快递保价服务中,应当要求寄件人就快件真实价值承担举证责任。理由在于,一方面,快递服务主体相比寄件人而言,离证据较远,采取由寄件人负担举证责任的模式对争

---

① 参见《铁路法》第17条的规定。

议事实的核查更有帮助。快递服务主体对于快件内件(寄递物品)的接触限于收寄环节,其仅对寄递物品的表面状况有所了解,对物品的质量等级、销售价格、使用状况等关键信息一无所知;而寄件人作为寄递物品的所有权人或管理人,更为熟知快件的真实价值,且很有可能保留销售发票、合同文本、产品合格书等证据材料,要求其承担举证责任无疑能最大限度地还原事实真相。另一方面,这一模式能够避免寄件人恶意超额保价的行为,充分体现完全赔偿原则,减少道德风险的发生。由于快递服务主体在证据掌握上的劣势,若要求其负担举证责任,恐致陷入举证不能的困境,客观上助长寄件人通过虚报物品价值获取不义之财的风气,妨碍快递服务市场的正常运行。相反,若由寄件人负担举证责任,则需要寄件人主动提供寄递物品真实价值的相关证据,否则将适用约定的限额赔偿,这一制度设计使得寄件人难以鱼目混珠、浑水摸鱼,从而在根源上有效遏制超额保价行为的发生。

第六章 快递服务市场的劳动者权益保护

第一节 快递服务劳动者权益保护的需求与实现

劳动者在公司的发展过程中占据着不容忽视的地位,对于公司的正常经营和业务开展发挥着关键作用。伴随着公司理论的不断发展,劳动者权益保护这一命题也愈发受到重视。就快递行业而言,目前快递员群体的工作压力大、工作时间长、工作待遇不高、劳动权益保障不足等问题较为突出,这是快递企业趋利避害的本性和新型用工形态等因素共同作用的结果,同时也凸显了增强理论学说对劳动者权益保护这一命题解释力的重要性。

一、快递服务劳动者权益保护的需求

"光荣属于劳动者,幸福属于劳动者。"①劳动者的劳动是各类财富的迸发源泉,也是人类社会得以进步的不竭动力。同样地,对于公司来说,劳动者作为推动公司经营业务的主要力量,是公司得以实现存续和发展不可忽视的重要存在。劳动者的权益能否得到切实维护,不仅关涉劳动者的自身,也与公司能否实现自身的可持续发展密切相关。

(一)快递服务劳动者权益保护的理论需求

公司法学界的理论对于劳动者权益保护的话题关注已久,与这一话题关系最为密切的当数企业社会责任理论。这一理论在我国公司法律规范的条文中也有体现。② 从企业社会责任理论的发展历程来看,自其诞生之日起,保障劳动者的合法权益就是其中的重要组成部分,相关的理论学说也不断丰富和充实。下面从四种企业社会责任理论分而述之。

---

① 参见《在全国劳动模范和先进工作者表彰大会上的讲话(2020 年 11 月 24 日)》,载 https://www.gov.cn/gongbao/content/2020/content_5567743.htm,最后访问日期:2025 年 3 月 31 日。

② 参见《公司法》第 20 条第 1 款的规定。

第一，利益相关者理论。该理论认为，公司在发展过程中不仅要考虑股东的利益，而且也要将公司员工（即劳动者）等利益相关者的利益考虑在内，利益相关者包括股东、员工、客户、供应商、债权人和社会。[1]　进一步而言，公司的目的是实现全部相关主体的利益，而非仅有股东的利益。就劳动者来说，公司的存续与发展与劳动者的辛勤劳动有着千丝万缕的关系：从公司业务的落地实施，到公司规模的不断扩张，都离不开劳动者对公司战略的执行和对自身职责的履行。快递行业中，各类快递企业的发展情况与其对快递用户寄递需求的满足程度呈正相关，越是能够满足快递用户寄递需求的快递企业，越是能够更加快速、高质量地发展。快递员全天候深入业务一线，直接接触快递企业的客户群体，满足快递用户不同种类、不同内容和不同时间段的寄递需求，同时也为快递企业开疆拓土立下了汗马功劳。正是有了快递员的辛勤劳动，快递企业的经营才能实现可持续发展，快递企业的股东才能得到投资回报。因此，快递企业在追求利润的同时，应当将快递员的利益纳入自身的利益范畴之内。

第二，公司团队理论。该理论认为，公司是一支由股东、管理层、公司员工等主体组成的"生产团队"。公司在这些团队成员的共同合力下不断完成物品的生产。[2]　因此，公司并非仅是由股东投资生成的产物，而是由不同主体各自发挥作用所形成合力的结果。劳动者作为这一生产团队的一员，在物品生产的过程中主要负责"从图纸变成实物"的环节，起到了不可替代的作用。在快递行业中，快递员将快递企业对快递用户的承诺（包括寄送时间、寄送方式、寄送地点等承诺内容）从意思表示转变为合同履行的结果，使快递企业在约定的时间内将自身的合同义务履行完毕，获得快递用户的认可。从这个意义上来说，没有快递员群体的参与，快递企业的服务就无法完成。因此，尊重快递员的主体地位，维护其合法权益是快递企业的责任所在。

第三，公司契约理论。该理论认为，公司内部的股东、员工、管理者之间存在一系列的合同，公司本身是一个内部成员之间的合同组合而成的"契约群"。[3]　需要注意的是，这一理论中的"契约"和法律意义上的"合同"并不等

---

[1]　参见 R. Edward Freeman & David L. Reed, *Stockholders and Stakeholders: A New Perspective on Corporate Governance*, 25 California Management Review 88, 89 (1983)。

[2]　参见 Margaret M. Blair & Lynn A. Stout, *A Team Production Theory of Corporate Law*, 85 Virginia Law Review 247, 247-328 (1999)。

[3]　参见 R. H. Coase, *The Nature of The Firm*, 4 Economica 386, 386-405 (1937)。

同,不可将两者混淆。在公司契约理论的语境下,股东、债权人、员工和管理者等主体将自身的钱款、财物、劳动力和管理才能等投入公司,为公司的创办和发展提供了重要支持,并拥有基于自己的投入而获得回报的权利。具体到劳动者来说,其将自己的劳动力投入公司,使公司的各项目标和策略得以从蓝图变为现实。基于劳动者的上述投入,公司有义务确保劳动者获得足够的产出和回报。在快递行业,快递员忙碌在分拣场所、穿梭在大街小巷,将快递及时送至快递用户手中,完成了快递企业的服务触达和服务实现。在这一过程中,快递员冒着多项风险,投入了自己的劳动和时间,保证了快递企业的服务质量,由此,快递员有权从快递企业获得相应的劳动保障和合理的劳动待遇,快递企业也有义务为快递员供给上述内容。

第四,公司公民理论。该理论认为,社会赋予了企业公民的身份和相应权利,那么企业就应当履行自己作为公民的义务。① 作为社会的重要组成部分,公司有责任为社会的发展作出贡献,这是公司与社会中其他主体维持良好关系的重要因素,而维护劳动者的合法权益则是公司为社会所作贡献的表现形式之一。作为"准公共行业",快递行业与人们的生活密切相关,快递企业成为承载和满足人们多样生活需求的重要载体,这同时也要求快递企业以高标准严格要求自身,努力避免出现快递员权益受到侵害的情形,以不断追求成为一名有社会责任感的社会公民的目标。因此,快递企业应当自发地从内部制度建设、行业待遇、工作环境、社会保险等各方面为快递员的合法权益提供保障。

由此可见,在企业社会责任的视角下,无论从哪种理论的立场出发,快递员的权益保障都是快递企业不可回避的问题,这不仅是快递企业自身的发展需要,同时也是其承担社会责任的重要体现。

(二)快递服务劳动者权益保护的现实需求

但就目前快递行业的现状来看,快递员的权益保障情况并不乐观,具体表现为如下几个方面:第一,快递员的工作压力大,维权难度高。有学者通过问卷调查和访谈的方式对城市中快递员的工作状况进行调查,发现城市中一线快递员群体的生活的时间和空间均受到挤压,工作时间过长,挤占了其正常的日常

---

① 参见 Dirk Matten & Andrew Crane, *Corporate Citizenship: Toward an Extended Theoretical Conceptualization*, 30 The Academy of Management Review 166, 166-179 (2005)。

生活时间。① 多数快递员会经常自我感知疲劳程度较高,由此带来较大的精神压力和身体负担。② 第二,快递企业趋利避害,逃避责任。从快递行业的实际情况来看,部分快递企业以牺牲快递员权益为代价盲目追求自身利润,以多种方式逃避维护劳动者权益的责任,如通过层层发包的方式避免与快递员形成常规劳动关系,要求快递员注册登记个体工商户等。从已有的逃避责任的方式来看,其具有相当强烈的迷惑效果。第三,快递员受到的劳动权益保障不足。这主要体现在劳动合同的签订率较低、快递员享受的社会保险待遇不足、快递员从事快递服务工作的场所和环境劳动安全卫生条件欠佳等。平台经济的出现催生了快递行业中不同类型的用工模式,不同用工模式下的快递员与快递企业之间的法律关系各不相同,这使得现有的劳动法律规范和社会保障体系无法覆盖所有用工类型下的快递员。

综上所述,基于快递员在快递行业中发挥的重要作用,以及当前快递行业在快递员权益保护方面存在的问题,整合已有法律机制,增强现有理论阐释,创新充实保障体系,为快递员的权益保护提供全方位的制度支持,已经成为理论界和实务界亟待解决的问题。

二、快递服务劳动者权益保护的实现机制

通过梳理总结现有的理论研究成果,可以发现推动劳动者权益保护的实现机制主要包括三种类型。

(一)道德自律与法律强制并行机制

这一机制的建立以企业社会责任包括道德自律和法律强制两个层面为前提,结合两个层面企业社会责任的不同性质,分别提出不同的实现方式。对于道德层面的企业社会责任,强调以鼓励措施或者激励政策激发公司的内在道德感,引导公司自觉履行社会责任;对于法律层面的企业社会责任,则需要以法律的公权力保障措施——如执法机关和司法机关的强制执行行为——予以落实,强制公司履行社会责任。通过上述两个层面双管齐下,道德自律与法律强制并行机制下的企业社会责任最终得以实现。

---

① 参见方奕、王静、周占杰:《城市快递行业青年员工工作及生活情境实证调查》,载《中国青年研究》2017 年第 4 期。

② 参见林原、李晓晖、李燕荣:《北京市快递员过劳现状及其影响因素——基于 1214 名快递员的调查》,载《中国流通经济》2018 年第 8 期。

就快递行业来说,道德层面的自律需要行业主管部门以激励性政策引导快递企业,使其站位于承担社会责任的高度,将维护快递员权益视为自身存续发展的必要组成部分。具体来说,应当以经济上的优惠政策和宣传上的良好声誉,鼓励快递企业为劳动者经济性权利、人身性权利和政治性权利的维护、保障和救济提供有效渠道,充分激发快递企业的主观能动性,创新内部制度建设,为快递员提供高于国家标准的工作条件和工资待遇。如《国家邮政局关于支持民营快递企业发展的指导意见》倡导通过评选邮政行业先进集体,关爱快递从业人员,保护劳动者合法权益提升快递行业的精神文明水平。[①] 法律层面的强制则需要以现行的法律规范为基础,执法机关和司法机关各司其职,以强制执行的威慑力促使快递企业遵守快递法律规范,保证其对快递员的管理和服务始终处于最低的标准水平之上,保障快递员的各项基本权利不受侵犯。

(二)信息披露机制

信息披露机制针对公司经营发展过程中的信息不对称情形提出。"信息不对称理论"最初产生于经济学领域[②],是指市场经济活动中,不同的市场主体对于相关信息的掌握程度各不相同。在劳动者权益保护的语境下,信息不对称主要体现为公司对劳动者的各项保障措施和福利政策无法为公司外界所知晓,导致社会公众对公司在保护劳动者合法权益这一社会责任的承担情况上缺乏了解渠道。强化信息披露机制正是基于解决上述问题的需求而提出,主张公司应当将其内部劳动者的劳动安全条件、劳动卫生条件、劳动合同的签订情况、劳动外包情况、劳务派遣情况等相关内容向社会公众披露,并为其所披露信息的真实性和完整性负责。

就快递行业来说,需要快递企业打破行业信息不对称的局面,定期通过公开途径向社会公众披露公司内部快递员的各项基本情况,包括现有快递员的劳动合同签订率、已有的快递员雇佣方式、快递员参加社会保险的情况、外包快递员的权益保障情况、劳务派遣快递员的权益保障情况、快递员所享受的福利待遇、快递员的工作时长等内容,使社会公众得以对于快递企业内部的管理情况进行了解和监督。如顺丰集团在《2022顺丰控股可持续发展报告》中,披露了自身在快递员的人权保护、民主管理、人才激励、晋升管理等

---

① 参见《国家邮政局关于支持民营快递企业发展的指导意见》第11条的规定。

② 参见 George A. Akerlof, *The Market for " Lemons": Quality Uncertainty and the Market Mechanism*, 84 The Quarterly Journal of Economics 488, 488-500 (1970)。

方面的内容。① 中通快递在《2022 社会责任报告》中将中通快递对快递员工的人权承诺、雇佣与留任、民主管理等内容向社会公众披露。② 申通快递在《申通快递 2022 年社会责任报告》中从人才培养体系、员工文化生活、培养晋升机制等方面向社会公众进行披露。③ 上述快递企业发布的文件为社会公众更好地了解快递企业践行社会责任的情况提供了渠道。当然，快递企业出于自身利益的考量，往往会在对外公布的信息中"报喜不报忧"，有意或无意回避对自身不利的信息内容，这就需要建立完整的快递行业信息披露制度，由相关部门发布快递企业信息披露的模板，将快递企业披露的信息分为强制性披露信息和鼓励性披露信息两种类型。其中，强制性披露信息属于快递企业必须进行披露的信息内容，快递企业对此类信息披露不足的，应当承担相应的法律责任；鼓励性披露信息属于非强制性披露的信息内容，快递企业可根据自身情况对其中的信息选择性披露，以提高自身的社会评价状况，并以此作为对外宣传的样本材料。

(三)企业社会责任内化机制

企业社会责任内化机制是指将企业社会责任的要求内化为公司的治理规则，或者增设为公司管理层的社会义务。具体来说，将企业社会责任内化为公司治理规则，要求公司应当将劳动者权益保护写入内部的规章制度中，使之成为公司正常经营过程中的必要环节，并要求各部门严格执行，同时，还可以将企业社会责任增设为公司管理层的社会义务，要求公司管理层在做出决策时，考虑其行为对公司员工的影响。

就快递行业来说，一方面，需要快递企业将维护快递员的合法权益写入内部的规章制度，并细化为具体的执行措施和落实办法，这与前文所提及的道德自律机制有异曲同工之处。快递企业应当在制定公司战略规划和管理规定时，尊重快递员的劳动者主体地位，充分听取公司快递员群体的意见，通过召开快递员职工代表大会，选任职工董事，使快递员群体能够充分表达自己的意见。例如，圆通快递在第一届第一次职工代表大会中，与快递员的职工代表签订集

---

①　参见《顺丰控股：2022 年度可持续发展报告》，载 https://vip.stock.finance.sina.com.cn/corp/view/vCB_AllBulletinDetail.php? id=8922505，最后访问日期：2025 年 3 月 31 日。

②　参见《2022 社会责任报告》，载 https://fscdn.zto.com/fs41/M00/80/30/CgRReWRsVNaALkg-FAU6Cr7LF6w0349.pdf，最后访问日期：2025 年 3 月 31 日。

③　参见《申通快递：2022 年社会责任报告》，载 https://vip.stock.finance.sina.com.cn/corp/view/vCB_AllBulletinDetail.php? id=9182150，最后访问日期：2025 年 3 月 31 日。

体合同,就劳动报酬、劳动保护和奖惩制度等方面的内容与快递员群体达成一致,使快递员群体的意志和利益在公司的规章制度中得到充分体现。① 这种做法有利于公司管理层与一线快递员充分沟通信息,使公司的各项决策和制度更加符合快递员的切身利益,进而激发快递员的主人翁意识,调动快递员工作的积极性。

另一方面,将维护快递员的合法权益增设为快递企业管理层的社会义务内容,则意味着快递企业每作出一项战略部署或者决策,都应评估这一项部署或者决策对快递员的影响,避免盲目追求快递企业的自身利益及其股东利益,而牺牲快递员群体利益的情形出现。快递企业管理层对于快递员应当承担的义务内容包括:第一,经济待遇的保障义务。获得合理的劳动报酬是快递员得以生存的基础。快递企业管理层在规划设计内部的规章制度时,应当确保快递员的劳动报酬不低于当地的最低工资水平,并在公司内部建立健全合理的工资增长机制。第二,工作环境的改善义务。安全、卫生的工作环境是快递员完成服务任务的可靠保证,同时也能激发快递员的工作热情和内在积极性。这就要求快递企业管理层将快递员的寄递卫生和寄递安全作为决策中的参考因素,致力于为快递员提供良好的工作环境。第三,社会保障的协助义务。这要求快递企业管理层针对不同用工类型的快递员,帮助其获得不同类型的劳动保障待遇。如针对签署劳动合同的快递员,应全额为其缴纳社会保险费用。针对属于不完全劳动关系的快递员,在职业伤害保障试点地区积极为该类型的快递员缴纳相应保险费用。

需要说明的是,上述三种快递服务劳动者权益保护的实现机制并非没有交集,而是相辅相成、互相交融。例如,快递企业基于维护快递员权益的考虑,主动增加对外披露的信息内容,优化内部的制度建设,本身就是道德自律的体现。若快递企业达到了上述要求,则可以获得道德自律机制之下的经济优惠政策和良好的声誉宣传,会对自身的长远发展带来积极影响,由此形成良性循环。此外,由于资本具有逐利的天性,为了防止快递企业盲目追求利润,忽视快递员权益保护,需要另在自觉性之外施加强制性规制,维持快递企业的行为底线,这就体现为前述的法律强制机制,以及信息披露机制中的强制性披露信息。这两类强制性机制能够对快递企业的逐利本性进行有效的遏制,使其行为处于法律的

① 参见《圆通快递与职工代表签订集体合同 承诺维护快递小哥权益》,载 https://new.qq.com/rain/a/20230331A0AF2800,最后访问日期:2025 年 3 月 31 日。

规范框架之内,并能够使得快递员的权益状态处于国家最低的标准水平之上。因此,非强制性机制和强制性机制在快递员权益保护这一命题中的地位同样重要,非强制性机制为快递企业提供了充分的自由行为空间,使得其能够根据自身的实际情况自愿承担更多的社会责任,强制性机制则为快递企业的行为划定了底线,避免其放纵自身的逐利本性而游离于法律规范之外。两类机制从不同的角度向同一方向形成合力,共同促进快递员的权益保护的实现。

第二节　快递服务劳动者权益保护的特别规范

近年来,快递企业劳动者权益保护问题得到了党和国家的高度重视,习近平总书记多次就推动邮政业高质量发展和关心关爱快递员群体作出重要指示。2021 年,国家邮政局等七部门联合印发《关于做好快递员群体合法权益保障工作的意见》,将维护快递员的合法权益放在重要位置,在收益分配、劳动报酬、社会保险水平、生产作业环境、企业主体责任、加盟和用工管理、网络稳定运行监管、职业发展保障体系八个方面提出了任务措施,初步明确了做好快递员权益保障工作的路径。[1]自 2024 年 3 月 1 日起实施的《快递市场管理办法》更是将维护快递从业人员的合法权益作为立法目的之一。[2] 据此,经营快递业务的企业和依法成立的快递行业组织是保护快递服务劳动者权益的义务主体。综合来看,在当前我国的劳动法律制度框架下,快递员依法享有平等就业、取得劳动报酬、休息休假、获得社会保障、享受社会福利、获得职业培训、保证就业稳定、保障劳动安全卫生、提请劳动争议处理、参与工会等权利,可以大致分为财产性权利、人身性权利和政治性权利三大类别。

一、快递服务劳动者财产性权利的保护

在快递员所享有的权利中,属于财产和经济方面的权利包括劳动报酬权、社会福利权和社会保障权等。

(一)劳动报酬权

劳动报酬权,是指快递员按其所从事快递服务的数量和质量,从快递企业取得报酬的一项基本权利。劳动报酬权实质上是快递员基于自身付出的劳

---

① 参见国家邮政局等七部门《关于做好快递员群体合法权益保障工作的意见》的规定。
② 参见《快递市场管理办法》第 1 条、第 8 条的规定。

动,对快递企业享有的一种特定之债。由于快递员的生存在一般情形下会依赖其所获得的劳动报酬,因此这一债权对于快递员而言具有生存层面上的重要意义。由此,劳动报酬权与普通债权相比存在自身的独特之处,体现为该债权受到《中华人民共和国劳动法》《中华人民共和国劳动合同法》等劳动法律和法规的倾斜性保护,且该债权能够通过劳动仲裁程序快速实现。

从快递行业的现状来看,快递员的计薪方式主要包括"底薪+计件提成"和"计件提成"两种类型,大多数快递员没有基本工资(底薪),派收件费(计件提成)是其主要收入来源。从相关的行业报告和问卷调查的结果来看,快递员的收入情况并不乐观①,且由于现行评价机制的设计,快递员的收入往往与智能投递设施的代投费,以及快递员自身所获得的评价挂钩,一旦受到消费者的投诉,快递员会受到不同程度的罚款,一些快递员每个月被罚的款项甚至数额过千。② 在上述多重因素的共同作用下,快递员实际到手的工资可能远未达到劳动合同中的预期工资水平。

为促进快递员的劳动报酬权获得圆满实现,以保障快递员的合法权益,各地出台了诸多规范性文件,从不同角度建立劳动报酬权的保障机制和实现机制。例如,宁夏回族自治区交通运输厅、宁夏回族自治区邮政管理局、中国共产党宁夏回族自治区委员会组织部等发布的《关于做好快递员群体合法权益保障工作的实施意见》要求在快递行业形成合理的收入分配机制,保持合理末端派费水平和快递员基本劳动所得;同时,适时开展全区快递员劳动报酬收入水平监测,指导企业科学设定快递员工资水平,引导快递员合理确定收入预期。③ 以顺丰集团为例,该公司的激励制度将"激励"和"关怀"贯穿始终,并建立起包含直接薪酬和福利两个方面的快递员薪酬体系。其中,直接薪酬包括工

---

① 《2020年全国快递员基层从业现状及从业满意度调查报告》显示,超五成快递员月收入不超过5000元,月收入超过1万元的仅占1.3%。参见《报告:多半快递小哥月入不超五千,"月入过万"仅占1.3%》,载 https://www.thepaper.cn/newsDetail_forward_11823867,最后访问日期:2025年3月31日。

② 《2021年中国快递员权益保障问卷调研》显示,受访快递员当前最担心的问题是投诉罚款过多,近六成快递员每月被罚200元以上,27.1%的快递员每月被罚200元至500元,25.98%的快递员每月被罚500元至2000元,还有4.35%的快递员每月被罚2000元以上。参见《快递员"以罚代管"困局:派件越多,罚款越多?》,载 https://new.qq.com/rain/a/20211123A02U0X00,最后访问日期:2025年3月31日。

③ 参见宁夏回族自治区交通运输厅、宁夏回族自治区邮政管理局、中国共产党宁夏回族自治区委员会组织部等发布的《关于做好快递员群体合法权益保障工作的实施意见》中"四、重点任务措施"的第(二)点和第(三)点。

资和奖金,实行绩效工资,奖金包括季度奖金和年终奖金。福利包括夜班补助、饭补等经济性福利,也包括弹性工作制和内部晋升等非经济性福利。[1] 通过以上制度设计,快递员的劳动报酬权得以在较为完整的程度上实现。

(二)社会福利权和社会保障权

社会福利权和社会保障权,是指快递员基于自身的地位,获得快递企业所提供的社会福利及享受社会保险待遇的权利。这两种权利分别是《中华人民共和国宪法》第42条第2款和第14条第4款的体现。在快递服务的过程中,无论天气、路况如何,快递员需要及时、准确地将快件送至客户手中。快递员为完成快递服务任务,往往需要冒着严寒和酷暑在公路的车流中往返穿梭,这就产生了快递员的工作环境保障和安全保障问题,社会福利权和社会保障权的需求也应运而生。基于社会福利权,快递员依法享有的福利权包括高温福利津贴、公司发放的救济金等货币形式的收入以及各项非货币性收入。基于社会保障权,快递员可享受社会保险制度的保障,增强抵抗风险的能力。

但从快递行业的现状来看,快递员社会福利权和社会保障权的落实情况并不理想。从快递员自身来看,多数快递员的维权意识薄弱,维权能力不足,在不了解合同内容的情况下,为了节省缴纳保险的费用而选择不签劳动合同。[2] 因此,有相当一部分快递员未能获得社会福利权项下的高温补贴、救济金等福利,无社保、参保率低早已成为快递业"潜规则",实行加盟经营模式的快递企业很少为快递员完整缴纳"五险一金",一般只为其投保意外保险。

为了切实保障劳动者的社会福利权和社会保障权,全国各地出台了多项规范性文件,为快递员享受社会保障待遇提供政策支持。人力资源和社会保障部办公厅、国家邮政局办公室共同颁布《关于推进基层快递网点优先参加工伤保险工作的通知》,对参保范围、计缴方式、经办服务、待遇支付四个方面作出了详细规定。[3] 按照广东省医疗保障局、国家税务总局广东省税务局《关于进一步做好我省灵活就业人员参加职工基本医疗保险有关工作的通知》的规

---

[1] 参见《顺丰王卫:我管理20万员工,我就用这个薪酬模式》,载 https://www.163.com/dy/article/EFK9HRBL05448L8W.html#post_comment_area,最后访问日期:2025年3月31日。

[2] 参见方奕、王静、周占杰:《城市快递行业青年员工工作及生活情境实证调查》,载《中国青年研究》2017年第4期。

[3] 参见人力资源和社会保障部办公厅、国家邮政局办公室《关于推进基层快递网点优先参加工伤保险工作的通知》。

定,未与快递物流新业态平台企业建立劳动关系的快递员可凭本人有效身份证件和广东省就业登记证明在就业地参加职工医保,不受户籍限制。① 《天津市做好快递员群体合法权益保障工作实施方案》规定,鼓励快递企业直接用工,提高自有员工比例。督促快递企业依法与快递员签订劳动合同并缴纳社会保险费,严格按照国家规定规范使用被派遣劳动者。② 但应当看到,目前的规范性文件的保障对象主要是快递员的社会保障权,而社会福利权尚未得到应有的重视。未来,在落实快递员社会保障权的同时,也应向社会福利权的实现发力。

二、快递服务劳动者人身性权利的保护

在快递员所享有的权利中,属于人身方面的权利包括平等就业权、休息休假权、职业卫生安全权、职业培训权等。

(一)平等就业权

平等就业权,是指快递员有在平等的择业条件下选择工作的权利,工作的选择不因快递员的性别、民族、种族、宗教信仰等而受到影响。平等就业权是形式上的平等就业权和实质上的平等就业权的结合。形式上的平等就业权,是指快递员有资格在平等的竞争规则下获得从事快递服务的劳动。实质上的平等就业权,是指快递员有权要求国家在反对就业歧视、提供就业保障等方面提供政策支持。与快递员的平等就业权相对应的是快递企业的自主用工权,即快递企业自主选择快递员的权利。平等就业权要求快递企业为快递员提供公平的竞争环境和就业机会,而自主用工权则允许快递企业通过设置不同的招聘条件对快递员进行筛选和淘汰。从某种程度上来说,为了保障快递员的平等就业权,必须在一定程度上限制快递企业的自主用工权。为使得这种限制处在合理的区间内,需要以实质的平等观引导快递企业行使自主用工权。具体来说,快递企业应当结合快递行业工作本身的性质、时间、强度等因素设置招聘条件,而不得将与工作本身无关的因素纳入招聘条件之中,避免出现以"自主用工"之名行"就业歧视"之实的情形。

目前,快递员的平等就业权得到了广泛的重视,各地的规范性文件在原则

---

① 参见广东省医疗保障局、国家税务总局广东省税务局《关于进一步做好我省灵活就业人员参加职工基本医疗保险有关工作的通知》全文。
② 参见《天津市做好快递员群体合法权益保障工作实施方案》中"二、重点工作措施"的第(三)点。

性地强调对劳动者平等就业权的保障。安徽省①、甘肃省②、广东省③等地出台的规范性文件均强调企业招收劳动者时,应当提供平等的就业机会和公平的就业条件,不得违法设置性别、民族、年龄等歧视性门槛等。在性别平等方面,已经出现了维护女性快递员平等就业权的司法案例。④ 法院通过判决阐明,快递员不属于法律规定仅限男性可以从事的职位,女性同样有权从事快递服务工作。快递公司在招聘条件中限制女性参加快递服务工作的行为,侵犯了女性的平等就业权。除性别因素之外,圆通快递还在 2021 年和中国残联签订了战略合作协议,依托自身的网络优势和产业优势,通过"云客服"等项目助力解决残疾人群体及其家属的就业创业问题,有效维护了残疾人群体的平等就业权。⑤

(二)休息休假权

休息休假权,是指快递员在法定假期内有权不从事工作,获得假期并进行休息的权利。"工欲善其事,必先利其器"。保障快递员的休息休假权,有助于快递员解除身心疲劳,恢复体力和精力,以更佳的身体状态和精神状态参加后续的快递服务工作。实际上,休息休假权不仅是劳动法意义上的权利,更是一种基本人权,被写入了《世界人权宣言》中。从内容来看,休息休假权包括休息权和休假权两个部分。休息权,是指快递员在经过了日常的工作之后暂停工作,暂时进行休整的权利,主要表现为每天快递服务工作结束后的休息时间。休假权,是指快递员在经过较长的工作时间后,得以获得连续休整的权利,主要表现为周末或者其他法定节假日的休息时间。

基于快递服务的特点和用户的不同需求,快递行业往往实行不定时工作制,快递员群体需要全天候待命,休息休假权难以保证。此外,快递用户的寄递需求在每年的特定时段会集中爆发,如"6·18""双 11"等购物节时期,有些快

---

① 参见安徽省人力资源和社会保障厅、安徽省发展和改革委员会、安徽省交通运输厅等《关于印发维护新就业形态劳动者劳动保障权益实施方案的通知》中"四、工作保障"。

② 参见甘肃省人力资源和社会保障厅、甘肃省发展改革委员会、甘肃省交通运输厅、甘肃省应急管理厅、甘肃省医疗保障局、甘肃省邮政管理局、甘肃省高级人民法院、甘肃省总工会《关于维护新就业形态劳动者劳动保障权益的实施意见》中"二、健全落实劳动者权益保障制度"的第(四)点。

③ 参见广东省人力资源和社会保障厅、广东省发展和改革委员会、广东省交通运输厅等《关于维护新就业形态劳动者劳动保障权益的实施意见》中"二、保障新就业形态劳动者基本权益"的第(四)点。

④ 参见"邓亚娟等与北京手挽手劳务派遣有限责任公司一般人格权纠纷案",北京市第三中级人民法院(2016)京 03 民终 195 号民事二审判决书。

⑤ 参见《就业优先 平等共享 | 圆通速递"助残共富"模式成效显著 吸纳 7000 名残疾人就业》,载 https://mp.weixin.qq.com/s/5_T5v5lh3GOwN73v69gdtg,最后访问日期:2025 年 3 月 31 日。

递员甚至需要连续通宵加班。实践中,快递员休息休假权和快递用户不断增长的寄递需求间存在矛盾。为了合理消解这一矛盾,保障快递员获得合理的休息休假时间,需要快递企业以更加灵活的用工方式满足寄递需求,如在不同的时间段安排不同的快递员参加工作等。

为落实快递企业劳动者的休息休假权,各地出台了诸多规范性文件。如浙江省要求企业应合理管控劳动者在线工作时长,对于连续工作超过 4 小时的,应当设置不少于 20 分钟的工间休息时间;企业应当根据国家法定工时制度合理确定劳动定额和报酬标准,确定的劳动定额应当使本企业同岗位 90% 以上的劳动者在法定工作时间内能够完成。① 鞍山市则要求平台企业要鼓励并采取有效措施提醒劳动者按规定休息,服务时长超过法律法规规定的,应当通过停止派单等形式保障劳动者身体健康和休息权利。② 2024 年 4 月,北京市《快递从业人员劳动权益保障管理规范》团体标准明确要求经营快递业务的企业应当制定休息休假制度,明确快递服务劳动者的工作时间,以此保障其休息休假权的落实。③

(三)职业卫生安全权

职业卫生安全权,是指快递员有要求快递企业为快递员建立严格的劳动安全卫生制度,使快递员在符合国家标准的环境中从事工作,减少职业安全事故的权利。这一权利包括职业卫生和职业安全两个方面。职业卫生,是指快递企业应当为快递员提供符合国家卫生标准的工作场所,减少快递员因工作场所健康受损的概率。职业安全,是指快递企业应当为快递员提供安全的工作环境,尽量避免快递员在工作环境中因工受伤。除提供卫生、安全的工作环境外,快递企业也应当对快递员进行劳动安全卫生教育,提高其安全卫生意识。

从快递员群体的工作情况来看,快递员的工作场所多为户外,使用的作业工具多为电动三轮车,并无固定的工作场所,且工作的效率受到天气、路况等多重因素的影响,难以满足基本的卫生和安全条件。此外,由于不同时段的用户寄递需求不同,为了保证能够完成快递企业安排的快递服务任务,快递员不得

---

① 参见浙江省人力资源和社会保障厅、浙江省发展改革委、浙江省交通运输厅等印发的《浙江省维护新就业形态劳动者劳动保障权益实施办法》第 17 条、第 18 条的规定。

② 参见鞍山市人力资源和社会保障局、鞍山市发展和改革委员会、鞍山市交通运输局等印发《关于维护新就业形态劳动者劳动保障权益的若干措施》中"二、保障劳动者合法权益"的第(七)点。

③ 参见《北京发布团体标准保障快递员权益:快递企业应制定休息休假制度》,载 https://mp.weixin.qq.com/s/Rdf2SqrBOEueQnrIhuZutA,最后访问日期:2025 年 3 月 31 日。

不冒着违反交通规则的风险压缩服务时间,以在既定的派送时间内完成服务任务,这不仅给他人造成了诸多安全隐患,也严重威胁了快递员的生命健康。为了解决上述问题,快递企业应当充分利用大数据分析技术,合理计算和安排每个快递员的工作任务,避免过重的快递服务任务倒逼快递员牺牲安全换取效率。同时,快递企业应当加强对快递员的职业安全卫生教育,提高快递员自身的安全卫生意识,并为快递员配备符合国家安全标准的劳动装备和工具,降低快递员工作中的安全风险和卫生风险。

为维护和保障快递员的职业卫生安全权,《快递市场管理办法》将经营快递业务的企业对从业人员的安全生产教育和培训作为快递行业安全发展的重要内容,并要求总部快递企业督促其他使用与其统一的商标、字号、快递运单及其配套的信息系统经营快递业务的企业遵守安全自查、安全教育、安全培训等安全制度,以此保障快递服务劳动者的职业卫生安全权。[1] 除部门规章之外,部分省市也出台了相关规范。如重庆市交通局等11个部门发布的《关于做好快递员群体合法权益保障工作的实施方案》要求督促快递企业严格执行安全生产相关标准,加大资金投入、配齐劳保用品、升级作业装备、改善工作环境和安全生产条件,确保生产作业安全。[2] 根据《浙江省快递业促进条例》第12条至第14条的规定,快递企业应当购买符合国家标准的快递专用电动三轮车,向公安机关交通管理部门申请登记,取得专用号牌和行驶证并安装可与信息管理系统关联的实时定位监控装置,加强对快递专用电动车的定期检查、维护,保证车辆安全性能良好。北京市《快递从业人员劳动权益保障管理规范》团体标准则规定了在恶劣天气条件下,快递企业无偿为快递从业人员配备符合国家标准或行业标准的个体防护装备,并明确了相关的劳动防护标准。[3]

(四)职业培训权

职业培训权,是指快递员有接受与快递服务工作相关的职业技能培训,以提高自身的工作技能并享受相应待遇的权利。获取劳动报酬、满足生活需求固然是快递员从事劳动的重要原因,但提高自身的职业技能,使自身获得更大的

---

[1]　参见《快递市场管理办法》第4条、第31条的规定。

[2]　参见重庆市交通局等11个部门发布的《关于做好快递员群体合法权益保障工作的实施方案》中"四、重点任务措施"的第(五)点。

[3]　参见《北京发布团体标准保障快递员权益:快递企业应制定休息休假制度》,载 https://mp.weixin.qq.com/s/Rdf2SqrBOEueQnrIhuZutA,最后访问日期:2025年3月31日。

发展空间,同样是快递员在工作中的需求,职业培训权正是基于这种需求而产生。作为职业培训权的义务主体,快递企业应当为快递员提供符合其所在岗位工作内容的职业培训,包括入职前的职业培训和在职的职业培训两种培训类型。

由于快递行业的入职门槛较低,因此少有快递企业会专门为入职和在职的快递员提供培训服务,多采用"师带徒"的方式完成"培训",不仅培训方式缺乏专业性,且培训持续时间较短,难以达到提高快递员职业技能的效果。加之快递行业的平均工资水平不高、职业稳定性差,快递员往往难以对快递行业形成较深的职业感情。相关调查显示,2020 年快递员的主动离职率高达 33.1%。①

为了解决上述问题,国家邮政局专门出台指导意见,明确了强化职业标准建设、完善行业职业教育体系、注重加强职业培训、推动完善职业保障、培育践行职业道德、加快推进信用建设、强化职业行为规范、推动完善评价体系、推进全面持续发展、加强思想政治建设十项重点任务。② 此外,国家邮政局与人力资源和社会保障部共同发布通知,印发实施方案在快递行业职业体系建设、职业技能培训、职业培训补贴政策、德技双修全面培育、人才评价体系、人才发展通道、职业技能竞赛质量、激励保障机制上提出了主要任务。③

三、快递服务劳动者政治性权利的保护

在快递员所享有的权利中,属于政治方面的权利包括工会参与权、集体谈判权、提请劳动争议处理权等。

(一)工会参与权

工会参与权,是指快递员有参加工会的权利。根据相关法律的规定,维护职工合法权益、竭诚服务职工群众是工会的基本职责。④ 工会不仅是劳动者利益的代表者和维护者,也是劳动关系的协调者。快递员加入工会,有助于改变劳资关系中双方不对等的地位,便于集中力量,提升快递员群体和快递企业的协商能力和谈判能力,改善快递员的劳动条件、提高劳动待遇。因此,保障快递

---

① 参见《快递能实现"送货上门"自由吗?》,载 https://t.cj.sina.com.cn/articles/view/1831058717/6d23bd1d001012q7f,最后访问日期:2025 年 3 月 31 日。

② 参见国家邮政局《关于提升快递从业人员素质的指导意见》。

③ 参见国家邮政局、人力资源和社会保障部《关于印发邮政快递业职业技能提升工程实施方案的通知》。

④ 参见《中华人民共和国工会法》第 6 条的规定。

员的工会参与权,是拓展快递员维权渠道、落实快递员权益保障的重要举措。

快递行业的快递员数量众多,网点遍布全国各地。在快递员入会的范围上,各快递企业注重发展一线网点快递职工加入工会,截至 2022 年 6 月,全国快递行业工会会员总数超过 165 万人。[1] 相较于一线网点,各县、乡、镇、村的基层网点则较为分散,且快递员对于工会的认同感和归属感不足,将快递员组织到工会中的难度较大。为解决这一问题,快递企业探索出不同的路径。如顺丰集团工会通过探索完善"工会代表"制度,提高对偏远网点的覆盖。[2] 又如圆通速递有限公司发布《圆通速递有限公司(全网)集体合同》,实现了同时覆盖直营网点和加盟网点职工的全网集体合同,实现了加盟网点的快递员与直营网点的快递员的"同权"。[3]

(二)集体谈判权

集体谈判权,是指快递员有通过工会或职工代表与快递企业就劳动条件、劳动标准、签订集体合同等问题进行商谈的权利。集体谈判权以劳资自治理念为理论基础,是快递员维护自身合法权益的重要方式,是劳动基本权中的核心权利。集体谈判权需要多方合力才能得以实现,包括存在以意思自治形成的劳动契约、组建工会的权利、工会的独立地位等。通过行使集体谈判权,快递员所拥有的财产性权利和人身性权利能够获得更好的保障,从而构建和谐的劳资关系。

在快递行业,集体谈判权的行使方式主要是签订集体合同。2021 年交通运输部、国家邮政局、国家发展和改革委员会、人力资源和社会保障部、商务部、国家市场监督管理总局、中华全国总工会联合发布的《关于做好快递员群体合法权益保障工作的意见》明确,要引导工会组织、快递协会建立行业工资集体协商机制,确定快递员最低劳动报酬标准和年度劳动报酬增长幅度。为落实上述文件的要求,自 2022 年以来,全国已有至少 20 余座城市签订了当地首份快递行业集体合同,涉及河北省、福建省、江苏省、广东省、湖北省、河南省、陕西

---

① 参见《谭天星:用心用情用力 切实做好快递员群体工会工作》,载 https://www.chinanews.com.cn/gn/2022/10-18/9875562.shtml,最后访问日期:2025 年 3 月 31 日。

② 参见《历经 10 余年探索实践,顺丰"工会代表"制度逐步发展成为深化基层工会改革创新的重要成果——"再偏远的网点,工会工作都有人做"》,载 https://acftu.people.com.cn/n1/2023/0203/c67502-32617235.html,最后访问日期:2025 年 3 月 31 日。

③ 参见《圆通速递诞生全国快递行业首份全网集体合同 45 万多名直营网点和加盟网点职工实现同权》,载 https://www.workercn.cn/c/2023-04-02/7788790.shtml,最后访问日期:2025 年 3 月 31 日。

省、天津市、内蒙古自治区等。① 例如,福州市快递行业于 2022 年 8 月首次开展集体协商会议,并审议通过"1+3"集体合同(草案)。② 天津市和平区总工会于 2023 年 6 月举行 2023 年度劝业场街快递行业集体合同签约仪式。③

(三)提请劳动争议处理权

提请劳动争议处理权,是指快递员在工作过程中与快递企业发生争议时,有请求相关部门对争议进行处理的权利。由于双方的利益诉求不同,快递员与快递企业在劳动关系中难免会出现争议,快递员此时有权根据自己的意愿,就其与快递企业的争议选择恰当的解决途径。

在快递行业实践中,各地纷纷通过政策性文件和实际行动保障快递员的提请劳动争议处理权。如泉州市人力资源和社会保障局等联合制定的《"泉 XIN 护'蜂'"快递员群体劳动权益联动保障实施方案》,提出在有条件的快递行业头部企业设立劳动争议调解工作站,由市人社局指导快递行业劳动争议调解委员会参与快递员劳动争议调解工作,并组建劳动法专业服务团队,为快递员提供法律援助服务。④ 此外,齐齐哈尔市邮政管理局联合市人力资源和社会保障局劳动人事争议仲裁院建立了快递员劳动仲裁调解机制,为有效解决快递员所遇纠纷,完善快递员的权益保障机制提供了新路径。⑤ 北京市《快递从业人员劳动权益保障管理规范》团体标准要求快递企业设立劳动争议调解委员会。⑥ 发生劳动争议时,快递员既可向快递企业劳动争议调解委员会申请调解,也可以向职工服务中心或劳动人事争议仲裁机构申请调解,此举赋予了快递员在发生劳动争议时的选择权,为其行使和实现提请劳动争议处理权提供了

---

① 参见《用好"集体协商"工具,保障快递员群体权益》,载 https://www.163.com/dy/article/HHOB95K905129QAF.html,最后访问日期:2025 年 3 月 31 日。

② 参见《福州市快递行业开展集体协商》,载 http://zgh.fuzhou.gov.cn/zz/ghzs/ghjj/202208/t20220810_4414469.htm,最后访问日期:2025 年 3 月 31 日。

③ 参见《天津和平区总工会举行 2023 年度快递行业集体合同签约仪式》,载 https://www.sohu.com/a/690082354_257321,最后访问日期:2025 年 3 月 31 日。

④ 参见泉州市人力资源和社会保障局等联合制定的《"泉 XIN 护'蜂'"快递员群体劳动权益联动保障实施方案》中"二、主要任务"的第(二)点。

⑤ 参见《齐齐哈尔局联合市人社局建立快递员劳动仲裁调解机制》,载 http://hl.spb.gov.cn/hljsyzglj/c101912/c101918/c101919/202305/43a95e41f7cc43b19d011719e5ebfb9a.shtml,最后访问日期:2025 年 3 月 31 日。

⑥ 参见《北京发布团体标准保障快递员权益:快递企业应制定休息休假制度》,载 https://mp.weixin.qq.com/s/Rdf2SqrBOEueQnrIhuZutA,最后访问日期:2025 年 3 月 31 日。

有效渠道。

第三节 新用工形态下快递服务劳动者权益保护

随着平台经济的兴起,新型用工模式不断涌现,新就业形态劳动者的数量也与日俱增。这些新型用工模式在创造大量工作岗位和社会财富的同时,也为劳动者权益保护带来了新的挑战。2021 年 7 月,人力资源和社会保障部等八部门联合印发《关于维护新就业形态劳动者劳动保障权益的指导意见》,对包括快递员在内的新就业形态劳动者的权益保障提出十九项意见,涵盖了明确劳动者权益保障责任、补齐劳动者权益保障短板、优化劳动者权益保障服务、完善劳动者权益保障工作机制四个方面的内容。[①] 该指导意见为维护新型用工模式下劳动者的合法权益提供了一般性指引,同样也为快递行业中不同用工模式下快递员的权益维护提供了参考。

一、新用工形态的特点及其挑战

平台经济的发展催生了平台经济下的新型用工关系。与传统用工形态相比,新型用工形态在对快递员的控制方式、劳动报酬的计算与支付方式、风险负担方式等方面具有相异之处,并给快递行业中劳动关系的认定、传统社保体系的覆盖度、集体协商和民主参与等劳动者权益保护议题带来了挑战。

(一)新用工形态的特点

由于管理平台和控制形式的差异,快递行业中新型用工形态和传统用工形态在以下三个方面存在不同:第一,对快递员的控制方式不同。传统用工形态下,快递员在时间和空间上接受快递企业的直接管理,以物理上的直接支配性为主要特征,快递企业无需借助任何中介载体完成对快递员的管理。快递员在快递企业中不具备自主性和独立性。在新型用工形态下,快递企业主要通过网络信息平台,借助程序和算法完成派单、结算等管理,不以物理上的直接接触为必要。快递员具有一定时空上的独立性和自主性,甚至可以自行决定是否接单。第二,劳动报酬的计算方式与支付方式不同。在传统用工形态下,劳动报酬包括基本工资和其他工资,且受到法律中关于最低工资标准的保障。在新型

---

① 参见人力资源和社会保障部等八部门《关于维护新就业形态劳动者劳动保障权益的指导意见》。

用工形态下,快递员的最终劳动报酬受到多重因素的影响,包括接单数量、用户评价等。由于快递员与快递企业之间不一定构成劳动关系,故快递员的工资也不一定在最低工资标准的保障范围之内。第三,风险负担方式不同。在传统用工形态下,快递员与快递企业之间存在劳动关系,快递员所面临的经济风险与快递企业的盈利状况息息相关。在新型用工形态下,快递员与快递企业之间的关系复杂多样,可能采用外包、众包等多种形式,快递员甚至可能被要求注册为个体工商户。相应地,快递员的经济风险与快递企业盈利状况之间的联系也不可一概而论。

(二)新用工形态下劳动者权益保护的挑战

基于新型用工形态与传统用工形态在上述几个方面的不同,其与以传统用工关系为背景建立的劳动关系认定标准、社会保障体系和劳动者权益保护措施无法完美契合,带来以下几个方面的挑战。

第一,去雇主化的新用工模式冲击了传统劳动关系中的从属性认定标准。根据传统劳动法理论,从属性是劳动关系认定的核心标准,包括人格从属性和经济从属性。在人格方面,快递员需要严格遵守快递企业的规章制度,按照指定的时间、地点完成指定的工作任务,完全听从快递企业的安排。在经济方面,快递员在快递企业工作中获得的劳动报酬构成了其主要生活收入来源,其对快递企业在经济上具有高度依赖性。然而,在平台经济背景下,新型用工模式导致快递员与快递企业间是否存在劳动关系难以认定。以众包快递员为例,众包快递员通过平台接单承接快递配送任务,在是否接单、选择配送路线等方面享有自主权,其在未接单时处于相对自由状态,不接受平台的指挥和管理,人格从属性被弱化。此外,众包快递员可以利用自己的交通工具提供收派件服务,按单结算劳动报酬,配送收入并不一定是其唯一收入来源,经济从属性被弱化。[①]

第二,数字技术的发展加深了资本对快递员的控制,劳动者人身权无法得到保障。在新型用工形态下,快递企业以数字平台为载体,通过大数据分析技术对快递员的劳动形成了常态化、全程化和智能化控制,快递员的工作时间被平台系统以秒为单位精确计算,其完全为算法下的智能派单所驱使,并受到快递企业的全方位监管。以众包快递员为例,众包快递员在承担快递服务任务的

---

① 参见武辉芳、谷永超:《我国零工劳动者权益保护的困境与出路》,载《北京社会科学》2022 年第9 期。

过程中,只要其在快递企业的系统内登录,就会在配送时间、配送内容、配送路线、配送报酬等方面受到快递企业所采算法的完全控制,对于算法决策的内容没有自主选择的空间。① 有的快递员为了完成服务任务,获得劳动报酬,不惜牺牲自己职业安全和身体健康,不断压缩自己的休息权,甚至违反交通规则来提升配送速度,其在快递服务工作中的劳动者人身性权利无法得到保障。

第三,传统社会保障体系无法覆盖新型用工形态下的快递员群体。目前,我国的社保体系与劳动者之间的联系完全依靠"劳动关系"这一纽带联结。在传统用工模式下,快递员基于与快递企业之间的劳动合同或事实劳动关系,得以被纳入社会保障体系之中,享受各类保险待遇,从而增强抵抗风险的能力。然而,在新型用工模式下,人格和经济从属性被双重弱化,快递员与快递企业之间是否存在劳动关系存在争议,这就导致实践中社会保障体系规则被"全有或全无"地适用。这种两极分化的现象具体表现为:若认定快递员与快递企业之间存在劳动关系,则快递员享受全部的社保待遇;若认定快递员与快递企业之间不存在劳动关系,则快递员无法享受任何社保待遇。

第四,新型用工形态下集体协商和民主参与制度生长空间受限。快递员的集体谈判权是其维护自身合法权益的重要方式,也是劳动基本权中的核心权利。在传统用工模式下,快递员群体通常会集中在自身所在地区完成工作内容,时空交集使得快递员之间相互熟悉,更有利于形成群体力量,促进集体协商和民主参与制度的形成。但在新型用工模式下,快递企业往往通过互联网平台向快递员安排快递服务任务,快递员的工作时间和空间被打散,快递员以个体原子化方式存在,相互之间的交流机会减少、交流时间被压缩。在这种情况下,快递员之间很难形成凝聚力,缺乏相互联合的自觉性和自发性,工会的组织基础和能力缺失,集体协商和民主参与制度的生成土壤不足,难以保障快递员的集体谈判权。

二、快递企业用工模式的具体类型

新型用工形态与传统用工形态的差异决定了对快递员群体的权益保护需要秉持具体问题具体分析的原则,结合不同用工模式下快递员与快递企业之间不同的法律关系进行讨论,最终给出对应的权益保护措施。

---

① 参见郑佳宁、吴悠然:《城市配送服务平台经营者的私法规制》,载《河北学刊》2023 年第 5 期。

在快递行业发展初期,传统用工模式占据主流,即快递员与快递企业或者劳务派遣公司建立劳动关系,快递员的劳动者权益可以依据合同法、劳动法等法律规范保护,并不存在显著的保障。但是,随着快递企业更多采用加盟经营模式之后,各类新型用工模式涌现。在加盟经营模式下,被加盟者与加盟者均为独立经营的市场主体,两者之间是合作关系,彼此自负盈亏、利益分割、各自为政。加盟者在被加盟者的授权下开展快递服务活动,通常根据本公司的实际情况,自行招聘和管理快递员。为了降低用人成本、减轻法律责任,加盟者往往会采用"外包""众包"用工模式,层层转包、环环分包,从而切割自身与快递员之间的联系。而平台快递服务主体的诞生,借助信息网络技术和平台经济的运营模式,加剧了新型用工模式的发展。平台用工模式在延续"外包""众包"用工模式的基础之上,通过虚拟控制与实体生产灵活协作,普及了以合作关系取代劳动关系的做法,引导快递员成为独立的商个人,即让快递员注册为风险自担的个体工商户,从而彻底改变其劳动者身份,脱离劳动法的调整范围。

从目前的实践来看,快递企业的用工模式主要包括以下五种类型:

第一,快递企业直接与专职快递员签订劳动合同的"劳动用工模式"。在这种用工模式下,快递员是快递企业的正式员工,专职在快递企业中从事快递服务工作,接受快递企业的直接管理和安排,遵守各项规章制度。快递企业则需要按照法律规定,为快递员缴纳社会保险、提供职业培训和安全卫生的劳动环境。快递员和快递企业之间的关系符合传统劳动法律关系的特点,受到劳动法律规范的调整。

第二,快递企业与第三方劳务派遣公司签订劳动合同的"劳务派遣模式"。在这种用工模式下,快递企业接受劳务派遣公司向己方派遣的快递员,安排其从事快递服务工作,并向劳务派遣公司支付费用。此时,三方构成劳务派遣法律关系,受到劳动法的保护。劳务派遣公司作为用人单位与快递员签订劳动合同,快递员接受派遣,前往快递企业(用工单位)从事具体的快递服务工作,其劳动报酬、社会保险均由劳务派遣公司承担,而无法享受快递企业提供的社会福利、职业晋升等机会。

第三,快递企业联合合作企业采取的"外包模式"。在"外包"用工模式下,快递员被快递企业以分包、转包、加盟等方式外包给劳务外包公司或者加盟者。理论上来说,快递企业应当与劳务外包公司和加盟商共同对快递员进行管理,但快递员往往仅与外包对象签订劳动合同,导致劳动关系和用工主体的认定存在争议。此外,在工资结算方面,外包快递员通常并不按月领取劳动报酬,而是参照非全日制用工形式按件计酬,缺乏规范的员工管理机制,"以包代管""以罚代管"等现象十分严重。

第四,快递员通过众包平台接单进行派送的"众包模式"。在这种模式下,众包快递员通常与众包平台签订"合作协议",这种协议的法律性质目前尚不清晰。快递员可以结合自己的时间安排,在众包平台上选择工作任务,按照接单量获得劳动报酬。常见的众包平台包括"菜鸟点我达""达达快送""UU跑腿"等。众包快递员工作灵活度和自由度相对较高,与平台的关系较为松散,受约束和管理较少。在社会保障方面,众包平台通常与保险机构制定统一保障方案,通过短期的人身意外保险为这类快递员提供安全保障,保障水平较低。

第五,由快递员注册为个体工商户的"个体工商户模式"。在这种模式下,部分快递企业引导或者要求快递员注册为个体工商户,然后在形式上与企业成立合作关系,例如签订业务代理协议或实行邮路承包制,从而规避用工责任。由于在我国法律框架下,个体工商户作为独立的经营主体存在,属于自我管理、自担风险、自负盈亏的商个人,故尽管快递企业仍然对该类快递员实施考勤、派单等管理行为,但个体工商户快递员也很难受到劳动法的保护。

通过上述五种用工模式的概述可以看出,从专职快递员、劳务派遣快递员、外包快递员、众包快递员到个体工商户快递员,快递企业通过多种方式将自身和快递员层层区隔,向外剥离用工责任和自身风险,最终使得快递员群体受到的劳动权益保障的程度不断递减。这与快递企业应当承担的社会责任相悖,也与快递员的劳动者主体地位不符,更无法与快递员为快递企业和快递行业的发展所付出的辛勤劳动相匹配。由此观之,解决新型用工模式下快递员的服务管理和权益保障问题势在必行。

三、新用工形态下的法律规制与对策

如上所述,目前快递行业的用工模式类型复杂,且在法律上暂无定性,这就导致快递员的权益保护处于"真空地带"。如何规范快递企业的用工行为,保护不同用工类型下快递员的合法权益,成为当前理论和实践亟待解决的问题。

(一)现有理论解释路径

目前,学者们已就改善新用工形态下劳动者的权益保护提出了不同的解决方案,整体可以归纳为以下两种解释路径。

第一,增强传统劳动关系理论的解释力,调整完善原有劳动法律机制。该观点认为,当前平台用工下劳动者与平台企业之间的法律关系并未超出传统劳动关系的范畴,传统劳动关系的判断标准在网络时代并未过时。从比较法的角度来看,两大法系中劳动关系的判断标准主要以判例法的形式存在,成文法中只有原则性的界定。这表明劳动关系的判断标准本身具有较强的弹性和适应性,能够在平台用工的过程中继续发挥作用。[①] 此外,平台用工这一形式并未改变劳动者的从属性特征,虽然某些平台企业对劳动者在劳动时间、劳动地点等方面的要求并不如传统劳动场合下那般明显和严格,但劳动者对于平台企业依然具有较强的人格从属性和经济从属性。一方面,平台企业对劳动者的人身控制具有加重的倾向,其借助先进的技术手段能够实现对劳动方法和劳动结果方面的控制力,使劳动者对其产生了实质上的人格从属性。当劳动者通过平台向其他主体提供劳动时,其劳动的全过程已然处于平台企业的全方位监管之下,这种监管的力度相较于传统劳动有过之而无不及,只是监管的形式有所不同。[②] 另一方面,基于平台企业对数据信息和算法技术这种生产资料的占有,劳动者对平台企业的经济从属性体现为三点。一是平台企业通过算法,能够实现对劳动力资源的优化配置,以较低的成本完成难度较高的平台作业;二是劳动者仅能生产出数据信息这一连接平台与用户的劳动成果,而无法生产出独立的产品,因而其劳动内容具有片面性;三是基于平台产生的流量及其收益并不会向劳动者分配,仅由平台单独占有。[③] 因此,平台企业和劳动者之间的法律关系虽然具有某些形式上的新特征,但依然能够用传统劳动关系理论进行解释。

第二,更新劳动者的类型,建立"类雇员"制度。该观点认为,劳动关系的本质特征为劳动者对用工单位的人格从属性,即前者无法按照自主意志支配自己的劳动时间、劳动地点等内容。与之相比,经济上的从属性在不含有人身支配性的劳务供求关系中依然可能存在,如承揽关系、委托关系等。因此,只有对平台企业具备人格从属性的劳动提供主体才属于传统劳动关系之下的劳动者,仅对平台企业有经济从属性的劳动提供主体则无法归入劳动法保护的范畴

① 参见谢增毅:《互联网平台用工劳动关系认定》,载《中外法学》2018 年第 6 期。
② 参见常凯:《平台企业用工关系的性质特点及其法律规制》,载《中国法律评论》2021 年第 4 期。
③ 参见丁亮、张天:《平台用工关系中的"经济从属性":形成机理、外在表征与司法因应——基于马克思劳动价值论的分析》,载《河北法学》2024 年第 1 期。

之内。① 此外,从历史的角度来看,劳动法产生、发展于科层制的组织化用工并得到普遍应用,大规模的生产催生了劳动法的主要保护对象,即与用人单位密切结合的劳动者群体。这也导致与用人单位结合程度不高、难以形成规模化的灵活用工群体被劳动法所忽视。平台企业兴起后,灵活用工群体逐渐成为社会中提供劳动的中坚力量,这一群体无需在固定的工作场所和时间提供劳动,随之而来的权益保护问题亦脱离了传统劳动法的规制范围。② 基于劳动法适用范围的有限性,应当引入"类雇员"作为劳动关系和民事关系之外的第三类用工形态,实现对平台用工劳动者的权益保障。类雇员,是指对于用工单位具有经济从属性的劳动提供主体。平台用工下的劳动者符合这一用工形态的条件要求,劳动者所提供的劳动属于个体性的劳动,因其在平台企业内的持续性工作而在经济层面产生了对平台企业的依赖。换言之,劳动者通过平台用工获取的报酬是其维持生活的主要经济来源,这也产生了给予其特别保护的社会需求。③ 为此,需要建立相应的报酬给付保障、职业伤害保险等制度,维护类雇员这一特殊劳动群体的合法权益。

(二)快递服务市场新用工形态下的法律对策

　　本书认为,在快递服务市场目前存在的五种不同类型的用工模式中,相较而言,在劳动用工模式和劳务派遣模式下,快递员和快递企业(及劳务派遣公司)之间的法律关系相对清晰,现行法律体系内有关劳动用工和劳务派遣的法律规范可以为快递员提供较为周延的保护。然而,在外包模式、众包模式和个体工商户模式下,传统劳动法保护体系的周延性受到了严峻的挑战。如前所述,一方面,快递员和快递企业表面上关系松散,不存在传统意义上严格的人格从属性和经济从属性;但另一方面,快递企业通过大数据、算法等数字技术对快递员的行为进行严密控制,与劳动关系下劳动者所受控制程度相比有过之而无不及,但又因不完全符合劳动法中的从属性要件而无法受到劳动法的保护。因此,如何为外包、众包、个体工商户等新型用工形态下的快递员群体提供符合其定位的权益保护内容,是实现快递企业履行劳动者权益保护责任的核心问题。

---

　　① 参见娄宇:《平台经济灵活就业人员劳动权益保障的法理探析与制度建构》,载《福建师范大学学报(哲学社会科学版)》2021 年第 2 期。

　　② 参见王天玉:《平台用工的"劳动三分法"治理模式》,载《中国法学》2023 年第 2 期。

　　③ 参见王天玉:《互联网平台用工的"类雇员"解释路径及其规范体系》,载《环球法律评论》2020 年第 3 期。

首先应当明确的是,快递员与快递企业之间的法律关系并不能因采用外包、众包或个体工商户模式的"外表"而被直接界定为合作关系,而是应当根据其法律关系的实质进行界定。在司法实践中,存在要求快递员注册个体工商户、将快递员外包给其他公司以逃避法律义务的情形。在认定快递员与用工单位之间的法律关系时,法院认为双方签订的协议虽名为《劳务服务协议》,但并不能否定双方之间的关系系劳动关系的实质。在劳动关系履行过程中,用工单位虽又通过第三方平台向快递员发送业务、发放报酬,但快递员在注册该平台前后的接单方式、工作内容均无变化,因此快递员与用工单位之间的关系未发生实质上的变化。此外,第三方平台与快递员所注册个体工商户之间所签订的《项目转包协议》并没有建立在实际的承包法律关系上,故仍应认定快递员与用工单位之间存在劳动关系。① 从该案例可以看出,能够决定快递员与快递企业之间关系性质的,只有藏于"外表"下的实质性法律关系。现有的地方规范性文件也体现了这一精神。②

其次,在实质性法律关系的认定思路上,应当从务实的角度出发,加强和我国现行法律制度的衔接。由于我国尚未确立类雇员制度,为了进一步和现有法律制度相衔接,在新型用工模式下快递员劳动者权益保护方面,本书认为,对现有劳动关系理论进行调整和完善,实行灵活的劳动关系认定标准,对不同类型用工模式下快递员与快递企业之间的关系进行分析,并结合现有理论,分别对构成劳动关系和不构成劳动关系的快递员给予不同程度、不同内容的保护,是更具现实意义的理论解释路径。具体来说,传统劳动关系的认定以"从属性"为判断标准,包括人格从属性和经济从属性,这一标准是在大工厂生产的背景下,对一般性的劳动者与用人单位之间存在的法律关系进行抽象的结果。但在信息社会,新用工形态下的快递员与快递企业之间的法律关系不再发生于工厂生产的场景下,而是借助互联网平台的连接得以实现。在这个基础上,将传统劳动关系下的从属性标准套用到新用工形态下快递员与快递企业之间的关系认定上,显然有张冠李戴之嫌。更加适当的做法,是在参照从属性理论的基础

① 参见"天津快派信息科技有限公司与李金刚劳动争议案",北京市第三中级人民法院(2021)京03民终21028号民事二审判决书。

② 如广东省人力资源和社会保障厅等部门《关于维护新就业形态劳动者劳动保障权益的实施意见》提到,"平台企业不得通过诱导、强迫等方式要求劳动者注册个体工商户或个人独资企业等,以规避用工主体责任。劳动者通过注册个体工商户或个人独资企业等在平台企业就业的,平台企业仍应当按照本意见规定承担相应责任"。

上,转变"要件构成"的思路,采用"要素考察"的方式认定新用工形态下的法律关系。[①] 在"要素考察"的方式下,快递员与快递企业之间的法律关系由从属性要素的强弱而定,快递员所能获得的保障程度与从属性要素的强度呈正相关关系。

就人格从属性而言,其本质在于快递企业对快递员的控制,以及快递员对快递企业的服从。对于控制和服从程度的判断,可以从快递员在工作时间、工作内容、工作强度、工作地点等方面的自主性来判断。具体来说,虽然快递员与快递企业没有物理上的直接接触,但若其无法决定自己的快递服务时间和服务内容,也无权拒绝快递企业给自己安排的快递服务任务,则其对于快递企业的控制缺乏自主性,可以认定快递员对快递企业具有人格上的从属性。就经济从属性而言,其是人格从属性的延伸,本质在于快递员在经济上对快递企业的依赖程度。具体来说,若快递员所从事的快递服务工作构成了其主要的生活收入来源,甚至是唯一的收入来源,且失去了这份工作,其正常的生活将难以为继,则可以认定快递员与快递企业之间具有经济上的从属性。综合以上两点,若快递员与快递企业之间既有人格上的从属性,也有经济上的从属性,则两者之间成立劳动关系。若快递员与快递企业之间只具有较弱的人格上的从属性,或者只具备经济上的从属性,则两者之间不成立劳动关系,但基于快递员的弱势地位与经济上对快递企业的依赖性,应当要求快递企业为其提供适当的安全保护内容。[②] 若快递员与快递企业之间不具备人格上的从属性,也没有经济上的从属性,则两者之间为平等的民事主体。在确定判断标准后,下一步应当明确在不同的法律关系下,快递员与快递企业之间的权利义务内容。

若快递员与快递企业之间兼具人格从属性和经济从属性,则两者之间存在劳动关系,快递企业应当承担劳动法下的雇主义务和责任,包括:第一,支付报酬义务,即为快递员提供法定最低工资标准之上的劳动报酬;第二,提供福利义务,即在高温、严寒等恶劣环境下为承担快递服务任务的快递员提供福利津贴;第三,安全卫生义务,即为快递员配备符合国家安全标准的劳动装备和工具,降低快递员工作中的安全风险和卫生风险;第四,提供培训义务,即在内部建立完

---

① 参见王天玉:《基于互联网平台提供劳务的劳动关系认定——以"e代驾"在京、沪、穗三地法院的判决为切入点》,载《法学》2016年第6期。

② 参见李志锴:《论我国劳动法上"从属性"的内涵厘定与立法考察》,载《大连理工大学学报(社会科学版)》2019年第3期。

整的职业培训体系,为快递员提高职业技能提供条件;第五,工会建设义务,即组织企业内部工会建设,为实现快递员的集体谈判提供平台。

若快递员与快递企业之间不同时具备人格从属性和经济从属性,则应考察人格从属性和经济从属性这两个要素的强弱程度。在这一点上,《关于维护新就业形态劳动者劳动保障权益的指导意见》中的相关规定可供参考。该指导意见将不构成劳动关系的劳动用工分为两种,一是不完全符合确立劳动关系的劳动用工,二是劳动者自由从业的劳动用工。此种划分回应了当前实践中出现的劳动者与用人单位之间出现的弱人格从属性、无人格从属性、弱经济从属性、无经济从属性的现实,是适应互联网时代的劳动者划分标准,相较于大工厂背景下的劳动者认定标准更加精细,对于实现快递员的权益保障也有积极的指引作用。以下分别围绕这两类快递员的权利义务关系进行阐释。

不完全符合确立劳动关系的劳动用工,是指快递员在快递企业的系统平台内接受快递企业的管理和安排,在其算法程序和劳动规则之内完成快递服务任务,获得劳动报酬的用工模式。在这种用工模式下,快递员具有一定程度的自主性,如可以在指定的时间段内自行决定快件的收寄和投递的时间点,也可以在服务过程中自行决定是否安排休息时间等。在这种用工模式下,虽然快递员与快递企业之间不具有严格意义上的人格从属性,不成立劳动关系,但由于快递员在工作过程中依然会受到快递企业的劳动管理,快递员的位置信息、工作的完成进度等依然在快递企业的掌握之中,并以快递企业的名义进行工作,因此两者之间存在弱人格从属性关系。同时,当快递员的快递服务收入构成其生活主要来源时,其与快递企业之间还存在经济上的从属性。因此,在这种用工模式下,快递企业应当为快递员提供适当程度的权益保护内容,如与快递员签订书面协议,在协议中就用工形式、工作时间、工作地点、工作要求、报酬支付、工时标准、管理规章、职业保护、社会保险等权利义务内容进行约定。此外,快递企业还应当根据当地的实际情况,协助快递员参加职业伤害保险,提高快递员的抗风险能力。最后,快递企业应当尊重快递员的主体地位,不得通过将快递员注册为个体工商户、违规转包等行为逃避其应尽的法律义务,否则应当受到劳动保障监察机构的处罚。

劳动者自由从业的劳动用工,是指快递员个体依托快递企业提供的平台,自主开展经营活动、从事自由劳动、获得劳动报酬的劳动用工模式。在这种用工模式下,由于快递员仅借助了快递企业提供的平台从事快递服务,而无需在其制定的劳动规则内受到控制,因此两者之间不存在人格从属性。同时,这种用工模式下的快递员往往还有其他的主业工作,在经济上对快递企业缺乏依赖性,因此两者之间不存在经济从属性。此时,两者之间构成承揽关系,快递企业需要与快递员签订承揽合同,就双方的风险和责任分担进行约定。就快件本身毁损灭失的风险来说,需以对快件风险的控制力确定风险的承担主体,根据快递服务的全网性等特征,应当坚持"一票到底"规则,由快递企业统一对用户承担快件风险,之后再根据约定向快递员进行追偿,实践中一般会从保证金、计酬中扣除。就快递员在快递服务过程中可能面临的天气、交通路况等风险来说,由于两者为承揽关系,故快递员需要自担此类风险,快递企业不承担雇主责任。

第七章 快递服务市场的消费者权益保护

第一节 快递服务中的消费者

快递消费者是快递服务的购买者与使用者,是快递企业能够获得经济利益,实现自身存续和发展的重要支持。如何保护快递消费者的合法权益,使其能够共享快递行业飞速发展的成果,是理论界和实务界长期探讨的话题。与一般意义上的消费者相比,快递消费者在内涵和外延上均存在特殊性,有必要结合快递服务市场的特点和实践进一步予以明确,为快递服务中消费者权益保护寻找理论基础。

一、快递消费者的界定

在市场经济活动中,相较于经营者,消费者在信息获取、经济实力、专业水平等方面处于弱势地位,因此为了维护健康的市场交易秩序,需要对消费者进行倾斜性保护。但这并不意味着要走向极端,将消费者与经营者的关系置于矛盾对立地位,而是需要在两者之间找到恰当的平衡点,达到实质公平。基于这一理念,在讨论快递服务中消费者权益保护之前,需要首先根据快递服务市场的实际情况,确定快递消费者的内涵和范围。

(一)快递消费者的概念内涵

《消费者权益保护法》并未对"消费者"这一概念作出明确界定,但结合该法第2条的规定,理论界和实务界的通说多将消费者的概念解释为,为生活消费的需要而购买商品或者接受服务的自然人。[①] 从这里可以看出,成为消费者需要满足三个要件:

第一,消费者属于购买、使用商品或接受服务的自然人,单位不包含在内。

---

① 参见王利明:《消费者的概念及消费者权益保护法的调整范围》,载《政治与法律》2002 年第 2 期。

这是因为相较于自然人个体来说,单位在信息获取能力、经济实力和专业水平方面可以通过扩充人员的方式进行加强,因此不存在进行特别保护的必要。在快递服务市场中,快递用户既有自然人,也有法人。其中,只有自然人用户才属于本章讨论的快递消费者,法人用户应当排除在外。对此,下文将详细展开论证。

　　第二,消费者购买、使用的商品或接受的服务是由经营者提供的。这是对消费者的消费对象作出的限制,即公共产品的使用、自然人之间的物品买卖不属于《消费者权益保护法》中的消费。因为如果要求公共产品的提供主体负担保护消费者的义务,则公共产品的提供成本会大幅增加,进而削弱公共产品提供主体继续提供公共产品的动力;而自然人之间一般情况下不存在巨大的信息差,两者之间的法律关系通过普通的买卖合同即可完成调整。在快递服务市场中,消费者所接受的快递服务是由快递服务主体(经营者)提供的,而非自然人提供的物品;且正如前文所述,快递服务与邮寄服务不同,不属于公共产品的范畴,受到市场规则的调整,因此,在这一方面符合消费对象要件。

　　第三,消费者是为了满足自身的生活需要而实施消费行为的人,这是对消费动机和消费目的的考查,把生产性消费排除在法律倾斜性保护的范围之外。所谓"生活消费",是指购买的商品或服务最终用于非生产经营活动的消费行为。[1] 在快递服务市场中,快递个人用户通过购买快递服务,以满足自身的寄递需求。快递个人用户的寄递需求主要产生于两类场景中:一是个人用户通过网络进行购物;二是个人用户将自身持有的物品送至其他地点。在第一类场景中,快递服务主要用于实现个人用户进行网络购物的目的,是个人用户最终获得其所购买商品的必要条件,而非出于生产经营活动的需要。在第二类场景中,将特定物品送至其他地点是生活中的常见需求,同样不属于生产经营活动。因此,快递个人用户为满足快件寄递需求而购买、使用快递服务的行为,属于"生活消费"行为。这亦说明,快递个人用户并不具备与快递服务相关的专业知识,属于《消费者权益保护法》意义上的弱者,具有较强的被保护需求。[2]

　　综上所述,本书认为,快递消费者是指基于自身在生活中寄递快件的需求,购买、接受由快递服务主体所提供相应快递服务的自然人。一般情形下,快递服务会涉及三方主体,分别为寄件人、快递服务主体和收件人。其中,寄件人

---

[1]　参见马一德:《解构与重构:"消费者"概念再出发》,载《法学评论》2015年第6期。

[2]　参见高庆凯:《"消费者"概念:登场机制与规范构造》,载《法学》2019年第10期。

和快递服务主体的合意是快递服务合同得以成立并生效的基础。寄件人一方作为合同的两造之一,在满足以上要件的情况下,当然地享有消费者的地位,自不待言。需要讨论的是,收件人并非快递服务合同当事人,其是否同样享有消费者的主体地位?此外,除自然人之外,法人也是快递服务中常见的寄件人和收件人,其是否应被划分到快递消费者的范围之内?下文围绕这两个问题展开论述。

(二)收件人的消费者地位

收件人是否享有消费者地位,应当分情况进行讨论。若收件人与寄件人身份相重叠,则收件人作为快递服务合同的签订者,购买并接受了快递服务主体提供的快递服务,当然属于消费者范畴,毋庸赘述。如果收件人为寄件人之外的第三人,则在快递费用"寄付"和"到付"两种不同模式下,收件人所承担的权利义务内容有所不同,需要分别进行讨论。

1.快递费用"寄付"情形下收件人的主体地位

一般情形下,与快递服务主体签订快递服务合同并支付价款的主体是寄件人。由于合同具有相对性,快递服务合同原则上对作为第三人的收件人不具有约束力。快递服务合同虽然能够为收件人设定利益,但是收件人作为拥有独立意志的民事主体,只有其明确表示同意受领该利益时,快递服务合同才会对收件人产生效力。此时,收件人享有快递服务合同为其设定的权利,成为接受快递服务的主体。不过,收件人并不因此具有直接向快递服务主体主张权利的基础,而只能通过寄件人间接向快递服务主体主张权利。收件人若想获得独立的请求权,必须以获得寄件人的指示为前提条件。也就是说,寄件人可以通过指示实现请求权的让与,收件人则据此直接向快递服务主体主张权利。

然而,从消费者权益保护的视角而言,消费关系并不等同于合同关系。消费关系是指消费者购买、使用商品或者接受服务的过程中所发生的关系,既可能由购买商品或购买服务的行为产生,也可能由使用商品或接受服务的行为而产生。正如学者所言,"消费者权益保护法不仅保护存在合同关系的消费者,也保护不存在合同关系的消费者"[①]。在这一意义上,判断收件人是否具有消费者地位的关键并不在于其与快递服务主体之间是否存在合同关系,而在于两者之间是否成立消费关系,即收件人是否是快递服务的受领人。收件人受领

---

① 孟勤国、戴盛仪:《论"消费者"之界定要件》,载《理论月刊》2015 年第 2 期。

快递服务,即指由快递服务主体向收件人履行投递义务,由收件人接收快件的权利,此时,收件人应当享有消费者的主体地位。例如,快递服务主体应向收件人提供快件的寄递轨迹、投递状态等信息,以保障收件人对快递服务过程的知情权。基于收件人在受领快递服务后发生的身份转变,明确受领时间就显得尤为重要。本书认为,只有同时满足以下两个条件,才可认为收件人受领了快递服务,成为快递服务合同中的消费者:第一,寄件人明确发出指示,由收件人受领快递服务合同中的各项权利。第二,收件人同意受领快递服务合同中的权利。

2.快递费用"到付"情形下收件人的主体地位

除前述一般情形之外,目前还存在一种快递费用"到付"的服务模式。快递费用到付,是指寄件人和快递服务主体在快递服务合同中约定,由合同之外的收件人给付快递费用的服务模式。实践中,快递服务主体往往会在投递环节告知收件人有关费用承担的约定,由收件人选择是否支付运费。在这种服务模式下,寄件人和快递服务主体的约定实质上突破了合同的相对性,将收件人纳入了应当承担合同义务的主体范畴。本书认为,基于权利义务的对等性,支付快递费用的收件人应被赋予消费者地位,从而享有相应的消费者权利。

需要注意的是,快递费用"到付"的约定具有涉他性,该约定并不会当然导致收件人直接负担给付费用的义务。依据快递服务的一般流程,快递服务主体在收寄"到付"快件时,并不会即时与收件人进行沟通,询问其是否愿意承担支付费用的义务。因此,该义务的承担应以收件人的同意为前提,收件人具有选择权。如果收件人选择接受快递服务合同中的利益,则需要同时受到快递服务合同中"到付"条款的约束,即向快递服务主体承担给付快递费用的义务。此时,收件人实质上与快递服务主体达成了新的合意,从而进入快递服务合同当中,成为快递服务合同的主体,直接具有消费者的地位。当然,如果收件人选择拒绝快递服务合同的利益,则其无需承担给付快递费用的义务,自然也就无从成为快递消费者。概言之,收件人获得快递消费者身份的重要节点,在于其明确同意承担快递服务合同项下的给付费用义务。收件人的同意一般发生在投递环节,快递员在投递快件时主动告知收件人"到付"条款,收件人则通过回复短信、打电话、现场确认等方式接受该条款,并在收取快件的同时支付相应的服务费用。

(三)法人用户不属于消费者范畴

根据快递服务对象和快件来源不同,快递服务可以分为电商快递服务、商务快递服务和个人快递服务。其中,电商快递的寄件人主要为电商企业,而商务快递的寄件人主要为企事业单位,两者都属于法人用户。

在快递服务中,法人用户和个人用户在购买服务时所处的地位明显不同。第一,对寄递服务需求的大小及稳定性不同。在快递服务中,法人用户多为资金较为雄厚的商业经营者,寄递数量大且有持续性,因此,一般会与快递服务主体签订定期按量支付快递费用的合同,且在费用上享有一定的折扣。而个人用户被称作"散户",快件寄递的需求量小,快递寄递的数量也不稳定,因此在快递费用的支付上,只能采用单次计费支付的方式,很少能够获得特别的优惠。第二,磋商和缔约能力不同。法人用户一般都可以基于服务需求与快递服务主体进行协商,对合同中的具体条款进行修改,更好地保障自身权益。法人用户这种与快递服务主体谈判上的优势地位是个人用户无法比拟的,因此,法人用户在实践中又被称作"协议用户"。个人用户则势单力薄,其仅能被动接受格式化的快递服务合同,通过协商修改格式条款的可能性几乎为零。第三,服务信息获取能力不同。虽然由于快递服务主体享有经营信息的专业性以及对快件信息归属的独占性,个人用户与法人用户在信息获取能力方面并不存在实质上的差异,但是面对法人用户在购买快递服务时的强势地位,快递服务主体一般都会主动提供相关信息,甚至降低合作条件,以促成与法人用户合作的机会。因此,法人用户在购买快递服务时所面临的信息不对称的问题基本已经得到解决,而个人用户仍然陷于信息的蒙昧状态中。

综上所述,《消费者权益保护法》的立法目的是给予处于弱势地位的、具有广泛性的消费者群体以倾斜性保护,而法人用户无论是从谈判地位还是经济实力上来讲,均不属于弱者,其完全有能力通过合同法实现对于自身权益的全面维护。[①] 将其纳入消费者范畴而对其进行倾斜性保护,不仅没有现实必要性,而且可能导致法人用户和快递服务主体势力的反向逆增,从而违背立法者的初衷。因此,本书认为应当将快递服务合同消费者的范畴限定于个人用户,而将法人用户排除在外。

二、保护快递消费者的理论证成

快递企业具有多重角色,其既是快递服务市场中的经营者,也是与自然人

---

① 参见国务院法制办公室编:《中华人民共和国工商行政管理法典(注释法典)》,中国法制出版社 2016 年版,第 490 页。

相对的公司法人。因此,通过对快递企业的行为规制实现对快递消费者合法权益的保护,可以分别从经济法和公司法两个视角展开。而无论是从经济法视域中的经营者义务来源出发,还是从公司法语境下的企业社会责任理论来看,对快递消费者的合法权益进行法律保护都具有正当性和必要性。

(一)经济法视角下的快递消费者权益保护

作为快递服务的提供者,快递企业处于快递行业中经营者的地位,与此相对应,接受快递服务的相对方则为消费者,快递企业应当承担保护消费者合法权益的经营者义务。从经营者的层面来说,经营者对消费者承担的责任类型及其依据共有三种,分别为社会成本理论、契约理论和合理注意理论。

第一,社会成本理论。社会成本理论认为,产品制造商应当为产品缺陷引起的各类损害后果负责,并为此支付相应的成本。即使产品制造商已经尽到了合理注意,无法预见或消除产品的缺陷,该产品制造商也不得免责。[①] 依据该理论,快递企业应当为自己向快递消费者所提供的快递服务提供全程安全保障,即使发生了快递企业预期之外的侵犯消费者权益的行为,或者快递企业中的个人实施了侵犯消费者权益的行为,也应由快递企业支付相应的赔偿成本,因为这种安排所消耗的社会总成本最低。社会成本理论实质上是"严格责任"的基础,其合理性可以进行如下分析:其一,由于快递企业需要承担消费者在享受快递服务过程中遭受的损失,因此其会以更高标准的注意水平为消费者提供服务,进而减少快递服务过程中的风险。其二,快件毁损灭失造成的损失对于某个个体消费者来说可能过大,但通过把这种损失转移到快递企业内部,后者再将承担这种损失的成本分摊到所提供的快递服务中,由所有的快递消费者共同分担,此时,每个消费者只需负担极小的一部分成本即可。其三,自消费者将快件交付给快递企业后,快件就脱离了消费者的控制范围。快递企业作为全程控制快件的主体,是距离风险最近的主体,也是最能控制风险发生的主体。综上,该理论看到了不同主体在风险生成和风险控制能力方面的差异,遵循了"能力越大,责任越大"的思路,以此实现对责任的分配。

第二,契约理论。契约理论认为,消费者和企业之间存在一种契约关系,双方均是追求利益最大化、但不具有完全理性的"契约人"。契约人具有两个特征:其一,因信息不对称而产生的有限理性。其二,可能会利用一切机会追求损

---

① 参见张学斌、赵冬花主编:《企业伦理学》,哈尔滨地图出版社2006年版,第142页。

人利己的效果,实施机会主义行为。① 在快递服务市场中,快递消费者的有限理性相较于快递企业更为明显。首先,快递消费者对快递企业本身的了解有限,无法完全掌握快递企业的服务质量和服务水平;其次,快递消费者无法主动获得快件寄递的状态,只能被动接受快递企业所告知的信息;最后,快递消费者无法预测快递服务过程中可能出现的风险,以及相应的解决措施。但快递企业对于上述信息皆了如指掌,明显处于信息优势地位,其在客观上的理性程度也远高于快递消费者。此外,快递企业可能会做出机会主义行为,为追求更高的经济利润损害快递消费者的利益。例如,在快递消费者没有明确寄递要求的情况下,快递企业为了降低快件寄递成本,可能会选择减震质量差的快件包装,或者选择运输成本低但耗费时间长的运输工具等。因此,面对快递消费者的有限理性和快递企业的机会主义行为,应当对快递消费者实施倾斜性保护,以实现快递服务交易的实质公平。

第三,合理注意理论。合理注意理论认为,由于消费者缺乏产品制造商的知识和专长,因此两者处于不平等的地位。产品制造商基于自身的优势,应当具备合理的注意,以免消费者因产品而遭受损害。② 在快递服务过程中,快递企业的优势体现在以下几个方面:其一,对快件寄递相关信息的全面掌握。通过提供快递服务,快递企业可以掌握快件寄递轨迹、预计送达时间、收件人和寄件人的地址、联系电话等多项信息。其二,对快件安全风险具有较强的控制能力。快递企业可以通过在收寄环节对快件进行验视,在运输环节绕开颠簸路段,在分拣环节避免暴力分拣等方式降低快件毁损灭失的风险。其三,对快递服务合同内容的单方决定权。实践中,快递消费者和快递企业所签订的快递服务合同往往存在大量的格式条款,其中不乏快递企业的责任减免内容,以使快递企业在纠纷发生时处于有利地位。基于自身具备的上述优势,快递企业应当负担合理的注意义务,使快递消费者在使用快递服务的过程中免受损害。

(二)公司法视角下的快递消费者权益保护

作为公司法人,快递企业应当遵守《公司法》的规定③,积极承担保护快递

---

① 参见戎素云:《消费者权益保护运动的制度分析》,中国社会科学出版社 2008 年版,第 38—39 页。

② 参见张学斌、赵冬花主编:《企业伦理学》,哈尔滨地图出版社 2006 年版,第 140 页。

③ 参见《公司法》第 20 条第 1 款规定:"公司从事经营活动,应当充分考虑公司职工、消费者等利益相关者的利益以及生态环境保护等社会公共利益,承担社会责任。"

消费者合法权益的社会责任,利益相关者理论可以为此提供理论支持。利益相关者理论认为,公司是不同利益相关者利益的集合体,公司的发展不仅要考虑股东的利益诉求,同时也应当关注其他利益相关者的诉求。[1] 其中的利益相关者,是指向公司注入了一定投资的主体,这种投资可以体现在为公司的存续分担了一定经营风险,也可以体现在为公司的经营活动付出一定代价。[2] 以这一界定作为标准,可以认定快递消费者属于快递企业的利益相关者。第一,快递消费者的消费行为能够为快递企业开展快递业务提供动力。正是由于快递消费者实施了消费行为,才完成了快递企业的业务循环,使快递企业能够不断获得再生产的资本,实现了"生产→分配→交换→消费→再生产"的完美闭环。在这一闭环之内,通过不断满足快递消费者寄递快件的需求,快递企业得以不断更新生产资料,充实经营内容,扩大经营规模。因此,快递企业的发展离不开快递消费者的消费行为。第二,快递消费者在使用快递服务的过程中,也分担了快递企业的经营风险。这一方面的典型例证是快递服务合同中的限额赔偿条款。根据限额赔偿条款的要求,当快件毁损灭失后,快递消费者只能在有限的额度内获得快递企业的赔偿,这极大降低了快递企业开展快递业务的风险,有助于快递企业持续开展快递经营活动。因此,快递消费者作为快递企业重要的利益相关者,快递企业应当积极维护其合法权益。

　　以利益相关者的视角保护快递消费者的权益,对于快递企业本身和整个快递行业的健康发展均有所助益。一方面,保护快递消费者的合法权益,意味着快递企业尊重快递消费者的权利,并积极促进快递消费者利益的实现。这将使得快递消费者获得更好的快递服务体验,进而积极实施消费行为,提高快递企业的经济收益。另一方面,对快递消费者合法权益的保护将促使快递消费者与快递行业之间形成和谐融洽的消费-服务关系,快递企业也有动力进一步提高快件寄递的服务质量,进而提升整个快递行业的服务水平,实现快递服务市场的可持续发展。

---

[1]　参见 E. Merrick Dodd, Jr., For Whom Are Corporate Managers Trustees?, 45 Harvard Law Review 1145, 1145–1163 (1932).

[2]　参见陈宏辉、贾生华:《利益相关者理论与企业伦理管理的新发展》,载《社会科学》2002 年第6 期。

三、我国快递消费者的维权途径

结合《消费者权益保护法》与我国快递服务市场的实践,快递消费者在使用快递服务的过程中若与快递企业及其工作人员发生纠纷,可以选择以诉讼或者非诉的方式解决。在参与主体上,快递消费者既可以与快递企业自行解决,也可以申请第三方主体介入,在第三方主体的主持下维护自己的合法权益。

(一)向快递企业投诉、协商和解

若快递企业提供的快递服务未能满足快递消费者的要求,快递消费者可以直接向快递企业主张维权,具体包括投诉和协商和解两种方式。

快递消费者选择向快递企业投诉的,需要通过快递企业提供的投诉处理服务实现。首先,快递企业应当在自己的官方网站、微信公众号、APP等途径公布投诉服务的信息,包括官方投诉电话、投诉网址、投诉处理流程、投诉处理时限、投诉反馈方式等内容,为消费者提供畅通的投诉渠道。采取加盟制的快递企业应当向消费者提供统一的投诉处理服务[1],不得以各自分别开展快递业务为由设置内容各异的投诉处理方式,增加消费者的投诉难度。其次,快递企业收到消费者的投诉后,应当在7日内进行处理,并及时向消费者反馈投诉处理结果。[2] 最后,快递企业对消费者投诉的处理情况是邮政管理部门开展监督检查的重点内容。对于没有向消费者提供统一投诉处理服务的加盟制快递企业,邮政管理部门应当责令其改正,并依据严重程度,对其处以1万元至10万元数额不等的罚款,直至停业整顿。[3] 若消费者向快递企业投诉后,合法权益依然无法得到维护,消费者可向邮政管理部门提出申诉。

除投诉之外,快递消费者还可以选择与快递企业协商和解。协商和解是指快递消费者与快递企业遵循自愿平等的原则进行平和协商,从而解决双方之间纠纷的方式。相较于其他维权途径,协商和解是最为平和、高效的纠纷解决方式,具有独特的优势。对于快递消费者来说,协商和解能够在最短的时间内、以最小的成本维护自身权益。当纠纷是由价值较低的快件引起时,快递消费者可能并不想投入过多的精力和时间处理纠纷,此时协商和解就是最为适宜的纠纷解决方式。快递企业要向数量众多的消费者提供快递服务,各快递网点每天的

---

[1] 参见《快递暂行条例》第20条第2款的规定。
[2] 参见《快递暂行条例》第29条的规定。
[3] 参见《快递暂行条例》第51条的规定。

人流、物流数量巨大,其必然也希望能够在尽可能小的范围内解决纠纷,此时,协商和解能够将纠纷对自身经营活动和品牌形象的负面影响降至最低。因此,双方均有动力达成和解协议。和解协议的内容由快递消费者和快递企业自行商议确定,在不违反法律的强制性规定、没有侵害其他主体合法权益的情况下,和解协议就是有效的。当然,协商和解的方式亦存在不足:一是协商和解仅适用于快递消费者和快递企业争议不大的情形,对于分歧过大的纠纷,双方很难达成一致意见,此时协商和解就不存在适用空间;二是双方自愿达成的和解协议缺乏强制执行力,即使快递企业违反和解协议,消费者也无法据此直接请求法院强制执行。

(二)向邮政管理部门申诉

在向快递企业投诉无果,或者投诉处理结果未达到自身预期的情况下,快递消费者可以提出申诉[①],以维护自身合法权益,具体而言,可以通过"12305"专用电话、"邮政业消费者申诉"微信公众号,或者在邮政业申诉服务平台直接向邮政管理部门提出。实践中,各地的邮政管理局均设有"邮政业消费者申诉中心",专职负责处理消费者申诉工作。[②] 申诉是快递消费者维权的有效途径,在实践中得到了广泛运用。国家邮政局公布数据显示,国家邮政局以及各省(区、市)邮政管理局在 2023 年四季度共处理 11081 件快递服务问题有效申诉,妥善解决了消费者遇到的快件丢失短少、投递服务质量差和快件毁损等问题。[③]

快递消费者提出申诉时,应当同时满足以下条件:其一,符合申诉受理范围。快递消费者的申诉事项应当属于快递服务主体的服务质量问题。其二,有明确的申诉内容。即快递消费者能够提供明确的申诉对象、申诉事由、事实材料、自己的证件信息和申诉事项相关快件等信息,并在申诉中清晰表达自己的诉求。其三,完成前置程序。即在申诉之前,快递消费者已经向快递企业进行了投诉。其四,一事不再理。即快递消费者所申诉的内容应当属于邮政管理部

---

① 参见《快递市场管理办法》第 30 条第 2 款的规定。

② 如渭南市邮政业消费者申诉中心专门负责渭南市邮政业消费者申诉处理工作等,参见《邮政业消费者申诉提示》,载 http://sn.spb.gov.cn/shanxisyzglj/c104073/c104076/202203/a5922c883b7140c398a411344d2d56c3.shtml,最后访问日期:2025 年 3 月 31 日。

③ 参见《国家邮政局关于 2023 年四季度邮政业用户申诉情况的通告》,载 https://www.spb.gov.cn/gjyzj/c100015/c100016/202402/4c3199f6285642afae84aae9e237d9ee.shtml,最后访问日期:2025 年 3 月 31 日。

门没有受理过的事项,或者该事项虽然受理过,但消费者提出了新的申诉对象或申诉事由。其五,在法定期间内提出申诉。申诉事项涉及的快件为国内快件的,快递消费者应当在快件交寄起 1 年内向邮政管理部门提出申诉;申诉事项涉及的快件为国际快件的,快递消费者应当在快件交寄起 6 个月内提出申诉。[①]

邮政管理部门收到快递消费者的申诉后,应当按照以下流程处理:第一,对申诉事项进行审查。若消费者的申诉事项不满足上述条件,邮政管理部门应当在收到申诉后 5 个工作日内向消费者告知不予受理,并说明理由。若申诉事项满足上述五个条件,邮政管理部门应当及时受理。第二,核实申诉事项。对于受理的申诉事项,邮政管理部门可以通过向被申诉的快递企业了解情况等方式,核实消费者的申诉内容。若内容属实,则应当要求快递企业依法解决消费者的申诉事项。第三,要求被申诉主体报告处理情况。快递企业收到转告的申诉事项后,应当结合实际情况与消费者沟通,尽量协商解决争议,并在 10 日内将申诉处理情况报送邮政管理部门。第四,联系消费者核实申诉处理情况。邮政管理部门收到快递企业的报送内容后,应当及时联系提出申诉的消费者,核实快递企业的报送信息。若消费者确认报送信息无误,且对于处理结果无异议的,邮政管理部门应告知快递企业与消费者和解,并对消费者作出申诉答复;若消费者对处理结果有异议,并说明理由和依据的,邮政管理部门则应当组织双方调解。第五,组织调解。邮政管理部门应当联系快递企业和对处理结果有异议的消费者进行调解,记录双方达成的一致意见,并向消费者作出申诉答复。若双方未能在 3 个工作日内调解成功的,邮政管理部门应当记录调解结果并停止调解,向消费者作出申诉答复。第六,保存申诉材料。向消费者作出申诉答复后,邮政管理部门应当将申诉处理过程中产生的各类材料至少保存 3 年。[②]

(三)进行调解

在快递消费者无法自行与快递企业就争议事项达成和解,但又不想进入诉讼或仲裁程序的情况下,还可以申请调解。调解,是指在消费者组织、行业协会、人民调解委员会等第三方组织的介入、协调之下,由快递消费者与快递企业进行友好协商,最终达成调解协议的纠纷解决方式。第三方组织的参与使得调解具有独特的优势,体现为:第三方组织往往在社会上具有较高的公信力,由其

---

① 参见《邮政业用户申诉处理办法》第 8 条—第 11 条的规定。
② 参见《邮政业用户申诉处理办法》第 13 条—第 23 条的规定。

主持消费者与快递企业进行调解,更能够获得纠纷双方的认可。此外,第三方组织是专业的调解机构,其组织成员通过履行调解职责,已经积累了丰富的调解经验,并在组织内部形成了相应的调解规则和程序要求,具有完整、科学的调解流程,有助于妥善解决快递消费者与快递企业的纠纷。不过,调解方式同样存在不足,即调解是快递消费者和快递企业自愿选择的纠纷解决方式,最后达成的调解协议不能直接产生法律强制力,其内容的执行完全有赖于快递企业的自觉遵守。实践中,快递消费者能够选择的调解组织包括以下几种:

第一,由消费者组织进行调解。我国的消费者组织主要是指消费者协会和其他消费者组织,如中国保护消费者基金会等。[①] 其中,履行调解职责的组织主要是消费者协会。中国消费者协会是对商品和服务进行社会监督,保护消费者合法权益的全国性、联合性、非营利性社会组织[②],属于"半官方的群众性团体"[③]。中国消费者协会的经费来源主要是政府资助和政府购买服务、利息、社会捐赠等[④],以此保证自身的独立性与公正性,并获得相应的公信力。消费者协会主要承担的职能包括:向消费者提供信息和咨询服务、对消费者的投诉进行调查和调解、支持权益受损的消费者提起诉讼等。[⑤] 当快递消费者向消费者协会提出投诉后,消费者协会应当按照以下流程进行调解:首先,受理快递消费者的投诉。消费者需要在这一环节将投诉的具体事项、涉及的快递企业名称等信息告知消费者协会。其次,对投诉事项进行调查。消费者协会应当根据消费者提供的信息,与相应的快递企业取得联系,调查投诉事项的前因后果。再次,组织调解。通过调查明确纠纷发生的缘由之后,在快递消费者和快递企业自愿的情况下,消费者协会应当通知双方参加调解,并在调解过程中充分运用调解相关专业知识,促使达成一个双方均能接受的纠纷解决方案。最后,签订调解协议。调解成功后,消费者协会应当主持双方签订调解协议,由双方根据协议内容妥善解决纠纷。

第二,由快递行业协会进行调解。中国快递协会是快递企业为增进共同利

---

① 参见李适时主编:《中华人民共和国消费者权益保护法释义(最新修正版)》,法律出版社 2013 年版,第 162 页。

② 参见《中国消费者协会章程》第 2 条的规定。

③ 许明月、单新国:《社会性市场监管权主体监管权的法律规制》,载《甘肃政法学院学报》2018 年第 4 期。

④ 参见《中国消费者协会章程》第 33 条的规定。

⑤ 参见《消费者权益保护法》第 37 条的规定。

益、维护合法权益而自愿组成的全国性非营利社会组织,具有非营利性和互益性特征。非营利性是指该协会的成立不以向各快递企业成员分配经济利益为目的,其从事营利活动仅仅是为了维持自身的存续和发展。互益性是指该协会旨在促进各快递企业成员的交流合作,维护各成员的共同利益。中国快递协会下设调解工作委员会①,专职处理与快递企业相关的纠纷,为快递消费者提供了多元化的维权途径。

第三,由人民调解委员会进行调解。人民调解委员会是调解民间纠纷的群众性组织,可以由企业事业单位根据自身实际需要设立。② 为帮助快递消费者便捷、快速处理纠纷,多地快递行业协会与当地司法局等主体合作,成立了快递行业人民调解委员会。如2024年7月26日,石嘴山市司法局与石嘴山市快递协会签署文件,联合成立石嘴山市快递行业人民调解委员会。该人民调解委员会由专业调解人员组成,旨在有效调解市辖区内快递行业的矛盾纠纷,畅通快递消费者的维权渠道。③ 此外,伊春市④、乌海市⑤、绍兴市⑥等地也成立了快递行业人民调解委员会,肩负起了化解当地纠纷,调解快递消费者和快递企业之间矛盾的重要职责。同时,快递行业人民调解委员会还在快递行业的矛盾纠纷预警和法律法规宣传方面发挥了重要作用。

第四,由法院或其他第三方组织进行调解。法院和其他第三方组织在调解快递消费者和快递企业间纠纷的过程中同样扮演了重要角色。其中,法院的调解将在下一部分展开,这里只针对其他第三方组织的调解进行论述。其他第三方组织主导的调解具有较强的灵活性,主要体现为:其一,该组织本身可能是在某方面具有专长的主体,能够将自身的专长用于调解过程,以增强调解的公信力,妥善解决纠纷。例如,在祁东县某快递消费者与快递企业之间快件丢失

---

① 参见 http://www.zgkdxh.org.cn/about/organization.html,最后访问日期:2025年3月31日。

② 参见《中华人民共和国人民调解法》第7条、第8条的规定。

③ 参见《石嘴山成立快递行业人民调解委员会》,载 http://www.nxzfw.gov.cn/zfjj/dwjs/202407/t20240729_902569.html,最后访问日期:2025年3月31日。

④ 参见《伊春市成立邮政快递业人民调解委员会》,载 http://hl.spb.gov.cn/hljsyzglj/c100057/c100061/202405/9158f407a5074584a0870ff298e3327a.shtml,最后访问日期:2025年3月31日。

⑤ 参见《乌海市邮政快递行业人民调解委员会授牌仪式圆满举办》,载 https://www.thepaper.cn/newsDetail_forward_28995584,最后访问日期:2025年3月31日。

⑥ 参见《绍兴组建快递行业纠纷人民调解委员会》,载 http://zj.spb.gov.cn/zjsyzglj/c100057/c100061/202308/f717f0354d35410e9bf31c918fa83929.shtml,最后访问日期:2025年3月31日。

理赔金额纠纷的处理中,祁东县价格认证中心通过对案涉快件价格的市场调查,合理确定了快件物品的实际价值,为纠纷双方提供了精准的价格意见,圆满完成了此次纠纷的调解工作。① 其二,该组织可以与诸多在调解方面具有优势的其他主体相结合,发挥多元主体的各自特长,共同致力于纠纷的有效解决。例如,淮安市清江浦区司法局推出"1+16+N"工作机制,综合本区的快递物流行业全链条调解组织平台、镇街调解中心和网格内的热心居民、社会组织等多方主体,壮大化解快递物流行业治理团队力量。②

(四)提起仲裁或诉讼

快递消费者还可通过向仲裁机构申请仲裁,或者向人民法院提起诉讼的方式维护自身的合法权益。关于仲裁和诉讼方式的选择,常见于快递服务合同中的争议解决条款。实践中,该条款多为快递企业单方提供的格式条款。因此,快递企业应当以显著方式提请快递消费者注意该争议解决条款的存在,并对争议处理方式的选择规则尽到说明义务。否则,快递消费者有权主张该争议解决条款不属于快递服务合同的内容。若该争议解决条款同时约定了消费者既可申请仲裁,也可提起诉讼的,除消费者申请仲裁后,快递企业在法定期间内未提出异议的情形外,该条款的约定无效。

双方约定仅通过仲裁方式处理的,快递消费者应当向仲裁机构申请仲裁。若争议解决条款中明确了仲裁机构,则消费者可直接向该仲裁机构申请;若争议解决条款中仅约定使用仲裁方式处理纠纷,但约定的仲裁机构不明,则消费者需要和快递企业协商确定仲裁机构。双方未能协商一致时,该争议解决条款无效;若争议解决条款中仅约定了使用仲裁方式处理纠纷,但未约定仲裁机构,又无法达成补充协议的,则该争议解决条款无效。在前述仲裁争议解决条款无效的情况下,快递消费者可向法院提起诉讼。

双方约定仅通过诉讼方式处理的,法院可结合纠纷的实际情况判断是否适宜调解。对于适宜调解的纠纷,在征得快递消费者和快递企业的同意后,法院可在立案之前进行诉前调解。诉前调解的优势在于,能够以简便、灵活的程序处理双方的纠纷,降低成本,节约司法资源。实践中,诉前调解能够高效解决快

---

① 参见《价格争议纠纷调解典型案例汇编(五)｜快递丢失引争议 协商赔偿解纠纷》,载 https://www.yiyang.gov.cn/fgw/2496/40627/content_1868166.html,最后访问日期:2025 年 3 月 31 日。

② 参见《清江浦打造快递物流行业全链条调解模式》,载 http://sfj.huaian.gov.cn/col/8704_612664/art/17303904/1731029795114mgK7w3FY.html,最后访问日期:2025 年 3 月 31 日。

递消费者与快递企业之间因拖欠快件寄递费用①、快件包裹丢失②等事由引发的纠纷。对于不适宜调解处理的纠纷,则应当通过诉讼程序解决。由于快递服务纠纷案件的标的数额通常较小,因此可以适用小额诉讼程序或简易程序进行审理。适用小额诉讼程序审理的,法院应当在立案之日起 2 个月内审结;适用简易程序审理的,法院应当在立案之日起 3 个月内审结。

第二节　我国快递消费者权益保护相关法律规范

为全面维护快递消费者的合法权益,我国已经形成了完整的法律规范体系。本部分遵循从一般到特殊的逻辑,分别就消费者权益保护的一般性规范与快递消费者权益保护的专门性规范展开论述,最后探讨电商快递消费关系中消费者权益保护的法律适用问题。

一、消费者权益保护的一般性规范

归根结底,快递消费者是消费者在快递服务场景下的具化。因此,我国有关消费者权益保护的一般性规范当然适用于快递消费者的权益保护。目前,我国已经形成了较为完善的消费者权益保护法律体系,既在中央层面制定了保护消费者权益的法律、行政法规、部门规章和其他规范性文件,又出台了各地关于落实消费者权益保护的实施办法和配套制度,为保护消费者合法权益提供了坚实的制度保障。

在法律层面,《消费者权益保护法》是保护消费者合法权益的基本法。该法共 8 章 63 条,内容涵盖了消费者保护法的宗旨、原则,消费者的权利,经营者所应承担的义务,国家机关的责任,消费者组织的职能,争议解决的途径以及损害消费者合法权益的法律责任等。快递消费者作为消费者的类型之一,自然也是《消费者权益保护法》的保护对象。但在具体适用法律的过程中,对快递消费者的保护方式与对一般消费者的保护存在区别。由于快递企业向快递消费者所提供的是快递服务而非实物商品,且服务内容作用的对象是寄递的快件而

---

① 参见《快递合同起纠纷 "午间法庭"诉前调解纾困》,载 https://www.chinacourt.org/article/detail/ 2022/10/id/6970721.shtml,最后访问日期:2025 年 3 月 31 日。

② 参见《快递丢失起争议 法院调解速赔付》,载 https://www. chuzhou. gov. cn/ztzl/stszt/yasf/ 1110785349.html,最后访问日期:2025 年 3 月 31 日。

非消费者的人身,因此,快递企业的义务与一般的经营者义务存在区别,具体包括:第一,快递企业作为服务提供者,无需承担商品的退货、更换、修理义务,以及接受消费者的无理由退货申请。第二,快递企业的质量担保义务,不同于对一般商品的质量担保,无需适用产品责任。但其在向消费者提供快件寄递服务的过程中,负有保持快件本身物理性状完整和价值完好的义务。第三,与一般的经营者相比,快递企业应当向消费者履行内容更为丰富的信息提供义务。由于消费者将快件交寄给快递企业之后,快件就脱离了消费者的控制,消费者无法全面了解快件的在途情况和预计送达时间。此时,快递企业有义务向消费者提供即时查询快件寄递状态的服务,使消费者能够及时掌握快件的最新状态,以合理安排取件时间。第四,对于采取加盟制的快递企业来说,其应当履行标明自身身份的义务,即使用的商标、字号和快递运单应当统一,使消费者能够清晰分辨。

在行政法规层面,与《消费者权益保护法》配套的《中华人民共和国消费者权益保护法实施条例》(以下简称《条例》)于 2024 年 7 月正式实施。《条例》共计 7 章 53 条,涵盖了消费者权益保护的一般性规定、消费者的权利和经营者的义务、国家对消费者合法权益的保护、消费者组织的职责履行、消费者相关争议的解决机制,以及侵害消费者合法权益的法律责任等内容,在《消费者权益保护法》的基础上,为消费者的维权提供了更为具体化的依据和渠道。《条例》的特色之处在于,专门针对直播营销、大数据杀熟等数字经济时代出现的新型商业模式进行规制,这也为快递消费者提供了多样化的保护依据。例如,快递企业所开发的 APP 中通常会推出会员功能,消费者开通会员后,可以在交寄快件时支付价格更为优惠的寄件费用、获得更多的用户积分,以及享受专属客服服务等特权。根据《条例》的要求①,这些 APP 在会员的开通界面提供自动续费或自动展期服务时,应当在消费者勾选上述服务之前,以显著的方式提请其注意,避免消费者在不知情的情况下开通这些服务,以充分保障消费者的知情权和自主选择权。

在部门规章和规范性文件层面,国家工商行政管理总局于 1995 年发布《关于实施消费者权益保护法的若干意见》,要求进一步学习和宣传《消费者权益保护法》,积极受理消费者权益争议的申诉案件、严惩侵害消费者合法权益的

---

① 参见《消费者权益保护法实施条例》第 10 条第 2 款的规定。

违法行为、支持消费者组织开展消费者权益保护工作。2013年,最高人民法院发布《关于认真学习贯彻实施消费者权益保护法的通知》,要求各级法院深入学习修改后的《消费者权益保护法》,提高对消费者重要地位的认识,全面贯彻公益诉讼、网络购物、退一赔三、举证责任倒置等新制度的内容,并注重与诉讼程序的衔接,最大限度保护消费者的合法权益。国家市场监督管理总局于2015年发布《侵害消费者权益行为处罚办法》,并于2020年修订。该办法以22个条文的篇幅规定了市场监督管理部门对侵害消费者权益行为进行处罚的原则、经营者为消费者提供商品或服务时的义务、经营者违反法定义务的认定标准、经营者违反法定义务的法律责任等内容。2024年4月,国家市场监督管理总局发布《关于学习宣传贯彻〈中华人民共和国消费者权益保护法实施条例〉的通知》,强调了该条例出台的重大意义,从多层次组织培训、多渠道宣传解读和多方位行政指导三个方面提出学习宣传条例的要求,并提出以完善制度供给、加强部门协作和推进系统治理来贯彻实施条例内容。此外,为落实消费者权益保护,许多省市结合当地实际情况制定了相应的条例或办法,这些地方性立法也属于消费者权益保护规范的范畴,本书不再一一列举。

二、快递消费者权益保护的相关规范

随着快递行业的迅速发展,我国初步构建了快递服务市场法律规范体系,并将保护消费者权益作为快递服务市场立法的目标和宗旨之一。在相关法律法规、部门规章和规范性文件中,不乏有关快递消费者权益保护的专门规定。

(一)法律法规层面

在法律层面,《邮政法》第1条开宗明义,将"保护用户合法权益"作为一项立法宗旨和基本原则。概而言之,《邮政法》对快递消费者权益的保护主要体现在以下方面:一是规范服务质量,要求邮政企业和快递企业"应当加强服务质量管理,完善安全保障措施,为用户提供迅速、准确、安全、方便的服务"。二是规制格式条款,明确邮政企业和快递企业"采用其提供的格式条款确定与用户的权利义务的",应当受到《民法典》中有关格式条款法律规范的约束。三是保护用户信息,严禁邮政企业、快递企业及其从业人员违法向任何组织或者个人泄露用户使用邮政服务和快递服务的信息。四是保障用户的受偿权,对邮件丢失、损毁或者内件短少情形下的损失赔偿规则进行规定,特别是从保护消费者权益的角度出发,对邮件损失的限额赔偿规定了两种例外:一是对于保价的给据邮件,邮政企业应在保价金额的范围内赔偿;二是邮政企业因故意或者重大过失造成给据邮件损失的,不受该法规定的最高赔偿额的限制。

在行政法规层面,《快递暂行条例》在发展保障、经营主体、快递服务、快递安全、监督检查、法律责任等方面对快递行业进行总体布局,其中涵盖了保护消费者权益的重要内容,包括:第22条强调快递企业在与消费者签订合同时对格式条款、禁止限制寄递规定、保价条款等事项的提醒和告知义务,保障消费者的知情权和选择权;第20条强调快件延误、丢失、损毁或内件短少时消费者享有损害赔偿请求权,并明确了快递加盟经营模式下损害赔偿责任的主体;第29条要求快递企业向用户提供业务咨询、快件查询等服务,以保障消费者的知情权;第23条、第35条明确了快递用户个人信息保护的具体规则,要求快递企业切实保障消费者个人信息安全。

(二)部门规章和规范性文件层面

在交通运输部出台的部门规章之中,2023年修订的《快递市场管理办法》将维护用户合法权益作为第1条目的条款的重要内容,凸显了对快递消费者权益保护的重视。在后续的条文中,主要通过对快递企业的义务进行规定,达到保护快递消费者合法权益的目的。具体来说:第一,为保障快递消费者的知情权,第23条要求快递企业在为交付商品提供快递服务时,告知电子商务经营者在销售商品网页上明示其快递服务品牌;第25条规定快递企业应当通过技术手段保证快递消费者能够及时查询获知个人信息收集处理情况、快件基本信息、服务费用等信息。第二,为保障快递消费者的公平交易权和自由选择权,第26条要求快递企业不得设定不公平、不合理的交易条件,不得强制交易;第28条要求快递企业在未取得快递消费者同意的情况下,不得代替消费者确认收到快件,也不得擅自将快件投递到快递末端服务设施。第三,为保障快递消费者的申诉权,第30条要求快递企业建立健全投诉申诉处理制度,畅通快递消费者的异议渠道。第四,为保障快递消费者的个人信息权益,第35条、第37条对快递企业收集、处理、委托处理快递消费者个人信息的行为进行规制,以此确保快递消费者的个人信息安全。第五,为确保上述消费者的诸项权益得到落实,第49条和第52条明确了快递企业违反前述法定义务时应当承担的法律责任。

2020年出台的《邮政业用户申诉处理办法》则从保障快递服务质量、规范消费者申诉处理工作的角度出发,维护消费者的合法权益。主要内容包括:第一,为对消费者进行申诉提供明确指引,第8条至第11条规定了消费者提出申诉的事项范围、前置程序要求、应当提交的材料和申诉时限。第二,为确保对消费者申诉处理工作的效果,第 13 条、第 18 条、第 19 条和第 21 条规定了邮政管理部门的工作流程和工作时限;第 15 条至第 17 条明确了当事企业收到申诉事项后的处理规范。

此外,各地也有专门针对快递消费者权益保护的文件。例如,2023 年 7 月 1 日实施的《广州市快递条例》明确规定了快递企业的服务内容和价格的公示义务,分拣快件的规范操作义务,对格式条款的提示说明义务,对分公司、加盟企业和末端网点的监管义务,建立信息化管理系统的义务,以及快递服务过程的安全保障义务,从而实现在快递服务过程中全面保护消费者的合法权益。又如,2014 年 8 月 1 日实施的《深圳市发展快递业管理规定》明确了快递企业进行分拣、运输、收投快件时的规范操作义务,并鼓励快递企业建立预赔机制,在发生快件延误、丢失、损害或内件不相符且事实清楚、责任明确的情况时,快速为用户理赔。

三、电商快递服务中消费者权益保护规范的适用

正如前文所述,根据服务对象和目的不同,快递服务可以分为电商快递服务、商务快递服务和个人快递服务。在电商快递服务法律关系中,消费者的身份具有双重性:其既购买或使用、接受了电子商务经营者提供的商品或服务,是电商消费者;又购买或使用、接受了快递企业提供的快递服务,是快递消费者。《消费者权益保护法》《电子商务法》等相关法律对电商消费者的权益保护作出特别规定,如消费者享有"七天无理由退货"的反悔权等。因此,当电商快递消费者的权益受到损害时,可能会同时涉及消费者权益保护的一般性规范、快递领域专门规范和电子商务领域专门规范三方面法律规范的适用。总的来说,《消费者权益保护法》及其实施条例为电商快递消费者权益保护提供了基础性的法律保障,而快递、电商法律规范则基于电商快递活动的特殊性,在特定场景下给予消费者更细致的法律保护,这三者在一定程度上可以形成互补关系。然而,在电商快递服务中,消费者的双重身份可能导致消费者权益保护的法律责任在多个主体之间存在交叉与重叠,进而可能带来在责任划分和法律适用上的困惑。一方面,电子商务经营者和快递企业均负有保护消费者合法权益的经营者义务,另一方面,两者的责任和义务又存在一定的差异。因此,为了更好地保护电商快递消费者的权益,应当正确选择和适用相关法律规范,明确电子商务

经营者和快递企业各自应当承担的义务和责任。本书以"网购包邮"和消费者退货两种典型情形为例展开讨论。

(一)"网购包邮"情形下的法律适用

"网购包邮"已经成为当下电子商务平台及平台内商家热门的销售方式。所谓"包邮",是指由电子商务经营者承担商品的全部快递物流费用,消费者除向电子商务经营者支付商品价款外,无需额外支付快递物流费用的销售模式。"包邮"模式可以有效地吸引价格敏感型顾客,有助于提高电商平台或商家的竞争力。但实际上,商家很可能将运费成本转嫁到商品价格中。换言之,快递企业所提供的快递服务被电子商务经营者"打包出售"给了消费者。在"包邮"模式下,从合同关系的视角而言,电子商务经营者与消费者所订立的买卖合同为赴偿之债,电子商务经营者负有合理安排商品的寄递并支付运费的合同义务,包括根据消费者的需求或按照合理的标准,选择适当的快递企业订立快递服务合同、对商品进行合理包装、选择适当的快递服务的种类等,以保证商品安全、及时送达消费者;而快递企业作为平等主体与电子商务经营者签订快递服务合同,承担运送商品的义务。然而,从消费关系的视角来说,电子商务经营者、快递企业和消费者三者之间的经济地位并不平等,电子商务经营者不仅相较于消费者处于优势地位,在面对快递企业时往往也较为强势,因此,本书认为侵害消费者权益的行为往往应当归责于电子商务经营者而非快递企业。

具体来说,一方面,对于消费者而言,"包邮"模式下的商品运送安排完全由电子商务经营者主导,消费者在选择快递品牌、快递服务种类等事项上不享有话语权。[①] 在消费者所处地区和电子商务经营者相距较远的情况下,消费者还可能会被电子商务经营者区别对待,无法参与"包邮"活动。[②] 另一方面,对于快递企业而言,电子商务经营者在很大程度上直接代表了消费者群体,也代表了大量的订单数,在激烈的行业竞争压力下,快递企业很难通过提供差异化服务来获得优势。因此,在两者议价的过程中,电子商务经营者通常处于强势地位,可以自由选择与哪家快递企业签订合同,对于快递服务合同条款的约定也享有较大话语权。由此可见,基于电子商务经营者在"网购包邮"模式下的

---

① 参见郝俊淇:《电商商品与快递服务分离定价机制的困境与出路》,载《经济与社会发展》2021年第6期。

② 参见钱霖亮:《电商经济中的差序格局:产业集聚、空间想象与数字消费不平等》,载《浙江学刊》2023年第1期。

强势地位与影响力,相较于快递企业而言,电子商务经营者应当主要承担保护消费者权益的义务和责任。例如,为保障消费者的知情权,电子商务经营者应当在交易前告知消费者可能选择的快递品牌和预计需要的运输时间;在商品发出后,应当及时通知消费者商品的快递单号,并向消费者提供快件信息的查询服务,使得消费者无需通过快递企业就能及时知晓商品的运输情况。如果电子商务经营者未能履行前述义务(如提供了错误的单号及快件信息)而导致消费者受到损害,应当由电子商务经营者而非快递企业承担相应责任。又如,如果消费者对于商家选择的快递品牌、服务种类(如是否应当选择航空快递或高铁快递)或其他服务条件有异议,认为自身的自由选择权、公平交易权等权利受到侵害的,应当向电子商务经营者提出权利主张。快递企业虽然是快递服务的提供者,但其在将商品配送给消费者之前,并不与消费者产生直接联系,不宜由快递企业承担有关法律责任。

(二)消费者退货情形下的法律适用

在消费者收到商品后主张退货的情况下,对于由此产生的费用和责任(如快递运费)的承担需要区分情况讨论。这既涉及《消费者权益保护法》第25条规定的"反悔权"和第24条规定的"退货权"之间的区别,又要区分消费者的权益受损系由电子商务经营者的行为还是快递企业的行为所导致。具体来说,可以分为以下两种情形进行讨论:

第一种情形是商品本身并不存在瑕疵,而消费者主张无理由退货。《消费者权益保护法》第25条赋予了消费者在电子商务交易活动中的"反悔权",在符合条件的情况下可以要求"七天无理由退货"。该项权利系针对电子商务交易的虚拟性和远程性特征而设置,故而应由电子商务经营者承担无理由退货义务,该义务并不适用于快递企业。换言之,消费者的反悔权本质上是一种法定的合同解除权①,解除的对象是消费者与电子商务经营者之间的电子商务交易合同,而不是快递服务合同。当消费者确认商品没有在寄递过程中损坏完成签收时,快递企业的合同义务就已履行完毕。因此,消费者行使反悔权时,需要自行与快递企业另行订立一个新的快递服务合同。作为寄件人,消费者在一般情形下需要承担运费。即使消费者在购买时享受了商家的"包邮"服务,退货时消费者通常仍需自行承担退货运费,除非商家或平台另行承诺承担退货运费或

---

① 参见杨立新:《非传统销售方式购买商品的消费者反悔权及其适用》,载《法学》2014年第2期。

提供运费险。

第二种情形是消费者由于商品在外形、质量等方面存在瑕疵而要求退货。此时,应当区分瑕疵系商品本身的质量问题,还是快递企业的不当行为而导致。若商品本身存在质量问题或不符合买卖合同的约定,消费者可以基于《消费者权益保护法》第 24 条的规定向电子商务经营者行使"退货权",要求电子商务经营者履行"三包"义务并承担快递费用。与前一种情形类似,"三包"义务不适用于快递企业,不影响快递企业收取运费。但若快递企业存在暴力分拣、运输不当等行为导致商品受损,则其行为侵害了消费者的合法权益,应当承担相应的法律责任。如果消费者选择签收快递,则其可以基于商品所有权人身份或基于收件人的直接请求权,直接向快递企业主张快件的损害赔偿;如果消费者拒绝签收或选择退货,则可以按照合同约定要求电子商务经营者承担违约责任,之后由电子商务经营者向快递企业依约追责。

第三节　快递消费者的主要权利

消费者权利与传统民事权利不同。消费者权利的构建以消费者相较于经营者所处的弱势地位为基础,通过对消费者进行倾斜性保护,推动实现消费者和经营者的实质平等。①《消费者权益保护法》在消费者的权利部分具体列举了消费者享有的安全权、知情权、自主选择权、公平交易权、求偿权、结社权、知识获取权、人格尊严和民族风俗习惯受尊重权、监督权和个人信息权十项权利。快递消费者作为消费者的类型之一,当然享有上述权利。其中,求偿权、结社权、知识获取权、监督权与消费者权益的维权机制密切相关,在本章第一节已有所涉及,而个人信息权保护的有关内容将在第九章进行专门讨论。因此,本节将重点分析快递消费者的安全权、知情权、自由选择权、公平交易权和受尊重权。

一、安全权

快递消费者的安全权,是指消费者在接受快递企业提供的快递服务时,享有的要求快递企业保障自身人身、财产安全的权利。安全权是由消费者的财产

---

① 参见李国光、张严方:《网络维权中消费者基本权利之完善》,载《法学》2011 年第 5 期。

权、健康权、生命权等民事权利所演变出来的消费者权利①,是快递消费者所享有最基本的权利。快递消费者的安全权具有社会性特征,这体现在安全权涉及的是不特定快递消费者的人身安全和财产安全。因为快递企业会一次性寄送多个快件,若其中出现一个高风险的快件,则可能会直接影响同批次其他快件,进而危及其他收件人的人身安全和财产安全。换言之,快递消费者不仅是个体性概念,同时也是群体性概念,快递企业对快递消费者整体负有安全保障义务。总的来说,快递消费者的安全权包含两个方面的内容,分别针对消费者所寄递快件的安全和消费者本身的人身、财产安全展开,下文就这两方面内容分别展开讨论。

(一)保障快件安全

安全权的第一项含义,即要求快递企业保护快件安全,保证快件的价值完好和质量安全。一方面,在寄件人将快件寄出后,快件的实际占有者就由寄件人转换为快递企业,并由快递员实际控制,快递企业负有保管义务。在寄递快件归属消费者所有的情形下,对快递安全的侵害也就是对消费者财产权的侵害。另一方面,保证快件的价值完好和质量安全也属于快递服务合同中快递企业一方的义务内容,消费者选择快递服务的目的,在于使自己的快件能够顺利、圆满送至目的地,快件一旦毁损灭失,或者价值发生贬损,将导致快递服务合同的目的落空,损害消费者的利益。综上所述,快递企业在提供快递服务过程中应当履行快件的安全送达义务。

快递企业的安全送达义务,是指快递企业应当严格遵守相关的国家标准、行业标准,保障快件在寄递过程中的物理安全性和价值完整性。物理安全性是指快件在寄递过程中始终保持物理性状完好,避免因受外力损害或环境因素的影响而发生毁损、灭失等情形,如因撞击、压迫、浸水、火灾等情况导致物品损坏。价值完整性是指寄递物品的经济价值不因寄递过程中的人为过失或恶意行为(如丢失、被盗、调换等)而受到损害。例如,消费者寄送的贵重物品(如手表或首饰)因快递企业管理不善而被内部员工偷窃或调换,损害了快递物品的价值完整性。只有寄递行为同时满足了保持快件物理安全性和价值完整性的要求,才可视为快递企业完整履行了安全送达义务。

具体来说,快递企业的安全送达义务需要落实到快递运输的各个环节。在

---

① 参见钱玉文:《消费安全的法律规制——达芬奇事件引发的思考》,载《现代法学》2011年第6期。

收寄环节,快递企业应当按照行业标准要求对快件进行适当包装,确保物品包装具有足够的防震、防压、防潮能力;对贵重物品、易损品应当采取加固保护措施,并粘贴标注,提醒工作人员在后续环节中小心操作。在分拣环节,快递企业应当建立业务操作规范,针对快件的体积、重量和性质等特性制定标准化的分拣流程,并在快件的分拣场所配备监控设备,对工作人员的分拣行为进行监督,避免发生"抛扔踩"等暴力分拣行为。在运输环节,快递企业应当根据快件的类别、性质选择恰当的运输工具,明确快件装卸和运输的操作规范。例如,对于对温度有控制要求的食品快件,顺丰速运通过提供专业的冷链包装和标准化的冷链运输服务体系,确保其在送达消费者手中时保存完好。[①] 在投递环节,快递企业应当为快递员配备适宜装载快件且具备一定防水、防损和防盗功能的投递车辆,守护好"最后一公里"的快件安全。为避免快件丢失,在无法当面送达收件人时,快递员应当在征得收件人同意后将快件投递到快递服务站、智能快件箱等安全的地点,并提醒收件人及时收取。括而言之,落实安全送达义务既是保障消费者合法权益的基本要求,也是快递企业提升自身服务质量和行业竞争力的必要条件,有利于推动快递行业的健康持续发展。

(二)保障消费者人身、财产安全

安全权的第二项含义,即要求快递消费者的人身安全和财产安全不受侵害。在财产安全方面,存在安全隐患的快件可能导致消费者遭受其他财产损失,如快件自燃烧毁了消费者的其他财物。在人身安全方面,快件会与消费者直接接触,故快件本身存在威胁人体健康的风险时,可能会直接损害消费者的身体健康,甚至导致消费者丧失生命。例如,2013 年 11 月 28 日山东省圆通速递的快递员在卸载快件时操作不当,导致含有化学品氟乙酸甲酯的快件外包装破损、液体泄漏,污染了同批次的其他 154 件快件,其中包括消费者刘某网购的鞋子。11 月 29 日,刘某在收到被污染的鞋子后,因吸入鞋子上的有毒气体出现中毒症状,最终不治身亡。[②] 由此可见,保障快递消费者的安全权,不仅关涉快递服务质量,更与快递消费者的生命权这一基本人权密切联系。因此,快递企业应当采取合理的风险防范措施,履行安全保障义务,保护消费者的人身和

---

① 参见 https://www.sf-express.com/chn/sc/express/cold/cold-standard,最后访问日期:2025 年 3 月 31 日。

② 参见《圆通"夺命快递"致 1 死 7 中毒 同批次包裹被剧毒污染》,载 https://www.yicai.com/news/ 3254051.html,最后访问日期:2025 年 3 月 31 日。

财产安全不受侵犯。

快递企业的安全保障义务以危险控制理论和获利报偿理论为基础。危险控制理论认为,基于经营者对经营环境的掌控和在专业知识水平方面的优势,其对于危险具有更强的预见力和控制力,因此应当负担相应的安全保障义务。① 具体到快递领域,快递企业对于快件寄递的全过程具有较强的控制力,其在提供快递服务的同时,也开启了相应的危险,包括快件本身的危险,快件运输过程中的危险等。同时,快递企业对于其中可能产生的危险也具备更强的防范能力,因此,其应当对快递消费者的安全负有注意义务。获利报偿理论认为,经营者的安全保障义务源自其在经营活动中的获利行为。② 具体到快递领域,快递企业向快递消费者提供快件寄递服务而获取的商业利益主要体现为两个方面:一是快递消费者在每次寄递快件时所需要支付的基础运费;二是快递消费者选择增值服务(如保价服务)时所支付的额外费用。根据收益与风险一致的原则,快递企业通过提供快递服务获得收益,就应当对快递服务过程中产生的安全风险负责。

具体来说,快递企业的安全保障义务包括三方面内容:第一,对寄递物品的安全检查义务。快递企业及其快递员在实际操作中应当严格执行收寄验视、实名收寄和过机安检制度,防止禁止寄递的物品(如危险化学品、违禁品)进入寄递渠道。对于具有一定危险性但却不属于禁限寄物品范围的物品,快递企业应当注意选择采用安全合理的包装和运输方式,进行特别标注并设置专门的分拣区域和通道,避免对其他快件造成污染。第二,警示义务。快递企业在发现危险快件之后,应当及时向消费者发出警示,提醒消费者注意安全。警示可以通过书面、口头或系统通知等形式进行,但内容必须清晰明确,如在快件外包装粘贴危险品标志和运输说明,以及快递员在收件人签收时对注意事项进行口头提示。第三,报告义务。快递企业在发现寄递物品中含有违法、违禁物品或存在重大安全隐患时,应当立即向公安、邮政等有关行政管理部门报告,并采取必要措施(如单独隔离和无害化处理),避免危害进一步扩大。

考虑到快递企业履行安全保障义务的成本负担,科学合理地设定安全保障义务的履行标准至关重要。本书认为,对于快递企业安全保障义务履行状态的

---

① 参见张新宝、唐青林:《经营者对服务场所的安全保障义务》,载《法学研究》2003 年第 3 期。

② 参见邓世新:《第三人侵权情况下经营者安全保障义务:由案件生发》,载《重庆社会科学》2011 年第 2 期。

判断,应当以客观标准为主、主观标准为辅。客观标准系从社会中一般快递企业的视角出发,以法律规范、行业标准、行业惯例等为依据,判断快递企业是否已经履行了足够的安全保障义务。例如,国家邮政局发布的《快递安全生产操作规范》行业标准对于快递收寄、分拣、运输、投递的服务过程和重大活动时期的安全审查操作提出了规范要求,快递企业是否遵循这些规定将会成为判断其是否履行安全保障义务的重要依据。主观标准则侧重于快递企业在执行安全保障义务时的意图和努力程度。例如,快递企业是否有明确的政策和内部控制措施来确保快件的安全,是否有意识地通过管理层和员工的培训,提升他们对安全保障的认识。此外,主观标准还会考虑快件本身的性质和快递企业对此的知悉情况。当消费者已经明确告知快递企业,所寄递物品可能存在较高的安全风险时,快递企业有义务根据这一信息采取更高标准的保障措施。若快递企业未能采取有效的安全保障措施,导致该快件在服务过程中发生意外事故,则可能被认定为未履行足够的安全保障义务。

二、知情权

快递消费者的知情权是指消费者享有的知悉其接受的快递服务的真实情况的权利。知情权的作用在于提升消费者的信息获取能力,缓解交易双方的信息不对称问题,进而有效改善消费者弱势地位。作为一种手段性权利,知情权是快递消费者的自主选择权、公平交易权、索赔权等其他权利得以行使的前提和基础。只有知情权得到充分行使,快递消费者才能采取措施保障自己的合法利益。

具体到快递服务市场,快递消费者的知情权具有其特殊性,主要原因包括:第一,快递服务消费与一般的商品消费不同,具有"客观信息不充分"的特征,即快递服务无法像商品那样通过样品、图片展示等方式较为客观地传达质量信息。更为重要的是,服务质量在很大程度上取决于快递企业及其工作人员的管理能力和素质,而这些信息很难通过观察的方式了解。因此,快递企业相较于一般的商品生产者、销售者负有更高程度的信息提供义务。第二,消费者向快递企业交寄快件以后,快件便处于快递企业的控制之下。消费者无法仅凭借自身的能力获知快件状态,这显然不利于快递消费者对其所接受的服务真实状况的了解,也无益于消费者其他权益的保障。因此,除了和一般的经营者一样向消费者提供与其自身和所提供的商品或服务有关的信息之外,快递企业还应当向消费者实时更新快件的位置和状态。第三,知情权的保障不仅对消费者个体有利,也将对快递行业的长远发展产生影响。通过确保信息公开透明,既能有效维护消费者权益,也能促进企业服务质量的提升和行业整体发展的优化,从而实现消费者、企业和社会的多方共赢。

(一)知情权的主要内容

快递消费者的知情权主要涵盖两方面内容:一是对快递企业本身及其所提供快递服务的知情;二是对交付快件的寄递状态、到达位置和预计投递时间等内容的知情。下文将分别围绕两个方面展开论述。

一方面,作为快递服务的提供者,快递企业是否具备相关资质和能力将直接决定消费者的寄递需求能否得到圆满实现。因此,快递消费者有权对其所选择的快递企业的具体情况进行了解,包括该快递企业的资质条件、提供服务的基本内容等。具体来说,就主体信息而言,快递企业应当提供其名称、地址、营业执照等基本信息和快递业务经营许可证等资质信息,以便消费者确认其具有企业法人资格,且具备与其准入的地域范围和业务范围相适应的服务能力。就提供服务的基本内容而言,快递企业应当对快件的寄递方式、寄递费用、寄递时间、赔偿规则、售后服务情况等进行说明。具体来说,按照《快递市场管理办法》的要求,快递企业应当将其服务种类、服务地域、服务时限等内容展示在门户网站、营业场所,或以便于社会公众查询的方式进行公布,以保障快递消费者的知情权。[①] 此外,在消费者与快递企业订立快递服务合同之时,快递企业应当向消费者明确告知自身的身份、可供选择的寄递方式、禁止或限制寄递的快件类型、寄递费用的计算标准和总额、保价规则和保险服务项目等内容,确保快递消费者对其所选择的服务和服务的提供者有清晰的认知。

另一方面,在快递消费者将快件交给快递企业之后,快递企业应当在快递服务的全过程中及时履行告知义务,使消费者能够及时、准确、完整地掌握寄递快件的最新情况。具体来说,在收寄环节,快递企业应当和消费者确认快件的基本信息,包括名称、数量、重量等,并提供快递运输单号和查询途径。在分拣环节,快递企业应当向快递消费者告知分拣地点、分拣时间和分拣进度,使消费者能够掌握快件分拣环节的实时动态。在运输环节,快递企业应当向消费者告知其所采取的运输工具、运输路线、运输时间、途经站点、途经站点的联系方式

---

① 参见《快递市场管理办法》第 22 条的规定。

及预计运输完成时间,使快递消费者对快件的运输过程有充分了解,并能够联系到各快递站点。在投递环节,快递企业应向快递消费者告知快件开始派送的时间、负责投递的站点及其联系方式、快件投递的方式以及最终完成投递的时间,确保快递消费者能够掌握快件投递状态,合理安排取件时间。

为了使上述信息能够及时、完整地向消费者传达,快递企业应当采取有效的技术手段,如通过电话、网站、APP 等渠道为快递消费者提供全天 24 小时的免费即时查询服务。以中通快递为例,其通过官方网站、微信小程序、APP 等多个渠道为消费者提供运单号查询快件、手机号查询快件等多样化的免费查询服务,且支持一次性查询十个以内的快件①,极大优化了消费者的查询体验。按照国家标准的要求,对于消费者寄递的国内快件,快递企业应当保留 1 年的查询信息有效期。② 同时,快递企业应当采取必要的安全措施,为消费者提供安全的查询环境,避免信息泄露和未经授权的查询等风险。

(二)快递运单的提示说明

快递运单是用于记录快件原始收寄信息和服务约定的单据,是快递服务合同双方权利义务内容的主要载体。实践中,快递运单通常表现为快递企业为重复使用而预先拟定的模板,在拟定快递运单的过程中,快递企业不会与消费者协商,而是径行确定其中的内容。因此,快递运单中的绝大部分条款均属于《民法典》规定的格式条款,快递企业作为提供方,应当履行对快递运单条款的提示说明义务。根据快递运单存在形式的不同,快递企业履行提示说明义务的方式也存在差异。

在快递行业发展早期,快递运单通常以纸质形式存在。此时,快递企业应当按照下列标准履行提示说明义务:第一,快递企业的工作人员应当在消费者交寄快件时,口头提醒消费者注意格式条款的存在。第二,对于快递运单中与消费者存在重大利害关系,或者减免快递企业责任的内容,快递企业应当以加粗字体、添加下划线、增大字号等方式显著标明,以凸显这部分条款的重要性,同时引起消费者的注意。第三,若消费者对于格式条款中的内容存在疑问,要求快递企业的工作人员进行解释的,后者应当按照消费者的要求,以简明易懂的方式进行讲解,确保消费者能够理解相关条款的含义及其法律后果。

随着信息化技术的发展和环境保护需求的提升,快递电子运单逐渐得到应

---

① 参见 https://www.zto.com/express/expressCheck.html,最后访问日期:2025 年 3 月 31 日。
② 参见《快递服务 第 3 部分:服务环节》国家标准第 5.6 条的规定。

用和推广。快递电子运单是将快件的收寄信息按照一定格式存储在计算机中,并将这些信息打印至热敏纸等载体上所形成的单据。截至 2020 年 6 月,我国已经在快递行业实现了电子运单基本全覆盖。① 在电子运单生成之前,消费者需要在手机上浏览确认其与快递企业的权利义务内容。在这个过程中,快递企业履行提示说明义务的标准也与纸质快递运单时期存在差异。具体来说:第一,快递企业需要以弹窗等显著形式提醒消费者注意格式条款的存在。第二,对于电子运单中与消费者存在重大利害关系,或者减免快递企业责任的内容,快递企业应以改变颜色、加粗字体、增大字号、添加下划线等方式显著标识。第三,快递企业应当在电子运单界面设置客服入口,方便消费者在对格式条款的规定存在疑惑时,及时向客服询问。第四,快递企业应当在电子运单界面设置"我已理解并同意上述条款"之类的按钮或者勾选方框,当消费者点击该按钮或确认勾选后,即视为与快递企业订立了快递服务合同。

三、自主选择权

自主选择权,是指快递消费者根据自己的意愿自主决定是否接受快递服务以及其具体服务内容的权利。自主选择权是消费者最为重要的权利之一,具有充分的正当性基础。一方面,自主选择权是保障契约自由和交易公平的基础,只有当消费者能够自主决定是否与快递企业订立交易合同时,才有可能实现公平的交易。另一方面,自主选择权是对消费者弱势地位的救济,使得消费者可能通过自愿选择在事前降低交易带来的风险。一般来说,消费者享有的自主选择权主要包括三项内容:一是自主决定是否购买、接受商品或服务,即选择是否消费的权利;二是自主选择商品或服务的经营者,即选择消费对象的权利;三是自主选择服务的内容和条件,即选择消费标的权利。具体到快递服务市场,消费者往往在存在寄递需求时才会寻求快递服务,第一项内容无需多言。因此,本书主要针对自主选择权的后两项内容展开论述,即消费者自主选择快递企业的权利,以及自主选择服务的内容和条件的权利。

(一)自主选择快递企业

基于自主选择权,快递消费者可以根据自己的需求和偏好,自主选择快递服务的提供者,任何人不得强迫消费者接受特定快递企业提供的快递服务。具

---

① 参见《电子运单基本实现全覆盖 快递业包装绿色化工作推进》,载 https://www.chinanews.com.cn/cj/2020/08-11/9261549.shtml,最后访问日期:2025 年 3 月 31 日。

言之,在实践中,消费者对于快递服务的需求和偏好并不完全相同。有的消费者看重服务的质量和时效性,并愿意为此多支付一点快递费用;有的消费者则更注重性价比,在同类型的快递服务中倾向于选择收费更低的快递企业。为此,消费者有权对不同快递企业所提供的快递服务进行比较和挑选,决定是否接受以及接受何者所提供的快递服务。

然而,消费者的自主选择权的行使在快递服务市场实践中可能遇到障碍。例如,在前文提到的"网购包邮"模式下,部分商家不接受消费者指定快递品牌的要求,仅将商品交给自己指定的第三方快递企业运输。这种"绑定"式的销售安排不仅剥夺了消费者自主选择快递服务提供者的自由,还可能产生其他负面影响。如商家为了节省成本,更愿意选择报价低的快递企业,继而引发快递服务市场的恶性低价竞争和产业链挤压。本书认为,为引导商家正确使用"包邮"策略,保障"包邮"模式下快递消费者的自主选择权,应当对现有的"包邮"模式进行适当的改进。首先,商家应当加强与快递企业的广泛合作,在推出"包邮"营销策略的同时,为消费者提供多个快递企业供其选择。其次,快递企业应当提供多样化的寄递服务内容,如是否保价、是否有时限要求等,以满足不同消费者多元化的寄递需求。最后,应当逐步推进商品定价和快递服务定价的附条件分离机制,如设置包邮门槛。[①] 只有当消费者的购物费用达到指定金额时,才能选择"包邮"模式;未达到指定金额的,商家应当在购物界面分别列明商品价格和快递服务价格,由消费者自行选择是否在商品价格之外,另行支付快递服务费用。通过上述对"包邮"模式的改进,既能够保障快递消费者自主选择快递企业和服务内容的权利,也能够为商家和快递企业拓展利润空间,防止逐底竞争的出现。

(二)自主选择服务的内容和条件

在选择好快递企业后,消费者还有权自主选择快递服务的内容及有关条件,任何人不得代替或强迫消费者作出决定。这一意义上的自主选择权包括积极因素和消极因素两个层面:在积极因素层面上,自主选择权的行使意味着消费者能够从自身实际的需求出发,决定选择何种内容的服务,包括寄递服务的类型、投递方式、是否包含增值服务等;在消极因素层面上,自主选择权还意味着消费者在选择快递企业的快递服务时,不受来自任何快递企业或其工作人员

---

① 参见郝俊淇:《电商商品与快递服务分离定价机制的困境与出路》,载《经济与社会发展》2021年第6期。

的欺诈、胁迫等干涉,而是基于自主意志实施交易行为。[①]

实践中,人们往往仅关注在收寄环节对快递消费者的自主选择权进行保护,而忽视了在其他环节也可能发生侵害消费者自主选择权的情况。例如,在投递环节,为了解决"最后一公里"难题,全国各地普遍设置了快递驿站、智能快件箱等末端配送服务设施。一方面,这些设施为存在"时间差""地点差"的收件人提供了方便,但另一方面,实践中出现快递员为图省事,不按合同约定名址投递,未经收件人同意就擅自将快递投递到快递箱、快递站或代收点的现象,引发了消费者的不满。申言之,快递员的上述行为不仅违反了快递服务合同的约定,也同时侵害了消费者的自主选择权,因为其在未征得消费者同意的情况下,径行将快件投递到末端配送服务设施的行为,实质上剥夺了消费者选择投递方式、投递地点的权利。为此,2023 年修订的《快递市场管理办法》专门进行了规定,明确未经用户同意,快递企业不得代为确认收到快件,不得擅自将快件投递到智能快件箱、快递服务站等快递末端服务设施[②],凸显了对消费者自主选择权的保护。

四、公平交易权

快递消费者的公平交易权,是指消费者有权与快递企业在公平的条件下展开交易。在快递服务市场中,快递消费者与快递企业之间的地位并不平等,前者由于信息获取能力和专业知识水平的不足,处于实际的弱势地位。在这种情况下,快递企业极有可能为了追求经济利益而滥用自身的优势地位,使消费者的权益在交易过程中受损。为了保障快递消费者能够在公平的交易条件下获得合理的服务内容,公平交易权应运而生。从"公平交易"的概念内涵来看,快递消费者享有的公平交易权体现在两个方面:一是消费者所支付的对价应当公平合理;二是快递企业所提供的服务应当能够满足消费者的寄递需求,且不附加不合理的交易条件。下文将围绕这两个方面分别阐述。

(一)快递服务的公平交易价格

快递消费者为快递服务所支付的对价应当公平合理,这是快递消费者所享有的公平交易权的重要内容。价格上的合理是一个具有相对性的概念,消费者所接受快递服务的具体内容不同,其所应当支付的对价也就不同。而由

---

① 参见汤建辉:《论消费者自主选择权中的司法救济》,载《求索》2011 年第 3 期。
② 参见《快递市场管理办法》第 28 条的规定。

于快递企业在资本实力、网点数量、市场占有率等方面存在差异,不同快递企业就同类型服务的收费标准也可能不同。实践中,快递企业采取多元化的运费计算方式。有的快递企业根据快件寄递距离、快件重量(且区分首重和续重)、运送时效、运输过程中是否有特殊保存需求等因素综合确定运费数额①;有的以快件的寄递距离、快件重量、快件的长宽高各方面因素综合分析确定运费数额②;有的直接以快件寄递距离、快件重量计算运费数额③;还有的以快件寄递距离、快件重量、快件体积和区分首重续重的方式确定运费数额④。考虑不同地域范围和业务范围的快递企业所提供快递服务的成本不同,运费价格事实上难以用统一的标准进行衡量。

本书认为,在对快递服务价格的合理性进行评价时,应尊重市场调节机制,综合考量市场行情、快递企业自身经营情况等多方面因素,具体包括:

第一,是否存在有效的快递服务价格形成机制。快递服务的价格通常由基础服务价格和差异服务价格两部分组成。⑤ 其中,基础服务价格是指快递企业在提供快递服务各项成本的基础上,确定的高于固定成本的价格。差异服务价格是指随着寄递物品的价值、重量、体积、寄送时效等因素的变化而变化的价格。寄递物品本身的价值越高、重量和体积越大、寄送时效越短,差异服务价格也就越高。只有同时反映上述两个部分的快递服务价格,才是基于有效机制形成的价格。

第二,快递服务价格是否破坏了快递服务市场的公平竞争秩序。等价交换是价格公平立法的标准。⑥ 若快递企业滥用定价权,设置的服务价格过低,不仅明显违背等价交换原则,而且也会直接恶性侵蚀其他快递企业的市场份额,扰乱快递服务市场的正常竞争秩序。因此,破坏市场公平竞争秩序的超低服务价格应当被认定为不合理价格。例如,浙江省在《浙江省快递业促进条例》中明确禁止

① 参见 https://www.sf-express.com/chn/sc/price-query,最后访问日期:2025 年 3 月 31 日。

② 参见 https://www.yto.net.cn/ytoExpress/querySupport/standardPrice,最后访问日期:2025 年 3 月 31 日。

③ 参见 https://wap.sto.cn/Price/Index,最后访问日期:2025 年 3 月 31 日。

④ 参见 https://www.jtexpress.cn/distM/servicePrice.html,最后访问日期:2025 年 3 月 31 日。

⑤ 参见李磊、张敏、王炯:《完善我国快递业价格形成机制的研究——浅谈分步法在快递定价中的应用》,载《价格理论与实践》2013 年第 6 期。

⑥ 参见崔广平:《论公平价格理论与立法公平观——兼与徐国栋先生商榷》,载《当代经济研究》1997 年第 1 期。

快递企业在无正当理由的情况下以低于成本的价格提供快递服务①,以维持快递服务市场的良性竞争。

第三,快递企业的收费是否清晰透明。快递企业应当对其收费进行"明码标价",不得收取不明费用或不合理附加费用。如果快递企业存在利用引人误解的标价形式或者隐瞒定价机制等手段,诱导消费者与自己签订快递服务合同的行为,则可能构成价格欺诈。例如,快递企业称其提供"全网最低价"服务,但消费者在实际交寄时发现,除快递费之外,还额外收取了"燃油附加费"和"偏远地区附加费",而这些费用并未在宣传中明确提示。价格欺诈行为严重侵犯了消费者的知情权、公平交易权,不仅违背了公平和诚信原则,也破坏了市场竞争秩序。因此,对于违反明码标价义务、实施欺诈行为的快递企业,应当要求其承担惩罚性赔偿的法律责任。

(二)快递服务的公平交易条件

公平交易的另一层含义在于,快递消费者应当获得与其支付的对价所对等的服务。一方面,快递企业提供的快递服务应当符合快递消费者的需求,将快件准时、安全地送到收件人手中。快件的安全性要求已在上文有所论述,此处重点围绕寄递时效性展开分析。《快递服务 第2部分:组织要求》国家标准对快递服务时限作了具体要求,即寄件地和收件地在同一城市城区的同城快递服务时限不超过24小时,其他同城快递服务时限不超过48小时,省内异地及省际快递的服务时限不超过72小时。但对于寄件地或收件地为乡镇及以下区域的省内异地及省际快递,快递服务时限可最多再延长48小时。② 快递企业所提供的快递服务必须满足前述标准。此外,如果消费者与快递企业之间就快递的时效达成了更高标准的合意,该约定对快递企业具有约束力。如顺丰速运提供多种不同时效的寄递服务,包括同城半日达、顺丰即日、顺丰特快、顺丰标快等。③ 如果快递企业只能提供较长时效的服务,却强制按照较短时效的标准收取费用,则侵犯了消费者的公平交易权。

另一方面,快递企业提供快递服务时,不得设定不合理、不公平的交易条

---

① 参见《浙江省快递业促进条例》第36条的规定。

② 参见《快递服务 第2部分:组织要求》国家标准第14.1.3条的规定。

③ 参见 https://www.sf-express.com/chn/sc/express/delivery/standard,最后访问日期:2025年3月31日。

件。《快递市场管理办法》对此作出了明确规定。① 在实践中,典型的不合理、不公平交易条件包括如下类型:第一,强制附加服务,如快递企业强制要求消费者购买增值服务(如包装服务、保价服务),否则拒绝提供正常快递服务。第二,过度免责条款,如快递企业利用格式条款约定,在快递丢失、损毁等情况下,消费者必须放弃索赔权利或者只能获得象征性赔偿。第三,对消费者行使权利施加不合理限制,如快递企业在合同中规定,消费者需在快件签收后的24小时内提出投诉或索赔,逾期将不予受理;或者要求消费者在申请赔偿时必须提供极为复杂、苛刻的证明材料(如寄递前的照片、完整发票)等,增加消费者维权的难度。从法律角度而言,当快递企业利用格式条款向消费者施加以上条件时,有关条款可能违反格式条款的"内容控制"检验标准,消费者有权请求撤销该条款。概言之,不合理、不公平的交易条件不仅侵害了消费者的合法权益,还可能损害快递行业的整体声誉和扰乱快递服务市场秩序。因此,只有规范快递企业的交易行为,确保消费者享受平等、公平的待遇,才能促进快递行业的长远发展。

五、受尊重权

受尊重权,是指快递消费者在接受快递服务的过程中,其享有人格尊严、民族风俗习惯得到尊重的权利。尊严是人存在意义的最高体现,蕴含了个体对人格独立、自由与平等的追求。② 消费者的受尊重权承载了其作为市场中独立个体的价值与意义,是快递消费者理应享有的一项权利,也是消费者实现私法自治,进而形成各种法律关系的前提。③

(一)受尊重权的内涵

具体来说,消费者的受尊重权实际包含两项权利:一是人格尊严受尊重权;二是民族风俗习惯受尊重权。换言之,受尊重权是宪法规定的"人格尊严不受侵犯"和民族风俗习惯受尊重权在快递服务活动中的具体化。

人格尊严受尊重权,是指快递消费者作为平等的人的资格和权利应当得到承认和尊重。人格尊严的法律表现是消费者的人格权,包括姓名权、名誉权、荣

---

① 参见《快递市场管理办法》第26条的规定。

② 参见孔令学:《人格尊严视角下的金融消费者权益保护问题探讨》,载《武汉金融》2011年第3期。

③ 参见王利明:《人格尊严:民法典人格权编的首要价值》,载《当代法学》2021年第1期。

誉权、肖像权、人身自由权等。按照《消费者权益保护法》第 27 条的规定,经营者负有尊重消费者人格尊严的义务,主要表现为三方面内容:一是不得对消费者进行侮辱、诽谤;二是不得搜查消费者的身体及其携带的物品;三是不得侵犯消费者的人身自由。就快递企业而言,其服务过程通常不涉及搜查消费者或限制其人身自由。因而,在快递服务中,快递企业及其工作人员侵害消费者人格尊严受尊重权的主要情形为侮辱、诽谤消费者,即侵害消费者的名誉权。

民族风俗习惯受尊重权,是指消费者接受快递服务时,有权要求快递企业尊重其民族文化、风俗习惯等个人特性,不强加或忽视消费者的民族风俗差异。民族风俗习惯反映了一个民族的生产、生活、文化、礼仪等方方面面,是一个民族尊严的体现,同时也构成了我国绚烂多彩的民族文化。尊重消费者的民族风俗习惯不仅是尊重消费者个人的表现,也是实现民族平等、民族团结的必然要求,有助于社会进步。因此,快递企业应当在提供服务过程中,充分考虑到消费者的民族背景、文化需求和习俗偏好,并尽量避免触犯消费者的文化敏感性。特别是快递企业及其工作人员在提供快递服务时应当平等地尊重各个民族,不得有歧视行为,不得强迫消费者接受有违其民族风俗习惯的服务。

(二)受尊重权在快递服务中的具体化

相较普通商品消费而言,快递消费者的人格尊严更易受到侵犯,这是因为,商品消费中消费者的关注点集中在商品上,而商品作为物,在一般情况下不会直接对消费者的人格尊严造成伤害;但快递服务是由快递企业的工作人员具体实施的,涉及人与人之间的接触和交流,如果工作人员的态度、言辞不当,或者服务的流程和方式有瑕疵,就很容易引发情绪对立和冲突。例如,在发生快件丢失、损毁或延迟送达等情况时,快递员很可能与消费者发生矛盾,继而辱骂、骚扰或威胁消费者。因此,在快递服务市场强调消费者受尊重权的保障十分必要。

本书认为,尊重消费者的人格尊严和民族风俗习惯,是快递企业及其工作人员应当遵守的基本准则。《邮政法》要求快递企业应当加强工作人员的职业道德教育①,以保障快递消费者使用快递服务的体验。国家邮政局《快递业信用体系建设试点工作方案》将服务态度列为快递行业职业道德的重要内容,明确对用户态度恶劣、辱骂或殴打用户的行为违反职业道德。国家邮政局《关于提升快递从业人员素质的指导意见》提出应当培育践行职业道德,引导和规范

---

① 参见《邮政法》第 60 条第 2 款的规定。

广大从业人员文明从业。实践中,快递企业亦十分注重在服务过程中提升消费者的受尊重感。例如,京东在 2017 年发布业内首个"五星级配送服务"标准。该标准涵盖了"您好+"(微笑及文明用语)服务、"闪亮登场""佩戴鞋套"等十条服务规范,为规范快递员的服务行为、提高快递服务质量提供了明确指引。① 又如,山西顺丰速运在 2021 年推出"3+1"服务标准,要求快递员与消费者面对面交接快递时应保持微笑服务、在沟通时采用礼貌用语、处理完后对用户致谢再见,并将其作为快递员的日常考核内容。②

　　总的来说,服务态度并不仅是职业道德问题,也关涉消费者受尊重权的保障。一方面,快递企业应当加强对员工的教育和培训,提高快递员的服务意识和职业道德;建立完善的服务管理和奖惩制度,激励员工文明投递;建立消费者满意度调查和投诉反馈机制,努力提高消费者的服务体验。另一方面,职业道德要求并不等同于法律规范,不能仅凭快递员服务态度不好就径行认定消费者的人格尊严受到了侵害。在判断消费者的人格尊严是否受到侵害时,应当综合考虑快递企业及其工作人员的职责、过错程度,以及行为目的、后果等因素。

　　具体来说,在判断快递企业及其工作人员是否对消费者人格尊严造成侵害时,应当考虑以下要件是否满足:第一,快递企业工作人员是否实施了侵害消费者人格尊严的行为。这需要站在社会一般主体的角度,结合快递行业的服务规则综合判定。若工作人员的行为系基于履行工作职责的需要,则不宜认定其侵害了消费者的人格尊严。例如,寄件人填写的收件人姓名是其与收件人之间的亲密昵称,工作人员为核实收件人的信息,在投递环节直接以该昵称称呼收件人,并不属于侵害收件人人格尊严的行为。反之,若在收件人取件完成后,工作人员在日常生活中仍以该昵称称呼收件人,则可能构成对收件人人格尊严的侵害。第二,快递企业工作人员是否存在故意。人格尊严属于精神性人格权的内容,对于此类权利的非法侵犯需以故意为要件。③ 例如,实践中有快递企业站点在收件人拒收快件后,将收件人列入"黑户",并将收件人的姓名张贴在快递

---

　　① 参见《京东公布五星配送服务标准,打造高素质、专业化服务团队》,载 http://finance.people.com.cn/n1/2017/0421/c1004-29227627.html,最后访问日期:2025 年 3 月 31 日。

　　② 参见《山西顺丰速运率先推行快递小哥上门服务"3+1"标准》,载 https://www.dsb.cn/152756.html,最后访问日期:2025 年 3 月 31 日。

　　③ 参见最高人民法院民法典贯彻实施工作领导小组主编:《中华人民共和国民法典人格权编理解与适用》,人民法院出版社 2020 年版,第 44 页。

扫描机旁。① 此举明显存在侵犯消费者人格尊严的故意。第三,快递企业工作人员的行为是否导致消费者遭受了精神上的创伤和痛苦。消费者的精神创伤和痛苦主要体现为消费者的正常心态受到极大影响,产生了情绪过激或过于低落等明显反应,这是消费者的人格尊严受到侵犯的直接体现。若快递企业工作人员的行为同时满足上述三个要件,即可认定其侵害了消费者的人格尊严。对于侵犯自身人格尊严的行为,快递消费者有权要求快递企业及其工作人员承担停止侵害、赔礼道歉、消除影响、恢复名誉等民事责任;造成精神损害的,还有权主张精神损害赔偿。

---

① 参见《淮音法泽·微案例》第 158 期 快递损坏起冲突,被"拉黑"后如何维权》,载 https://m.the-paper.cn/baijiahao_29197413,最后访问日期:2025 年 3 月 31 日。

第八章 快递服务市场的绿色发展

第一节 绿色快递服务市场的基本理念

绿色发展理念是我国在新时代对发展质量提出的新要求,应当贯穿经济社会发展的全过程、各方面。快递行业作为与人民群众的生活密切联系的"准公共行业",需要将绿色发展理念应用于绿色快递服务市场建设的各个环节。这是快递行业提升绿色化水平、实现绿色化转型的前提,也是为绿色快递服务市场提供法治保障的理论基础。

一、绿色发展理念及其时代价值

(一)绿色发展理念的理论内涵

绿色发展理念是指在尊重自然规律、适应具体环境容量和相关自然资源承载力的基础上,提出的能够兼容生态文明和可持续发展的发展理念。[①] 这一发展理念是我国新时代加强经济建设的关键指引,对于各行业的发展具有重要的导向作用。

绿色发展理念要求正确处理经济发展与环境保护的关系[②],不断满足人民日益增长的"绿色"需求。自从我国社会主要矛盾转化为人民日益增长的美好生活需要和不平衡不充分的发展之间的矛盾之后,对发展质量的要求就成为解决这一矛盾的关键所在。当前,我国的生态环境保护工作面临的问题依然较为突出,是不平衡不充分发展的具体表现之一。这些问题包括:第一,在生态环保的结构性压力方面,传统的重污染燃料在能源结构中占据较大比重;第二,在改善生态环境的基础方面,时常出现的极端天气影响了生态环境治理的质量;第

---

① 参见苗大鹏:《绿色发展的时代意涵》,载《中国社会科学报》2022年1月27日,第A06版。
② 参见周晓敏、杨先农:《绿色发展理念:习近平对马克思生态思想的丰富与发展》,载《理论与改革》2016年第5期。

三,在保持生态环境安全的压力方面,废弃物的排放问题和天气重污染现象依然较为突出;第四,在生态环境的治理体系方面,相关的制度建设、技术支持和监管意识均有待提高;第五,从全球环境治理的形势来看,我国在生态环境领域面临的国际博弈压力持续增加,亟须通过改善生态环境治理争取国际话语权。① 为解决上述问题,需要在绿色发展理念的指引下,持续转变经济发展方式,提高经济发展质量,不断满足人民群众对青山绿水、碧海蓝天的要求。

绿色发展理念注重人与自然和谐共生,强调将优美的生态环境作为实现经济发展的因素之一,将绿色化同时作为经济发展的过程约束和结果要求看待,以"经济的绿色化"和"绿色的经济化"实现资源节约型和环境友好型的发展②,满足人民群众对美好生活的向往。其中,"经济的绿色化"意味着经济增长的各项因素均需要在对生态环境影响最小的条件下发挥作用。例如,在资源利用方面,通过科技创新提高自然资源的利用效率,优化能源结构,降低资源利用过程中的污染物排放量;在产业结构方面,既要大力发展战略性新兴产业,扩大绿色产业的规模,也要引导传统产业有序发展,严控高污染产业的规模扩张;在制度设计方面,加强法治建设,划定环境保护的红线,强化对落实绿色发展理念的监督管理等。"绿色的经济化"是指通过制度设计和科技创新,使生态环境保护作为经济增长的新动力,由此实现"发展"的要求。例如,通过对绿色产品研发和环境治理的投入,开拓新的商品销售市场;又如将废弃物回收利用,作为工厂生产的二次原料,以此降低成本投入,提高经济效益等。

总之,绿色发展理念实现了对传统发展理念的转变,是对人与自然关系的全新解读,通过在"经济绿色化"和"绿色经济化"两个方面形成合力,为加强生态文明建设,实现高质量的经济发展提供有效指引,进而满足人民群众在新时代的新需求。

(二)绿色发展理念的时代价值

绿色发展理念为我国转变经济发展方式,提高经济发展质量提供了重要理论支持。结合当今实际,绿色发展理念的时代价值可具体总结为以下三个方面。

---

① 参见《生态环境部部长黄润秋在 2024 年全国生态环境保护工作会议上的工作报告》,载 https://www.mee.gov.cn/ywdt/hjywnews/202401/t20240127_1064954.shtml,最后访问日期:2025 年 3 月 31 日。

② 参见朱东波:《习近平绿色发展理念:思想基础、内涵体系与时代价值》,载《经济学家》2020 年第 3 期。

第一,绿色发展理念的落实能够助力"双碳"目标的实现。[1] 2020 年,习近平主席在联合国大会上提出了"双碳"目标,即我国力争于 2030 年前实现二氧化碳排放达到峰值、2060 年前实现碳中和,彰显了我国积极参与全球环境治理与应对气候变化的态度和担当。为了实现这一目标,需要将其从国际承诺转化为国内政策、法律,再落实到各个领域的具体行动。在这一过程中,绿色发展理念为"双碳"目标的实现提供了支持。如前所述,绿色发展理念强调通过对传统经济发展方式的改进,以及将生态环境保护作为新的经济增长点,以此实现经济的高质量发展。这一理念内容完美契合"双碳"目标的内容,二者均需要从产业结构调整、能源利用、绿色技术创新、制度规范设计等方面入手,降低经济活动中的碳排放量。基于这种契合性可知,践行绿色发展理念的过程,也就是向"双碳"目标的实现迈进的过程。

第二,绿色发展理念是发展新质生产力的必然要求。[2] 新质生产力是基于新一轮科技革命的浪潮,以及我国转变经济发展方式的实际,对生产力发展水平提出的新要求。习近平总书记指出:"发展新质生产力是推动高质量发展的内在要求和重要着力点。"[3]因此,发展新质生产力的重要目标之一就是实现高质量发展,这种高质量发展需要以科技创新为支持,以绿色发展为底色,加快节能减碳技术的研发和推广使用等。类似地,绿色发展理念中的"经济的绿色化"和"绿色的经济化"均是站位于正确处理经济发展与生态环境保护之间关系的立场上提出的,同时强调科技创新在转变经济发展模式中的重要作用,关注绿色科技在传统产业的转型进步、在发现绿色经济增长点中的作用。这与新质生产力所强调的依赖坚实的物质技术基础提高生产力发展水平遥相呼应。

第三,践行绿色发展理念有助于实现可持续发展,两者一脉相承。[4] 可持续发展意指在满足当代人需求的同时,又不损及子孙后代的需求;意味着既要关注当下的发展,也要兼顾目前的行为对未来社会的影响。改革开放以来,我国不断转变思维方式,寻求具有中国特色的发展道路,把可持续发展列为国家

①　参见王首然、祝福恩:《生态文明建设整体布局下实现"双碳"目标研究》,载《理论探讨》2022 年第 3 期。

②　参见蒋永穆、乔张媛:《新质生产力:符合新发展理念的先进生产力质态》,载《东南学术》2024 年第 2 期。

③　《发展新质生产力是推动高质量发展的内在要求和重要着力点》,载 http://finance.people.com.cn/n1/2024/0408/c1004-40211756.html,最后访问日期:2025 年 3 月 31 日。

④　参见刘卫先:《绿色发展理念的环境法意蕴》,载《法学论坛》2018 年第 6 期。

战略并付诸实施。绿色发展理念是从生态环境保护的角度对可持续发展的阐释，要求在发展经济的同时注重对生态环境的保护，因为当前行为对生态环境的负面影响会持续积累和传导，最终会在某个时间节点爆发，并导致严重的环境污染和生态破坏，这与绿色发展理念所要求的"经济绿色化"内容相悖。因此，绿色发展理念本身就要求在经济建设过程中融入"可持续"的要素，以长远的眼光看待"绿色"与"发展"的关系，实现两者的和谐互动。

二、绿色快递服务市场的法治保障

(一)绿色快递服务市场的必要性

基于绿色发展理念的时代价值，推动其在快递服务市场的贯彻落实具有必要性。经过多年发展，我国快递行业渐趋成熟，并在现代社会生活中扮演着日益重要的角色。快递行业涉及的人员数量众多、地域范围广阔，服务链条也在持续延伸，不断满足着人民群众日益增长的消费需求。但与此同时，快递行业的快速发展也伴随着大量污染生态环境的行为。以快递行业产生的包装垃圾为例，据测算，2022 年快递业产生的包装废弃物接近 2000 万吨。① 如此巨额的生活垃圾不仅加剧了我国实现"双碳"目标的难度，而且将直接影响人类的生存环境。目前，我国快递行业的业务规模仍处在高速增长阶段②，若不及时采取措施，减少快递行业的负面影响，遏制污染蔓延的趋势，最终将导致我国的生态环境遭受难以逆转的损害，"美丽中国"的宏伟蓝图也将难以实现。因此，有必要将绿色发展理念作为快递行业的发展指引，促进实现快递服务市场的绿色化、低碳化、可持续化发展。

作为快递行业的中坚力量，快递企业在整个快递服务过程中发挥了不可替代的作用，其也是快递行业造成生态环境污染的主要因素。基于下列原因，快递企业应当积极承担社会责任，担负起保护生态环境的使命：首先，快递企业经营目标的实现具有客观性。③ 快递企业开展经营活动和实现经营目标，需要以社会的物质条件和生态环境为基础。社会的物质条件为快递企业从事快递业

---

① 参见《近两千万吨快递包装如何"瘦身"？》，载 https://www.inewsweek.cn/finance/2023-03-20/17926.shtml，最后访问日期：2025 年 3 月 31 日。

② 2023 年 12 月 4 日，国家邮政局快递大数据平台实时监测数据显示，2023 年我国快递业务量首次超过 1200 亿件，再创历史新高。参见《我国快递业持续稳健增长》，载 https://www.gov.cn/yaowen/liebiao/202312/content_6918643.htm，最后访问日期：2025 年 3 月 31 日。

③ 参见马燕：《公司的环境保护责任》，载《现代法学》2003 年第 5 期。

务提供了关键支持,如各类交通基础设施的建设有力保障了快递企业在约定时限内完成快件的寄递工作。生态环境同样为快递企业的发展提供了条件,如在扩张规模的过程中,快递企业必然会选择平坦开阔、易于各类交通工具行驶的地区作为快递网点,其对这些地区进行开发建设的过程,也是对生态环境的利用过程。其次,快递企业在从事经营活动、获取经济利益的同时,也对生态环境造成了更多的风险,其应为自己的行为承担相应的社会责任。作为营利法人,快递企业通过向快递用户提供快递服务来获取经济收益,但与此同时,其经营行为也会直接给生态环境造成负面影响。快件经历收寄、分拣、运输和投递,每个环节均会产生数量不等的环境污染物。如在收寄环节使用的快件包装、在运输环节运输工具所排放的废气等,均会造成生态破坏和环境污染。可以说,正是快递企业的营利行为造成了生态环境受损,快递企业应当为自身的行为负责,承担起保护生态环境的社会责任。最后,快递企业有能力为生态环境的改善、社会的可持续发展作出贡献。[①] 环境保护社会责任的设置并非要求快递企业放弃利润最大化的目标,而是对其经营行为进行适当规制,从而实现社会的可持续发展。我国快递企业多为上市公司,具有较强的经济实力,在社会中的影响力远高于一般的市场主体,要求其在经营活动中承担起保护生态环境的社会责任并不会超出其经济承受能力。

由此可见,如果快递企业能够积极承担生态环境保护责任,在提供快递服务的过程中,降低自身行为对生态环境的负面影响,将极大促进绿色快递服务市场的建设。本书认为,绿色快递服务市场是顺应绿色发展理念形成的,以快递企业提供绿色化快递服务、快递用户享受快递服务并支付服务对价为主要内容的交易场所。绿色快递服务市场的主要特征包括:第一,快递服务全面绿色化。即快递企业在快递服务的各环节均能将自身对生态环境的负面影响降到最低,主要表现为将快递服务所产生的固体废弃物、碳排放量控制在合理水平之内。第二,参与主体的多元化。除快递企业之外,绿色快递服务市场要求,快递用户同样应当具有较高的环保意识,能够积极参与到生态环境的保护当中,如支持使用快递绿色包装等。此外,政府管理部门也应积极出台优惠政策,支持快递企业的绿色化转型。第三,发展的可持续化。绿色快递服务市场内部能够形成"快递企业提供绿色化快递服务——快递用户支持绿色化快递

---

① 参见胡晓静:《论公司社会责任:内涵、外延和实现机制》,载《法制与社会发展》2010 年第 2 期。

服务——政府部门鼓励绿色化快递服务"的良性循环,从而实现市场本身的健康发展。

(二)绿色快递服务市场的实践路径

在实践层面,相关部门连续多年出台规范性文件,为绿色快递服务市场的建设和发展提供指引。快递企业也积极响应,探索出了多条绿色快递服务市场的实践路径。

2017年,国家邮政局等十部门联合发布《关于协同推进快递业绿色包装工作的指导意见》,注重从以下几个方面加强快递业绿色包装的推广和应用:第一,优化顶层设计。持续完善快递业绿色包装的法规标准,完善绿色包装标准体系,推动出台《快递暂行条例》,明确鼓励快递企业和寄件人使用绿色包装。第二,强化源头治理。增加快递绿色包装供给,实施快递包装产品绿色认证,实现标准化、规范化、集约化的治理方式。第三,重视示范作用。开展快递业绿色包装试点示范,建设快递包装回收示范城市,支持快递绿色包装产业联盟发展,加强快递业绿色包装宣传引导与教育培训。该文件的内容为后续绿色快递服务市场建设的一系列路径提供了基本参照。

2018年,修订的《快递封装用品》系列国家标准发布,改变了我国快递绿色环保包装用品生产、使用和检测无标可依的状态。《快递封装用品》系列国家标准遵循绿色化、减量化和可循环的环保理念,通过在封套中新增二次使用的要求、在包装箱中新增重复使用和重金属限量的要求、在快件包装袋中新增生物降解塑料种类等内容,进·步明确了快递封装的封套、包装箱和包装袋的环保标准。国务院出台《快递暂行条例》,并于2025年修订。该条例作为快递行业首个行政法规级别的规范性文件,明确鼓励快递企业和寄件人在快件寄递过程中使用环保包装材料,促进实现快件包装的减量化利用和再利用。

2020年,国务院办公厅转发国家发展改革委等八部门《关于加快推进快递包装绿色转型的意见》,在已有规范性文件内容的基础上,新增加强电商和快递规范管理,以及规范快递包装废弃物回收和处置两个方面的内容,进一步完善了对快递包装的治理链条和治理体系。国家邮政局印发《邮件快件绿色包装规范》,从包装采购、包装操作、包装回收、用量统计、宣传教育培训和检查考核奖惩等方面对快递企业的内部制度建设作出要求。同时,针对塑料包装袋、包装箱、封套等不同的包装物类别,明确了其材料构成的具体标准。《快递包装绿色产品评价技术要求》从技术角度出发,明确封套、包装箱、包装袋、电子运单、填充物等九类评价指标,构建了绿色产品评价指标体系。《关于开展快递包装绿色产品认证工作的实施意见》对快递包装绿色产品的认证实施工作作出全面规范,包括认证机构的设立条件、委托检测的要求、建立可追溯的认证和检测工作机制、认证工作规则的公开、绿色产品标识的使用要求等内容,以此推动快递包装绿色产品的规范化使用。

2021年,交通运输部出台《邮件快件包装管理办法》,针对邮件快件包装作出以下三个方面的具体规范:第一,在包装选用方面,要求快递企业严格执行包装物管理制度、按规定使用环保材料、实施包装减量化等措施;第二,在包装操作方面,要求快递企业制定操作规范、建立从业人员培训制度、明确包装操作方法、积极实施包装回收再利用;第三,在监督管理方面,要求邮政管理部门加强对重点事项的监督检查,明确了监督检查过程中可以采取的措施,推动包装物溯源管理等。国家邮政局发布《邮件快件限制过度包装要求》行业标准,明确了邮件快件的包装物选用、包装层数、封装用胶带使用、填充物使用等作业要求的标准,细化了邮件快件过度包装的认定依据。

2023年,国家邮政局发布《关于推动邮政快递业绿色低碳发展的实施意见》,聚焦以下四点,推动邮政快递业的绿色化、低碳化转型:第一,在快件的寄递运输体系方面,推广节能低碳运输方式和设备,优化寄递运输组织模式;第二,在快递行业的基础设施绿色建设运营方面,强化设施布局规划引领,推进基础设施绿色化改造,引导基础设施资源集约共享;第三,在快件包装的减量化、标准化、循环化方面,持续推进邮件快件包装减量化,提升邮件快件包装标准化水平,加快构建邮件快件包装循环利用体系,深化邮件快件包装塑料污染治理,推动健全邮件快件包装协同共治体系;第四,在快件寄递绿色低碳发展的支撑保障方面,强化节能低碳技术创新应用,健全行业碳排放法规标准,完善行业碳排放政策体系,建立健全行业碳排放核算监测体系。同年,交通运输部出台《快递市场管理办法》,明确规定快递企业应当坚持绿色低碳发展,落实生态环境保护责任。此外,该部门规章专设"绿色低碳发展"一章,分别规定了邮政管理部门对快递业绿色发展的引导职责,以及快递企业加强包装操作规范、优先采购环境友好型产品和回收利用包装物的义务。

在上述规范性文件的指引下,快递企业积极践行绿色发展理念。如在快件绿色包装的应用方面,顺丰快递于2020年推出"箱"伴计划,用户收到快递拆箱后,沿着示意线条裁剪拼接纸箱,就能让纸箱资源变成生活中的实用好物,实现快件包装的二次利用,以此激发用户改造快件包装的积极性。① 圆通快递采用可回收的降解材料自行研发绿色可循环快递箱,实现了无胶水、无胶带即可一体化成型封箱。此外,该快递箱具有抗压和防震的功能,也能够减少快递箱中减震物品的投放,从而降低快件寄递活动中的废弃物排放量。② 在运输环节的节能减排方面,韵达快递使用自行开发的"神行者"车辆运作监控系统实现了每台车降低油耗3%以上,年排放二氧化碳减少4200余吨。中通快递则不断提高绿色车队的规模,尝试使用以液化天然气为燃料的新能源汽车,大力推广高运力甩挂车,同时以铝合金弧式车厢逐步替代铁皮车厢,有效降低了燃油消耗。③

(三)绿色快递服务市场的完善方向

　　在推行绿色发展理念的背景下,虽然我国绿色快递服务市场的建设已经取得初步成效,但依然存在较大的完善空间。具体而言,主要存在以下问题:

　　第一,快件绿色包装的成本较昂贵,快递企业自发使用绿色包装的积极性不高。相较于普通的快件纸箱,免胶带快件纸箱的成本要高出2到3倍甚至更多,可降解的塑料包装制品成本也是普通塑料包装制品的1.5倍左右。④ 快递企业作为营利法人,以获取经济利益为根本目标,面对高成本的绿色包装,其显然不具备自发使用的内生动力。选择使用价格昂贵的绿色包装,会直接增加快递企业提供快递服务的成本,并使其陷入进退两难的困境:在成本增加的情况下,如果快递企业选择保持已有的快递服务费用水平,则其获得的利润会明显降低;如果快递企业选择维持自身的利润水平,则其只能将使用快件绿色包装增加的成本分摊给快递用户,由此可能会导致快递用户的流失。因此,单纯依靠快递企业无法圆满解决快件绿色包装的使用和推广问题。

　　第二,在我国的交通运输行业整体碳排放量有所下降的情况下,快递行业的碳排放量仍居高不下,且处于增长态势,其中公路运输和航空运输的减排依

---

① 参见《坚持绿色低碳发展理念 顺丰积极参与快递行业绿色转型升级》,载 https://cn.chinadaily.com.cn/a/202112/03/WS61a9c2b4a3107be4979fb3ed.html,最后访问日期:2025年3月31日。

② 参见《圆通可循环快递箱亮相"绿色快递进机关"启动仪式》,载 https://www.headscm.com/Fingertip/detail/id/22854.html,最后访问日期:2025年3月31日。

③ 参见《聚焦节能降碳 发展绿色快递 多家快递企业发布社会责任报告》,载 https://www.spb.gov.cn/gjyzj/c204524/202206/ce7a0537b360462282dbfe6905221d8d.shtml,最后访问日期:2025年3月31日。

④ 参见《快递包装变"绿"后 价格会变贵吗?》,载 https://news.cctv.com/2021/04/16/ARTIIgMUzKX-AWDw7mGf0GP11210416.shtml,最后访问日期:2025年3月31日。

然任重道远。有研究发现,在 2022 年快递行业的干线运输中,公路运输的碳排放当量最高,达 1874 万吨,这一数据甚至超过了当年包装环节的碳排放总量;紧随其后的是航空运输的碳排放当量,达 1376 万吨,这两者在干线运输中碳排放当量的占比分别为 56.9% 和 41.8%。[①] 其中,公路运输的碳排放量主要来自各类高碳排放量的传统运输车,航空运输的高额碳排放量主要源自异城快件的运输环节。为满足快递用户对快递时效的多元化需求,需要综合运用不同种类的运输方式。然而,在各类运输方式中,不同运输工具类型、运输燃料种类的选择对生态环境的影响存在巨大差异。目前,传统高碳排放量的运输工具和运输燃料依然在快递服务过程中扮演了重要角色。如何逐步降低传统能源运输工具的比重,并有效推广新能源运输工具,是建设绿色快递服务市场无法回避的问题。

第三,快件寄递工作完成后,塑料包装的末端回收处置较难。目前,塑料类快件包装废弃物存在回收利用难、成本高的问题,导致绝大多数的塑料快件包装被归入普通的生活垃圾中,给生态环境保护工作造成巨大困难。[②] 这一问题产生的原因有二:其一,塑料包装本身的性质决定了对其进行回收和二次利用的难度大、可能性低。即使是可降解的塑料包装,对于使用路径和降解条件也有多元、复杂的要求,在实际操作过程中并不可控。[③] 在这种情况下,如果任由快递企业自行选择快件的塑料包装种类,无疑会给末端的回收处置工作造成负担。其二,塑料包装处理责任主体的缺失,进一步加剧了塑料包装废弃物对环境的污染程度。自快件投递完成之时起,快递企业向快递用户提供的快递服务就已宣告结束。至于对快件塑料包装的处理,在通常情形下并不属于快递服务合同的内容,快递企业也没有意愿参与末端回收工作。这实质上造成了选择使用塑料包装的主体无需对污染生态环境后果负责的局面,不利于绿色快递服务市场的建设。

第四,社会公众缺乏获取快递企业践行绿色发展理念情况的信息通道。前文已述,绿色快递服务市场的建设应当由多元主体共同参与,其中就包括快递

---

① 参见《〈中国快递行业的碳排放〉研究发现摘要》,载 https://www.greenpeace.org.cn/report-list/express-industry-emissions/,最后访问日期:2025 年 3 月 31 日。

② 参见《我国快递包装一年碳排放超 2000 万吨,需种植相当于一个北京市土地面积的树木才能抵消》,载 https://www.eco.gov.cn/news_info/58190.html,最后访问日期:2025 年 3 月 31 日。

③ 参见《千万吨产能落空,可降解塑料还有未来吗?》,载 https://k.sina.com.cn/article_1684012053_645ffc1501901gqoa.html,最后访问日期:2025 年 3 月 31 日。

用户在内的社会公众。但因专业水平和所处地位存在差距,社会公众无法主动获取快递企业对生态环境保护的真实情况,只能被动接收快递企业主动披露的信息。这使得快递企业可以有选择性地进行信息披露,只向外公示对自身有利的部分,实施误导社会公众的"漂绿"行为。[①] 为了使社会公众能够及时、完整地了解快递企业的真实情况,在绿色快递服务市场的建设过程中,有必要对快递企业的信息披露行为进行规制,缓解其与社会公众之间信息不对称的现状。

本书认为,为解决上述问题,完善绿色快递服务市场的建设,一方面需要设定快递企业在提供快件寄递服务过程中对生态环境保护的义务,另一方面也应当明确快递企业违反上述义务的法律责任。其中,法律义务的设定应当涵盖快递服务的各个环节,以此为快递企业的行为划定红线,并为法律责任的实施提供前提;法律责任的内容则应当包含不同的责任类型,以确保对快递企业行为规制的效果。

第二节　企业环境保护义务的内容

明确快递企业应当承担的环境保护义务具体内容,不仅是将抽象意义上的环保社会责任进行具象化的需要,同时也是真正推动绿色发展理念在快递行业得到实现的必然要求。本书认为,快递企业在环境保护方面应当承担的义务内容主要包括三个方面:其一,绿色包装义务;其二,绿色运输义务;其三,环保信息披露义务。前两项义务属于快递企业直接作用于自然环境的行为,将直接影响环境保护工作的质量与效果,第三项义务属于对其他环境保护义务履行情况的监督,对于环境保护工作的质量和效果有间接性的影响。以下就这三项义务分别阐述。

一、绿色包装义务

绿色包装义务是指,快递企业应当在快件寄递的过程中使用可回收、可降解、可循环使用的环境友好型包装材料,并以最小必要原则对快件进行包装,对使用完毕的包装进行回收和再利用。由于快递包装会伴随快件服务的全过程,因此绿色包装的要求也应当涵盖快递包装的全生命周期,包括生产端、使用

---

① 参见刘俊海:《论公司 ESG 信息披露的制度设计:保护消费者等利益相关者的新视角》,载《法律适用》2023 年第 5 期。

端和回收端三个方面的内容。[①]

（一）生产端

生产端是指快件包装材料的"生产"，即快件包装进入快件寄递流程之间的环节，涉及快递企业对快件包装材料的选择。在生产端，快递企业应当积极使用可回收、可降解、可循环利用的环境友好型包装材料，实现快件的绿色包装。快件包装材料的选择对整个快件寄递过程中产生的包装废弃物的数量具有重要影响。《快递市场管理办法》对快递企业采购的包装材料作出了明确要求，并从正反两个方面对快递企业作出指引：一方面，鼓励其采购和使用环境友好型包装产品，另一方面，禁止其使用已列入禁止使用目录的塑料制品。[②]

从落实绿色发展理念的角度来讲，快递企业可以结合自身的实际情况，有选择性地从自主研发和对外合作两个方面落实生产端的生态环境保护义务。就自主研发而言，具备一定经济实力和技术水平的快递企业可针对环境友好型的快件包装开展研究，这在前期需要投入较大的成本，但从长远来看，对于减少快件寄递工作中废弃物的产生具有重要作用，也符合当前减污降碳的趋势。因此，选择自主研发的快递企业除了自身投入外，可积极寻求一定的政策支持。就对外合作而言，快递企业可积极与绿色包装企业开展战略合作，确保使用的快件包装除了满足包装所需的基本技术标准之外，同时也具备产品消耗更少的"资源属性"、对环境更友好的"环境属性"和产品消耗能源更少的"能源属性"，真正实现快件包装的"绿色化"。[③] 除此之外，快递企业也可与电商企业、包装企业等上下游企业联合组织成立快递包装产业绿色联盟，联盟内部的成员可结合实际情况达成更深层次的合作关系，签订长期合作协议，降低彼此的合作费用，同时借助联盟的影响力推广使用环保包装袋、环保填充物、环保箱等绿色包装产品。

（二）使用端

使用端是在快件包装材料生产完成后，实际对快件进行包装，以增强快件在后续运输过程中安全性的环节。在这一环节，快递企业应当适度减少快件包装用料，实现减量化，避免过度包装。对快件进行适当包装的目的在于减少快

---

①　参见于璇：《快递业绿色包装法律制度研究》，载《中国包装》2023 年第 1 期。

②　参见《快递市场管理办法》第 16 条的规定。

③　参见《迈向碳中和，物流大佬"换新衣"》，载 https://mp.weixin.qq.com/s/G4kC6oxmYxtFG2Qq IA3Vpw，最后访问日期：2025 年 3 月 31 日。

件在运输过程中发生损坏、变形等风险,是顺利完成快件寄送任务的必要条件,但快件包装的功效也应当仅仅止步于此。快件包装本身不应承载过多的附加价值,如彰显经济实力、盲目追求美观等,否则将产生过度包装、跟风包装、攀比包装等问题,并最终增加快递消费者和快递企业为完成快件寄递所需要支付的成本,同时也会产生大量的快递包装废弃物,给生态环境的保护工作造成巨大压力。为解决这一问题,需要树立生态消费理念,并以该理念指引快递包装的使用。生态消费理念强调各类主体消费行为的适度性和公正性,要求各类主体应当将自身的消费行为控制在自然环境和生态资源可容纳、承受的范围之内,避免因不合理的消费行为过度消耗环境容量。① 快递企业使用快递包装的行为可以视为是对快递包装的消费行为,自然也应当符合生态消费理念的要求。具体来说,快递企业使用快递包装时应当在保障快件运输过程安全的前提下,尽量精简包装,注重包装的循环使用价值,减少在包装使用环节对生态环境的压力。同时,为了维持和鼓励生态消费理念指引下所产生的环境友好型快递包装使用行为,需要通过一定的规范性文件对此类行为予以明确肯定。

按照《快递市场管理办法》要求,快递企业加强快件包装的操作规范,在产品原包装能够满足快件安全运输条件的情况下,优先使用原包装;在产品原包装无法实现快件安全运输的情况下,通过优化包装结构实现快件包装的绿色化。② 为了达到《快递市场管理办法》的要求,本书认为,应当采用最小必要原则对快递企业的快件包装行为进行指引。在快递行业,最小必要原则可以引申为快递企业在进行快件包装时应当以快件包装的目的为指引,确定对所寄快件进行包装需要的材料,避免快件过度包装的情形出现。由此可见,若要在使用端贯彻落实绿色发展理念,实现绿色包装,需要快递企业转变思想观念,在最小必要原则的指导下完成对快件的包装,通过创新包装方式、优化包装流程、减少包装用料、使用环保材料等途径实现快件包装的减量化、绿色化。遵循最小必要原则对快件进行包装,能够同时实现快递行业环境保护和降本增效的双重目标:一方面,对快件的合理包装是快递企业应当承担的生态环境保护义务的内容之一,有助于减少快递行业产生的废弃物数量。另一方面,从经济的角度来说,对快递企业而言,实现快件包装的减量化和绿色化能够有效减少其在快件

---

① 参见秦鹏、徐海俊:《快递包装物回收利用的制度困境与规范进路》,载《南通大学学报(社会科学版)》2021 年第 2 期。

② 参见《快递市场管理办法》第 15 条的规定。

包装方面付出的成本,进而获取更多的利润;对快递用户而言,实现快件包装的减量化和绿色化则能够降低快件的重量和体积,进而降低快件的寄递费用。因此,无论是对快递企业来说,还是对快递用户而言,若快递企业能在使用端履行绿色包装义务,都将有效降低其所负担的成本,进而降低整个快递行业的费用。

(三)回收端

回收端是在快件的投递环节完成之后,对用户拆封后的快件包装进行回收利用的环节。《快递市场管理办法》要求快递企业提高快件包装的复用比例,积极回收和利用包装物。① 因此,在这一环节,快递企业应当建立健全快件包装的回收体系,实现快件包装的循环利用,有效降低快件废弃物的数量。快件的寄递工作完成后,收件人通常会在快递站点内将快递从快件包装内取出,并将快件包装随意丢弃到最近的垃圾站点旁边。实践中,曾出现过大量废弃的快递包装盒和包装袋被堆放在垃圾箱旁边的情形,既阻碍了行人通行,也增加了城市环卫工人的工作量,同时也影响了市容市貌。② 可以说,此种情形既有悖于绿色发展理念,造成了环境污染,同时也降低了快件包装的循环利用率,变相增加了快递行业的整体运营成本。实际上,由于快递企业在快件寄递的过程中使用了上述快件包装,从其承担环保社会责任的角度来说,应当由快递企业合理处置快件寄递完成后产生的各类快件包装。

在绿色发展理念下,对快件包装进行合理处置的形式主要表现为回收和循环使用,这一形式的实现途径又可细分为快递企业自行回收和快递企业与其他主体合作回收两种方式。其一,快递企业自行回收。这种方式对快递企业的经济实力、人员规模、管理制度均有较高的要求。在自行回收的方式中,快递企业需要将特定的地点范围划分出来作为回收区域,并设置回收容器,根据快件包装的不同用料和包装本身的完整度对其进行分类回收、利用。对于没有破损、完整度较高的快件包装,在去除包装上的快递面单后简单加工,即可进行循环使用。对于破损度较高,经过加工也无法实现循环使用的快件包装,则应打包好后送入回收工厂生产再生纸。其二,快递企业和其他主体合作回收。对于经济实力、人员管理能力有限的快递企业来说,要求其自行建立快件包装回收体系并不现实,因此,本书认为,与其他主体合作实现快件包装的回收更为可行、

---

① 参见《快递市场管理办法》第 17 条的规定。

② 参见《随手拆随手扔,快递包装"包围"垃圾箱!》,载 https://new.qq.com/rain/a/20230210A01Q0T00,最后访问日期:2025 年 3 月 31 日。

合理。具体来说,快递企业可以选择和各类环卫企业、回收企业联合开展"快递员+回收业"的定向合作试点,通过发挥两类主体各自的优势,实现在快件包装回收方面的共赢局面。在这种回收方式下,由环卫企业、回收企业负责对快件包装的回收工作,由快递企业支付相应的回收费用。

二、绿色运输义务

绿色运输义务是指,快递企业在寄送快件的过程中,应当在绿色发展理念的指引下,科学规划运输线路,并使用高效节能的运输工具,提高运输过程中运输工具的集约化水平,以最大限度地降低快件运输过程对自然环境的影响。具体来说,快递企业所需承担的绿色运输义务主要涉及运输工具的合理配备和快件配送的集约化两个方面的内容。

(一)运输工具的合理配备

运输工具的合理配备,是指快递企业自身能够控制、使用的各类运输工具的构成情况。快递的运输环节是实现快递用户寄递需求的核心环节,是快递企业所提供快递服务的关键内容,同样也是整个快递服务中消耗时间最长的环节。在这一环节中,运输工具是快递企业完成快递服务任务、满足快递用户多元化寄递需求的必备辅助。与此同时,运输工具的配备情况是后续选择运输工具的基础,也是快递企业的经营行为对生态环境产生影响的主要原因,决定了绿色发展理念在快递行业的落实程度。因此,运输工具的合理配备就成为快递企业履行绿色运输义务的重要内容。据报道,交通运输领域的碳排放量约占我国碳排放总量的 10%[1],而作为"准公共行业"的快递行业基于涵盖地域的广泛性和覆盖人群的多样性,在交通运输行业中的碳排放量不可小觑。虽然总体而言,2018 年至 2020 年期间,我国交通运输行业的碳排放量有所下降。但根据一份调研报告,在快递行业的碳排放总量中,干线运输约占六成,而电动三轮车的"最后一公里"仅占一小部分。而且目前大部分脱碳努力都集中在包装或仓储方面。[2] 这表明,我国快递行业的快件运输环节在节能减排方面仍存在较大的优化空间。

---

① 参见《加快形成绿色低碳运输方式》,载 https://www.gov.cn/xinwen/2022-01/14/content_5668085.htm,最后访问日期:2025 年 3 月 31 日。

② 参见《新加坡媒体:中国快递业减排,运输方式值得关注》,载 https://m.huanqiu.com/article/4DmOAV9M4P2,最后访问日期:2025 年 3 月 31 日。

　　为了履行绿色运输义务,优化运输工具的配备情况,快递企业应当在以下几个方面有所作为:其一,优化运输工具结构,扩大绿色车队规模。快递企业应当通过多种途径提高新能源车辆在自身运输工具中所占比重,逐步减少燃油运输车辆的应用。扩大新能源车辆占比的方式可以视快递企业的实际情况而定:若其具有较强的经济实力,可通过自行研发、自行购置的方式增加新能源车辆的数量;若其经济实力有限,则可以通过租赁、外包等方式扩大新能源车辆的占比。除了增加车辆之外,还可以从车辆使用的燃料入手,通过更新运输车辆使用燃料的方式,减少运输车辆对空气造成的污染。例如,中通快递在干线运输环节,尝试使用以液化天然气为燃料的新能源汽车,减少二氧化碳及其他废气的产生;同时,探索氢燃料电池物流车的应用场景,与相关企业签署战略合作协议,共同推进氢能源物流车的落地应用与推广。[1] 其二,优化运输方式结构,增加铁路运输的比重。铁路是效率最高的运输方式,同时也是碳排放量最少的运输方式。但从我国快递行业的实践来看,铁路运输往往是快递企业最后的选择。根据调研报告显示,2022 年我国快递行业采用铁路运输业务量仅为 48 亿件,占快递干线运输总量的 5%;航空运输业务量大约是铁路的两倍,碳排放量却是铁路的近 33 倍;与此同时,公路运输的效率介于两者之间,但快递行业碳排放总量的大部分来自公路运输。[2] 由此,快递企业应不断优化运输方式的结构,增加铁路运输的比重。在这一方面,京东集团部分货物运输模式由公路运输转为铁路运输,全方位落实绿色运输模式,优化绿色物流效率,是值得借鉴的做法。[3] 其三,优化空中运输的能源利用率,降低快件空运造成的环境污染。正如前文所述,空中运输是快递服务产生碳排放的主要来源,对空中运输的优化应当是实现绿色运输目标的重要内容。这要求快递企业从使用的航空燃料入手,积极推广应用可持续航空燃料。例如,顺丰快递通过建立《顺丰航空能源管理制度》,设置航空碳排放工作组统筹推进航空运输模块的节能减排工作,同时应用节油技术、搭建航空燃油管理系统、严防维修污染、升级节油激励

　　① 参见《2022 社会责任报告》,载 https://www.zto.com/investorCN/sustainable.html,最后访问日期:2025 年 3 月 31 日。

　　② 参见《新加坡媒体:中国快递业减排,运输方式值得关注》,载 https://m.huanqiu.com/article/4DmOAV9M4P2,最后访问日期:2025 年 3 月 31 日。

　　③ 参见《京东集团 2022 环境、社会及治理报告》,载 https://ir.jd.com/zh-hans/esgcsr,最后访问日期:2025 年 3 月 31 日。

等措施有效实现了绿色化的快件空运。[1]

(二)快件配送的集约化

实现运输工具的合理配备之后,快递企业便可以选择合适的运输工具完成快件配送工作。运输工具的选择和使用需要结合快件寄递的距离、用户的寄递时限要求、快件本身的特点等因素综合考虑。总的来说,运输工具的使用应当以实现快件配送的集约化为目标。快件配送的集约化,是指通过增加单次运输所能容纳的快件数量、减少单次运输所需要消耗的时间以提高快件的运输效率,进而降低运输的总次数和总耗时,最终得以减少快件运输带来的碳排放量。由此可知,要实现快件配送的集约化,需要快递企业从增加单次运输的快件总量和减少单次运输的耗费时长两个方面入手。

第一,快递企业应当扩充其所使用的运输工具的承载量和容纳快件体积,以提高单次运输总量。快件的运输需要借助运输工具完成,而运输工具的使用则会排放出大量的空气污染物,影响空气质量和生态环境。因此,通过提升单次运输的快件总量,能够减少快件的运输次数,从而降低快件运输的碳排放总量。具体操作过程中,快递企业除了需要增加大容量的运输工具,还需要综合考虑不同快件本身的体积和重量,并将寄递需求时限相近的快件放置在同一运输工具中,在完成快件寄递任务的同时尽量提高单次运输的快件总数。例如,顺丰快递持续对传统燃油车辆进行选型优化与置换,2022年顺丰累计置换清退了超过八百台燃油车辆,通过提升车辆的装载容积节降运力投入。[2] 又如,圆通快递通过优化车型和中转路由,推行省内和区域内甩挂运行,减少车头使用数和总车辆使用数,提升车辆的利用率,实现了提效减排。[3]

第二,快递企业应当充分利用大数据分析技术和计算机算法程序,不断优化快件的运输路线,减少单次运输的耗费时长,进而降低单次运输的碳排放量。在需要寄递的快件总量不变的情况下,除却提升单次快件的装载量外,压缩单次运输的耗费时长同样能够降低快件运输产生的碳排放量。因此,快递企业需

---

[1] 参见《顺丰控股:2022年度可持续发展报告》,载 https://vip.stock.finance.sina.com.cn/corp/view/vCB_AllBulletinDetail.php? id=8922505,最后访问日期:2025年3月31日。

[2] 参见《顺丰控股:2022年度可持续发展报告》,载 https://vip.stock.finance.sina.com.cn/corp/view/vCB_AllBulletinDetail.php? id=8922505,最后访问日期:2025年3月31日。

[3] 参见《圆通速递股份有限公司2022年度社会责任报告》,载 https://file.finance.sina.com.cn/211.154.219.97:9494/MRGG/CNSESH_STOCK/2023/2023-4/2023-04-26/9078398.PDF,最后访问日期:2025年3月31日。

要以降低运输损耗时间为切入点,实现降低运输碳排放量的目标,主要从以下两个方面入手:一方面,合理规划运输路线,减少运输过程中的等候时间和空车时间。首先,快递企业需要借助智能传感和大数据技术,优化常规的干支线行车路线与车辆的数量,尽量减少因运输路线不合理而产生的额外能源消耗与废气排放。其次,统筹规划同一辆运输工具途经的所有配送点和快递站点,以共同配送、集中配送、分时配送为原则,避免配送完成后还需空车往返的情形。最后,规划快件运输路线的同时也要考虑到不同时段的交通路况,尽量选择避开拥堵路段进行快件运输,以避免运输车辆在路上停留的时间过长,排放过多废气。例如,京东物流借助算法模型,打造了"公转铁"物流解决方案。该方案围绕场站选址规划、线路智能规划、动态调度调整、ESG(环境、社会、公司治理)减碳服务等多个环节展开,减少了物流成本,显著降低了碳排放。① 另一方面,优化运输模式,综合利用多种运输工具完成快递服务。国家邮政局《关于推动邮政快递业绿色低碳发展的实施意见》提到,加快建设低碳高效寄递运输体系,优化寄递运输组织模式,推广邮件快件干线甩挂运输,降低干线运输能耗强度和排放强度。② 因此,快递企业可以考虑在寄递时限允许的范围内,采用干线甩挂运输和新能源运输工具结合的方式,达到降低运输碳排放量的效果。此外,为降低"最后一公里"派送环节中的碳排放量,快递企业需要为快件投递工作人员安排电动车、新能源车等碳排放量低的运输工具,还可以考虑创新末端投递方式,推广应用无人机、无人车、智能信包箱等新型智能设施设备。

三、环保信息披露义务

(一)环保信息披露义务的内涵

　　环保信息披露义务,是指基于快递企业与社会公众对于环保社会责任的专业了解程度与信息掌握程度之间的差异,快递企业应当将自身对环保社会责任的履行情况向社会公布,以降低快递企业与社会公众之间的信息不对称程度,形成道德舆论的合力,并提高社会公众对于快递企业的监督能力,以促使快

---

① 参见《技术驱动物流降本! 京东物流基于算法模型的"公转铁"解决方案获行业殊荣》,载 https://tech.chinadaily.com.cn/a/202412/16/WS675fd8cda310b59111da90fe.html,最后访问日期:2025 年 3 月 31 日。

② 参见国家邮政局《关于推动邮政快递业绿色低碳发展的实施意见》"三、加快建设低碳高效寄递运输体系"。

递企业更好地履行绿色发展理念的义务内容。

由于快递企业的环保社会责任是一个较为抽象的综合性概念,且快递企业与社会公众之间存在较大的信息鸿沟。环保社会责任的履行情况到底如何,只有快递企业自身最为清楚,因此,对环保信息的披露行为是快递企业承担环保社会责任的重要落实手段,同时也为快递企业和社会公众之间提供了一个信息沟通的渠道,前者甚至可以将此作为展示自身良好企业形象的重要途径。实证研究表明,随着环保信息披露的数量和质量的提升,在缓解信息不对称的同时,还能够使企业获得社会投资者的关注,并降低投资不足和投资过度的风险,从而提高企业的投资效率,促进企业的绿色创新。[①]

同时,快递企业履行环保信息披露义务,有助于充分发挥不同监管主体的优势,实现对快递行业的协同监管。协同监管,是指通过建立多个政府部门之间的协调机制,由多个部门分工协作,共同推进落实监管工作。具体到快递行业来说,当快递企业履行了环保信息披露义务之后,主管不同服务环节的各部门可开展联合执法,例如根据快递企业披露的信息内容,对快件包装、快件运输和快件包装的回收环节开展联合监督检查,核实快递企业实际履行环保义务的情况,以此起到对快递企业的督促作用。

不过,需要指出的是,环保信息披露在发挥上述作用的同时,也与快递企业的营利性本质之间存在一定的冲突。作为公司法人,快递企业无疑会将追求经济利益作为自身存在的根本目标,从短期主义的立场来看,环保信息的披露是一种在短时间内徒增成本、没有收益的行为,其对于快递企业实现可持续发展、吸引投资的影响具有较强的间接性,无法直接预见。因此,环保信息披露对于企业的积极作用显然不如短期行为给企业带来的直接经济利益更为可观、更具吸引力。[②] 此外,即使快递企业重视环境保护,主动将自身的环保信息对外披露,但相关披露信息的方式和内容可能具有较强的专业性和灵活性[③],如果对此缺乏必要的限制,则快递企业对外披露环保信息的行为将无法实现缓解信息不对称、促进协同监管的效果,更难促进绿色发展理念在快递服务市场中的

---

① 参见廖果平、王文华:《环境信息披露、企业投资效率与绿色创新》,载《江西社会科学》2023 年第 4 期。

② 参见侯东德、韦雅君:《上市公司 ESG 信息披露框架的构建——基于新发展理念的视角》,载《财经法学》2023 年第 5 期。

③ 参见郑少华、王慧:《ESG 的演变、逻辑及其实现》,载《上海财经大学学报》2024 年第 4 期。

实现。

本书认为,为了实现披露环保信息的设置目标,需要快递企业在快递服务的全流程履行信息披露义务。具体来说,快递企业的环保信息披露义务内容应当涵盖快递服务的收寄、分拣、运输和投递各个环节,通过强制性的披露机制保证该义务的履行,同时还可借助自愿性的披露机制丰富其所披露的信息内容,以下分而述之。

(二)全流程环保信息披露义务

自用户将快件交付给快递企业之时起,快递企业就负担着披露环保信息的义务。这一义务内容贯穿了快递服务的各个环节。具体来说:

第一,快件收寄环节的环保信息披露义务。在快件收寄环节,快递企业需要披露的内容主要是其采用的快件包装材料的情况。前文已述,快件包装材料的选择会在很大程度上影响快递服务过程中产生的污染物,以及对生态环境的损害程度。第二,快件分拣环节的环保信息披露义务。在快件分拣环节,快递企业需要披露其分拣场地环保方面的规章内容和管理制度,以及这些规章制度的落实情况。在该环节中,分拣工作本身可能并不会涉及过多的环保内容,但分拣工作的场地设施、能源利用情况则与生态环境保护密切相关,需要快递企业对外披露。第三,快件运输环节的环保信息披露义务。在快件运输环节,快递企业需要披露其现有的运输工具使用情况、运输路线的选择等内容。前文已述,不同运输工具的碳排放量差异巨大,要求快递企业公布运输工具的情况,有助于倒逼其履行绿色运输义务。第四,快件投递环节的环保信息披露义务。在快件投递环节,快递企业需要披露其在服务终端环节采用的电动车、新能源汽车完成投递的情况,以此说明其在"最后一公里"依然自觉承担了快递服务绿色发展的社会责任。

以上四个环节的环保信息披露义务是在梳理前文中绿色包装义务、绿色运输义务等内容的基础上作出的要求,旨在通过信息披露机制督促快递企业切实履行生态环境保护义务的具体内容。因此,信息披露义务应当能够起到保障其他生态环境保护义务顺利实现的作用,这就涉及信息披露义务实现机制的问题。

(三)环保信息披露义务的实现机制

快递公司环保信息披露义务的实现机制应当因公司类型的不同而有所区别。根据股票交易状态和信息公开程度,快递公司可以分为上市公司和非上市公司两种类型。本书认为,由于上市公司已经具备较为成熟的强制性信息披露制度,因此,对于快递上市公司来说,其环保信息披露义务可借助已有的强制信息披露机制实现;而对于未上市的快递公司来说,其环保义务的披露则应以自愿信息披露机制为主。

就快递上市公司的信息披露义务而言,上海证券交易所现行的信息披露制度可供参考。《上海证券交易所上市公司自律监管指引第 9 号——信息披露工作评价(2025 年 3 月修订)》(以下简称"上交所《第 9 号指引》")规定,上市公司是否主动披露环境社会责任履行的情况,以及相关报告内容是否充实、完整,是上交所对该公司信息披露工作进行评价的重要标准。① 但这一规定并不构成对环保信息的强制披露要求,因此对快递上市公司的约束力有限。本书认为,应当综合上交所《第 9 号指引》的内容,将环保义务的履行情况纳入应当公开披露的指标中,构建快递上市公司环保信息的强制性披露机制。理由在于,快递上市公司的规模大、公共性强,其履行环保义务的情况对于快递行业的绿色化转型具有重要影响,只有建立环保信息强制披露机制,才能充分发挥信息披露的制度优势,促进建设绿色快递服务市场。结合快递行业实践,快递上市公司强制披露的环保信息应当包括以下内容:第一,该快递公司在报告期内排放环境污染物的信息,包括污染物名称、污染物排放总量、超标排放情况等内容。第二,该快递公司在报告期内因环境问题承担行政责任的情况。第三,该快递公司在报告期内为降低快递服务对生态环境的负面影响,所采取的措施内容及其效果。此项内容应当涵盖该快递公司在快件包装材料的生产、使用、回收,快件运输环节所采取的生态环境保护等措施,以及这些措施所产生的实质效果。

非上市快递公司相较于快递上市公司而言,通常公共性更低,且规模更小,强制要求披露环保信息可能会给其造成过重的负担。因此,关于非上市快递公司的环保信息,本书认为应当以自愿披露机制为主,自愿披露的内容与快递上市公司的披露内容相同。当然,对于自愿披露的信息,快递公司依然要对信息内容的真实性、准确性、完整性和及时性负责,避免自愿披露机制异化为快递公司逃避生态环境保护义务、欺瞒社会公众的工具。自愿披露机制可以通过对快递公司开展信用监管的方式实现。信用监管,是指监管主体在对市场主体

---

① 参见《上海证券交易所上市公司自律监管指引第 9 号——信息披露工作评价(2025 年 3 月修订)》第 16 条的规定。

的信用信息进行收集和评价的基础上,实施分类监管或给予奖惩的监管方式。[1] 但就非上市快递公司的信用监管而言,由于其环保信息的披露具有自愿性,因此其信用评价结果的应用应以奖励为主。具体而言,对快递公司的信用监管需要由生态环境部门和邮政管理部门共同完成,可由这两类主体对快递公司的环保信息披露情况开展满意度调查,综合调查结果和其自愿披露的环保义务信息内容,对快递公司作出信用评价,而后公开其信用评价结果,以此体现监管主体对快递公司自愿披露内容的价值判断。[2] 政府部门的背书赋予了快递公司信用评价结果以公信力,邮政管理部门可视情况对信用评价等级较高的快递公司给予表彰、政策优惠,该快递公司也可将信用评价结果用于自我宣传,吸引社会公众更多选择其所提供的快递服务。

第三节　企业环境保护责任的承担

绿色发展理念在快递服务市场的推进,要求快递企业应当承担相应的环境保护责任。因此,在上文明确了快递企业应在绿色包装、绿色运输和环保信息披露等方面履行义务的基础上,还需要构建和充实快递企业违反前述义务,承担环境保护责任的制度内容,并完善相关的规范设计,以促进快递服务市场的绿色发展。《快递市场管理办法》同样明确要求快递企业应当落实生态环境保护责任。[3] 需要具体讨论的内容包括快递企业作为生产者需要承担的责任类型,以及具体的生态环境侵权的责任构成和责任承担。

一、作为生产者的延伸责任

(一)生产者责任延伸制度

生产者责任延伸制度,是指产品生产者应当对其所生产的产品在全生命周期内对环境的影响所应承担的责任[4],包括从产品的生产到最后产品的回收利用之间的各个阶段。与通常情形下的责任承担相比,生产者责任延伸制度通过

---

① 参见孔祥稳:《作为新型监管机制的信用监管:效能提升与合法性控制》,载《中共中央党校(国家行政学院)学报》2022 年第 1 期。
② 参见袁文瀚:《信用监管的行政法解读》,载《行政法学研究》2019 年第 1 期。
③ 参见《快递市场管理办法》第 9 条的规定。
④ 参见马洪:《生产者延伸责任的扩张性解释》,载《法学研究》2009 年第 1 期。

强调生产行为与产品之间的因果关系,扩张了生产者的责任范围,并试图通过此种联系使生产者对自身生产行为造成的后续影响承担责任。实际上,生产者责任延伸制度依然遵循了自己责任的基本原则,只是将生产者行为导致的社会风险分配给生产者。①

外部性内部化理论可为生产者责任延伸制度提供理论基础。企业的各类活动对生态环境造成的负外部性支出,以及与环境相关的活动本身所产生的费用可称为"环境成本"。以发生的空间范围为标准,可将环境成本分为内部环境成本和外部环境成本。前者是指由企业承担的各类费用,后者是指企业未承担的各类费用。② 由于生态环境具有非排他性和非竞争性,因此各类主体均可以在不付出成本的情况下,从对生态环境的消耗行为中获得利益,并且这种消耗行为所产生的消极后果不会完全归于行为主体,而是可以由其他主体分摊,即生态环境的公共物品特征会产生外部环境成本。若任由此类消耗行为实施,将会给生态环境带来难以逆转的损害,进而威胁到人类社会的可持续发展。因此,外部性内部化理论主张,需要通过一定方式,将外部环境成本内部化,使相关主体为自身的生态环境消耗行为负担成本。③ 生产者责任延伸制度为实现外部环境成本的内部化提供了解决方案,该制度同时关注节约资源和保护环境的双重目标④,强调综合性治理,从生态环境污染的源头出发,对污染源头主体课以责任,以降低污染者的行为对环境带来的消极影响。需要明确的是,此处的"污染者"并不仅指直接实施废弃物排放的主体,同时也包括能够对产品生命周期内各环节施加影响的主体。⑤ 因为这些主体通过对产品后续环节的影响,间接作用于生态环境的保护工作。换言之,只有将这些主体纳入规制范围,生产者责任延伸制度才能在最大程度上实现责任溯源和保护生态环境的制度目标。

由此可见,生产者责任延伸制度强调的是对产品整个生命周期内的全过程治理。在事前预防阶段,生产者责任延伸制度将产品的回收和循环利用成本分

---

① 参见马洪:《生产者延伸责任的法律属性辨析》,载《学术月刊》2013 年第 12 期。

② 参见刘丽敏、杨淑娥:《生产者责任延伸制度下企业外部环境成本内部化的约束机制探讨》,载《河北大学学报(哲学社会科学版)》2007 年第 3 期。

③ 参见王干:《论我国生产者责任延伸制度的完善》,载《现代法学》2006 年第 4 期。

④ 参见孟庆瑜、刘婷婷:《生态环境法典视域下生产者责任延伸制度的规范供给和配套完善》,载《甘肃社会科学》2024 年第 4 期。

⑤ 参见沈百鑫:《生产者责任延伸机制的发展和演变趋势——中国、德国及欧盟固废治理的法律比较》,载《中国政法大学学报》2021 年第 6 期。

配给该产品的生产者,将这些外部成本内化为生产者的生产成本;在事中使用阶段,生产者应当采取措施,尽量降低产品使用过程对生态环境产生的负面影响;在事后治理阶段,生产者应当对产品的回收和处置负责,从而减少产品废弃物造成的生态破坏和环境污染。

(二)快递企业的生产者责任延伸

鉴于生产者责任延伸制度的特点和优势,以及快递行业贯彻落实绿色发展理念的需求,有必要在快递服务市场引入生产者责任延伸制度,构建起充分完备的快递企业环境保护责任体系。

从理论模型来看,生产者应当承担的责任包括五个方面:第一,产品责任,即生产者应当为自己所生产产品对自然环境造成的损害承担责任,这是生产者责任延伸制度在环境保护语境下最为重要的含义。具体到快递行业来说,即指快递企业应当为快递服务过程造成的生态环境损害承担责任。如在快件分拣过程中,若快件仓储中心的废旧设备随意丢弃造成当地土壤污染的,快递企业应当承担恢复当地土壤质量的责任。第二,经济责任,即生产者应当为自己所生产的产品在后续的使用、回收或者废弃支付费用,这一责任内容独立于因环境损害造成的产品责任。快递企业需要承担的经济责任,体现为其应当在快递服务完成后,支付对快件包装进行回收处置的费用。第三,亲自参与责任,即生产者应当实质性地参与消除其产品对环境的不良影响,典型的责任承担方式为建立相应的产品回收机制。快递企业应当尽量使用新能源车辆作为快件运输工具,降低快件运输过程中产生的碳排放,以减少快件运输环节对生态环境的影响。第四,所有权责任,即生产者应当在产品的全生命周期中始终保留对该产品的所有权,以便对产品造成的环境损害承担责任,这是对第一个方面的辅助和补充。在快件分拣环节中,快递企业应基于对分拣设备的所有权,对废弃分拣设备所造成的生态环境损害承担责任。第五,信息责任,即生产者应当向相关主体毫无保留地提供其产品在不同阶段对环境的影响信息。快递企业应当积极向社会公众履行环保信息披露义务,并确保其所披露信息的真实性、及时性、完整性和准确性。① 由此可见,该理论模型实质上将"全生命周

---

① 参见 OECD (2001), Extended Producer Responsibility: A Guidance Manual for Governments, OECD Publishing, Paris; Lindhqvist, T. (2000). Extended Producer Responsibility in Cleaner Production: Policy Principle to Promote Environmental Improvements of Product Systems. [Doctoral Thesis (monograph), The International Institute for Industrial Environmental Economics]. IIIEE, Lund University。

期"这一概念进行了详细拆分,形成了生产者不同阶段、不同类型的责任内容,建构了较为完整的生产者责任延伸制度规则。

需要注意的是,上述五种责任共同构成了生产者责任延伸的体系内容,但在这五种"责任"中,并非所有类型都属于严格意义上的法律责任,有的应当归于法律义务的范畴。通常认为,法律义务是指主体以作为或不作为的方式保障权利主体获得利益的一种约束手段。法律责任是由特定法律事实引起的对损害予以补偿、强制履行或接受惩罚的特殊义务,亦即由于违反第一性义务而引起的第二性义务。① 由此可见,法律责任应当以存在违反第一性义务、造成损害的行为作为前提,这是法律责任区别于法律义务的重要特征。以这一标准对前述五种责任进行审视,可以发现:以存在损害为前提、需要承担法律上不利后果的责任类型包括产品责任和所有权责任,后者可以看作前者的补充,即基于身份而对产品造成的生态环境损害承担责任;而经济责任、亲自参与责任和信息责任的性质则应当归属于法律义务,以此来约束企业的生产经营行为。

鉴于快递企业的法律义务内容在第二节已经提及,故本书下文主要讨论快递企业法律责任的实现机制,包括民事法律责任和行政法律责任。其中,民事法律责任以快递企业对受损生态环境实施修复行为,以及快递企业对受害人的损害赔偿为主要内容;行政法律责任则以限制快递企业开展快递服务经营活动,以及对快递企业的制裁为主要内容。民事责任和行政责任相互补充,共同构成了快递企业应当承担的环境保护责任。

二、生态环境侵害的民事责任

快递企业对自己实施的加害行为所造成的生态环境损害,依法应当承担不利的法律后果,这种不利后果的性质为民事责任中的侵权责任。《民法典》中的侵权责任可分为一般侵权责任和特殊侵权责任。生态环境侵害责任属于特殊侵权责任,其在构成要件、举证责任分配和具体承担方式上具有特殊性。

(一)生态环境侵权责任的构成要件

根据《民法典》的规定②,快递企业对生态环境造成损害时,应当适用无过错归责原则。一方面,生态环境侵害的风险系因快递企业的快递服务行为开启,快递企业对于这一风险的发生和扩大最具有控制力。另一方面,其他民事

---

① 参见张文显主编:《法理学(第五版)》,高等教育出版社 2018 年版,第 166 页。
② 参见《民法典》第 1229 条的规定。

主体在生态环境损害的判断方面并不具有专业知识,若要求其负担证明快递企业存在过错要件的证明责任,将导致生态环境损害责任的成立难度过大,不利于保障相关民事主体的合法权益,这也与《民法典》规定特殊侵权责任的目的不符。因此,快递企业生态环境侵害责任的构成要件包括侵害行为要件、损害后果要件和因果关系要件。

第一,侵害行为要件。侵害行为要件,是指快递企业在完成快递服务工作的过程中,实施了有损生态环境的行为。侵害行为是责任的起因,是一种具有可归责性的活动。至于这种活动是否具有明确的目的指向,并不重要,甚至在实际的业务开展过程中,快递企业可能并没有意识到自身行为会对生态环境造成损害,但这并不影响侵害行为的认定。

具体而言,快递企业实施的侵害行为具备以下特点:其一,侵害行为是快递企业自己实施的行为。根据自己责任原则,快递企业应当为自己实施的侵害生态环境的行为承担后果,这一点与替代责任相区别。其二,快递企业在快递服务过程中产生的污染物是否超过了国家或地方规定的污染物排放标准,并不能当然决定侵权责任是否成立。国家或地方规定的污染物排放标准是应否给予行为人行政处罚的依据,但即使快递企业排放的污染物处于国家或地方规定的标准之内,只要造成了损害后果的,依然需要承担民事上的侵权责任。其三,快递企业实施的侵害行为包括作为和不作为两种形式。作为形式的侵害行为主要表现为快递企业在完成快递服务工作过程中,罔顾自身行为对生态环境的损害,实施的污染物排放行为。不作为形式的侵害行为主要表现为快递企业在负有作为义务的情况下放任生态环境受损的行为,如拒绝回收快件包装等。快递企业作为义务的重要来源,即前文所述的其作为快递服务生产者的延伸责任。

第二,损害后果要件。损害后果要件,是指快递企业所实施的行为造成了生态环境或者其他民事主体的人身或财产方面的非自愿的、具有可赔偿性的损害。[1] 从《民法典》的规定来看,这里的损害后果应当既包括生态环境的损害,也包括其他民事主体的人身损害和财产损害。[2] 首先应当明确的是何为"生态环境损害",根据《生态环境损害赔偿制度改革方案》的界定,生态环境损害,是指自然界的各项环境要素和生物要素发生了不利改变,以及由上述要素

---

① 参见程啸:《侵权责任法(第三版)》,法律出版社 2021 年版,第 226—228 页。
② 参见《民法典》第 1229 条、第 1234 条的规定。

构成的生态系统发生了功能退化。① 其次，"他人的人身损害和财产损害"应当是指环境侵害行为经过了大气、水、土壤等生态环境介质后造成的损害后果。未经过上述介质的传导，由侵害行为直接导致的人身和财产损害，不属于生态环境侵害责任的构成要件。② 根据《民法典》的规定，这两种损害后果并不要求同时存在，只需有其中之一即可满足该要件。

此外，需要注意的是，即使侵害生态环境的行为目前尚未造成实际的损害后果，只要快递企业的生态环境侵害行为存在危及他人的人身财产安全，或者危及生态环境的可能性，也要承担相应的侵权责任。这种界定方式实质上扩大了生态环境侵害责任覆盖的行为范围，能够更加有效保护生态环境，预防生态环境损害的发生。

第三，因果关系要件。根据《民法典》的规定③，生态环境侵害责任中的侵害行为和损害后果之间实行的是因果关系推定，即受害人无需证明生态环境侵害行为与损害后果之间的因果关系，而应由快递企业证明其在快递服务过程中的行为与损害后果之间不存在因果关系。之所以如此，是考虑到生态环境损害后果具有不可逆转性、潜伏性、持续性和波及范围的广泛性等特征，有时甚至难以借助现代的科学技术或设备来确认因果关系的存在。如果要求受害人就生态环境侵害行为和损害后果之间存在因果关系承担证明责任，则既不利于保护受害人的合法权益，也不利于生态环境的保护。相反，快递企业对快递服务过程中的行为内容及其影响具有更高的掌握程度，在因果关系的证明方面具有天然的优势，由其承担举证责任是效率更高、成本更低的制度安排。

当然，实行因果关系推定并不意味着受害人无需负担任何举证责任，其至少应当就生态环境侵害行为与损害后果之间存在因果关系提供初步的、盖然性的证据，即生态环境侵害行为和损害后果之间具有时间和空间上的"关联性"。④ 在此之后，才实行因果关系推定。

（二）生态环境侵权责任的承担方式

第一，停止侵害。停止侵害，是指根据被害人、国家法定机关或组织的请

---

① 参见《生态环境损害赔偿制度改革方案》"三、适用范围"。
② 参见《最高人民法院关于审理生态环境侵权责任纠纷案件适用法律若干问题的解释》第 2 条的规定。
③ 参见《民法典》第 1230 条的规定。
④ 参见范兴龙：《民法典背景下环境侵权因果关系认定的完善》，载《法律适用》2020 年第 23 期。

求,快递企业终止实施生态环境侵害行为的一种侵权责任承担方式。停止侵害适用于正在进行的生态环境侵害行为,不适用于侵害行为已经终止或尚未发生的情形①,是否已经实际发生了损害结果,则不在考虑范围之内。因此,停止侵害责任更加注重的是损害风险的存在和防控。快递企业承担停止侵害侵权责任的,应当立即停止在快递服务过程中实施的危害生态环境的行为,"停止"既可以表现为停止污染物的排放,也可以表现为采取有效措施,将污染物的排放降低至国家或地方规定的标准之下,如更换使用清洁能源的快件运输工具等。

第二,排除妨害。排除妨害,是指快递企业的生态环境侵害行为已经导致相关主体无法正常行使其物权等绝对权时,应当将此种妨害加以排除的侵权责任承担方式。与停止侵害不同,排除妨害适用于尚未存在环境损害后果的情形,不适用于已经造成实际损害的场合②,因此其更多承担了对损害后果的预防功能。承担排除妨害责任的条件是对相关主体绝对权的圆满状态造成了干涉,且此种妨害具有违法性。快递企业承担排除妨害侵权责任的,应当调整自身的经营业务内容,从快件的包装、运输等环节入手,消除其侵害生态环境的行为给其他主体的权利行使造成的妨害。

第三,生态环境修复。生态环境修复,是指实施了生态环境侵害行为的快递企业应当将受损的各项环境要素和生物要素及其构成的生态系统恢复至侵害行为实施之前的状态。生态环境修复责任其实是"恢复原状"这一责任承担方式在生态环境侵害责任中的具体应用。与一般的"恢复原状"不同的是,其同时包括了物理性状和生态功能两个方面的恢复。③ 因此,此种责任的履行以受损的生态环境存在修复的可能为前提。基于生态环境损害的特征,生态环境修复责任的承担应当在合理期间内完成。若快递企业在合理期间内不承担责任的,国家法定机关或组织可以自行修复,或者委托其他有能力的主体进行修复,修复产生的费用由快递企业承担。如果超过合理期间,导致侵害生态环境的损害后果无法逆转,造成生态环境永久性损害的,则此种责任承担方式无法适用,应当转入生态环境损害赔偿责任的承担。

第四,生态环境损害赔偿。生态环境损害赔偿,是指在快递企业的生态环境侵害行为造成生态环境损害后果,或者造成他人的人身和财产损害的情况

---

① 参见杨立新:《侵权责任法(第四版)》,法律出版社 2020 年版,第 163 页。
② 参见程啸:《侵权责任法(第三版)》,法律出版社 2021 年版,第 751 页。
③ 参见徐以祥:《〈民法典〉中生态环境损害责任的规范解释》,载《法学评论》2021 年第 2 期。

下,应当支付一定数量金钱的责任承担方式。生态环境损害赔偿旨在填补生态环境或其他主体遭受的损害,使其回到侵害行为尚未发生时的状态,而非使受害者从中获利。基于此,损害赔偿责任的实现需要遵循完全赔偿原则和禁止得利原则。

　　根据《民法典》的规定①,生态环境损害赔偿的范围应当包括五种类型:其一,生态环境受到损害至修复完成期间服务功能丧失导致的损失。这是指从快递企业的服务行为导致快递服务路径周边的生态环境发生损害,到通过生态环境修复使其恢复的期间之内,因生态环境功能损害导致的损失范围。其二,生态环境功能永久性损害造成的损失。这是指快递企业的服务行为导致快递服务路径周边的生态环境发生不可逆转的损害时,其应当就生态系统功能的永久性损害产生的损失进行赔偿。其三,生态环境损害调查、鉴定评估等费用。这是指生态环境损害后果发生之后,由法定机关或组织对受损地区生态环境的受损情况进行调查、勘验、鉴定等行为而发生的费用。其四,清除污染、修复生态环境费用。这是指生态环境损害发生之后,为实现生态环境的修复而制定清除污染方案、实施清除污染操作、制定生态环境修复方案、实施修复行为等发生的费用。② 其五,防止损害的发生和扩大所支出的合理费用。这是指为防止快递服务过程对生态环境造成更进一步的损害,所需要采取的处置措施而发生的费用。

　　可以看到,生态环境损害赔偿的范围既关注到了对现实发生损害的金钱赔偿,也顾及了对未来可能发生的损害进行预防所产生的费用。此种规定能够最大限度地实现对生态环境的恢复和保护。

　　除了普通的损害赔偿责任外,侵害生态环境的场景下还有惩罚性赔偿责任。生态环境侵权惩罚性赔偿责任是对党的十八届三中全会所提出的对造成生态环境损害的责任者严格实行赔偿制度的体现,同时也是对党的二十大报告中"全方位、全地域、全过程加强生态环境保护"这一要求的回应。这一责任体现在《民法典》第1232条中,是指侵权行为主体故意实施环境侵权行为后,应当就其行为造成的严重损害后果承担惩罚性赔偿。这一特殊损害赔偿责任同样适用于快递企业。惩罚性赔偿责任有助于救济因生态环境侵权行为受到的损害,鼓励受害人积极维权,同时以更高的赔偿数额在经济上打击恶意侵权

---

① 参见《民法典》第1235条的规定。
② 参见黄薇主编:《中华人民共和国民法典侵权责任编释义》,法律出版社2020年版,第205页。

人,有利于对潜在的侵权主体起到警示作用。

三、生态环境侵害的行政责任

行政责任是指行政法律关系主体因违反行政法律规范规定的义务而引起的否定性法律后果。[①] 对行政责任的外延存在广义和狭义两种理解。广义的行政责任同时包含了行政相对人应当承担的责任,以及行政机关及其公职人员的责任;狭义的行政责任仅指行政机关及其公职人员应当承担的责任。[②] 本书讨论的快递企业生态环境侵害所需承担的行政责任,是指广义行政责任中行政相对人的责任,即快递企业因实施违反行政法律规范的生态环境侵害行为,应当承担的否定性法律后果。

行政责任对快递企业生态环境侵害行为的规制具有不可替代性和独特的优越性。相较民事责任,行政责任的实现具有明显的强制性、高效性,能够迅速阻止生态环境损害后果进一步扩大,且对违法的快递企业而言更具威慑力,能够防止生态环境侵害行为的二次发生,进而形成对快递企业的有效规制。依照相关法律规范,快递企业承担的行政责任以行政处罚为主要内容[③],同时也包括行政处罚之外的责任类型,如责令改正等。具体的责任承担方式包括:

第一,罚款。罚款是指行政机关强制要求快递企业在一定期限内承担一定数额金钱给付的行政责任类型。罚款责任是对快递企业施加的经济上的处罚,该特征决定了罚款这一责任形式具有广泛的适用性。在生态环境方面,快递企业承担罚款行政责任的情形主要包括:其一,快递企业兼有生产经营者的身份时,未遵守限制商品过度包装的强制性标准。若该快递企业被责令改正后仍拒不改正,将被处以两千元至十万元数额不等的罚款。[④] 其中,限制商品过度包装的强制性标准主要是指《限制商品过度包装要求 生鲜食用农产品》和《限制商品过度包装要求 食品和化妆品》。其二,快递企业违反关于禁止、限制使用不可降解塑料袋等一次性塑料制品的规定,或未按照国家有关规定报告塑料袋等一次性塑料制品的使用情况的,将被处一万元至十万元数额不等的罚

---

① 参见罗豪才、湛中乐主编:《行政法学(第四版)》,北京大学出版社 2016 年版,第 345 页。

② 参见姜明安:《行政法(第五版)》,法律出版社 2022 年版,第 619 页。

③ 参见《生态环境行政处罚办法》第 8 条的规定。

④ 参见《中华人民共和国固体废物污染环境防治法》(以下简称《固体废物污染环境防治法》)第105 条的规定。

款。① 其三,快递企业因违反行政法律法规排放污染物,受到罚款处罚,被责令改正的,若其拒不改正,则处罚机关有权自责令改正之日的次日起,按照原处罚数额对快递企业按日连续处罚。② 其四,快递企业随意倾倒、抛撒、堆放、焚烧生活垃圾,或者在运输过程中沿途丢弃、遗撒生活垃圾的,将被处以罚款。③ 快递企业在提供快递服务过程中所使用的、适宜回收利用的纸板箱、纸塑铝复合包装等纸制品均属于前述生活垃圾④,应当妥善处理。

第二,责令改正。责令改正是指行政机关对快递企业发出的,要求其在一定期间内纠正违法行为、履行法定义务、消除其行为的不良后果、恢复原状的行政责任类型。责令改正是行政机关要求快递企业履行法律规定的第一性法律义务的意思表示,属于补救性行政命令,而非行政处罚。⑤ 在生态环境方面,快递企业承担责令改正行政责任的情形主要包括:其一,快递企业兼有生产经营者的身份时,未遵守限制商品过度包装的强制性标准的,将被责令改正。⑥ 其二,快递企业违反关于禁止、限制使用不可降解塑料袋等一次性塑料制品的规定,或未按照国家有关规定报告塑料袋等一次性塑料制品的使用情况的,将被责令改正。⑦ 其三,快递企业随意倾倒、抛撒、堆放、焚烧生活垃圾,或者在运输过程中沿途丢弃、遗撒纸板箱、纸塑铝复合包装等生活垃圾的,将被责令改正。⑧

第三,限制生产和停产整治。限制生产即限制开展生产经营活动,是指行政机关依法在一定期间内限制实施生态环境侵害行为的快递企业开展新的快递服务经营活动,或者限制其扩大快递服务经营范围的行政责任。停产整治是指行政机关要求快递企业在一定期限内停止提供快递服务,并要求其自行制定和实施整改方案,淘汰落后设备的行政责任。当快递企业的排放行为超过污染物排放标准,或者快递企业超过重点污染物排放总量控制指标排放污染物

---

① 参见《固体废物污染环境防治法》第 106 条的规定。
② 参见《中华人民共和国环境保护法》(以下简称《环境保护法》)第 59 条的规定。
③ 参见《固体废物污染环境防治法》第 111 条第 1 款第(一)项、第(七)项的规定。
④ 参见《固体废物分类与代码目录》第 5 条和"SW62 可回收物"的规定。
⑤ 参见李挚萍:《行政命令型生态环境修复机制研究》,载《法学评论》2020 年第 3 期。
⑥ 参见《固体废物污染环境防治法》第 105 条的规定。
⑦ 参见《固体废物污染环境防治法》第 106 条的规定。
⑧ 参见《固体废物污染环境防治法》第 111 条第 1 款第(一)项、第(七)项,《固体废物分类与代码目录》第 5 条、"SW62 可回收物"的规定。

时,将被处以限制生产、停产整治的行政责任。① 这两类行政责任均是对快递企业在一定时期内施加的行政处罚,具有期限性。因此,当行政机关对快递企业实施限制生产和停产整治时,应当向社会公开行政处罚决定,以及限制生产延期情况和解除限制生产、停产整治的日期等相关信息。

第四,责令停业和责令关闭。责令停业是指行政机关对实施生态环境侵害行为的快递企业作出的,强制其停止从事快件寄递业务活动的行政处罚。责令关闭是指行政机关对实施生态环境侵害行为的快递企业作出的,永久剥夺其从事快件寄递经营活动权利的行政处罚。这两种行政责任的区别在于,责令停业是附期限条件的行政处罚,即只在一定时间内限制或剥夺快递企业从事快件寄递业务的权利,但并没有剥夺其继续开展快递服务经营活动的资格。当快递企业纠正违法行为后,其可以继续开展快递服务。责令关闭则无限期否定了快递企业继续开展快递服务经营活动的可能性。相关主体若要再次开展快递服务经营活动,需要重新取得快递业务经营许可证。当快递企业超过污染物排放标准或者超过重点污染物排放总量控制指标排放污染物且情节严重时,将会承担被责令停业或责令关闭的行政责任。②

第五,行政拘留。行政拘留是指由公安机关对快递企业的法定代表人、直接负责的主管人员和其他直接责任人员等主体的人身自由进行短期限制的行政责任,此种责任仅适用于自然人。由于行政拘留属于剥夺人身自由的责任类型,对于快递企业及相关人员的影响较大,因此适用条件相较于其他行政责任更为严格。例如,当快递企业违反法律规定,擅自倾倒、堆放、丢弃或遗撒纸板箱、纸塑铝复合包装等生活垃圾,造成严重后果时,该快递企业的法定代表人、主要负责人、直接负责的主管人员和其他责任人员将会被公安机关拘留5日至10日不等。③ 又如,若快递企业在未取得排污许可证的情况下违法排放污染物,被责令停止排污后拒不执行的,该快递企业直接负责的主管人员和其他直接责任人员将会被处以5日至15日期限不等的行政拘留。④

---

① 参见《环境保护法》第60条的规定。
② 参见《环境保护法》第60条的规定。
③ 参见《固体废物污染环境防治法》第120条第(一)项的规定。
④ 参见《环境保护法》第63条第(二)项的规定。

第九章　数字经济时代的快递服务

第一节　智能快递服务的制度改造

随着人工智能发展步入新阶段,为推动新一代人工智能技术的产业化与集成应用,助力实体经济转型升级,我国陆续出台多项相关政策。2017 年《国务院关于印发新一代人工智能发展规划的通知》明确提出,构建泛在安全高效的智能化基础设施体系,建立保障人工智能健康发展的法律法规和伦理道德框架,开展与人工智能应用相关的民事与刑事责任确认、信息安全利用等法律问题研究,建立追溯和问责制度,明确人工智能法律主体以及相关权利、义务和责任等,为新技术的快速应用奠定法律基础。[1] 同年,工业和信息化部制定并印发《促进新一代人工智能产业发展三年行动计划(2018—2020 年)》,要求以市场需求为牵引,积极培育人工智能创新产品和服务,推动智能产品在工业、交通、物流等领域的集成应用,逐步形成智能化网络基础设施体系。[2] 智能快件箱作为重要的智能化基础设施,自产生以来,其服务功能逐渐由投递端向收寄端延展,智能寄递服务大幅提升了快递服务效率[3],增强了快递服务安全[4],成

---

[1]　参见《国务院关于印发新一代人工智能发展规划的通知》,载 http://www.gov.cn/zhengce/content/2017-07/20/content_5211996.htm,最后访问日期:2025 年 3 月 31 日。

[2]　参见《工业和信息化部关于印发〈促进新一代人工智能产业发展三年行动计划(2018—2020 年)〉的通知》,载 https://www.cac.gov.cn/2017-12/15/c_1122114520.htm? from=singlemessage,最后访问日期:2025 年 3 月 31 日。

[3]　智能寄递服务极大地解决了电子商务、快递物流行业的"最后一公里"难题,有效应对"门难进""楼难上"的现代工作居住环境的客观窘境,缓解使用企业的投递压力、减少爆仓现象的发生,据测算,使用速递易智能快件箱时,快递员投递一个包裹最快只需 10 秒,比通常的投递速度提高了 10 倍。参见《10 秒钟完成投递? 智能快件箱让投递速度提高 10 倍》,载 https://www.jiemian.com/article/315776.html,最后访问日期:2025 年 3 月 31 日。

[4]　智能寄递服务采用人工智能技术取代了快递员直接入户收寄、投递的传统模式,有效预防信息泄露、暴力犯罪、卫生隐患等公共安全问题,增强了快递服务的安全性。

为人机交互的人工智能在商业领域实际应用的典范。目前,实名验证、交寄深度录像、现场比对录像、二维码扫码、支付终端等实际操作环节的技术难题已得到有效解决,然而,人工智能商业应用带来的不确定技术与伦理风险,在智能寄递服务中亦不可避免,有待法律规制。为了进一步固化应用成果,防控服务风险,规范服务行为,保障用户权益,2019 年交通运输部公布《智能快件箱寄递服务管理办法》(以下简称《管理办法》),《管理办法》与《快递暂行条例》《邮件快件实名收寄管理办法》《快递末端网点备案暂行规定》等共同构成智能寄递服务的规制体系。《管理办法》内容的亮点颇多,可操作性较强,如为智能快件箱运营设置准入条件,视其为快递末端网点,将智能寄递服务纳入快递市场的监管范畴;如创设"交寄-收寄""物品-快件"的制度安排,在一定程度上消除人、物分离的空档区间的安全隐患。在此,本书将围绕智能寄递服务,结合《管理办法》和相关法理对智能寄递服务的私法规制进行系统性阐述。

一、解构智能寄递服务之法律关系

明晰的法律关系是搭建智能寄递服务私法规制框架的逻辑起点。智能寄递服务涉及寄件人、收件人、智能快件箱运营企业(以下简称"运营企业")和智能快件箱使用企业(以下简称"使用企业")四方主体①,主体相互间存在多重法律关系,各主体在不同的法律关系下享有特定的权利、承担相应的义务。整体而言,智能寄递服务法律关系以服务合同为主线而形成,着重体现寄件人和使用企业、运营企业和使用企业间的意思自治。依据具体服务内容,可以将智能寄递服务法律关系划分为两类;一是在寄件人和使用企业间形成的快递服务合同法律关系;二是在运营企业和使用企业间形成的智能快件箱服务合同法律关系。

在分析快递服务合同法律关系时,须明确寄件人和使用企业为合同当事人,收件人则为合同的利益第三人。寄件人和使用企业在快递运单上真实、准确地填写相应信息并确认签字后,快递服务合同即成立。使用企业有义务在合

---

① 本书所指的运营企业是指购买、布局、安装智能快件箱,并负责智能快件箱投入使用后的运营和维护的企业。这一企业与智能快件箱生产企业往往具有显著差异,后者并不直接参与快递服务,其需要承担产品责任,该责任本质是一种侵权责任,责任对象除了合同相对人外,还包括因该产品而遭受损害的不特定第三人,因此智能快件箱生产企业并不是本书探讨的法律关系主体。当然,实践中的企业若兼备智能快件箱生产和运营的特性,可以作为运营企业被纳入本书探讨范畴。

同约定的期限内将快件交付收件人,因而,收件人虽不是合同当事人,但是为合同利益的最终取得者,享有签收快件的权利。基于合同相对性,使用企业不当履行合同义务时,寄件人有权向其主张违约责任,行使损害赔偿请求权,这一点毋庸置疑。然而,当收件人发现合同履行不当之时,其是否能够直接向作为债务人的使用企业主张损害赔偿,则有待明晰。有学者认为,利益第三人是否享有损害赔偿请求权取决于当事人的约定,特别是债权人在订立合同时的意愿。① 进而言之,若债权人与利益第三人之间具有合同之债或者侵权之债关系下的给付义务,则应推定其订立合同之目的在于使利益第三人享有合同利益,此时自然将损害赔偿请求权一并"让渡"给利益第三人。本书认为该观点将不当限缩权利主体的范畴,不利于对利益第三人合法权益的保障。因为利益第三人合同本质上是私法精神和契约自由精神的体现,往往以主体自愿为前提,债权人与利益第三人间并不一定存在给付义务。与其探究债权人与利益第三人间的基础关系,不如在直接承认后者的损害赔偿请求权的基础上,为利益第三人行使损害赔偿请求权设置限定条件,以实现合同相对性原理和维护利益第三人合法权益间的平衡。

通常而言,当运营企业与使用企业为不同主体时,两者间会形成智能快件箱服务合同法律关系。依据该合同,运营企业须向使用企业提供综合服务,包含快件存储、承揽通知、数据管理等,同时,使用企业获得使用智能快件箱进行收寄或投递的权限。本书认为,智能快件箱服务合同法律关系难以被纳入当前典型合同法律关系范畴中,应属于租赁合同和承揽合同法律关系相互融合的产物。就租赁合同法律关系而言,运营企业为出租人,使用企业为承租人,智能快件箱则为租赁物。在租赁期间内,作为出租人的运营企业应维持智能快件箱的适租状态,承担交付租赁物并使租赁物适于使用、收益的义务,对租赁物及时维修的义务等。作为承租人的使用企业除履行支付租金的主给付义务外,还应当履行按照约定的用途妥善保管租赁物、正确使用租赁物,并按照约定期限返还租赁物等义务。至于承揽合同法律关系应从以下方面进行理解:运营企业应在合理的期限内,以自己的设备、技术和劳力完成承揽工作并交付相关成果,具体体现为信息交互服务,即运营企业通过其配备的信息系统,追踪快件收寄与投递的全过程,并及时将有关信息传送至使用企业、用户,如将其系统生成的取件

---

① 参见贾玉平:《网购快件丢失毁损时消费者权利救济途径》,载《中国流通经济》2015 年第 2 期。

密码通过信息发送至收件人。使用企业的义务主要围绕定作行为展开,如依照运营企业的要求合理使用智能快件箱提供寄递服务、依照合同约定向运营企业支付约定的报酬。

至于运营企业与寄件人、收件人之间,则不存在直接的合同关系。收件人通过智能快件箱获得的服务内容取决于快递服务合同的约定和智能快件箱自身的功能。通常而言,智能快件箱均应具备基础的投递快件功能,但不必然具备接收交寄物品的功能,《管理办法》已依据智能快件箱的功能对运营企业的服务能力设置了不同要求。① 此外,无论智能快件箱具备的功能为何,其本质上仍为提供寄递服务的设施,与传统门店形式的快递末端网点并无实质区别。无论是寄件人通过智能快件箱交寄物品,还是收件人通过智能快件箱收取快件,均不能认为用户与运营企业间直接形成了合同关系。与其他快递末端网点备案规定相似,《管理办法》在制定之际充分考虑到了公共空间资源的有限性与安全性,明确要求运营企业应承担备案义务,备案期限为自智能快件箱提供寄递服务之日起 20 日内。②

二、智能寄递服务源头安全风险的防控

作为人工智能应用的代表性产品,智能快件箱在依赖技术改进快递服务质量的同时,亦可能带来现代性负面影响,因此有必要采取风险防控措施,制定因应性制度。③ 人工智能时代的风险防控可以采用技术控制和法律控制相结合的综合治理机制,其中,法律控制是重要手段,立法者须重视控制风险功能的法治化,亦是本书研究的重点。完整意义上的快递服务由收寄、分拣、运输和投递四个环节有机组成,寄递安全必然渗透到每一环节之中,环环相扣。④ 收寄环节居于首端,为了从源头隔离风险,保障寄递渠道的安全,法律规范针对用户源头和物品源头设置了实名收寄和收寄验视两项制度。

(一)实名收寄制度

实名收寄制度于 2015 年 11 月在快递业全面推行,2018 年 10 月交通运输

---

① 参见《智能快件箱寄递服务管理办法》第 9 条的规定。
② 参见《智能快件箱寄递服务管理办法》第 7 条的规定。
③ 参见张清、张蓉:《"人工智能+法律"发展的两个面向》,载《求是学刊》2018 年第 4 期。
④ 参见冯力虎:《寄递渠道生产安全的理论思考与规制完善》,载《暨南学报(哲学社会科学版)》2017 年第 3 期。

部正式出台《邮件快件实名收寄管理办法》。实名收寄制度,是指寄件人在交寄物品时,应当使用真实身份并出示有效身份证件,快递服务主体对寄件人进行身份验证、登记信息后,方可收寄。该项制度既从源头上遏制违法行为,增加了寄件人交寄时的违法成本,又可以在发现违禁物品之后,迅速明确责任主体。[①]《管理办法》延续了实名收寄这一普适的收寄环节专项风险防控制度,并将实名收寄前置,即寄件人通过身份查验后,方可将未封装的交寄物品放至智能快件箱的箱体内。[②]

身份查验是实名收寄制度的核心,通常由快递服务主体在寄件人填写快递运单时,当面验证完成。而在提供智能寄递服务时,寄件人填写快递运单时与使用企业的快递员并不见面,无法由后者当面进行身份查验。此时,如何保障实名收寄的可操作性和有效性,亟待解决。本书赞同《管理办法》将实名收寄制度前置的规定,而非由快递员从快件箱中取出物品后再进行实名查验,理由如下:其一,由于智能快件箱的物理特性,快递员与寄件人存在空间分离,如果仅在事后通过寄件人填写联系方式进行身份查验,极易出现查验偏差;其二,如果寄件人在未提供真实姓名的状态下,将危险物品放入智能快件箱,一旦在身份查验的真空期造成人身、财产损害,很难确定寄件人身份,留下危险隐患。

须注意的是,人工智能时代的隐私危机可能会在智能寄递服务中蔓延。所谓隐私危机,是指因人工智能产品获取、处理个人信息的能力增强而引发的危机,危机表现为人工智能产品增强对隐私的直接监控、利用技术提高对隐私的获取性、相关产品成为隐私的直接载体等。[③] 智能快件箱所包含的网络系统和硬件设备在一定程度上同样可以获取用户隐私,实现对个人信息的采集、存储、处理、传输,在此过程中可能会导致用户个人信息受到侵害。因而,在提供智能寄递服务时,实名收寄制度的执行同样须关注对用户个人信息的保护,兼顾行政目标的实现和私法主体权益的保护,在一定程度上尽量减少对私法主体权益的不利影响。[④] 对此,本书建议在实名收寄时对用户个人信息采取分布式存储,即不同的信息存储于不同的系统内,使用企业、运营企业采集并存储用户快

① 参见郑佳宁:《快递实名收寄制下用户个人信息的法律保护》,载《湖北社会科学》2016 年第 6 期。

② 参见《智能快件箱寄递服务管理办法》第 17 条、第 18 条、第 20 条的规定。

③ 参见郑志峰:《人工智能时代的隐私保护》,载《法律科学(西北政法大学学报)》2019 年第 2 期。

④ 参见齐恩平:《实名制政策与私权保护的博弈论》,载《法学杂志》2013 年第 7 期。

递服务信息,有关行政管理部门采集、存储并核对用户身份信息,从而有效降低用户隐私泄露的风险。

具体而言,使用企业、运营企业的信息系统应与有关行政管理部门的信息系统相连。寄件人若想通过智能快件箱寄递物品,须首先在使用企业或运营企业的网站、App上填写用户注册资料,并通过链接转至有关行政管理部门的信息系统,上传相关身份证明材料如身份证复印件等,只有通过有关行政管理部门的数据库身份验证后,寄件人才能选择自助下单,之后根据使用企业与运营企业数据共享、分析的结果,前往系统分配的智能快件箱选取相应格口放入交寄物品。有关行政管理部门往往具备更强的数据保护技术,包括编码、加密、匿名、防火墙等,能够降低数据被盗、篡改等风险,由其负责寄件人的身份查验更有利于信息的正确分析与妥善保存。目前,国家邮政局开发了用于实名收寄管理的信息系统"安易递",并与公安机关实行数据对接,寄件人可以下载安易递用户版App,在注册登录后,点击"实名二维码"选项,上传身份证正反面照片完成身份验证。

实名收寄制度采集寄件人信息的合理性,源自企业践行法定义务所必要,此时使用企业只需依法按照相关规定采集处理即可,无需再特别征求用户个人的同意,寄件人只要选择接受智能寄递服务的,就应服从公共利益,让渡自己对个人信息的自决权能。当然,使用企业在实名收寄时采集处理用户信息的行为必须遵守有关信息采集处理的制度规范。例如,2019年国家互联网信息办公室秘书局、工业和信息化部办公厅、公安部办公厅、市场监管总局办公厅联合印发了《App违法违规收集使用个人信息行为认定方法》,明确列举使用App不当采集处理信息行为的若干表现形式。

(二)收寄验视制度

收寄验视制度是快件进入流通领域的重要关卡,只有经过验视封装的物品才能被称为快件,正式进入寄递渠道。收寄验视制度,是指快递服务主体对寄件人所交寄的快件进行当场查验,视其是否符合快件寄递安全的相关规定,并对快件的相关信息进行核实。收寄验视制度的目标在于确定交寄物品的安全性与确定性,即判断该物品是否属于禁寄、限寄的物品,该物品的真实情况是否与快递运单上填写的信息一致,以避免损害、防止纷争。[1] 根据《邮政法》《快递

---

[1]　参见郑佳宁:《避害止争:快递收寄验视法律性质探究》,载《上海大学学报(社会科学版)》2018年第1期。

暂行条例》《快递市场管理办法》的规定①，收寄验视制度为快递服务合同的法定内容，不可依合同当事人的约定排除，这一点并不因使用智能快件箱这一人工智能设施而改变。同时，收寄验视不仅是使用企业的法定义务，亦是合同权利，使用企业有权对寄件人交寄的物品进行当场查验，如果寄件人不接受验视，使用企业应当拒绝提供快递服务。

　　然而，在提供智能寄递服务时，收寄验视制度的实施存在一定障碍。从寄件人放入物品至快递员取出物品之间存在时间差，其间已被放入智能快件箱格口的物品可能为禁止寄递物品，危及公共安全。虽然，智能快件箱周围必须安装监控设备，但该监控设备仅能对交寄行为、物品外观等进行记录、留存，无法实现对物品的深入查验。为了解决上述难题，《管理办法》结合智能快件箱的服务特点对收寄验视制度作了诠释②，创造性地通过区分寄件人交寄物品的行为与使用企业收寄快件的行为、延长收寄时间、分解收寄步骤来实现收寄验视功能。

　　首先，明确要求寄件人使用智能快件箱交寄的物品应处于未封装状态，这为使用企业执行收寄验视制度提供了便利，此时虽然交寄物品已经放置于智能快件箱中，但由于没有经验视封装成为快件，并未正式进入寄递渠道，快递服务合同亦未成立。其次，充分利用智能快件箱配备的监控设备，要求运营企业保存交寄操作的相关影像资料，对于交寄物品、交寄行为被遮挡的，不予接受。换言之，在交寄环节，寄件人必须向智能快件箱格口上方的摄像机多方位展示物品的外观、数量等可视化信息。再次，使用企业的收寄行为发生在快递员于特定时间前往智能快件箱将交寄物品取出之时。此时，快递员应当严格执行收寄验视制度，对比交寄记录，检查物品外观、数量等是否与影像资料相符，确认无误后，当场验视后封装成快件。若出现物品外包装明显破损、重量与运单记载明显不符等影响快递服务合同成立的重大情形，则不得使用智能快件箱提供收寄服务，并应及时联系寄件人取回。最后，使用企业应当对通过智能快件箱收寄的快件作出特殊标识，在快递末端网点对其进行重点检查，利用 X 光机等检测手段对快件进行深度查验，发现问题"即查即停"，行使单方合同解除权，终止提供快递服务，保障寄递渠道的安全。

　　需要指出的是，在提供智能寄递服务时，收寄验视制度的落实依赖于人工

---

① 参见《邮政法》第 25 条、《快递暂行条例》第 32 条、《快递市场管理办法》第 32 条的规定。
② 参见《智能快件箱寄递服务管理办法》第 9 条、第 10 条、第 18 条、第 19 条、第 20 条的规定。

智能网络系统和硬件设备两者的综合应用,为此,法律应当引导运营企业、使用企业不断改进技术,维护网络系统和硬件设备的正常高效运转,为寄递渠道的安全保驾护航。目前,《快递暂行条例》仅笼统规定企业应当使用符合强制性国家标准的安全检查设备,并未明确相关技术性要求。①《管理办法》对此亦并无可操作性规定。国家邮政局 2013 年发布的《智能快件箱》(YZ/T 0133-2013) 和 2016 年发布的《智能快件箱设置规范》(YZ/T 0150-2015) 虽然包含多项系统结构和硬件要求的内容,但是并不能完全满足与当前服务相匹配的更高程度的安全保障需求,因为上述标准制定的立足点均在于智能快件箱仅具备取件功能,而如今智能寄递服务已向收寄、投递功能两端进行拓展,网络系统、硬件设备自然应较之前更加多元、优质。未来,相关法律规范可结合实践和相关标准完善智能快件箱的技术性规范。

三、智能寄递服务提供中用户权益的保障

人工智能商业运用的核心在于网络系统与硬件设备的结合。网络系统的运行围绕着算法展开,而算法内含设计者植入的主观目的,普通用户很难了解算法的制定目标、运算规则以及监督机制。硬件设备主要以物联网技术为基础,物与物、物与人的泛在链接改变了传统的商业交易模式,普通用户必须面对物作出意思表示,而失去了与交易相对人面对面的沟通机会。因此,在人工智能商业运用的背景下,用户合法权益亟待法律的特别保护。具体到智能寄递服务而言,面对网络系统可能出现的算法问题,应当赋予用户更为广泛的知情权,公开化、透明化智能快件箱的商业运行原理,尊重用户的意思自治;面对硬件设备所带来的交易方式的改变,特别是投递时履行方式的改变,应当通过强制性规范进行干预,这一点集中体现在收件人的验收权上,即快递服务合同是否履行完毕。

(一)用户知情权②

用户知情权在用户享有的权利体系中居于基础性地位。只有在充分了解与智能寄递服务相关的必要信息后,用户才会选择进入下一交易环节,真正实现意思自治,作出正确的交易决策。信息不对称是用户知情权产生之根源,人

---

① 参见《快递暂行条例》第 33 条的规定。
② 此处所指的快递服务的用户范畴较之消费者更为广泛,单位主体、非为生活消费目的之自然人等皆能依法享受快递服务。

工智能技术的运用,比如算法黑箱、算法歧视等①,导致了用户的信息弱势地位。在智能寄递服务中,为了防止用户在无法了解智能快件箱运行机理的情形下承受无法预测的后果,法律必须从全方面保障用户的知情权,以防范智能寄递服务带来的风险。具体而言,围绕以下几个方面展开:

第一,用户知悉智能寄递服务内容的权利,如服务内容、服务流程等。在主给付义务上,智能寄递服务与一般快递服务并无二致,唯独服务价格需要说明。快递市场为自由竞争市场,企业可根据市场供求变化和竞争情况自主定价,一般快递服务以重量、距离等作为计价基准,而智能寄递服务在前者的基础上还需考虑智能快件箱的成本。② 现阶段,智能寄递服务与一般快递服务采用相同的服务价格,并未向用户收取额外费用。目前,争议较大的是逾期保管费,即运营企业对超过保管期的快件是否可以收取费用。本书认为,当发生收件人逾期取件时,快递服务合同终止,收件人的行为将视为与运营企业订立了新的合同——快件保管合同,而保管合同可以是有偿的也可以是无偿的,交由当事人自由约定,法律无需干涉。收件人逾期取件占用格口,直接增加了运营企业的运营成本,此时,寄件人和使用企业均无过错,如约定由收件人负担运营企业的保管成本,具有正当性。《管理办法》的规定亦与本书观点契合,为运营企业收取逾期保管费预留了解释空间。③

第二,用户同意接受智能寄递服务的权利。《管理办法》规定,使用企业利用智能快件箱投递应事先征得收件人同意,除非寄件人交寄物品时指定智能快件箱作为投递地址。④ 对该条规定应作以下理解:若寄件人未明确接受智能寄递服务的,使用企业应按照快递服务合同约定的名址投递,该名址不一定是收件人的工作、生活地址,也可以是传达收发室、快递门店等。考虑到实践中,快递员可能遇到区域限制、天气不佳、联系不畅等不便投递至合同约定名址的情形,因此,允许使用企业在履行时变更合同约定的名址而使用智能快件箱进行投递,但是需要征得收件人的同意。因为变更合同的行为实际上为收件人增添

---

① 参见汪庆华:《人工智能的法律规制路径:一个框架性讨论》,载《现代法学》2019 年第 2 期。

② 智能快件箱的成本包括建设成本、运营成本和维护成本。建设成本又可分为场地安装费、各项设备配置费用;运营成本是指箱体日常运作成本,如运作所需网络费、电费、短信费等;维护成本是指箱体的设备检修费用和保养费用。

③ 参见《智能快件箱寄递服务管理办法》第 25 条的规定。

④ 参见《智能快件箱寄递服务管理办法》第 22 条的规定。

了取件负担,故使用企业无权单方自主决定。至于收件人同意为明示抑或默示,《管理办法》并未明确。本书认为,使用企业应征得收件人的明示同意,明示的方式包括书面和口头形式,因为明示同意更能确定意思表示的内容,在最大程度上保障收件人的知情权和选择权。若允许默示同意,即收件人以行为的方式作出意思表示,更易引起纠纷,诱发合同任意变更的风险,并使得《管理办法》规定的事先同意规则流于形式。若寄件人交寄物品时直接选择智能寄递服务,指定智能快件箱为投递地址,则使用企业应充分尊重其意思自治,不可单方变更,否则将构成违约。此时,收件人作为快递服务合同的第三人,不享有上述同意权,仅能依据合同约定取得利益。

第三,用户跟踪查询快件信息的权利。该权利是指在智能寄递服务的全过程中,用户可以通过信息化手段了解快件寄递状态的权利,权利的主要行使方式是利用企业提供的跟踪查询系统进行查询。在无接触的智能寄递服务中,物品一旦放入智能快件箱就脱离了寄件人的控制,物品在经收寄成为快件之后,还会经历复杂的分拣、运输、投递流程最终到达收件人,而这期间用户对其寄递轨迹只能依赖于使用企业所提供的快件信息,如收件信息、转运信息、派送信息等。因此,使用企业应当开通快件跟踪查询系统并保障其畅通,方便用户实时查询快件寄递信息。其中,《管理办法》特别规定了收件人取件信息的告知义务。[1] 取件信息是收件人顺利取件的前提,否则收件人无法准确定位智能快件箱的布放地点,并输入正确指令打开相应格口。快递员将快件放入智能快件箱之后,使用企业应当及时告知收件人取件的必要信息,包括但不限于智能快件箱名称、地址、取件码、快件保管期限等,使得收件人能够顺利受领快递服务合同的利益。

(二)收件人验收权

快递服务合同,是快递服务主体在约定的时限,将寄件人所交寄的快件安全、快速地运至约定地点,并交由收件人签收的合同。[2] 根据快递服务合同的约定,使用企业只有按照名址信息投递并经收件人签收后,才算履行了妥投义务,至此快递服务合同履行完毕。收件人享有验收权,即收件人或其指定的代收人现场拆封快件包装,并依据快递运单记载事项查验快件外观、数量是否与记载相符,最终在快递运单上签字确认、收取快件。该权利属于收件人的法定

---

[1]　参见《智能快件箱寄递服务管理办法》第 24 条的规定。

[2]　参见郑佳宁:《快递服务合同典型化的立法表达与实现路径》,载《法学家》2019 年第 1 期。

权利,规定于《快递暂行条例》《快递市场管理办法》等法律规范之中①,不为当事人的意愿而排除。在智能寄递服务中,智能快件箱的投递行为是先行设置使用人意愿的结果,物联网技术的加入,并没有改变这一预设的意思效果,自然不能因为智能寄递服务模式的特殊性而减损收件人的法定权利。这里需要解决的是,如何在智能寄递服务中,应对用户与智能快件箱人机交互的场景,保障收件人验收权的实现。

一方面,应当明确收件人验收权的行使方式。需要指出的是,不能将收件人的验收权混淆为买受人的验收权。当收件人与寄件人存在买卖合同基础关系时,基于卖方(寄件人)对标的物存在瑕疵担保义务,买方(收件人)享有对商品的验收权,该验收权在检验功能、期间、内容上都与作为快递服务合同利益第三人的收件人的验收权不同。② 使用企业仅对快递服务的不当履行行为负责,而不对商品本身的瑕疵负责。因此,收件人应当查验快件内件的外观、数量,而不涉及快件内件的功能、品质等。在智能寄递服务中,投递方式发生了巨大的变化,收件人面对的是无法交流沟通的机器,如何表示其已行使验收权以及验收的结果,成为法律规制的核心问题。《管理办法》规定运营企业应当为收件人验收、拒收快件提供技术条件,若收件人验收后发现快件损毁、内件短少的,可以拒绝签收。③ 收件人应当在智能快件箱安装的监控设备下对快件进行拆封查验,如无异议则取走快件,如有异议则按照运营企业的提示将快件退回智能快件箱。退件至智能快件箱为快递服务合同履行瑕疵的初步证据,待使用企业取回退件后进行人工排查,派快递员与收件人进行沟通后,最终确定原因及责任。

另一方面,应当明确收件人验收权的行使时间。智能寄递服务改变了收件人行使验收权的时间,自使用企业将快件投放进入智能快件箱到收件人取出快件存在的时间差,使得收件人当面验收快件从而决定签收或拒收成为悖论。何时为快件的签收时间,《管理办法》未对此作出明确规定,这也成为收件人行使验收权的最大障碍。实践中,一些使用企业将快递员投放快件的时间作为签收时间,这种做法直接剥夺了收件人的验收权,造成了收件人被迫接受快递服务

---

① 参见《快递暂行条例》第 26 条、《快递市场管理办法》第 27 条的规定。

② 参见郑佳宁:《电商线下履约代收货款制度的法律规制与适用》,载《河南师范大学学报(哲学社会科学版)》2017 年第 5 期。

③ 参见《智能快件箱寄递服务管理办法》第 9 条、第 26 条的规定。

合同之利益的结果,同意受领权处于消失状态;同时如果系电子商务快件的话,签收时间还决定了商品的交付时间,产生了商品并未真实交付但风险已经转至收件人的不利后果。① 因此,签收时间模糊是现阶段用户对智能寄递服务诟病的主要原因之一。本书认为,法律规范应对此现象进行干预,明确使用企业进行智能寄递服务时的签收时间,基于对各方权利义务平衡分配之考虑,应当将收件人自智能快件箱取出快件的时间作为签收时间。具体而言,使用企业的快递员将快件投放至智能快件箱后,系统将自动生成取件码等信息并通知收件人,收件人前往指定智能快件箱输入或扫描取件码后,在监控设备下验收快件,之后关闭格口触动传感器表示确认签收,该信息由智能快件箱的网络系统进行记录。

四、智能寄递服务的责任承担规则

清晰、健全的法律责任体系有助于促使主体适当履行义务,人工智能发展面临的主要法律挑战之一则为确定合理的法律责任之承担规则。设计者、生产者、销售者和使用者均为人工智能发展中的责任主体,各主体须依据其扮演的角色承担相应的责任。② 在智能寄递服务中,同理应当以主体间法律关系中的权利、义务内容为责任确定的主要依据,进行分别讨论。

(一)使用企业的违约责任

快件损害是使用企业不当履行快递服务合同义务的直观表现,直接损害用户的合法权益,具体表现为快件丢失短少、毁损以及延迟。本书认为,在智能寄递服务中,应采用"一票到底"的违约责任承担规则,即依据快递服务合同的约定,由使用企业对寄件人承担违约责任,寄件人不得直接向运营企业提出损害赔偿请求;若是因运营企业造成快件损害,使用企业仍须按照严格责任承担违约责任,之后其可依据智能快件箱服务合同要求运营企业赔偿。根据合同的相对性,快递服务合同的当事人为寄件人和使用企业,使用企业负有依约定履行快递服务合同的义务,须在合理期限内将快件送达指定名址,使用企业不得以该法律关系之外的智能快件箱服务合同法律关系对抗寄件人。在智能寄递服务中,快件于多个服务主体之间流通,有智能收寄和智能投递两端的运营企业,有承担快递服务的使用企业;运营企业可能与使用企业主体合一,也有可能

---

① 参见郑佳宁:《平台经济时代快递增值服务的立法规制》,载《东方法学》2019 年第 4 期。

② 参见杨立新:《民事责任在人工智能发展风险管控中的作用》,载《法学杂志》2019 年第 2 期。

分属不同主体,使用企业根据直营、加盟模式的区别可能为单一主体,或多个主体并列,要求寄件人在损害赔偿时弄清其中复杂的法律关系可谓强人所难。不如删繁就简,坚持以快递服务合同为快件损害的责任承担基础,给予寄件人更为高效、便捷的请求权,使其损害能得到及时有效的救济,避免多个服务主体相互推诿责任现象的发生。

正如前文所述,收件人通过明示或默示的方式同意受领快件后,成为快递服务合同的利益第三人。目前,依据合同相对性原理,合同责任只能约束合同双方当事人,合同外的第三人不能扩张适用,故只能由寄件人向使用企业行使基于快递服务合同所产生的请求权。本书认为,在智能寄递服务中,收件人从智能快件箱取件可能会面临比一般快递服务更多的未知风险,如箱体故障导致快件毁损延误、如因隐私保护政策无法获得寄件人信息等,此时若令收件人的权益救济系于寄件人一身,难免会引发纷争,使收件人的合法权益无法得到救济。因此,法律应当适当突破合同相对性原则,消除收件人接受智能寄递服务的疑虑,在寄件人不行使或者怠于行使请求权的情形下,直接赋予收件人独立的请求权。

(二)运营企业的违约责任

使用企业提供正常的智能寄递服务有赖于运营企业对智能快件箱的适当管理,既包括智能快件箱设施本身,亦包括智能寄递服务所需要的数据信息,一旦运营企业违反适当管理义务,智能快件箱的运营将处于异常状态,直接导致智能寄递服务的中断,智能快件箱服务合同无法履行,从而最终损及用户的权益。因此,在智能寄递服务中,强调运营企业的设施维护义务和数据管理义务①,并为此设置相应的法律责任确有必要。

第一,设施异常运行的违约责任。依据智能快件箱服务合同的约定,运营企业应当保证智能快件箱正常使用,对其已投入运营的智能快件箱进行维护,及时处理异常情况。智能快件箱设施包括提供智能寄递服务所需的网络系统和硬件设备,如箱体运行的传感技术、箱体配置的监控设备等。设施异常运行意味着智能快件箱收寄、投递功能出现障碍,使用企业无法履行快递服务合同,用户无法享受智能寄递服务。在智能寄递服务中,运营企业作为人工智能系统的服务提供者,具有直接控制智能快件箱网络系统和硬件设备的能力,应当承担设施的维护义务,保障智能快件箱的持续运营。实践中,当智能快件箱

---

①　参见《智能快件箱寄递服务管理办法》第 12 条、第 13 条的规定。

设施出现故障后,根据智能快件箱服务合同一般约定,运营企业应当在 48 小时内进行系统线上修复或派遣人员进行现场维修,尽快恢复智能设施的正常运行。否则,运营企业将承担相应的违约责任。基于智能寄递服务的全网性,发生故障后进行维修的同时,运营企业还应提供就近的可供替代使用的智能设施,使得寄递渠道畅通无阻。

第二,数据管理不当的违约责任。数据管理的目标在于实现数据的价值与安全。运营企业在提供智能寄递服务时应当保证数据流通,使数据信息完整可用,能够服务于快件寄递的各个环节。目前,我国快递行业已经实现信息化管理,其中以菜鸟网络数据平台为典型,通过对寄递流程进行节点信息分析与处理,控制线下的现实服务提供。如果运营企业不能以适当的方式向使用企业提供正确、必要的数据,将导致快递服务合同无法正常履行,此时,应当赔偿使用企业由此受到的损失。需要注意的是,由于快递服务的准公共性,运营企业、使用企业不得因为彼此之间的合同纠纷,擅自中断数据信息的共享,损害用户的合法权益,"丰鸟之争"就是前车之鉴。[①] 为此,运营企业在发生或者可能发生智能寄递服务异常、中断的情形时,应当立即采取补救措施恢复数据的正常流通。

(三)企业的免责事由

在智能寄递服务中,使用企业、运营企业并非要为所有的履行障碍承担全部违约责任,为了平衡企业与用户之间的风险分配,应当为使用企业、运营企业配置相应的免责事由,当免责事由成就时,其不承担责任或者只承担部分责任。使用企业在提供智能寄递服务时,根据合同法原理,应当享有快递服务合同项下的三项法定免责事由,即不可抗力、物品的自然性质、寄件人或收件人的过错[②],此处不再赘述。本书将重点探讨运营企业在提供智能寄递服务时的免责事由。

第一,物品不适于智能寄递服务的,运营企业可以免责。[③] 这里又可以分为两种情况:一是将外观不清洁的快件放入智能快件箱。保证投递时快件的外观清

---

① 2017 年 6 月 1 日,快递服务企业顺丰速运和快递服务数据处理平台菜鸟网络相继关闭双方之间的数据接口,围绕快递服务数据展开了一场"数据争夺战"。参见孟涛:《基于"丰鸟数据之争"的数据财产的法律属性与保护路径》,载《大连理工大学学报(社会科学版)》2019 年第 2 期。

② 参见郑佳宁:《快递服务合同违约损害赔偿的理论剖析与审视》,载《北京社会科学》2017 年第 9 期。

③ 参见《智能快件箱寄递服务管理办法》第 23 条的规定。

洁是使用企业应尽的注意义务,使用企业不得将外包装明显破损、重量与快递运单记载明显不符的快件放入智能快件箱。一旦出现外观不清洁的情况,使用企业应当及时和用户沟通,并由用户当面验视快件,如果此时仍沿用智能投递,极易对快递服务合同是否适当履行产生纷争。无论运营企业与使用企业是否同属于一个主体,运营企业均不对使用行为负有监督义务,因此,基于责任自担原理,运营企业无需为使用企业的过错行为承担责任。二是将特殊物品放入智能快件箱。原则上生鲜物品、贵重物品等不适于智能寄递服务,这是由于上述物品的自然性质不宜放入设置在公共场所的箱体内,生鲜物品容易腐烂变质,贵重物品容易丢失。如果将上述物品投入智能快件箱,造成的损害应当由使用人承担。当然,如果运营企业的服务能力可以为上述物品提供智能寄递服务的,法律也不禁止,运营企业可以与使用企业通过智能快件箱服务合同进行特别约定。

第二,使用企业未履行取件通知义务的,运营企业可以免责。① 正如前文所述,使用企业的取件通知义务是保障用户知情权的重要内容,该义务的履行直接影响着快递服务合同的实现,若使用企业未适当履行该义务,造成快件延误、毁损的,理应由其承担快递服务合同下的违约责任。原则上,使用企业应当亲自履行通知义务,但由于该义务在性质上并不具有极强的主体依附性,故不属于不可代为履行的义务,且使用企业和运营企业共用智能快件箱网络系统,所以,考虑履行便利因素,在法律没有禁止、合同没有约定排除的情形下,使用企业可以基于意思自治委托运营企业通知收件人。依据合同相对性原理,使用企业委托运营企业履行通知义务并不免除其自身责任,当运营企业未适当履行通知义务,造成收件人权益受损时,应当由使用企业承担损害赔偿责任。当然,这并不意味着运营企业在此种情况下无需承担任何责任,其与使用企业之间的具体责任划分可以依据智能快件箱服务合同予以确定。

第二节　快递服务中的信息保护

我国快递行业凭借不断提升的信息化水平实现了自身的蓬勃发展,然而快递服务主体在以信息化作为扩大自身经营规模、提升企业竞争力的重要途径的同时,也不能忽视对快递服务信息的保护,不可顾此失彼。快递服务信息泄露

---

① 参见《智能快件箱寄递服务管理办法》第 24 条的规定。

的事件时有发生。2018 年 4 月,湖北荆州中级人民法院对一起涉及公民信息泄露的案件进行了终审判决,该案以顺丰速运员工为信息泄露主体,快递代理商、文化公司、无业游民、诈骗犯罪分子等多方参与形成黑色产业链条。此案查获涉嫌被泄露的公民个人信息千万余条,涉及交易金额达 200 余万元,同时查获涉及全国 20 多个省市的非法买卖公民个人信息网络群。① 2018 年,顺丰速运疑似有超过 3 亿条数据流出,售价 2 个比特币。根据"暗网交易市场"的行情,0.01 个比特币大约为 66.66 美元。显示在总计 100 个出售总量中,已经成交了 9 次,这就意味着,最多有 90 万条的疑似顺丰快递用户个人信息流向了市场。② 而快递用户信息一旦泄露,很可能被不法分子利用,从而导致快递用户的人身或是财产权益遭受损害。由此可见,信息安全已成为制约我国快递行业健康、迅速发展的重要问题。本书试从快递服务信息主体的角度入手,对用户个人信息、用户商业信息和经营者信息进行分类保护,并结合《民法典》《个人信息保护法》的规定重点探讨对用户个人信息的法律规制。

一、快递服务的衍生品:快递服务信息

快递服务是融合信息交流、物品递送、资金流通等为一体的综合服务,信息的收集、处理和利用是整个快件运输过程顺利进行的基础和前提。具体而言,信息在快递服务的收寄、分拣、运输和投递各个环节中流通。收寄是快递服务的首要环节,快件的收寄需要用户向快递服务主体提供收件人信息、寄件人信息和快件信息,否则快递服务无法进行;而快件收寄后的分拣、运输和投递环节则需要对快递服务过程中所产生的信息进行收集、处理和利用,以确保快速、准确、安全地提供一次完整的快递服务。可以这样说,在快递服务各个环节中所产生的全部信息的总和即快递服务信息。

根据信息主体的不同,可将快递服务信息分为用户信息和经营者信息。快递服务的寄件人和收件人不宜都以消费者称之。根据《消费者权益保护法》第2 条规定,消费者接受服务的目的限于生活消费需要,且消费者原则上仅指自然人。而快递服务的用户包括寄件人和收件人,二者不限于自然人,使用快递

---

① 参见《快递员变黑产大拿,11 名顺丰员工出售客户隐私被判刑》,载 http://www.sohu.com/a/231971270_114877,最后访问日期:2025 年 3 月 31 日。

② 参见《3 亿条疑似顺丰用户数据泄露 暗网交易售价两个比特币》,载 http://www.sohu.com/a/251209690_100226458,最后访问日期:2025 年 3 月 31 日。

服务的目的也不限于生活需要,事实上大量网络购物中电商作为寄件人使用快递服务时均为营业目的,因此,不能以快递消费者统称寄件人和收件人,而应称之为快递用户。由此可推,快递用户包括个人和单位,与之相对应,快递服务中的用户信息包括个人用户的个人信息和单位用户的商业信息。个人用户的个人信息,是指快递服务过程中生成的,以电子或者其他方式记录的与已识别或者可识别的个人用户有关的信息,如姓名、地址、证件号码、电话号码、快递详情单号和物品明细等。单位用户的商业信息,是指单位用户在使用快递服务时,快递服务主体所收集、处理和利用的与该用户经营活动密切相关且具有经济价值的信息,主要表现为商业秘密。经营者信息的主体为快递服务主体,其在经营快递服务过程中所收集、处理和利用的对其具有经济价值的信息,主要涉及数据财产和商业秘密。

快递服务信息除了具有无形性、可复制性、零消耗性等信息的基本属性之外,较之于其他信息财产,其还具备集中性、流通性和延展性三项特征。

第一,集中性。快递服务信息的集中性是指信息的绝大部分内容均集中呈现在一张快递运单上。快递运单是指用于记录快件原始收寄信息及服务约定的单据。按照《快递运单》国家标准的规定,一张基础寄递运单包含正反两面三大类主要信息,即两名用户(个人或者单位)的名址及通讯号码,一家快递企业,以及内件物品的品名(品牌、型号和规格)、数量、重量、申明价值和保价、保险金额等信息。[1] 上述信息均集中产生,一并呈现,这是快递服务信息独有的特点。快递运单作为快递服务信息的物质载体,一旦其保管存在漏洞,快递服务信息则会集中泄露。

第二,流通性。快递服务信息按需在收寄、分拣、运输和投递各个环节之间流通。快递运单分为一式五联,第一联为原始联,其余四联为可以抽取的复写联。收寄时,寄件人和其所在地企业的收件员分别填写运单后,粘贴在快件的外包装上,抽取第一份复写联留给寄件人作为凭证。收件员返回所在营业部后,抽取第二份复写联留在收件营业部,作为收寄快件的凭证。快件投递时,寄件人指定的收件人在快递运单上签字验收快件后,寄达地企业的派件员抽取第三份复写联留给收件人作为凭证,同时抽取第四份复写联带回派件营业部,作为寄达地企业营业部已经完成投递的凭证。粘贴在快件外包装上的原始联,随

---

[1]　参见《快递运单》国家标准第 5 条的规定。

同快件在派送时一并交给收件人。

　　第三,延展性。快递服务由于涉及收寄、分拣、运输和投递多个服务环节,因此快递运单生效的初始状态仅反映了收寄完成时的信息内容,在其后的分拣、运输、投递环节,快递服务信息会不断地发展变化,产生了处理流程的时间空间信息、用户跟踪的查询评价信息等新的信息。也就是说,快递服务信息除了集中于快递运单上的初始信息之外,其在随后的每个环节,均会伴随服务过程的演进而不断产生新的信息,这些信息之间因为组织作业而具备内在的逻辑性,这就是快递服务信息的延展性特征。

　　综上所述,快递服务信息是在快递服务过程中产生的,以集中性、流通性和延展性为主要特征的一系列信息的集合。主要包括用户个人信息、用户商业信息和经营者信息。快递服务信息的集中性和流通性表明,快递服务信息极易遭受泄露,快递服务主体作为用户信息的直接收集者,对其所掌握的用户个人信息和用户商业信息必须提供必要的安全保障。快递服务信息的延展性意味着在快递服务过程中亦会产生与经营活动密切相关的经营者信息,快递服务主体对此类信息拥有相应的财产利益,并为法律所保护。

二、快递用户信息的分类保护

(一)用户个人信息的人格权保护

　　个人信息以可识别性为其核心特征,倘若信息本身无法或难以识别究系何人,纵使依客观方式进行推测,也无法确定究系何一特定个人时,则对该信息的收集、处理和利用,并未侵害特定人的个人信息。快递用户个人信息主要由两部分构成:一是身份信息,即寄(收)件人的姓名、地址、身份证件号码、电话号码等能够指明个人身份的基本信息。二是业务信息,即物品的名称、价值和重量等使用快递服务所必须提供的业务信息。身份信息与业务信息间的最大区别表现在可识别性程度上,身份信息能够直接识别用户的身份,即根据身份信息可以精准地定位用户,并形象地描述其信息化人格图像,即直接识别性,属于《个人信息保护法》的保护对象。而业务信息则不同,业务信息本身并不具有直接识别性,单独根据业务信息很难确定信息主体,需要与其他信息相对照、组合、连接,始能识别特定用户,即间接识别性。快递服务信息的直接识别性与间接识别性的区分对确定用户个人信息的保护范围具有重要意义。单独的业务信息并不属于快递用户的个人信息,业务信息必须与快递运单上的身份信息相比对建立起与特定用户之间的联系后,方能构成用户个人信息。他人单纯地收集、处理和利用业务信息不会对快递用户的利益产生损害,也不会产生侵权及损害赔偿问题。

　　用户个人信息以彰显用户的信息化人格图像为其本质。在互联网快速发展的今天,用户个人信息虽然兼具财产价值、公共管理价值和人格利益[①],但不容置疑的是,用户个人信息最为主要的特征并非其财产价值和公共管理价值,而是人格价值。其原因在于:一方面,用户个人信息以可识别性为其核心特征,直接或间接地体现了用户的人格特征。在大数据时代,他人可以通过信息处理技术将碎片化的用户个人信息合成为个人用户的信息化人格图像。拥有用户个人信息者,即可操纵用户的人格图像,窥探用户的具体人格特征,这是对民事主体人格尊严的亵渎。另一方面,用户个人信息的人格属性是其财产价值和公共管理价值的基础。用户个人信息之所以具有财产价值,成为诸多利益主体竞相获取的对象,归根结底还是因为用户个人信息具有可识别性,由此探明信息主体的具体身份和其他与之相联系的个人信息,通过对可识别个人信息的收集、处理和利用为其商业决策和判断提供依据。用户个人信息的公共管理价值亦归因于用户个人信息的可识别性,通过对个人信息的掌握与分析,有助于公共管理机关的正确决策,从而维护公共秩序和社会福祉。我国推行的快递实名收寄制即以收集、处理和利用快递用户的真实个人身份信息,明确用户身份和快件信息为主要手段,以增强快递服务的安全性,维护社会公共安全为主要目标。

　　用户个人信息的保护旨在维护用户对其人格的自主控制。在快递服务中,快递服务主体是最为主要和直接的个人信息收集者、处理者和利用者,因此,对用户个人信息的保护应当以规制企业收集、处理和利用信息的行为为主要内容。后文将会专门介绍。

(二)单位用户商业信息的商业秘密保护

　　单位用户信息不同于个人用户信息,个人用户信息是以名址为核心的具有可识别性的信息,而单位用户的名址等信息则属在登记机关公开登记的信息,任何主体均可以合法的方式获取。对于单位用户而言,在快递服务过程中,法律所需关注的是对单位用户具有经济价值的商业信息的保护。通常而

---

　　① 参见张新宝:《从隐私到个人信息:利益再衡量的理论与制度安排》,载《中国法学》2015 年第3 期。

言,通过对快递服务信息的收集、处理和分析,可以获知该单位用户的主要客户对象、主要业务范围和主要业务网络等商业信息。当单位用户从事高科技生产制造业时,快递服务中的内件信息还可以反映出设计样品、模具或零部件等信息。上述商业信息对单位用户具有重要的商业价值,单位用户商业信息的泄露极易引发不正当商业竞争、商业欺诈或其他违法行为。例如,2011年快递员黄某利用快递公司信息处理系统的漏洞,将电脑中所存储的某银行八达岭营业厅的3万银行客户信息售卖给他人,张某、毛某利用获得的银行客户信息一年内诈骗获得违法收入131余万元。①

单位用户的商业信息一旦构成商业秘密,就应当按照商业秘密进行保护。商业秘密是指不为公众所知悉、能为权利人带来经济利益、具有实用性并经权利人采取保密措施的技术信息和经营信息。正如前文所述,单位用户使用快递服务时,可能遭受侵害的商业秘密主要包括:客户名单和货源情报等经营信息;技术方案和样品信息等技术信息。在快递服务过程中或快递服务完成之后,对单位用户商业秘密的侵犯主要有以下三类行为:一是他人非法侵入快递服务主体的信息系统获取单位用户的商业秘密;二是快递服务主体及其工作人员非法泄露因快递服务而知悉的单位用户商业秘密;三是快递服务主体因未对单位用户的商业秘密提供必要的保密措施而导致的泄露。

《反不正当竞争法》第9条规定了对企业商业秘密的保护,明确禁止了不当获取、不当披露以及不当使用商业秘密的行为。一般来说,是否构成侵犯商业秘密行为,主要从三个标准进行判断:其一,侵犯商业秘密的主体要符合法律的规定。侵犯商业秘密的主体包括经营者,即从事经营性活动的自然人、法人和非法人组织,以及明知或应知侵犯商业秘密的第三人。其二,行为人客观上做出了侵犯他人商业秘密的行为。该行为具体表现为通过盗窃、贿赂、胁迫或是其他方式不当获取商业秘密,对违反约定或是以前述不当方式获取的单位用户的商业秘密进行披露。其三,行为人在实施该行为时持有过错的主观心态,即上述适格主体必须是在明知或应知其行为侵犯商业秘密的情况下,仍不当获取、披露或使用该商业秘密。按照上述三个标准,结合快递服务的具体情况而言,在第一类行为中,侵权主体为第三人,符合主体要件;行为是非法侵入快递服务主体的信息系统,客观上以不正当的方式获取了该商业秘密,符合行

---

① 参见李娜:《快递公司泄露3万银行客户信息》,载《法制日报》2013年1月22日,第5版。

为要件;行为人明知其侵入的是快递服务主体的信息系统,其中必然包含单位用户的商业秘密,仍然侵入该数据库,显然具有主观上的过错,符合主观要件。第一类行为系典型的侵犯商业秘密。第二类行为亦是如此,快递服务主体及其工作人员作为第三人,在明知其掌握的信息为单位用户的商业秘密的情形下,仍以不当的方式对其进行披露,无论其是否通过此种方式获利,均应属于侵犯商业秘密的行为,受到法律的禁止。根据《民法典》和《反不正当竞争法》的规定①,被侵犯商业秘密的单位用户,可以要求第三人或快递服务主体及其工作人员进行损害赔偿,具体赔偿数额为单位用户受到的损失,而通常情况下侵害商业秘密的损失较难确定,此时可以按照行为人的获利进行赔偿。当然,对于第二类侵犯商业秘密的行为,基于单位用户与快递服务主体之间的快递服务合同关系,企业及其工作人员的行为亦构成违约行为,此时会出现侵权行为与违约行为的竞合,由单位用户在两种请求权中择一行使。

对第三类行为的规制则需要从分析快递服务合同的权利义务入手。寄件人与快递服务主体在快递运单上真实、准确地填写相应信息并确认签字后,快递服务合同即成立并生效。快递服务合同中的义务包括给付义务和附随义务,给付义务是指,快递服务主体需在承诺的时限内将物品安全、快速地寄达收件人处。附随义务是指,依据诚实信用原则,根据合同的性质、目的和交易习惯产生的作为和不作为义务,包括照顾义务、通知义务、协助义务和保密义务等。由此可见,在快递服务合同中,快递服务主体除了需要在承诺期限内完成寄递活动外,亦需承担必要的保密义务,即对用户提供的信息应当予以保密。保密义务具有确保用户的固有利益,即商业秘密不受损害的功能,强调不会因单位用户使用了快递服务而导致其商业秘密受到损害。单位用户的商业秘密,不仅可能在快递服务过程中遭受侵害,在快递服务合同缔约过程中和合同履行完结后,亦容易遭受非法获取、披露和使用,强化快递服务主体的保密义务可以有效地约束企业收集、处理和利用信息的行为,为单位用户的商业秘密提供更为严密和细腻的保护。《民法典》第 501 条、第 509 条和第 558 条规定了合同当事人的保密义务,当快递服务主体未提供必要的保密措施时,其应当对单位用户的商业秘密遭受侵害承担损害赔偿责任。

---

① 参见《民法典》第 1182 条、《反不正当竞争法》第 9 条的规定。

(三)快递经营者信息:数据财产权及其保护①

快递服务信息具有延展性,除了集中记载于快递运单上的用户个人信息和商业信息外,在整个快递服务过程中,快递服务主体还需要不断地收集、处理和利用经营活动本身所产生的其他信息,如处理流程、寄递网络、用户服务、用户分布等信息,以此来保障快递服务的完成,并提供更为高效和便捷的快递服务。在"互联网+"快递的背景下,信息处理技术的发展和进步使得对数据的大量收集与集合分析成为现实,亦使信息的财产价值日益突出。在快递服务过程中,快递服务主体要对物品的流通过程、快递服务的质量、用户的分布等进行实时监控,并形成大量数据组合而成的数据库。此类数据库对于快递服务主体来说好比价值巨大的信息矿,对其经营模式的完善、营销策略的制定等具有重要意义。

经营者信息中的数据财产是指在快递服务中所产生的,通过信息处理技术而形成的对快递服务主体具有经济价值的集合性数据财产。集合性是经营者数据财产最为重要的特征。快递服务过程中形成的单一数据财产价值往往不足以获得法律的保护,法律意义上的数据财产主要为信息的集合,即数据库,复数信息的集合会使得数据之间发生"化学反应",数据的价值也往往大于单一数据的财产价值。目前,我国快递服务主体面临着严重的数据财产安全威胁,这主要是因为:首先,在组织层面,我国快递行业起步时间较晚,发展方式粗放、基础设施滞后,快递服务主体在经营过程中往往缺乏必要的信息安全保障技术,其数据库存在比较低级的漏洞,他人可轻易通过漏洞进入网站后台获取数据库的范围权限,提取相关数据。其次,在技术层面,快递服务信息的流通性和延展性使得在不同阶段,不同的操作人员均需进入数据库调取并处理数据,信息接触主体的多样降低了数据库的安全系数,相关数据极易在快递服务的提供过程中被相关操作人员所泄露。最后,在制度层面,现行法律制度缺乏对数据财产的必要关注,目前我国并没有关于数据财产的专门立法,在对数据财产的法律保护方面更存在规范缺失,不足以解决快递服务主体的数据安全之忧。

为此,应当赋予快递服务主体以数据财产权的法律保护。《中共中央、国

---

① 快递经营者信息主要包括商业秘密和数据财产。在快递服务中,快递服务主体的商业秘密表现为客户名单和流通网络等,对快递服务主体商业秘密的保护与上文关于单位用户商业秘密的保护类似,故在此处不再赘述。

务院关于构建数据基础制度更好发挥数据要素作用的意见》将数据之上的权利区分为数据资源持有权、数据加工使用权和数据产品经营权,这为快递服务主体数据财产权的保护提供了依据。快递服务主体作为数据生产者,在提供快递服务的过程中享有上述三类数据产权。第一,数据资源持有权是指数据生产者对于数据资源进行事实上管领和控制的权利。基于数据资源持有权,快递服务主体既可在积极层面上实现对数据资源的占有和支配,又可在消极层面上排除其他主体对其数据资源之上合法权益的侵害。快递服务中的数据资源是指基于快递服务过程产生的和寄件人、收件人、寄递物品等相关的数据。这些数据的形成是快递用户和快递服务主体共同生产的结果,但主要是由快递服务主体完成生产的。因此,承认快递服务主体对上述数据进行管领和控制的利益,一方面是对快递服务主体提供快递服务,并在这一过程从事数据生产活动的积极回应,另一方面也有助于其以这些数据资源为基础,进行后续的数据分析和研发,挖掘快递数据潜力,提升快递数据价值。第二,数据加工使用权是指快递服务主体作为数据的处理者,得以对快递服务中的各类数据进行更高程度的加工或者进行不同方式使用的权利。将数据加工使用权配置给快递服务主体,既承认了其有权对自身所持有的数据进行加工和使用,也明确界定了加工处理完成后,产生增值的数据的归属:快递服务主体在数据增值过程中投入了大量成本,赋予已有数据更大的价值,处理完成后的数据自然应当属于快递服务主体。此外,快递服务主体也可基于这一权利排除外界妨害,许可其他主体对数据进行使用和加工,或者直接将该权利转让给其他主体。第三,数据产品经营权是指快递服务主体作为快递数据产品的开发主体,能够对快递数据产品进行使用、收益、获取更新和再流转的权利。同时也是指快递服务主体对快递数据产品的支配权,支配的内容既包括为自己使用而支配,也包括许可其他主体对数据产品进行利用或处分。[①]　快递数据产品是快递服务主体基于对数据资源的加工处理,形成的具有更高形态和更高价值的衍生性数据成果,如在手机应用商店上架的各类快递 APP 即为典型的快递数据产品,其可向快递用户实时展示在途快件的服务情况。快递数据产品能够产生较高的经济利益,数据产品经营权可以为快递服务主体合法获得上述经济利益提供权利基础。通过以上三种数据权利的配置,能够为快递服务主体对不同形态的数据实施占有、

---

① 参见刘文杰:《数据产权的法律表达》,载《法学研究》2023 年第 3 期。

支配,以及排除其他主体的妨害提供依据,有效保护其数据财产权,以此鼓励其积极投入到释放快递数据潜在价值的时代浪潮中。

三、快递用户个人信息保护的实现路径

(一)快递用户个人信息的基本特征

结合快递服务的特殊性,快递用户个人信息具有以下三大特征:

第一,可识别性。可识别性是快递用户个人信息的核心特征。所谓可识别性,表现为该信息是特定个人具备的或与个人关联的,根据此类信息可识别辨认出其个人身份,包括但不限于资料、数据等。个人信息在不同侧面展现着"人格图像",如果将这些信息按照一定的逻辑拼接在一起,那么信息的组合将为人们完整地呈现出每一个个体。也就是说,识别是通过个人信息来定位信息主体的过程①,决定了个人信息私法保护的范围。具体到快递服务中,快递用户个人信息主要表现为交寄件时所填写的身份信息、住址信息、电话号码等,这些信息具象地表现了特定自然人的各类特征,能够直接定位到特定的快递用户,具有可识别性。

第二,价值性。个人信息所包含的价值涉及人格利益和财产利益。个人信息人格利益之价值不言而喻,个人信息与人格要素的紧密联系,使得在信息社会中,每一个民事主体都可以通过信息的组合搭建属于自己的"人格图像",实现自身人格自由和人格尊严的价值。对快递用户个人信息的滥用,如披露用户个人的联系地址、电话号码、特殊爱好等,必然有损于权利人的人格自由和人格尊严。个人信息财产利益之价值来源于其人格利益的商业化,即个人信息因可识别性而具有财产价值。人格要素的财产属性带来的经济利益应当为人格权的权利主体所享有,只有在权利主体授权范围内,才可转让该部分商业价值。② 快递用户个人信息同样具有人格利益与财产利益。一方面,快递用户实现快件的寄递需要提供真实的个人信息,若其中涉及联系方式、家庭地址的内容遭到泄露,可能导致快递用户遭受推销电话的骚扰,甚至引发不法分子上门损害快递用户人身的事件发生。另一方面,快递服务主体通过对快递用户所购买快件、收寄快件的时间、收寄快件的地点等信息,可以深入分析快递用户的个人喜好与基本生活习惯。快递服

---

① 参见齐爱民:《论个人信息保护法的统一立法模式》,载《重庆工商大学学报(社会科学版)》2009 年第 4 期。

② 参见郎庆斌、孙毅等:《个人信息保护概论》,人民出版社 2008 年版,第 21—22 页。

务主体可以利用上述数据优化快递服务的提供,降低自身经营成本;还可结合区域快递用户的喜好定向投放相应的商业广告,创造新的营利点。

第三,可分离性。个人信息的可分离性表现为其可由权利人自主使用。个人信息只有被使用才能体现其所具有的人格利益和财产利益,但此举必然会导致个人信息脱离权利人的控制范围。不过,权利人并不因为控制权和管理权的分离,而丧失对其个人信息的处理、更改、删除的权利。[①] 质言之,管理者只有在法律规定或当事人约定的情况下,遵循合理的程序才能对用户个人信息进行收集、使用和处理。在快递服务的提供过程中,寄件人为了使用快递服务,需要在快递运单上填写相应的用户信息,此时用户信息的控制权与管理权的分离必然发生,快递用户个人信息的权利人为快件的寄(收)件人,快递用户信息的管理者为快递服务主体和行业主管部门。快递服务主体通过与快递用户间的快递服务合同约定,取得了对快递用户信息的管理,在服务活动过程中不可避免地收集、使用和处理其个人信息;而行业主管部门则出于对行业监管的目的,通过信息交换系统及时掌握用户个人信息。

综上所述,快递用户个人信息的价值性使得其成为快递服务主体与电商平台等多方主体争相获取数量更多的快递用户个人信息;快递用户个人信息的可分离性使得上述各方主体欲获取更多快递服务信息成为可能;快递用户个人信息的可识别性则使得不正当的快递用户个人信息使用引发快递用户损害的后果,这成为亟待解决的现实问题。

(二)快递用户个人信息保护的具体措施

法律旨在合理地建构与完善复杂的社会结构,以此来预防和平衡不同利益间可能产生的冲突,实现社会中不同利益间的统一与协调。[②] 这意味着冲突的解决需要通过法律层面的建构和利益平衡机制的完善,以实现个人利益与社会利益的平衡,筑造个人与社会之间的合作关系。快递用户个人信息的保护旨在维护用户对其人格的自主控制,在快递服务中,建议从以下几个方面着力,保障快递用户个人信息的安全。

第一,采取告知加同意的收集方式。这是《个人信息保护法》所规定的个人信息主要处理规则。[③] 快递服务行业相关法律规范亦对快递用户个人信息

---

① 参见杨晓娇:《实名制环境下个人信息保护的基本原则重构》,载《科技与法律》2014 年第 6 期。
② 参见张文显:《二十世纪西方法哲学思潮研究》,法律出版社 2006 年版,第 104 页。
③ 参见《个人信息保护法》第 13 条的规定。

的告知同意制度作出了详细规定。例如,《快递市场管理办法》第 35 条规定,快递服务主体不得未经用户同意而收集、存储、使用、加工、传输、提供、公开快递用户个人信息。告知即在个人信息的收集中应经合理的努力,使当事人了解其个人信息将会被如何收集、使用和处理。该制度旨在实现个人信息收集者收集、使用和处理个人信息过程的透明化,以利于当事人同意权之行使。① 同意乃意思自治的体现,个人信息主体对个人信息拥有控制权,能自主地对个人信息进行处分,即何时何地,以何种方式向何人提供个人信息。同意必须符合下列标准后方可产生法律效力:一是必须以信息收集者充分告知为前提;二是当事人必须将其意愿明确和清晰地表示于外;三是作为意思表示必须体现当事人真实的意思且意思的表示不受非法拘束;四是目的必须特定。告知是同意的基础与前提,前者旨在消除信息收集者与个人信息主体间的信息不对称,使个人信息主体能够做出正确的判断。首先,基于快递业现行实施的快递实名收寄制,快递服务主体需收集快递用户个人信息并确保快递用户个人信息的真实性,才能够为快递用户提供快递服务。在快递用户个人信息的收集过程中,快递服务主体作为该部分信息的收集者,应当保证信息收集过程的透明化,以明确、易懂的方式如实向快递用户告知其信息的具体收集、使用和处理情况,消除快递用户认为快递服务主体可能将其用户信息移作他用的疑虑。避免如 2015 年 10 月,福建快递用户邹某在交寄快件时被要求在快递运单上填写身份证号码,邹某认为福建邮政速递物流公司侵害了其合法权益,从而将其起诉至法院的情形再次出现。② 其次,就快递服务主体履行告知义务的具体形式而言,其可以将告知的内容以格式条款的形式记入快递运单中,或在其经营网点公示的快递服务标准上载明,但其必须履行必要的提示义务,即快递服务主体应采取合理的方式将告知内容提请快递用户注意并进行必要的说明。最后,快递服务主体在收集用户个人信息时,必须获得用户的同意,这种同意应符合《民法典》关于意思表示真实的一般规定,并且以用户在快递运单上亲自填写或授权快递员填写信息为明示的方式。若是快递用户并未做出上述积极行为,仅通过快递用户并未就快递服务主体使用其用户个人信息提出异议,或是仅能证明快递用

---

① 参见王利明:《论个人信息权在人格权法中的地位》,载《苏州大学学报(哲学社会科学版)》2012 年第 6 期。

② 参见《被要求在快递单上填身份证号 律师起诉邮政公司》,载 http://news.sohu.com/20151027/n424333847.shtml,最后访问日期:2025 年 3 月 31 日。

户知晓快递服务主体收集其用户信息的事实等事实行为,不宜直接推导出快递用户默示同意快递服务主体收集并使用其用户个人信息。

　　第二,坚持信息最小化的收集标准。《个人信息保护法》要求个人信息处理者对个人信息的收集应当以处理目的为限,不得过度收集。[①] 信息收集者应当遵循信息收集的目的,并在最小范围内收集该目的实现所需的必要信息,不可以以目的之实现为由扩大信息收集的数量与范围。信息最小化收集标准符合信息收集的比例原则,比例原则要求信息收集者在收集个人信息时应兼顾收集目的的实现和信息主体权益的保护,具体而言包括三个方面:一是必要性,要求信息收集者对个人信息的收集必须对实现其目的是必要且必需的;二是适当性,要求信息收集者对个人信息的收集对实现其目的是适当的,不损害信息主体的合法权益;三是最小损害,要求信息收集者应当采取对信息主体权益损害最小的方式收集个人信息。快递服务主体在提供快递服务的过程中对快递用户个人信息的收集,亦应当坚持信息最小化的收集标准。这一标准同样被《快递市场管理办法》和《寄递服务用户个人信息安全管理规定》所采纳。[②] 快递服务主体应当以确保完成快递服务为信息收集的核心目的,不得随意扩大信息收集的数量与范围。一般来说,快递服务主体对用户个人信息的收集应当限于《寄递服务用户个人信息安全管理规定》第 3 条对快递用户个人信息所确立的法定范围,即快递服务过程中的个人信息包括寄(收)件人的姓名、地址、身份证件号码、电话号码,以及寄递运单号、时间、物品明细等内容。虽然该规定就快递服务过程中快递服务主体所能够搜集的快递用户个人信息进行了外延的界定,但应注意快递服务作为市场化的服务提供,基于快递用户与快递服务主体的双方合意,快递用户自主选择给予快递服务主体以更多的快递用户个人信息同样并不会存在任何的障碍。具体而言,在快递增值服务中,若满足征得用户同意的前提,快递服务主体可以依约定或规定拓展用户个人信息的收集范围,如有权在保价服务中要求用户写明所寄物品的声明价值和保价金额。

　　第三,严格限制用户个人信息的使用用途。这是《个人信息保护法》目的限制原则的体现,是指个人信息的收集者应当严格遵循信息的收集目的使用其所掌握的个人信息,除非另有约定或规定外,不得超出该目的范围使用其所收

---

① 参见《个人信息保护法》第 6 条的规定。
② 参见《快递市场管理办法》第 35 条、《寄递服务用户个人信息安全管理规定》第 7 条的规定。

集的个人信息。① 该目的范围系个人信息主体对他人积极利用其个人信息的授权范围,信息收集者未经许可而超出授权范围使用个人信息,则构成对被收集者权利的侵害。对信息使用用途的严格限制充分体现了诚实信用原则,信息收集者在明确收集目的并以明示的方式告知信息主体后,应当言而有信,遵守双方对信息收集目的的约定。对信息收集者的目的拘束具有风险预防的功能,防止个人信息的任意扩散,控制个人信息的流转。鉴于此,快递服务主体对于自身在提供快递服务过程中收集到的快递用户个人信息的使用和处理,应当限于完成快递活动这一特定目的。未经快递用户的同意,快递服务主体及其工作人员不得将用户个人信息另作他用,如通过手机信息向快递用户发送业务广告短信,通过打电话的方式推销自身的增值服务,按照通讯地址信息向用户发送宣传手册等。同时,快递服务主体更不能以有偿或无偿的方式将用户个人信息提供给其他单位或个人。随着快递业的进一步发展,快件寄递各个环节的专业化分工已经成为行业的必然发展趋势。以快递末端适用十分广泛的智能快件箱服务为例,智能快件箱服务的出现与推广,对提升快件寄递效率、保护快递用户个人信息均具有一定的积极意义。但提供智能快件箱服务的企业为保障快递服务的准确有效,势必需要从快递服务主体获取快件寄递的相应信息,此时则会出现快递用户个人信息的转移问题。此时应注意的是,快递服务主体使用智能快件箱为快递用户提供服务,应首先征得快递用户的同意,此处同意的内涵应不仅仅包括同意使用智能快件箱,还应包括同意快递服务主体将使用智能快件箱服务所必要的用户个人信息提供给提供智能快件箱服务的企业。而为了保障上述快递用户个人信息转移不会对快递用户造成损害,快递服务主体同样应获得快递用户的明示同意。但应注意的是,若是公安机关、国家安全机关的工作人员依法查询快递用户个人信息,快递服务主体应予以积极配合,而不能将其视为对快递用户个人信息的不当使用。

　　第四,构建信息安全保障机制。信息安全保障是指信息收集者在收集个人信息后,应当采取合理的安全保障措施使个人信息免于遭受非法复制、丢失、毁损、恶意篡改和泄露等不法侵害。《个人信息保护法》从内部管理制度和操作规程、个人信息分类管理、安全技术措施等多个方面对个人信息处理者的信息安全保障机制作出了要求。② 就快递行业而言,快递服务主体作为快递服务合

---

① 参见《个人信息保护法》第 6 条的规定。
② 参见《个人信息保护法》第 51 条的规定。

同的主体,除履行快递服务的给付义务外,仍需履行附随义务,即对因履行快递服务所收集的快递用户个人信息进行必要的保密。2023 年修订后的《寄递服务用户个人信息安全管理规定》对快递服务主体的用户个人信息安全保障机制建设作出了较为全面的规定①,具体包括快递用户个人信息安全投诉处理及请求响应机制、安全应急处置机制、指定保护负责人、合规制度体系、用户个人信息境内存储、快递电子运单单号资源管理、用户个人信息系统建设、存储介质使用管理制度、应用安全管理、离岗人员信息安全审计、实时监测、信息系统互联、营业处理场所管理、安全责任制、责任承担等。为此,快递服务主体应当从以下三个方面构建快递用户个人信息安全保障机制,强化信息安全,履行保密义务。首先,优化快递服务流程以降低快递用户个人信息泄露风险。具体而言,快递服务主体应积极优化快递服务的整个流程,减少可能接触快递用户个人信息的处理环节和操作人员,降低快递用户个人信息遭到窃取的可能性;处理快递用户个人信息时采用脱敏技术,尤其是针对快递实名收寄制下,快递用户姓名、身份证件号码、电话号码、通讯地址等身份信息,应当进行数据变形,将其置换为不再具有识别性的信息;快递服务主体内部配备专门的技术和技能人员,对快件寄递的各个环节的实物信息处理进行安全监控。其次,强化对快递运单的管理。针对纸质快递运单,快递服务主体应加强对于空白快递运单的发放与跟踪,及时回收并妥善管理快递运单,在保有期限满后应及时销毁纸质快递运单。针对电子运单,快递服务主体应建立快递电子运单数据管理制度,提高数据库的安全级别、设置信息管理员,严格限定数据库查看权限,并建立风险管控机制,防止信息泄露、损毁和丢失。若快递用户个人信息遭受非法复制、恶意篡改、泄露或丢失等危险时,应及时采取补救措施化解风险,最大程度降低可能带来的损害结果。最后,明确快递用户个人信息泄露的损害赔偿责任。快递服务主体应对快递用户个人信息泄露承担相应的损害赔偿责任,若是快递用户个人信息泄露由快递员的过错导致,基于雇主责任的责任承担规则,快递服务主体应在向快递用户承担相应的损害赔偿责任后,再向快递员追责。同理,随着快件寄递环节专业化程度不断提升,快递服务的提供主体将更加多元化。为保障快递用户权益,应坚持"一单到底"规则,以快递服务合同为请求权基础,由快递服务主体向快递用户承担相应的责任,随后由快递服务主体向实际

---

① 参见《寄递服务用户个人信息安全管理规定》第 5 条至第 19 条的规定。

的过错方追偿,由实际的过错方承担最终的损害赔偿责任。

第三节 快递服务中的数据治理

在数字经济的背景下,数据分析技术和处理技术以日新月异的发展速度为数据价值的释放注入动力,作为新型生产要素的数据在各行业中所承担的角色也愈加关键,快递行业也不例外。《中华人民共和国国民经济和社会发展第十四个五年规划和 2035 年远景目标纲要》明确提出,要充分发挥海量数据和丰富应用场景优势,促进数字技术与实体经济深度融合,赋能传统产业转型升级,催生新产业新业态新模式,壮大经济发展新引擎。[1] 快递行业作为伴随着互联网兴起的行业,也需要因时而变,促进数据要素与本行业进一步融合,充分发掘数据要素潜力,为本行业的高质量发展注入新动力。在这一过程中,数据治理是始终无法绕开的话题,因为数据在带来机遇的同时伴随着风险,数据安全、隐私保护等问题日益突出。[2] 数据治理关涉数据优化、隐私保护和数据变现[3],是快递行业适应时代趋势,释放数据价值,维持自身可持续发展的必然要求。根据《信息安全技术 快递物流服务数据安全要求》国家标准的规定,快递服务主体开展快递经营活动时,应当在数据收集、数据存储和传输、数据使用和加工、数据提供和公开、数据删除等方面具备符合相关要求的业务能力和操作规范。[4] 这一标准为快递服务中的数据治理的探讨提供了基础。本节主要围绕快递行业数据治理展开,分别探讨数据治理在快递服务中的应用、快递服务数据的分类分级和利用合规。

一、数据治理在快递服务中的应用

本书认为,快递服务中的数据治理是指通过快递服务主体建立相应的组织架构和制度规范,围绕快递服务过程中产生数据的收集、存储、使用、加工、传输、提供、公开、删除等过程展开的一系列活动,涵盖了数据生命周期的全过程。

---

① 参见《中华人民共和国国民经济和社会发展第十四个五年规划和 2035 年远景目标纲要》,载 https://www.gov.cn/xinwen/2021-03/13/content_5592681.htm,最后访问日期:2025 年 3 月 31 日。

② 参见梁正、吴培熠:《数据治理的研究现状及未来展望》,载《陕西师范大学学报(哲学社会科学版)》2021 年第 2 期。

③ 参见〔美〕桑尼尔·索雷斯:《大数据治理》,匡斌译,清华大学出版社 2014 年版,第 4 页。

④ 参见《信息安全技术 快递物流服务数据安全要求》国家标准第 7 条至第 12 条的规定。

快递行业实施数据治理的目标,在于以保证数据安全为前提,充分释放数据对快递服务主体、快递用户、行业主管部门等各方主体的价值。

（一）快递服务数据的特点

结合快递行业的实践可以发现,快递服务数据与其他行业中的数据相比具有独特性。作为"准公共行业",快递服务已经深入到人们生活中的各个方面,满足了人们日益多元化的需求。与此同时,快递服务主体提供快递服务的过程中会产生大量的数据,这些数据依附于快递服务而存在,具有涉及对象范围广、反映信息内容丰富等特征,不仅为快递服务主体提供了优化经营策略、改善服务质量的支持,而且也为快递服务用户提供了即时查询、快捷寄递的便利。总体来看,快递服务数据具有以下三个特点:

第一,涉及对象的广泛性。国家邮政局公布的数据显示,2023 年我国邮政行业中快递业务量累计完成 1320.7 亿件,同比增长 19.4%。其中,异地快递业务量累计完成 1153.6 亿件,同比增长 20.5%。[①] 这表明随着生活水平和消费水平的提高,人民群众对生活的多元化需求也在逐步增长,而在衣食住行等诸多方面的购物期待是这些多元化需求的重要组成部分。快递服务能够在既定时间内完成特定快件在不同地区之间安全高效的运输,是这些购物期待得以实现的关键。正是基于快递服务的这一特点,快递行业能够越来越在全国范围内深入触达不同地区的不同主体,并逐步成为当代社会生活中不可或缺的一部分。在快递服务主体为快递用户提供服务的同时,也产生了大量的数据,这些数据涵盖了所有使用快递服务的用户,涉及的对象遍及全国,具有广泛性。

第二,涉及内容的重要性。快递行业在助力快递用户实现多元化寄递需求的同时,也客观地记录了所有快递用户各类需求的内容、寄递偏好等特征,并以电子化的形式保存在快递服务主体系统之中。这些数据内容在大数据分析技术的加持下,可作为精准描绘快递用户画像的重要材料。例如,通过将特定快递用户寄递快件的价值、购买频率、运输目的地等数据进行整合,可经分析推论出该快递用户的收入水平、从事的职业、家庭住址等重要信息。这些信息内容可能会涉及特定快递用户的隐私或个人信息,并落入《民法典》和《个人信息保护法》的规制范畴之内。[②] 因此,有必要对快递服务数据进行区分,对于涉及重

---

① 参见《国家邮政局公布 2023 年邮政行业运行情况》,载 https://www.spb.gov.cn/gjyzj/c100015/c100016/202401/59eeb6e8b0e7404f8127aa2c7aebded6.shtml,最后访问日期:2025 年 3 月 31 日。

② 参见《民法典》第 1032 条、第 1034 条,《个人信息保护法》第 4 条的规定。

要信息的数据,需要在具体的业务中区分不同的使用场景进行保护和利用。

第三,控制主体的单一性。快递服务主体是快递行业得以存在和发展的核心。可以说,快递业务就是围绕快递服务主体所提供的服务展开的,没有这些企业,就没有快递业务的开展,快递服务市场也就不复存在。也正是因为如此,快递服务数据基本是由特定的快递服务主体控制,这就是快递服务数据控制主体的单一性。快递服务数据的这一特点兼有利弊。单一控制主体的好处在于,能够为快递用户提供便捷的一站式数据服务,也便于使快递服务主体利用数据的规模效应获取更高的经济价值和收益。单一控制主体的弊端在于,快递服务产生的数据都集中到同一个主体,这意味着数据的风险防控和流通利用均系于这一控制主体。如前所述,快递服务数据兼具涉及对象的广泛性和涉及内容的重要性,因此,控制数据的快递服务主体存在罔顾快递用户的权益保障、盲目追求经济利益的可能。这决定了有必要在数据风险防控、安全保障和流通利用等方面对快递服务主体作出明确的规范要求。

(二)数据治理在快递服务中的作用

基于快递服务数据的上述三个特点,有必要将数据治理引入快递行业,实现在数据安全条件下的有效利用。以前文对数据治理的界定为基础,本书认为数据治理的应用将在多个方面对快递行业的发展和转型提供助力:

第一,数据治理能够为快递服务主体提升服务效率、改善服务质量提供方向性指引。快递服务数据涉及数量众多的快递用户,能够反映不同时间和不同地区快递用户的寄递需求。通过分析这些数据,快递服务主体能够适时调整经营策略,改变工作人员的结构或运输工具的配置,提供不同种类的服务内容。例如,在快递服务需求的高峰期增加各快递网点工作人员的数量,在快递服务需求较多的地区设置更多的快递服务网点、门店或加盟商,或者配备更多的运输工具等。此外,通过分析快递服务数据,快递服务主体能够结合不同快件的特征,为不同种类快件的安全运输提供不同的快件包装材料,以此形成对特殊快件的保存和运输经验,便于为用户提供质量更高的服务。最后,数据治理能够为快递服务主体就自身的收入构成、利润分析提供支持,并得出不同因素对自身经营活动的影响,便于其在应对风险时采取更加有效的措施。

第二,数据治理能够为快递用户的权益保障提供基础。一方面,快递用户将快件交付给快递服务主体后,快件就脱离了快递用户的控制。快递用户只能通过快递服务主体查询获知自己交寄快件的最新状态。在这种情况下,数据治理的作用就在于能够将每一票快递服务相关的数据从大量数据中整理出来,进而为快递用户提供即时查询服务,以保障用户的知情权。另一方面,如前所述,部分快递服务中产生的部分数据会涉及特定用户的隐私或个人信息,如果不采取保护措施,可能会对该用户的人身或财产安全带来风险。数据治理的作用在于能够限制这一部分数据的访问权限和使用途径,使这部分数据处于安全状态,进而保障快递用户的隐私权、个人信息等相关权益。

第三,数据治理契合快递行业在数字经济时代的发展要求。数字经济时代的显著特征之一是生成的数据量呈指数型上升,数据规模处于不断扩张的态势。在这种时代背景下,快递行业要适应数字经济的发展,就需要对纷繁复杂的快递数据进行梳理,剔除无效和重复的数据,筛选有用的数据并加以保护和利用,进而充分发挥数据这一新型生产要素的内在潜力。以上这些对数据的筛选和利用的过程就是数据治理的过程,同时也是每一个快递服务主体在提供快递服务过程中需要具体落实的措施。通过数据治理,快递服务市场能够将数据要素与快递服务结合,发挥数据要素的独特优势,进而提高全市场、全行业的数字化水平。

需要注意的是,数据治理是站在数据全生命周期的角度,从数据的收集开始到数据的销毁为止,对数据实施的各类处理活动。以处理活动的行为方式对数据的影响为标准,可以将数据处理活动行为划分为静态的数据治理和动态的数据治理两种类型。其中,静态的数据治理是指不会使数据的价值或表现形式产生变化的治理行为,包括数据的收集和存储过程,这一过程主要涉及对数据进行分类和分级,不涉及数据的利用和流通,目的在于对数据进行高效管理,并为后续的数据利用和保护奠定基础。动态的数据治理是那些能够使数据的价值或者表现形式发生变化的治理行为,包括数据存储完成之后的其他环节,如通过对收集到的快递服务数据进行分析和加工,结合实时路况节点,计算得出更加高效的寄递路线等。动态的数据治理主要关注的是对数据的动态利用合规,目的在于充分释放数据的潜在价值。下文对数据治理的探讨主要围绕这两种数据治理类型展开。

二、快递服务数据的分类与分级

对快递服务数据进行分类分级,是开展数据治理的前提。分类分级能够将数据划分为不同的种类和级别,把具有共同特征的数据集合起来,把特征差异较大的数据区分开来,以此为后续的数据合规和利用提供条件。[①]

(一)快递服务数据的分类

数据分类,是指以数据的内容或者属性为依据,将数据划分为不同的类别,使其形成具有规律性的集合。数据分类服务于数据的日常管理,旨在通过对数据的质量把握和规范化控制,建立起高效的数据管理制度,进而促进后续的数据协作和数据共享。目前对数据的分类存在多元化的标准。例如按照生产主体将数据分为公共数据、企业数据和个人数据;按照处理的时效性将数据分为实时处理数据、准实时处理数据、批量处理数据;按照流通类型将数据分为可直接交易数据、间接交易数据、不可交易数据等。具体到快递服务中,本书以快递服务过程中产生数据的不同内容为标准,将快递服务数据分为快递用户数据、快件数据和快递经营数据。

快递用户数据,是指快递用户在使用快递服务过程中因寄递快件的需要而产生的、内容和用户自身具有密切联系的数据类型。需要注意的是,正如前文所述,快递用户既包括自然人,也包括法人、非法人组织,因此快递用户数据不等于快递消费者数据,前者的范围要比后者大。例如,根据快件实名收寄制度的要求,当寄件人为自然人时,应在交寄快件时向快递服务主体出示有效的身份证件,后者则需在自己的系统内进行登记,在这一过程中产生的寄件人的身份信息、手机号码等相关数据即为快递用户数据,同时也是快递消费者数据。而当寄件人为企业时,其所填写的企业地址、联系方式同样属于快递用户数据,但不属于快递消费者数据。由此可知,在快递用户为自然人的情况下,快递用户数据会和个人信息保护制度产生勾连,需要在后续进行保护和利用时遵守已有的个人信息保护相关规范。此外,基于快递用户数据的内容,其也能够为快递服务主体提供用户画像分析,辅助其作出业务决策。

快件数据,是指与快件的固有属性、运输状态、寄递环节等内容相关的数据类型。例如快件的重量、运输时长、投递时间、取件时间等数据。一方面,快件数据是对快件本身的特征及其所处状态的客观表述,能够使快递服务主体及时获取快件的准确信息,从而在快递服务的各个环节为快递用户提供多样化的服务内容。另一方面,快件数据也是快递用户行使知情权的重要保障,快递用户可通过快递服务主体提供的系统查询入口,即时查询其所寄递快件的最新

---

① 参见马费成等:《数据分类分级确权对数据要素价值实现的影响》,载《信息资源管理学报》2024年第1期。

状态。

快递经营数据,是指快递服务主体在提供快递服务的过程中产生的、与其自身的经营行为密切相关的数据类型。例如在不同地区和不同时间段内的寄递需求数据、快件运输网络的建设情况数据、员工数量数据等。快递经营数据能够为快递服务主体优化经营策略、提高快递服务效率提供有益参考,其与快件数据的区别在于,前者的内容和快递服务主体的日常经营行为关系密切,对经营活动的调整有直接的参考价值;后者则更加关注特定快件的固有属性和服务状态。从这个意义上来说,对涉及快件的数据可以作如下区分:与个别的、特定的快件相关的数据属于快件数据;而反映快件整体寄递需求、服务状态的数据则属于快递经营数据。

以上三种数据所反映内容的差异决定了需要对其分别适用不同的保护方式,设置不同的利用条件。因此,以上数据分类的意义在于能够为快递服务主体提供指引,实现对快递服务数据的有效管理。

(二)快递服务数据的分级

数据分级是在数据分类的基础上,根据数据遭到篡改、破坏、泄露或者非法获取、非法利用后所产生的不同风险,对数据的重要性程度作出的划分。[①] 目前,数据分级的方法可大致分为数字等级和文字表述两种类型。本书采取《数据安全法》中文字表述的思路,将快递服务数据按等级分为"一般数据""重要数据"和"核心数据"。

快递服务一般数据,是指遭到篡改、破坏、泄露或者非法获取、非法利用后,可能会使特定快递用户、快递服务主体合法权益受损的数据类型。快递服务数据绝大部分都属于一般数据的范畴。例如,快递用户数据和快件数据受损后,可能会导致快递用户的个人信息或隐私泄露,或者财产权益遭到侵害。2021 年快递员丁某根据寄件地址为金饰公司的信息,判断快件具有较高价值,进而实施盗窃行为。[②] 又如,快递经营数据受损后,可能会使快递服务主体的合法权益受损等。由此可见,一般数据对于快递用户和快递服务主体来说具有重要价值,是快递行业完成数据分级之后需要保护的对象;同时,对于快递服务市场的发展而言,一般数据同样也是具有价值释放潜力的。因此,如何平衡

---

① 参见商希雪、韩海庭:《数据分类分级治理规范的体系化建构》,载《电子政务》2022 年第 10 期。

② 参见《为还赌债分两次顺走 83 万元宝石饰品,上海一快递员被公诉》,载 https://www.thepaper.cn/newsDetail_forward_14375975,最后访问日期:2025 年 3 月 31 日。

好一般数据的保护和利用的关系,是需要进一步探讨的问题。

　　快递服务重要数据,是指遭到篡改、破坏、泄露或者非法获取、非法利用后,可能会轻微危害国家安全、轻微或一般危害公共利益的数据类型。前文已述,快递服务数据具有涉及对象广泛性的特点。当足够多数量的数据汇聚时会产生规模效应,其影响范围可能会从个体转变为公共利益乃至国家安全。此外,数据本身的可复用性也是存在快递服务重要数据的原因。数据的可复用性,是指同一批次的数据可经过多重加工进行使用,其间该批次数据的价值和彼此之间的关联度得以不断增加。当越来越多的一般数据经过多次的复用、加工和分析之后,就可能与国家安全或者公共利益发生联系。例如,通过对快递服务数据中含有的物品价值数据、用户选择快递服务主体的偏好数据进行分析,可以推断出不同用户的消费水平,当此类数据与电子商务平台的消费数据结合之后,可能会催生大数据杀熟现象,侵犯不特定消费者的合法权益,有损公共利益。

　　快递服务核心数据,是指遭到篡改、破坏、泄露或者非法获取、非法利用后,可能会一般或严重危害国家安全、严重危害公共利益的数据类型。此类数据的出现也以快递服务数据可复用性、涉及对象的广泛性特点为基础。核心数据与重要数据的区别在于,重要数据遭到篡改、破坏、泄露后,受到损害的对象以公共利益为主,且尚未达到足以危害国家安全、公共秩序的程度。例如,快递服务主体通过长时间经营活动的积累,能够获得关于我国运输干线、道路交通、实时路况的数据等,这些数据通过叠加不同类型的卫星图片,辅以软件构图和渲染,就能够将我国的地理数据清楚地呈现出来,这与国家安全密切相关,可以认定为核心数据。

　　综上所述,基于快递行业在现代社会生活中的地位,以及快递服务数据本身的特点,快递服务数据可以划分为一般数据、重要数据和核心数据三种类型。其中,为控制快递行业中数据风险的溢出,维护公共利益和国家安全,重要数据和核心数据在多数情况下应当归为限制流通或者禁止流通性数据,能够在市场中流通的多为一般数据。因此,下文对快递服务数据利用与合规的讨论,仅限于一般数据的范围。

三、快递服务数据的利用与合规

　　对快递服务数据进行利用和保护,是前期对数据进行分类分级的目的,也是快递服务市场顺应数字经济发展潮流,发挥数据要素的价值,提升快递服务水平的重要途径。其中,数据利用是将数据要素与具体的快递业务结合,提升快递服务主体所获效益、改善快递用户体验的途径。数据合规则为数据利用提供了安全保障,避免数据利用的过程对相关主体的权益造成损害。以下分而述之。

(一)快递服务数据的利用

数据的价值在于流通和利用,快递服务数据也不例外。对数据的利用可分为快递服务主体自行利用和向其他主体流转利用两种方式。

在快递服务主体自行利用的情况下,对不同类型的数据进行利用时应当满足不同的要求。首先,快递用户数据会涉及用户的个人信息,因此,快递服务主体需要遵循《个人信息保护法》中关于个人信息处理的要求①,在向快递用户进行告知并获得同意的前提下才可对数据进行处理。此外,对于包含敏感个人信息的快递用户数据,快递服务主体在利用之前,还应当获得用户的单独同意。其次,快件数据是对快件本身及其寄递状况的客观反映,是快递服务主体对快递服务过程进行记录的结果,原则上可由快递服务主体自行决定如何利用。例如,快递服务主体可以结合快件的属性、价值、重量等特点,向快递用户提供保价、温控包装、缓冲包装等差异化的增值服务。当然,某些快件数据也可能会涉及用户部分个人信息,如投递地点等。对于这部分快件数据,快递服务主体在利用之前,应当按照前述利用快递用户数据的要求,完成对用户的告知并获得同意。最后,快递经营数据属于快递服务主体对自身各类经营行为的记录,不涉及其他主体的权益保护,可以完全由其自行决定如何利用。对于快递经营数据的合理利用,能够为快递服务主体调整、优化经营战略提供参考。例如,快递服务主体可以根据自身的经营数据,增加绿色包装材料的占比,减少快递服务过程中产生的废弃物,以此响应快递服务市场绿色发展理念的要求。

在向其他主体流转利用的情况下,快递服务主体同样需要根据数据的具体类型确定流转利用的要求。首先,快递用户数据的流转利用应当遵循"三重授权原则",即只有同时存在快递用户对快递服务主体获取数据的授权、快递服务主体对其他主体获取数据的授权,以及快递用户对其他主体处理数据的授权时,快递服务主体才能将快递用户数据向其他主体流转并由其他主体进行利用。其次,快件数据中涉及个人信息的部分数据,以及与快件本身属性有关的数据,在流转利用之前也需经过前述"三重授权原则"的检验。理由在于:其

---

① 参见《个人信息保护法》第 13 条的规定。

一,涉及个人信息的快件数据与快递用户数据具有相似性,均与快递用户个人信息权益保护相关,应当满足同样的流转利用条件。其二,与快件本身属性有关的数据可能具有私密性,如快件的内容、快件的价值等,这些数据在通常情况下均是快递用户不欲被其他主体直接获取的内容。因此,需要借助"三重授权原则"保障快递用户对此类数据流转利用的同意权。最后,快递经营数据仅涉及快递服务主体自身的经营情况,完全可以由快递服务主体结合自身需求,自主决定是否向其他主体流转利用,无论采用有偿还是无偿的方式。

(二)快递服务数据的合规

数据合规,是指数据处理者对数据的处理活动应当符合法律等规范性文件的规定。自从《网络安全法》《数据安全法》和《个人信息保护法》出台之后,数据合规就成为各类数据处理主体都需要遵循的法定义务。对于快递服务数据而言,鉴于控制主体单一性的特征,快递服务主体无疑是最为重要的数据处理者,其在数据合规方面的规范程度决定了快递服务数据受到安全保障的程度。本书认为,快递服务数据的合规主要包括数据合规组织体系建设、数据合规制度体系建设、数据合规处理流程建设和数据出境合规四个方面。

在数据合规组织体系建设方面,快递服务主体需要设置安全管理机构,并为该机构配备专门的安全管理人员,负责设备安全的日常查验。该机构应当对存储快递服务数据的环境、介质和设备进行定期盘点和维护,预防可能存在的漏洞和风险,制定发生数据安全事件时的应对预案等。此外,该安全管理机构还可对快递服务主体的员工开展安全意识培训和教育,提升企业的整体安全意识和安全水平。若快递服务主体所处理的数据中包含的个人信息数量达到了国家网信部门规定的数量,还应当指定专门的个人信息保护负责人,承担监督本组织内个人信息处理活动的职责。最后,根据《快递市场管理办法》的要求,快递服务主体应当将生产经营过程中产生的与安全运营有关的数据及时报送至邮政管理部门。[①] 这一职责也可由安全管理机构承担。

在数据合规制度体系建设方面,快递服务主体需要从技术和管理两个层面入手。在技术层面,快递服务主体需要维护安全的数据存储环境,针对访问数据的行为,快递服务主体的数据存储系统应当对快递用户数据、快件数据和快递经营数据设置不同级别的访问权限。同时,该系统还需要对登录和访问用户

---

① 参见《快递市场管理办法》第 38 条的规定。

的身份进行标识和鉴别,保存访问日志,便于在发生数据安全事故时及时追溯相关责任主体。在管理层面,快递服务主体需要规范业务操作流程,从快递服务各个环节入手,为数据安全提供保障。例如,在寄递环节,快递服务主体应当推行隐私面单,保障快递用户数据和快件数据的安全。根据《快递电子运单》国家标准的要求,对电子运单上的快递用户姓名、联系电话、地址等个人信息应当进行隐藏处理,其中姓名应隐藏 1 个汉字以上,联系电话应隐藏 6 位以上,地址应隐藏单元户室号。① 根据《通用寄递地址编码规则》国家标准的要求,可加入通用寄递地址编码体系,对寄递快件的形态、易碎性、寄递时效、保价服务等属性的数据进行编码②,以实现对快件数据的保护。又如,在快递服务过程中,快递服务主体在为快递用户提供查询快件寄递状态入口时,应当通过技术手段验证快递用户的身份信息,并保护快递用户的登录数据和快件的寄递状态数据免遭泄露。

在数据合规处理流程建设方面,包括数据收集、数据存储传输和数据使用加工三项合规要求。其一,数据收集的范围应当限于提供快递服务的必要信息,包括寄件人的身份信息、地址和联系电话,收件人的姓名或名称、地址和联系电话,以及寄递物品的名称、性质和数量。若用户在基础服务之上选择增值服务的,则提供增值服务时所收集的数据也应遵循最小必要原则。例如,在用户选择保价服务的情况下,快递服务主体只能收集寄递物品的价值这一类与计算保价费用相关且必要的信息。需要强调的是,前述所有的数据收集行为必须在满足知情同意条件的基础上进行。③ 其二,在数据存储传输过程中,存储的数据应当进行去标识化处理,并对用户身份信息、电话号码、地址等敏感个人信息采取加密等安全措施进行存储。若快递用户的数据需要在智能服务终端存储的,应当采取离线存储的方式进行。传输的数据中涉及快递用户敏感个人信息的,快递服务主体在向其他数据处理者传输之前,应当采用白名单、数字签名、开放授权等手段确保传输的安全性。通过互联网或线下途径传输用户身份、电话号码、地址等信息时,则应在上述信息加密完成后,于安全通道内进行传输。④ 其三,在数据使用加工过程中,若需要将快递运单上的信息对外展

① 参见《快递电子运单》国家标准第 6.8.1 条的规定。

② 参见《通用寄递地址编码规则》国家标准第 5.8 条的规定。

③ 参见郑佳宁:《知情同意原则在信息采集中的适用与规则构建》,载《东方法学》2020 年第 2 期。

④ 参见《信息安全技术 快递物流服务数据安全要求》国家标准第 8 条的规定。

示,或者内部人员在业务系统中处理相关信息时,应当在不影响提供快递服务的前提下,对运单上的信息进行去标识化处理。若快递服务主体的工作人员基于工作需要查询的,应当向其分配所需的最小权限,并采取双因素认证的方式进行身份校验①,以确保快递服务数据处理行为的合规性。

在数据出境合规方面,快递服务主体为国际快件提供服务、有数据出境需求的,应当遵守我国关于数据出境合规的规定。目前,我国的数据出境合规规定包括三类:申报数据出境安全评估、订立个人信息出境标准合同和通过个人信息保护认证。其中,数据出境安全评估是指数据处理者在完成风险自评估的基础上,向国家网信部门申请评估数据出境的合法性、正当性、必要性、可能面临的风险,以及数据安全和数据主体权益保障等情况。个人信息出境标准合同是指根据《个人信息出境标准合同办法》的要求订立的标准合同,数据处理者应当在合同中约定自身和境外接收方的义务,明确信息主体的权利及发生数据安全风险时的救济方式。个人信息保护认证是指数据处理者遵循技术验证、现场审核、获证后监督的模式,申请认证机构对自身处理个人信息的安全性和合法性是否满足合规要求进行确认的活动。在上述三类数据出境合规规定中,数据出境安全评估旨在通过事前监管维护数据出境场景下的国家安全和公共利益,个人信息出境标准合同和个人信息保护认证则旨在以事前监管的方式维护个人权益。② 上述三类数据出境合规规定在适用时,根据数据处理者是否为关键信息基础设施运营者而存在差异。若数据处理者是关键信息基础设施运营者,则其向境外提供个人信息或重要数据时,原则上应当向国家网信部门申报数据出境安全评估;若数据处理者不是关键信息基础设施运营者,则应以其向境外提供的数据数量和数据性质为依据,视情况申报数据出境安全评估、与境外接收方订立个人信息出境标准合同或者通过个人信息保护认证。③ 根据《关键信息基础设施安全保护条例》对关键信息基础设施概念的界定④,本书认

---

① 参见《信息安全技术 快递物流服务数据安全要求》国家标准第 9.1、9.2 条的规定。

② 参见刘金瑞:《数据跨境双轨制下个人信息出境监管豁免制度的适用与完善》,载《财经法学》2024 年第 5 期。

③ 参见《促进和规范数据跨境流动规定》第 7 条、第 8 条的规定。

④ 关键信息基础设施,是指公共通信和信息服务、能源、交通、水利、金融、公共服务、电子政务、国防科技工业等重要行业和领域的,以及其他一旦遭到破坏、丧失功能或者数据泄露,可能严重危害国家安全、国计民生、公共利益的重要网络设施、信息系统等。参见《关键信息基础设施安全保护条例》第 2 条的规定。

为,快递服务主体应当属于关键信息基础设施运营者。一方面,快递服务主体所运营的系统中包含了大量的交通数据,这些数据一旦发生泄露,将直接使我国的交通网络曝光,威胁国家安全。另一方面,快递服务主体在提供服务的过程中,必然要在其系统中存储大量快递用户的个人信息,如果这些信息发生泄露,将导致为数众多的快递用户人身安全和财产安全面临风险,威胁公共利益。因此,快递服务主体应当承担关键信息基础设施运营者的数据出境合规义务。也就是说,在快递服务主体向境外提供个人信息或重要数据时,原则上应当向国家网信部门申报数据出境安全评估。但在下列情形下可以豁免申报:第一,快递服务主体出境的个人信息收集和产生源自境外,但在境内处理过程中未引入境内的个人信息或重要数据;第二,快递用户为自然人时,快递服务主体为履行快递服务合同确需向境外提供重要数据之外的个人信息;第三,快递服务主体按照劳动规章制度和集体合同实施跨境人力资源管理,确需向境外提供重要数据之外的员工个人信息;第四,快递服务主体在紧急情况下为保护自然人的生命健康和财产安全,确需向境外提供重要数据之外的个人信息;第五,快递服务主体位于自由贸易试验区时,向境外提供自由贸易试验区负面清单之外的数据。①

---

① 参见《促进和规范数据跨境流动规定》第4条、第5条、第6条的规定。

后 记

　　凡振业兴邦者,必先通衢康庄。大道正直,月发旦至,大道荡荡,众子翱翔。建制秦汉,盛兴隋唐,强边戍于明清,置邮传命,设驿迎劳,此乃邮者所谓国之命脉之故。今之快递,以邮为体,专营民运,廿余年之发展,以岁着千亿件雄居世界第一。

　　快递者,其所谓快,同城即日可达,跨省三日可抵,其所谓递,历经收拣运投,文资车派步送。宅于内室,滑拨点击,无论寒暑,不问东西,能品四时之鲜,可享九州之美。人间正味,何须扶荔? 若一日不见快递,空谈瘦俗。赞炎黄之快递,服务民生,砥砺竞驰,采信息物联之云,集干线站点之网,助乡原商通,致四海贸达,以微行而见大义,以众力而筑丰功!

　　余四岁习西文,九岁读经史,启蒙于外祖黄公宗汉、父郑公秦。曾随父誊录清会典,言志于英武殿前,愿名留青史。后始知青史难于富贵。余幸哉,得逢伯乐,察举带挈,入研快递,十载深耕,制作律例、令函、书案两百余万言,撷取一二精华,以为通论著说,不敢藏之名山,但求传之同好。付梓之际,慨然而悟:维外祖家父,或年少有成,学贯中西,或厚积薄发,博览古今,二位大人皆名动一时,海内遍知。今一世过矣,知其名者鲜矣,知其著作者尚有,而受其所述文思仁育者则绵连不绝。是以,白浪逐流,青屿沉浮,载史者乃其事非其人也,乃其德非其名也。

　　"所至名山皆过客""天下风光揽于室",大好河山,两千万里,著述十年,行之未济,汝霖游草,子瞻题壁,结诗十六首,聊以记之。

《过涿州》

　　一路流星似的卢,青川如是我如初。灼灼桃花知深浅,人生进退又宏图。

《踏莎行·乌镇青镇》

　　乌篷船到,夜泊津渡,桐乡菊里花开处。酒绿灯红衣样新,小楼明月风如故。

枕水观澜,白鱼青布,寄去相思无重数。七十二桥今犹在,流萤点点为谁舞。

《驿驻高邮》

高邮湖水环盂城,古往今来驿道行。一骑红尘夕阳晚,几家灯火桨影轻。鸿雁传书应无悔,黄耳报信终有情。前路青山莫踌躇,诸事通达留此名。

《夜宿递铺》

文起独松关,追月西门铺。山高频换乘,烟波建康路。竹溪三百里,通达一日复。云深自不知,青骢去何处?

《定风波·奢香怀古》

龙场毕节本无路,水西安氏有虎部。万树杜鹃谁鸣啼?金鸡,阁鸦飞过崇山处。

陆广谷里几重沙,晓发,刊石凿险赶月去。川黔乌蒙始归化,策马,奢香岭上看通途!

《天山·天山行路》

冰川草海不冻泉,始知天路行车艰。胜利达坂访牧人,由此再过几重山。

《致北登塔留念》

林海出瞭塔,双湾映红霞。勇登金冠上,艳阳二十八。

《长安访古》

风雨欲来龙首坡,锦绣山河迎贵客。未央花上几重台,一觞一咏应唱和。瀚海饮马驱无赦,持节云中通丝帛。谁家宫阙今何在?留与世人竞评说。

《冀州寻古》

鲛人宝珠延年酒,芝罘崇明不得求。昔日秦皇入海门,星汉钩沉任其有。茫茫仙山何须愁,人生几会登瀛楼。信子归来浮阳里,千童且待镇海吼。

《赏洛阳牡丹归来》

九朝遗韵花如团,风雨街头莫贪欢。谁人送来素绸伞,雍容起笔画牡丹。姚黄已醉魏紫台,赵粉妆成豆绿醅。人间多少芳菲事,洛阳归来不复看。

《雁过星海》

　　曾游雁荡十八峰,桑田似海戏鱼龙。栀子花香南北斗,四化飞星入哪宫?

《暗香·再题离别赋》

　　烟波春色,看满城云絮,无意提起。楼头枝上,阴晴寒暑终落落。行人而今渐远,怎啼笑,相思节气。偶然间,魂牵梦绕,纷飞成追忆。

　　江河,正寂寞。叹玄黄参商,花开次第,燕归故里,莫向晨昏是憔悴。此去人间万顷,任风雨,尽沾衣袂。双瞳水,非你我,寻常过客。

《惜红衣·笑纳·不负韶华》

　　寒露来宾,入水为蛤,怎惹风沙?枕簟美梦,碎一池春夏。红衣狼藉,谁曾想,碧叶又发。笑纳,西风消息,撑伞接落花。

　　月色无瑕,钓翁听雨,秋蓬飞入画。莫道归心牵挂,是云霞。唯愿彩羽做衣,请君以梦为马。冬日犹似火,不负天地韶华!

《蓟门烟树》

　　燕蓟云光三四重,登临指点草木葱。秋日识君春未辨,多少骁勇烟霞中。

《春日行龙》

　　忽有行龙天上来,春雨顿湿春衫袖。长亭短亭遥相望,此程此景要绸缪。会当遮顶疾疾走,也可使风徐徐游。山川粉黛尽颜色,未经意处见风流。

《潇洒延庆州》

　　春去秋来日,潇洒延庆州。晴明无一事,山川竞自由。
　　北至江水泉,朦胧延庆州。鹏程依稀见,煮茶论喜忧。
　　西入三河村,袅袅延庆州。平林惊暮色,寒潭映沙鸥。
　　东行十数里,茫茫延庆州。逐鹿何处去,妫川水自流。
　　南游夏都湖,驱象延庆州。君子初得志,重华下九州。
　　燕燕香水园,寻古延庆州。城南信犹在,不使关山愁。
　　万里形胜地,塞外永宁楼。石峡接水关,雄峰无尽头。
　　山泉烩豆腐,炉火炙羊肉。日日饮三巡,笑君能饭否?
　　高塔出双林,问道延庆州。文章席上得,黄金田间收。
　　未来何所为,潇洒延庆州。归期亦可期,天地任行舟!